Utilize este código QR para se cadastrar de forma mais rápida:

Ou, se preferir, entre em:

www.moderna.com.br/ac/livroportal
e siga as instruções para ter acesso aos conteúdos exclusivos do

Portal e Livro Digital

CÓDIGO DE ACESSO:

A 00251 ARPHIST5E 7 33087

Faça apenas um cadastro. Ele será válido para:

Da semente ao livro, sustentabilidade por todo o caminho

Plantar florestas
A madeira que serve de matéria-prima para nosso papel vem de plantio renovável, ou seja, não é fruto de desmatamento. Essa prática gera milhares de empregos para agricultores e ajuda a recuperar áreas ambientais degradadas.

Fabricar papel e imprimir livros
Toda a cadeia produtiva do papel, desde a produção de celulose até a encadernação do livro, é certificada, cumprindo padrões internacionais de processamento sustentável e boas práticas ambientais.

Criar conteúdos
Os profissionais envolvidos na elaboração de nossas soluções educacionais buscam uma educação para a vida pautada por curadoria editorial, diversidade de olhares e responsabilidade socioambiental.

Construir projetos de vida
Oferecer uma solução educacional Moderna é um ato de comprometimento com o futuro das novas gerações, possibilitando uma relação de parceria entre escolas e famílias na missão de educar!

Taciro Comunicação, Alexandre Santana e Estúdio Pingado

 Apoio: TWO SIDES www.twosides.org.br

Fotografe o Código QR e conheça melhor esse caminho.
Saiba mais em *moderna.com.br/sustentavel*

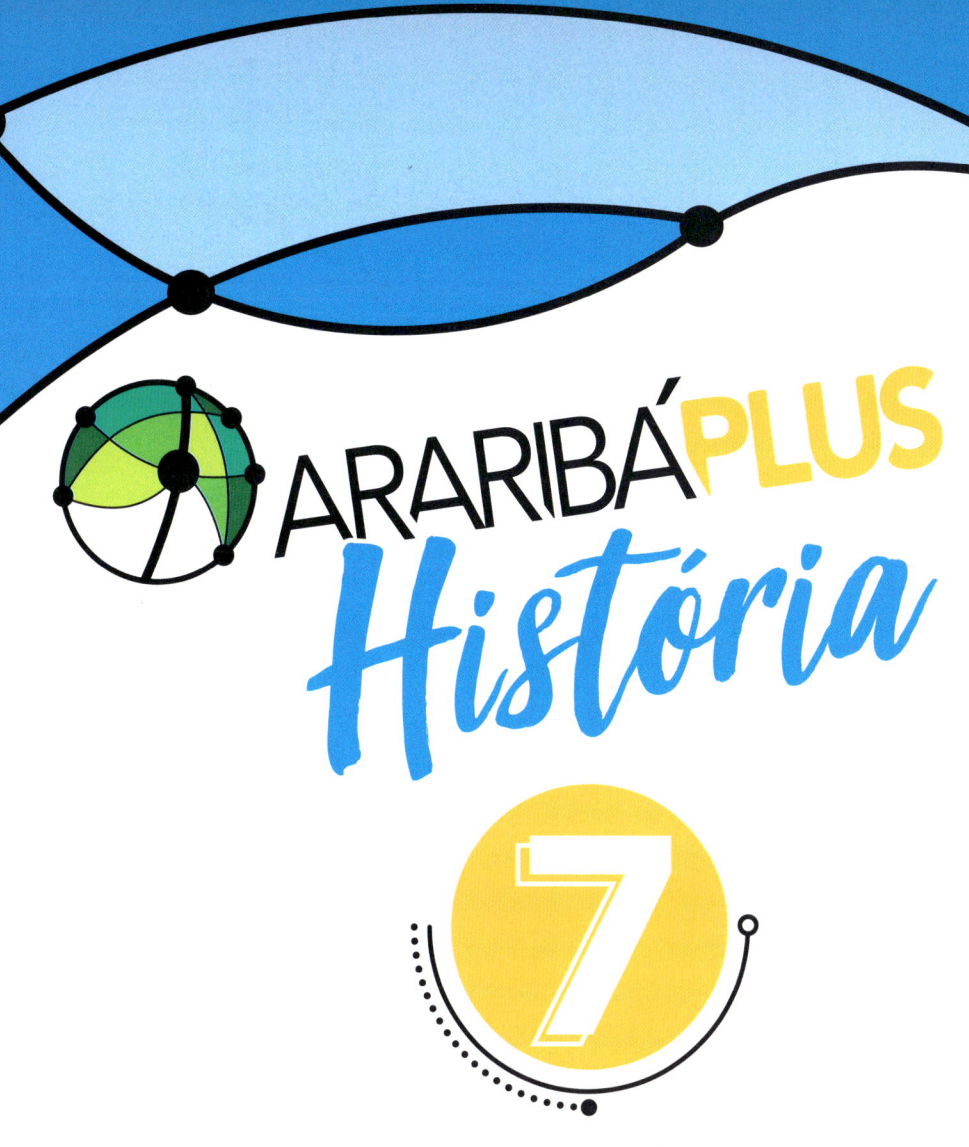

Organizadora: Editora Moderna
Obra coletiva concebida, desenvolvida
e produzida pela Editora Moderna.

Editora Executiva:
Ana Claudia Fernandes

5ª edição

© Editora Moderna, 2018

Coordenação editorial: Maria Raquel Apolinário, Ana Claudia Fernandes
Edição de texto: Maria Raquel Apolinário, Bruno Cardoso Silva, Letícia de Oliveira Raymundo, Dirceu Franco Ferreira, Maria Clara Antonelli, Pamela Shizue Goya
Edição de conteúdo digital: Audrey Ribas Camargo
Assistência editorial: Rosa Chadu Dalbem
Leitura crítica: Marcelo Cândido da Silva (Unidade 1)
Gerência de *design* e produção gráfica: Sandra Botelho de Carvalho Homma
Coordenação de produção: Everson de Paula, Patricia Costa
Suporte administrativo editorial: Maria de Lourdes Rodrigues
Coordenação de *design* e projetos visuais: Marta Cerqueira Leite
Projeto gráfico e capa: Daniel Messias, Otávio dos Santos
Pesquisa iconográfica para capa: Daniel Messias, Otávio dos Santos, Bruno Tonel
Fotos: finchfocus/Shutterstock, Renato Soares/Pulsar Imagens
Coordenação de arte: Carolina de Oliveira
Edição de arte: Tiago Gomes Alves
Editoração eletrônica: APIS design integrado
Edição de infografia: Luiz Iria, Priscilla Boffo, Giselle Hirata
Coordenação de revisão: Maristela S. Carrasco
Revisão: Ana Paula Felippe, Beatriz Rocha, Cárita Negromonte, Cecilia Oku, Leandra Trindade, Renato da Rocha, Rita de Cássia Sam, Vânia Bruno, Thiago Dias, Viviane Oshima
Coordenação de pesquisa iconográfica: Luciano Baneza Gabarron
Pesquisa iconográfica: Vanessa Manna, Daniela Chahín Baraúna
Coordenação de *bureau*: Rubens M. Rodrigues
Tratamento de imagens: Fernando Bertolo, Joel Aparecido, Luiz Carlos Costa, Marina M. Buzzinaro
Pré-impressão: Alexandre Petreca, Everton L. de Oliveira, Marcio H. Kamoto, Vitória Sousa
Coordenação de produção industrial: Wendell Monteiro
Impressão e acabamento: Esdeva Indústria Gráfica Ltda.
Lote: 288496

Elaboração dos originais:

Maria Raquel Apolinário
Bacharel e licenciada em História pela Universidade de São Paulo (USP).
Professora da rede estadual e municipal de ensino por 12 anos.
Editora.

Bruno Cardoso Silva
Bacharel e licenciado em História pela Universidade de São Paulo (USP).
Editor.

Letícia de Oliveira Raymundo
Mestre em Ciências pela Universidade de São Paulo (USP), no programa: História Social.
Editora.

Dirceu Franco Ferreira
Doutorando em História Social pela Universidade de São Paulo (USP).
Professor de escolas particulares de São Paulo.
Editor.

Maria Clara Antonelli
Bacharel e licenciada em História pela Universidade de São Paulo (USP).
Editora.

Maria Lídia Vicentin Aguilar
Bacharel e licenciada em História pela Universidade de São Paulo (USP).
Professora em escolas públicas e particulares de São Paulo.

Camila Koshiba Gonçalves
Doutoranda em História Social pela Universidade de São Paulo (USP).
Professora em escolas particulares de São Paulo.

Samira Osman
Doutora em Ciências pela Universidade de São Paulo (USP), no programa: História Social.
Professora da Universidade Federal de São Paulo (Unifesp).

Maria Lêda Oliveira
Mestre em História pela Universidade Federal de Pernambuco (UFPE).
Doutora em História pela Universidade Nova de Lisboa.

Charles Bosworth
Bacharel em História pela Universidade de São Paulo (USP).

Crislayne Alfagali
Doutora em História Social da Cultura pela Universidade Estadual de Campinas.
Professora da Universidade Federal de Mato Grosso do Sul (UFMS).

Cristiane Maria Magalhães
Doutora em História pela Universidade Estadual de Campinas.
Professora do Centro Superior de Ensino e Pesquisa de Machado (CESEP).

Dalila Zanon
Doutora em História pela Universidade Estadual de Campinas.
Professora em escolas públicas e particulares de Campinas.

Dados Internacionais de Catalogação na Publicação (CIP)
(Câmara Brasileira do Livro, SP, Brasil)

Araribá plus : história / organizadora Editora Moderna ;
obra coletiva concebida, desenvolvida
e produzida pela Editora Moderna ; editora
organizadora Maria Raquel Apolinário. – 5. ed. –
São Paulo : Moderna, 2018.

Obra em 4 v. para alunos do 6º ao 9º ano.
Bibliografia

1. História (Ensino fundamental) I. Apolinário,
Maria Raquel.

18-16932   CDD-372.89

Índices para catálogo sistemático:
1. História : Ensino fundamental   372.89

Maria Alice Ferreira – Bibliotecária – CRB-8/7964

ISBN 978-85-16-11198-4 (LA)
ISBN 978-85-16-11199-1 (LP)

Reprodução proibida. Art. 184 do Código Penal e Lei 9.610 de 19 de fevereiro de 1998.
Todos os direitos reservados
EDITORA MODERNA LTDA.
Rua Padre Adelino, 758 – Belenzinho
São Paulo – SP – Brasil – CEP 03303-904
Vendas e Atendimento: Tel. (0_ _11) 2602-5510
Fax (0_ _11) 2790-1501
www.moderna.com.br
2020
Impresso no Brasil

1 3 5 7 9 10 8 6 4 2

Imagens de capa

Kuarup na aldeia Tuatuari, da etnia Yawalapiti, em Gaúcha do Norte (MT). Foto de 2003; filmadora profissional.

Neste livro, estudaremos a chamada história moderna, período que engloba desde a formação das monarquias centralizadas europeias até o Brasil colônia.

Entre os assuntos estudados estará as sociedades pré-cabralinas: seus costumes, seus modos de organização social, suas celebrações (como retratado na capa).

APRESENTAÇÃO

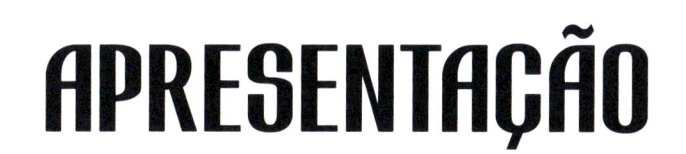

A **história** é uma viagem que fazemos ao passado orientados pela bússola do tempo presente. Como toda viagem, ela é capaz de nos proporcionar prazer e emoção, mas também dor, estranhamento e perplexidade diante de tragédias e crimes humanos. Mas o saldo é quase sempre positivo, pois temos a oportunidade de aprender com outros povos, tempos e culturas e descobrir que não existe fatalidade na história, que algo que aconteceu poderia não ter acontecido, que outros caminhos poderiam ter sido trilhados. Somos nós que fazemos a história, ainda que limitados, em certa medida, pelas condições sociais em que vivemos.

Convidamos você a embarcar nessa viagem a bordo do **Araribá Plus História**, obra coletiva que há quinze anos vem conduzindo estudantes de todo o Brasil em uma expedição pelos caminhos, temas e tempos da história. Agora, em sua 5ª edição, esse projeto coletivo foi amplamente renovado. Ele foi reprogramado de acordo com as habilidades e os objetos de conhecimento estabelecidos pela **BNCC de História**, mantendo, porém, as características que têm sido a sua marca desde o nascimento: a organização visual e textual, o cuidado com a **compreensão leitora** e a variedade de textos, imagens e atividades.

A viagem a bordo do seu livro de história, porém, não oferece apenas conteúdo e atividades. Ela promove a formação de **atitudes para a vida**, com propostas que o ajudam a resolver problemas de forma reflexiva, crítica e colaborativa e a aprender continuamente.

Um ótimo estudo!

ATITUDES PARA A VIDA

11 ATITUDES MUITO ÚTEIS PARA O SEU DIA A DIA!

As Atitudes para a vida trabalham competências socioemocionais e nos ajudam a resolver situações e desafios em todas as áreas, inclusive no estudo de História.

1. Persistir
Se a primeira tentativa para encontrar a resposta não der certo, **não desista**, busque outra estratégia para resolver a questão.

2. Controlar a impulsividade
Pense antes de agir. Reflita sobre os caminhos que pode escolher para resolver uma situação.

3. Escutar os outros com atenção e empatia
Dar atenção e escutar os outros são ações importantes para se relacionar bem com as pessoas.

4. Pensar com flexibilidade
Considere diferentes **possibilidades** para chegar à solução. Use os recursos disponíveis e dê asas à imaginação!

5. Esforçar-se por exatidão e precisão
Confira os dados do seu trabalho. Informação incorreta ou apresentação desleixada podem prejudicar a sua credibilidade e comprometer todo o seu esforço.

6. Questionar e levantar problemas
Fazer as perguntas certas pode ser determinante para esclarecer suas dúvidas. Esteja alerta: indague, questione e levante problemas que possam ajudá-lo a compreender melhor o que está ao seu redor.

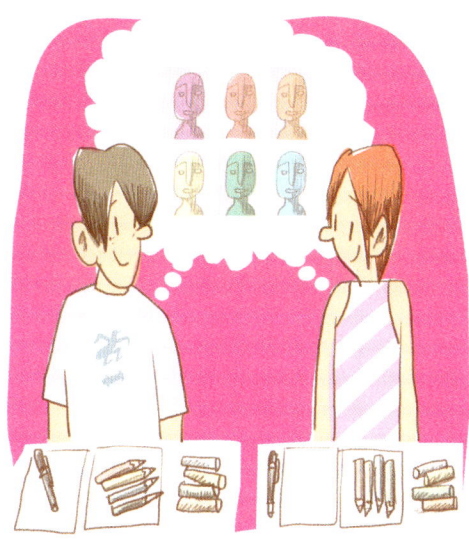

7. Aplicar conhecimentos prévios a novas situações

Use o que você já sabe! O que você já aprendeu pode ajudá-lo a entender o novo e a resolver até os maiores desafios.

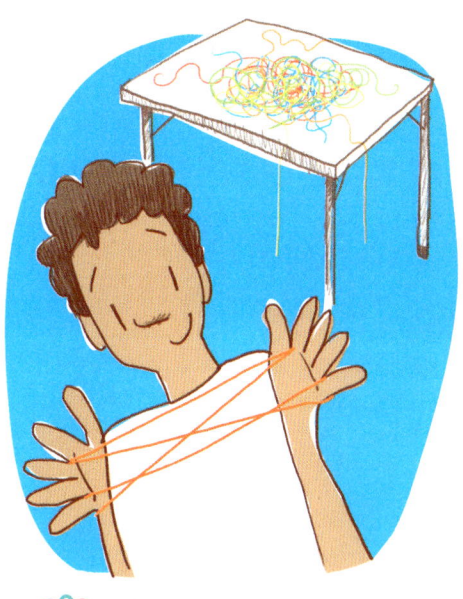

8. Pensar e comunicar-se com clareza

Organize suas ideias e comunique-se com clareza. Quanto mais claro você for, mais fácil será estruturar um plano de ação para realizar seus trabalhos.

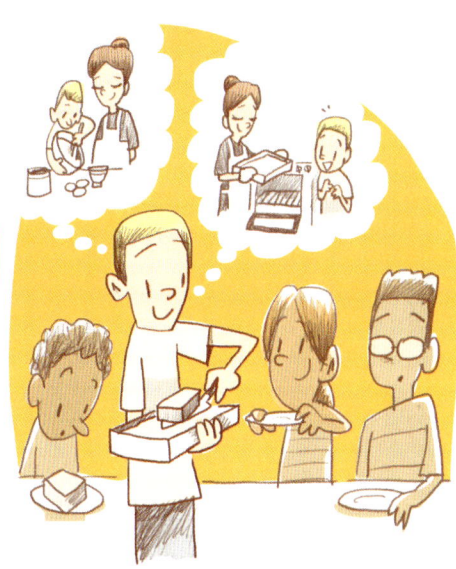

9. Imaginar, criar e inovar

Desenvolva a criatividade conhecendo outros pontos de vista, imaginando-se em outros papéis, melhorando continuamente suas criações.

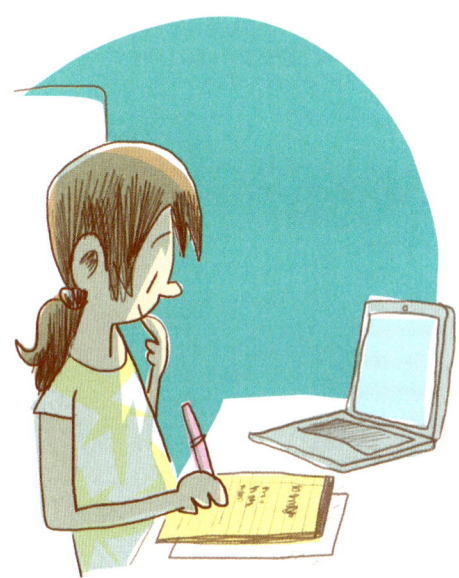

10. Assumir riscos com responsabilidade

Explore suas capacidades! Estudar é uma aventura, não tenha medo de ousar. Busque informação sobre os resultados possíveis, e você se sentirá mais seguro para arriscar um palpite.

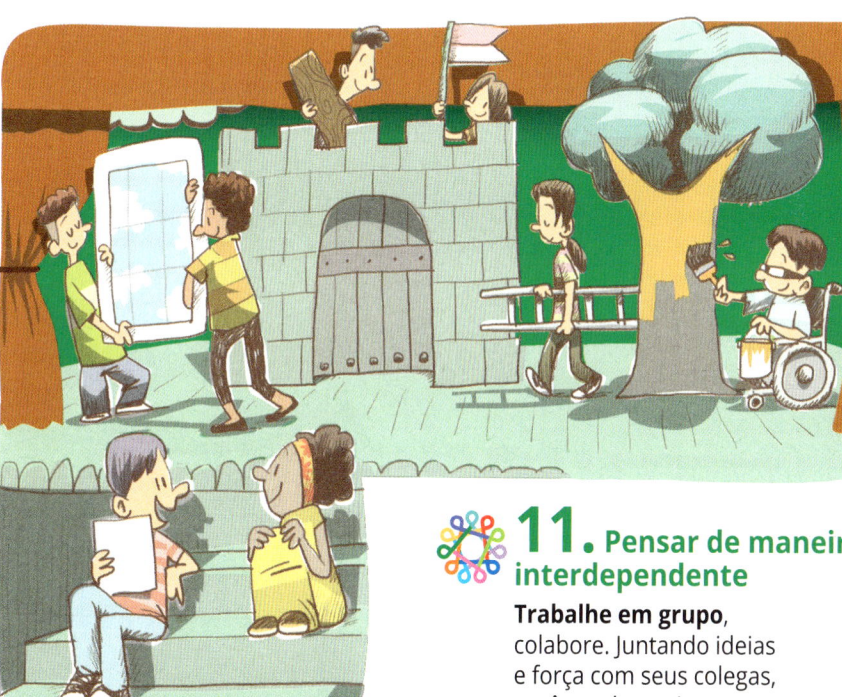

11. Pensar de maneira interdependente

Trabalhe em grupo, colabore. Juntando ideias e força com seus colegas, vocês podem criar e executar projetos que ninguém poderia fazer sozinho.

No Portal *Araribá Plus* e ao final do seu livro, você poderá saber mais sobre as *Atitudes para a vida*. Veja <www.moderna.com.br/araribaplus> em **Competências socioemocionais**.

ILUSTRAÇÃO: MILTON TRAJANO; INFOGRAFIA: FÁBIO BOSQUÊ E LAVÍNIA FÁVERO

CONHEÇA O SEU LIVRO

UM LIVRO ORGANIZADO

Este livro tem **oito unidades**. O objetivo é que o estudo de cada uma delas seja feito em um mês do calendário de aulas da sua escola.

UMA UNIDADE ORGANIZADA

As seções, os textos, as imagens e as questões que compõem cada unidade foram selecionados, criados e diagramados pensando em você, para que **compreenda**, **aprenda** e **se desenvolva** com o estudo da história.

PÁGINAS DE ABERTURA

Com imagens, textos e questões, este momento inicial ativa os seus conhecimentos sobre o assunto da unidade e o relaciona às atitudes priorizadas em cada caso.

OS TEMAS DA UNIDADE

Os **temas** são numerados e sempre começam com uma **questão-chave** relacionada ao que será estudado.

CONTEÚDO DIGITAL

Quando você encontrar ícones como este, acesse, no **livro digital**, vídeos, animações, clipes, GIFs, atividades e mapas interativos. Com esses recursos, você vai aplicar seus conhecimentos de tecnologia digital para aprender mais.

EXPLORE

O boxe **Explore** apresenta questões sobre textos, imagens, mapas e conteúdos digitais ao longo da unidade. Procure refletir sobre a situação apresentada antes de formular uma resposta.

ORGANIZAR O CONHECIMENTO

Ao final de cada tema, você vai **recordar** os principais conceitos e ideias estudados.

DE OLHO NO INFOGRÁFICO/ NA IMAGEM

Você já ouviu falar da múmia Juanita, encontrada nos Andes peruanos, ou da produção de açúcar no Brasil durante o século XVII? Nessa seção, você também vai interpretar imagens e aprender história por meio da linguagem gráfica e visual.

ATITUDES PARA A VIDA
Nessa seção, você vai se preparar para encontrar, na escola e fora dela, soluções criativas diante de pequenos e grandes problemas.

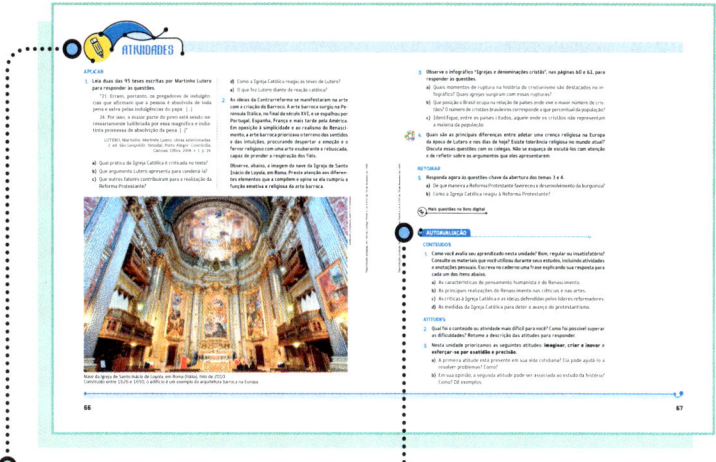

ATIVIDADES
Organizadas em *Aplicar* e *Retomar*, as atividades aparecem ao final do segundo e do quarto tema. Elas o orientam a aplicar o que aprendeu na leitura de imagens, textos e mapas, além de exercitar a argumentação, a pesquisa e a produção de textos.

AUTOAVALIAÇÃO
Ao final dos temas de cada unidade, na dupla de Atividades, há uma **ficha de autoavaliação** para que você avalie seu aprendizado e o desenvolvimento de atitudes durante os estudos.

EM FOCO
As monografias da seção **Em foco** aparecem ao final das unidades 3, 5 e 8 deste livro. A que foi reproduzida ao lado trata da primeira viagem ao redor do mundo de que se tem notícia. Que tal conhecer os perigos e as dificuldades enfrentadas pelos navegadores europeus do século XVI nessa aventura?

ANÁLISE DE FONTES
Qual é a importância de aprender a ler, a interpretar e a questionar as **fontes históricas**? Porque dessa forma, além de ampliar nosso conhecimento, aprendemos a descobrir o que está oculto por trás das palavras, das imagens e a ser críticos diante do mundo.

COMPREENDER UM TEXTO
Nessa seção, você vai ler diferentes tipos e gêneros de texto que vão ajudá-lo a ser um leitor atento, crítico e apaixonado pela experiência da leitura.

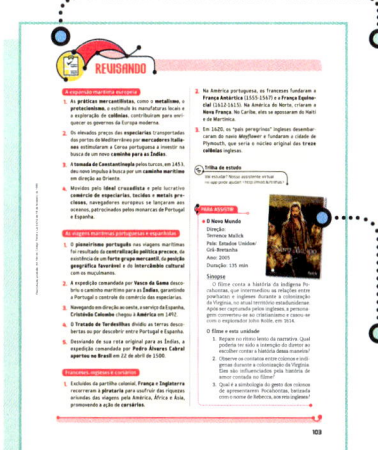

REVISANDO
Síntese dos principais conceitos e conteúdos da unidade.

PARA LER/ASSISTIR/ OUVIR/NAVEGAR
Sugestões orientadas de leituras, filmes, músicas e *sites*.

CONTEÚDO DOS MATERIAIS DIGITAIS

O *Projeto Araribá Plus* apresenta um Portal exclusivo, com ferramentas diferenciadas e motivadoras para o seu estudo. Tudo integrado com o livro para tornar a experiência de aprendizagem mais intensa e significativa.

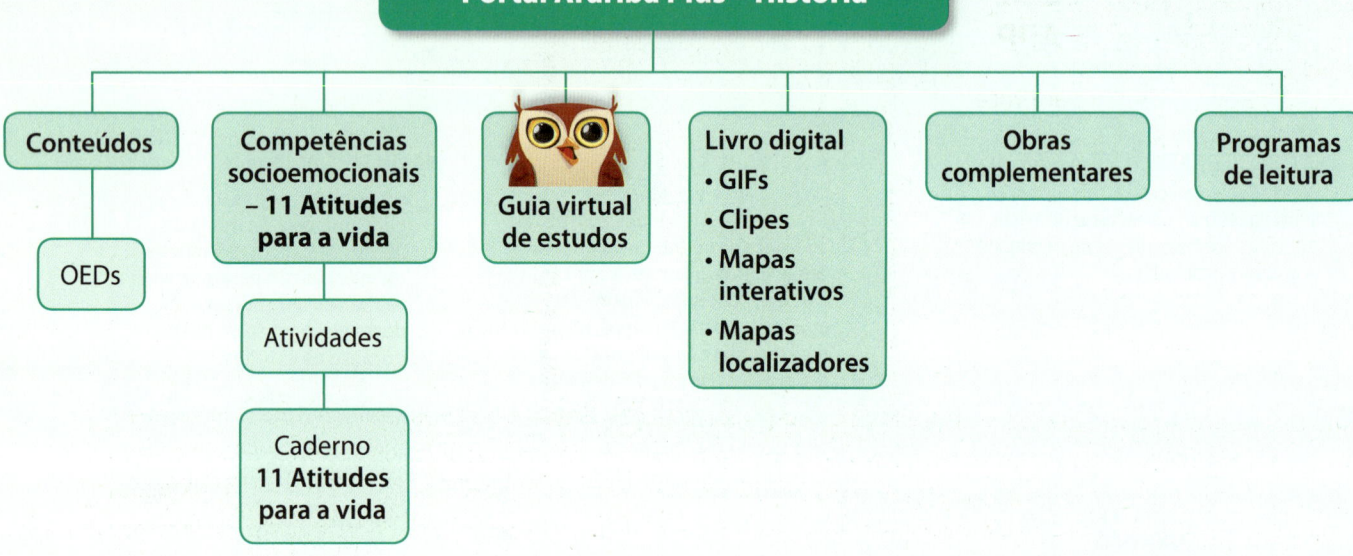

Livro digital com tecnologia *HTML5* para garantir melhor usabilidade e ferramentas que possibilitam buscar termos, destacar trechos e fazer anotações para posterior consulta. O livro digital é enriquecido com objetos educacionais digitais (OEDs) integrados aos conteúdos. Você pode acessá-lo de diversas maneiras: no *smartphone*, no *tablet* (Android e iOS), no *desktop* e *on-line* no *site*:

http://mod.lk/livdig

LISTA DE OEDs

Unidade	Título do objeto digital
1	Conversa griô
2	*Lutero*
3	*El Drake*
4	A brutalidade da colonização espanhola
5	Cântico Guarani
5	Desvendando documentos
6	As línguas africanas e o português do Brasil
7	*Quiz*: crise na Europa e reações na colônia
8	Canto *Muriquinho piquinino*

ARARIBÁ PLUS APP

Aplicativo exclusivo para você com recursos educacionais na palma da mão!

Objetos educacionais digitais diretamente no seu *smartphone* para uso *on-line* e *off-line*.

Acesso rápido por meio do leitor de código *QR*.
http://mod.lk/app

Stryx, um guia virtual criado especialmente para você! Ele ajudará a entender temas importantes e a achar videoaulas e outros conteúdos confiáveis, alinhados com o seu livro.

Eu sou **Stryx** e serei seu guia virtual por trilhas de conhecimentos de um jeito muito legal de estudar!

SUMÁRIO

UNIDADE 1 A EMERGÊNCIA DO MUNDO MODERNO 14

TEMA 1 As crises do feudalismo: fome, epidemia e rebeliões 16
  As crises do feudalismo, 16

TEMA 2 O processo de centralização política na Europa 21
  A centralização monárquica, 21

ATIVIDADES 24

TEMA 3 Civilizações da América pré-colombiana 25
  A diversidade cultural na América, 25; Maias e quéchuas atuais, 29

DE OLHO NO INFOGRÁFICO: Juanita, a donzela do gelo 30

TEMA 4 Reinos e impérios na África subsaariana 32
  As sociedades saheliana, 32

ATITUDES PARA A VIDA: A tradição dos *griots* 36

ATIVIDADES 37

COMPREENDER UM TEXTO: O CERCO DE LISBOA 39
REVISANDO 42

UNIDADE 2 RENASCIMENTO E REFORMAS RELIGIOSAS 43

TEMA 1 O humanismo: uma nova visão de mundo 44
  Um novo modo de pensar, 44

TEMA 2 O Renascimento nas ciências e nas artes 47
  O espírito científico, 47; Península Itálica: berço da nova arte, 50;
  Inovações da arte renascentista, 53; O Renascimento no norte da Europa, 54

ATITUDES PARA A VIDA: Os cadernos de Leonardo 55

ATIVIDADES 56

TEMA 3 A Reforma Protestante: uma nova divisão na cristandade 57
  A crise religiosa, 57; Lutero e o início da Reforma, 58;
  Calvino e seus seguidores, 59; A Igreja Anglicana, 59

DE OLHO NO INFOGRÁFICO: Igrejas e denominações cristãs 60

TEMA 4 A Reforma Católica e seus impactos na Europa e no mundo 62
  A reação da Igreja, 62

ATIVIDADES 66
COMPREENDER UM TEXTO: O QUE É QUE VOCÊ VÊ? 68
REVISANDO 70

UNIDADE 3 — AS VIAGENS MARÍTIMAS EUROPEIAS 71

TEMA 1 As motivações para a expansão marítima europeia 72
Mares nunca antes navegados, 72; A formação dos Estados modernos, 73; Novas práticas econômicas: o mercantilismo, 74; O comércio com o Oriente, 75; O ideal cruzadista, 76

TEMA 2 As viagens marítimas portuguesas 79
O pioneirismo ibérico, 79; Portugal conquista os mares, 80

ATITUDES PARA A VIDA: O desenvolvimento da cartografia em Portugal 83

ATIVIDADES 84

TEMA 3 As viagens marítimas espanholas 85
Os espanhóis chegam à América, 85

DE OLHO NA IMAGEM: A certidão de nascimento da América 86

O Tratado de Tordesilhas, 87; A vida em alto-mar, 88

TEMA 4 Outras viagens marítimas: franceses, ingleses e corsários 90
Piratas em nome da Coroa, 90; Incursões francesas na América, 92; As navegações inglesas, 93; A formação das treze colônias, 94

ATIVIDADES 96

EM FOCO: A PRIMEIRA VIAGEM AO REDOR DO MUNDO 98

REVISANDO 103

UNIDADE 4 — A CONQUISTA E A COLONIZAÇÃO ESPANHOLA NA AMÉRICA 104

TEMA 1 Saberes dos povos pré-colombianos 106
Um continente, muitas culturas, 106; A criação de calendários, 109; Técnicas e produtos agrícolas, 110

TEMA 2 Os espanhóis na América 112
A conquista do Caribe, 112; A destruição do Império Asteca, 114; A destruição do Império Inca, 115; A resistência indígena, 116

ATITUDES PARA A VIDA: Cuauhtémoc: história e memória 118

ATIVIDADES 119

TEMA 3 A colonização espanhola na América 120
Os primeiros órgãos da administração colonial, 120; A criação dos vice-reinos, 121; As principais atividades econômicas, 122

TEMA 4 Trabalho e divisões sociais nas colônias espanholas 124
A mão de obra indígena, 124; A sociedade colonial, 127; Relações entre diferentes culturas, 128

ATIVIDADES 130

COMPREENDER UM TEXTO: *OS CONQUISTADORES* 132

REVISANDO 135

SUMÁRIO

UNIDADE 5 — PORTUGUESES NA AMÉRICA: CONQUISTA E COLONIZAÇÃO 136

TEMA 1 — Os povos que os portugueses encontraram 138
Os povos de Pindorama, 138; O contato com o "outro", 141

ATITUDES PARA A VIDA: Terras Indígenas 143

TEMA 2 — A conquista e o início da colonização 144
O valioso pau-brasil, 144; A colonização de fato, 146;
Interação entre indígenas e portugueses, 148

ATIVIDADES 149

TEMA 3 — Escravidão e resistência indígena 150
Alianças, guerras e escravidão, 150; Os aldeamentos jesuítas, 152;
Formas de resistência, 153

TEMA 4 — O Nordeste açucareiro 154
A organização da produção açucareira, 154

DE OLHO NO INFOGRÁFICO: A produção de açúcar no Brasil no século XVII 155
A sociedade do engenho, 158

ATIVIDADES 161

EM FOCO: POTIGUARA: ALIANÇAS E RESISTÊNCIA 163

REVISANDO 167

UNIDADE 6 — AS TERRAS DO ATLÂNTICO INTERLIGADAS PELA ESCRAVIDÃO 168

TEMA 1 — Trabalho escravo e trabalho servil 170
Formas de trabalho compulsório, 170;
O tráfico negreiro e a escravidão moderna, 172

TEMA 2 — O tráfico transatlântico 174
A expansão portuguesa na África, 174;
O funcionamento do tráfico negreiro, 175

ATIVIDADES 179

TEMA 3 — A escravidão africana no Brasil 180
Os africanos trazidos para o Brasil, 180;
Escravidão e resistência no Brasil, 183

DE OLHO NA IMAGEM: Capoeira: resistência e sociabilidade 186

TEMA 4 — A escravidão no Caribe e nos Estados Unidos 187
A conquista europeia do Caribe, 187; A escravidão nos Estados Unidos, 189;
A resistência à escravidão, 190

ATITUDES PARA A VIDA: Raízes da música *pop* contemporânea 191

ATIVIDADES 192

COMPREENDER UM TEXTO: POR QUE NÃO HÁ NO BRASIL UM MUSEU DA ESCRAVIDÃO? 194

REVISANDO 196

UNIDADE 7 — CRISE NA EUROPA E REAÇÕES NA COLÔNIA ... 197

TEMA 1 A crise do século XVII na Europa ... 198
O Estado absolutista, 198; O esgotamento do mercantilismo, 200

TEMA 2 A crise e a dependência portuguesa ... 202
A União Ibérica (1580-1640), 202; As invasões holandesas, 203

ATIVIDADES ... 207

TEMA 3 O aumento do controle português ... 208
A diminuição do comércio ultramarino, 208;
Mudanças na administração colonial, 210

TEMA 4 Rebeliões na colônia ... 211
A reação colonial, 211; Os quilombos e a resistência escrava, 213

ATITUDES PARA A VIDA: Terra de quilombo ... 217

ATIVIDADES ... 218

COMPREENDER UM TEXTO: COMO OCORREU A REVOLTA DO MANETA ... 220
REVISANDO ... 222

UNIDADE 8 — A EXPANSÃO DA AMÉRICA PORTUGUESA ... 223

TEMA 1 A pecuária avança pelo interior da colônia ... 224
A pecuária na América portuguesa, 224;
A moderna pecuária e seu impacto ambiental, 228

TEMA 2 Conflitos e trocas culturais no sertão ... 229
A expansão das fronteiras coloniais, 229;
Aliança e guerra com os indígenas, 231; Bandeirantes versus jesuítas, 232

DE OLHO NO INFOGRÁFICO: O reconhecimento dos
povos indígenas do Brasil ... 234
Aprendizado e trocas culturais, 236

ATITUDES PARA A VIDA: Os bandeirantes: uma polêmica ... 238

ATIVIDADES ... 239

TEMA 3 A descoberta de ouro nas Minas Gerais ... 240
A busca por metais preciosos, 240; Descoberta e exploração
dos diamantes, 242; O aumento do controle metropolitano, 243;
A mineração e seus impactos ambientais, 245

TEMA 4 A sociedade mineira: divisão social, arte e fé ... 246
Uma sociedade dinâmica, 246; Cotidiano e fé nas minas do ouro, 247;
O Barroco mineiro, 249

ATIVIDADES ... 250

EM FOCO: TROPEIROS: CONDUTORES DE MERCADORIAS E COSTUMES ... 252
REVISANDO ... 257

REFERÊNCIAS BIBLIOGRÁFICAS ... 258

ATITUDES PARA A VIDA ... 265

UNIDADE 1

A EMERGÊNCIA DO MUNDO MODERNO

COMEÇANDO A UNIDADE

1. Que crise política contemporânea as duas imagens desta abertura representam? Elas expressam a mesma posição em relação a essa crise? Explique.

2. O texto e as fotos chamam a atenção para a fragilidade da Espanha como Estado nacional unificado. Explique.

3. Imagine que você é um catalão. Você defenderia ou não a independência da Catalunha? Por quê? Esse conflito pode ser resolvido? Justifique sua resposta e prepare-se para apresentá-la aos colegas.

ATITUDES PARA A VIDA

- Persistir.
- Escutar os outros com atenção e empatia.
- Pensar e comunicar-se com clareza.

Na foto à esquerda, manifestantes ocupam as ruas de Barcelona em defesa da independência da Catalunha, em março de 2018. Na foto abaixo, manifestantes contrários à separação catalã protestam em Barcelona, em novembro de 2017.

CATALUNHA × MADRI

A Catalunha é uma comunidade autônoma da Espanha e a região mais rica do país. Ela foi incorporada ao Reino da Espanha durante o processo de unificação deste reino, concluído em 1492. A região, porém, sempre foi culturalmente independente: seus habitantes mantêm ativa a língua catalã e fazem questão de defender a tradição republicana.

Em outubro de 2017, os catalães foram chamados a votar em um referendo para decidir a independência. A consulta popular foi convocada pelo governo regional da Catalunha e por parlamentares favoráveis à separação, mas não foi reconhecida pelo governo de Madri. O resultado mostrou a divisão dos catalães. Noventa por cento dos votantes decidiram pela separação. Porém, apenas 42% dos eleitores haviam comparecido às urnas.

A declaração unilateral de independência da Catalunha abriu uma crise política profunda na Espanha, com manifestações a favor e contra a separação, violência policial e prisão de separatistas, a dissolução do Parlamento e a intervenção no governo regional catalão. O governo central deixou claro que não estava disposto a perder a "galinha dos ovos de ouro" da Espanha.

Referendo: consulta popular, por meio do voto, para decidir sobre um tema que passará a ser incorporado na legislação. No referendo, os cidadãos indicam se concordam ou não com a medida proposta pelo governo.

TEMA 1

AS CRISES DO FEUDALISMO: FOME, EPIDEMIA E REBELIÕES

Quais foram os principais problemas que atingiram a Europa Ocidental no final da Idade Média?

AS CRISES DO FEUDALISMO

Como você estudou no 6º ano, a Europa Ocidental vivenciou, de modo geral, um período de crescimento demográfico, revigoramento urbano e expansão comercial entre os séculos XI e XIII. Esse quadro positivo, contudo, começou a se inverter no século XIV.

O crescimento econômico deu lugar à estagnação. A produção de alimentos e de outros artigos diminuiu, e a fome, as epidemias e as rebeliões tornavam evidentes as crises que atingiam o sistema feudal no Ocidente europeu. Veja a seguir como essas crises ocorreram.

RHEINISCHES LANDESMUSEUM BONN, BONN

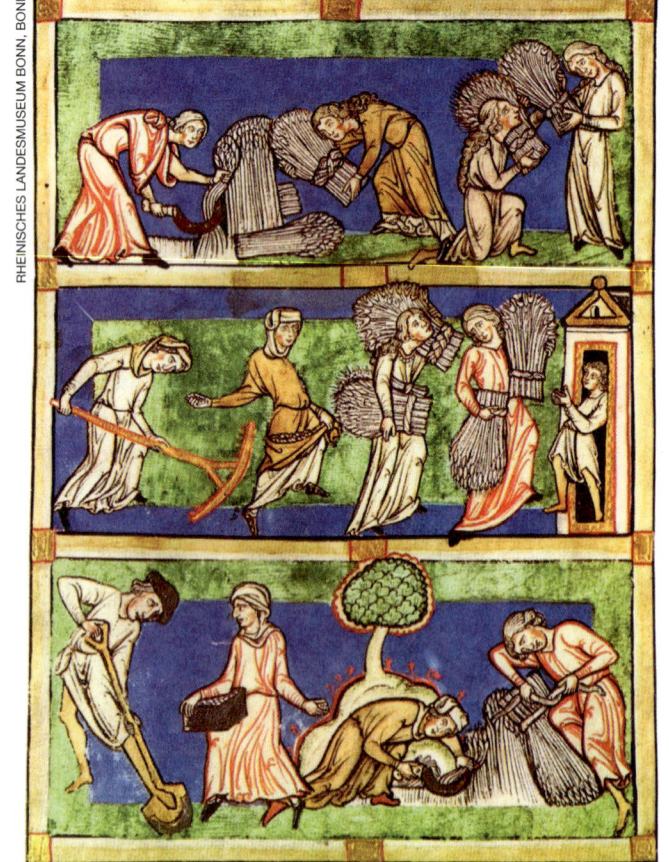

Iluminura medieval representando o trabalho de camponeses na agricultura, do manuscrito *Espelho das virgens*, século XIII. Imagine o impacto que a queda drástica das colheitas causava para o conjunto da sociedade medieval.

CARESTIA ALIMENTAR E FOME

Na segunda metade do século XIII, já se podiam notar os primeiros sinais de que a produção agrícola não conseguia acompanhar o aumento populacional na Europa. A solução adotada para aumentar a produção agrícola foi explorar solos antes cobertos por florestas, em vez de desenvolver novas tecnologias.

O avanço contínuo da agricultura atingiu também áreas de pastagens e terrenos menos apropriados ao cultivo. Com a redução do adubo natural, antes fornecido pelo gado, e com o cultivo de solos menos férteis, o resultado foi a queda das colheitas e dos rendimentos de senhores e camponeses.

No século XIV, os períodos de más colheitas tornaram-se frequentes. Entre 1314 e 1315, por exemplo, as fortes chuvas em quase todas as regiões da Europa destruíram plantações. Como consequência, o preço dos alimentos aumentou rapidamente, e o fantasma da fome voltou a assombrar a população europeia. Na região do Baixo Reno, na França, um cronista relatou que as populações chegaram a se alimentar de cadáveres de animais vitimados por enfermidades, originando graves epidemias. Nos territórios alemães, covas coletivas foram abertas para enterrar os "mortos de fome".

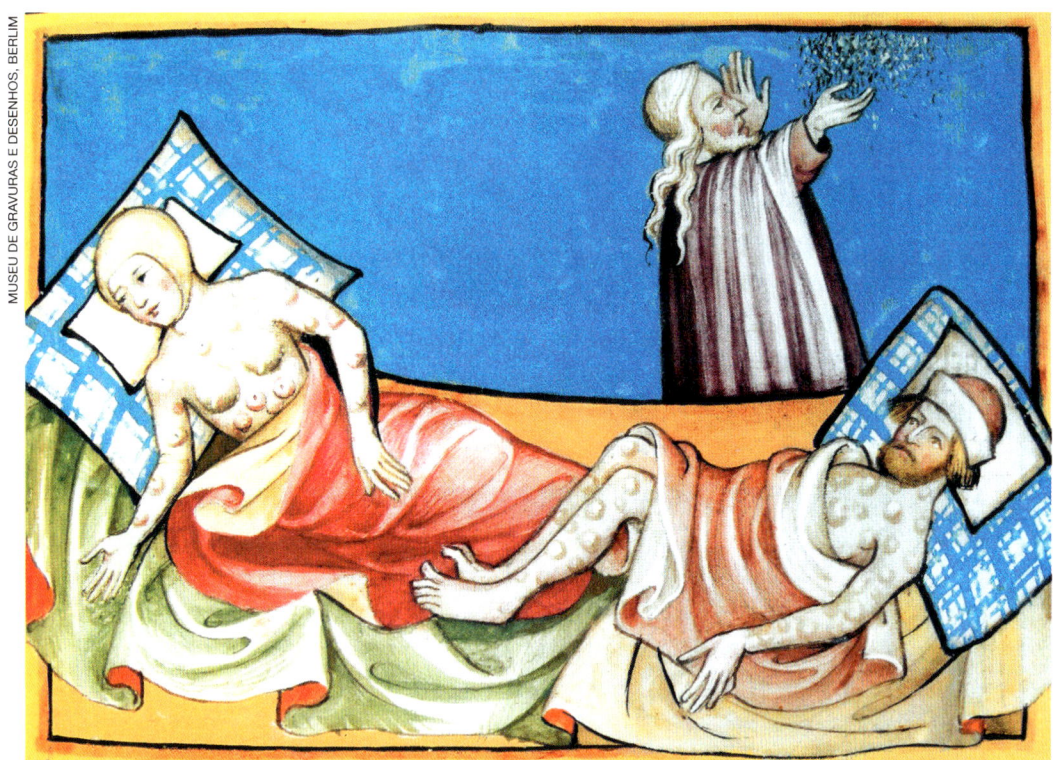

Ilustração da *Bíblia de Toggenburg* representando doentes da peste negra, 1411.

A PESTE NEGRA

Em meados do século XIV, a população europeia, grande parte dela desnutrida pela escassez agrícola, foi vítima de uma epidemia devastadora. Conhecida como **peste negra** ou **bubônica**, ela causou a morte de um terço da população europeia e reduziu ainda mais a produção econômica do período.

A peste negra é uma doença de caráter infectocontagioso provocada pela bactéria *Yersinia pestis*. Ela é transmitida aos humanos principalmente por meio de pulgas que se contaminam ao parasitar roedores que alojam a bactéria, como os ratos, e se manifesta de duas formas principais: a **bubônica** e a **pneumônica**.

No caso da peste bubônica, o bacilo entra no indivíduo percorrendo seus vasos linfáticos até ficar retido nos gânglios do pescoço, sob os braços e nas virilhas, gerando um inchaço doloroso chamado bubão. A incubação da doença é rápida e seus sintomas, como manchas escuras na pele, aparecem entre dois e cinco dias após o contágio.

A peste pneumônica é mais grave. Isso porque as bactérias se alojam nos pulmões, facilitando o contágio pelo ar por meio da tosse ou do espirro. Foi essa forma da doença que matou mais de um terço da população europeia entre 1348 e 1351, o período mais crítico da epidemia.

Durante muito tempo, acreditou-se que a peste bubônica era transmitida aos humanos somente pela picada de pulgas de roedores. Atualmente, sabe-se que a doença também pode ser transmitida por meio da picada de pulgas de animais domésticos e ao se liberar gotículas infectadas com a bactéria por meio da tosse, do espirro ou simplesmente ao falar.

Dialogando com Ciências

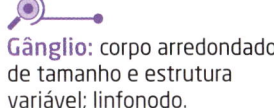

Gânglio: corpo arredondado de tamanho e estrutura variável; linfonodo.

OS CAMINHOS DA PESTE NEGRA

Acredita-se que a peste tenha surgido na Ásia Central e tenha chegado à Europa pelos portos do Mediterrâneo em embarcações que estavam infestadas de ratos contaminados provavelmente em 1347. Em seguida, a doença se espalhou pelo interior da Europa até chegar ao norte do continente. Depois, atingiu as Ilhas Britânicas e as regiões escandinavas, de onde rumou para a Rússia.

Devido às precárias condições sanitárias do período, inclusive entre as camadas mais abastadas da sociedade, as casas ficavam infestadas de ratos. Quando as pulgas que parasitavam os roedores picavam seres humanos e animais, eles eram contaminados pela bactéria causadora da enfermidade.

A doença espalhou-se pelo continente de forma rápida: Marselha, no litoral francês, já apresentava doentes em dezembro de 1347, Paris, em junho de 1348, e Londres e Frankfurt, em dezembro de 1349. Calcula-se que até 1390 a doença tenha vitimado entre 20 e 25 milhões de pessoas na Europa.

A peste negra sempre esteve associada aos roedores. Atualmente, porém, não há mais consenso na ciência sobre terem sido os roedores os vetores mais importantes da doença. Algumas pesquisas apontam que o maior transmissor da enfermidade foi o próprio ser humano.

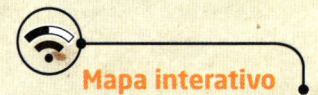
Mapa interativo

A EXPANSÃO DA PESTE NEGRA NA EUROPA (1347-1351)

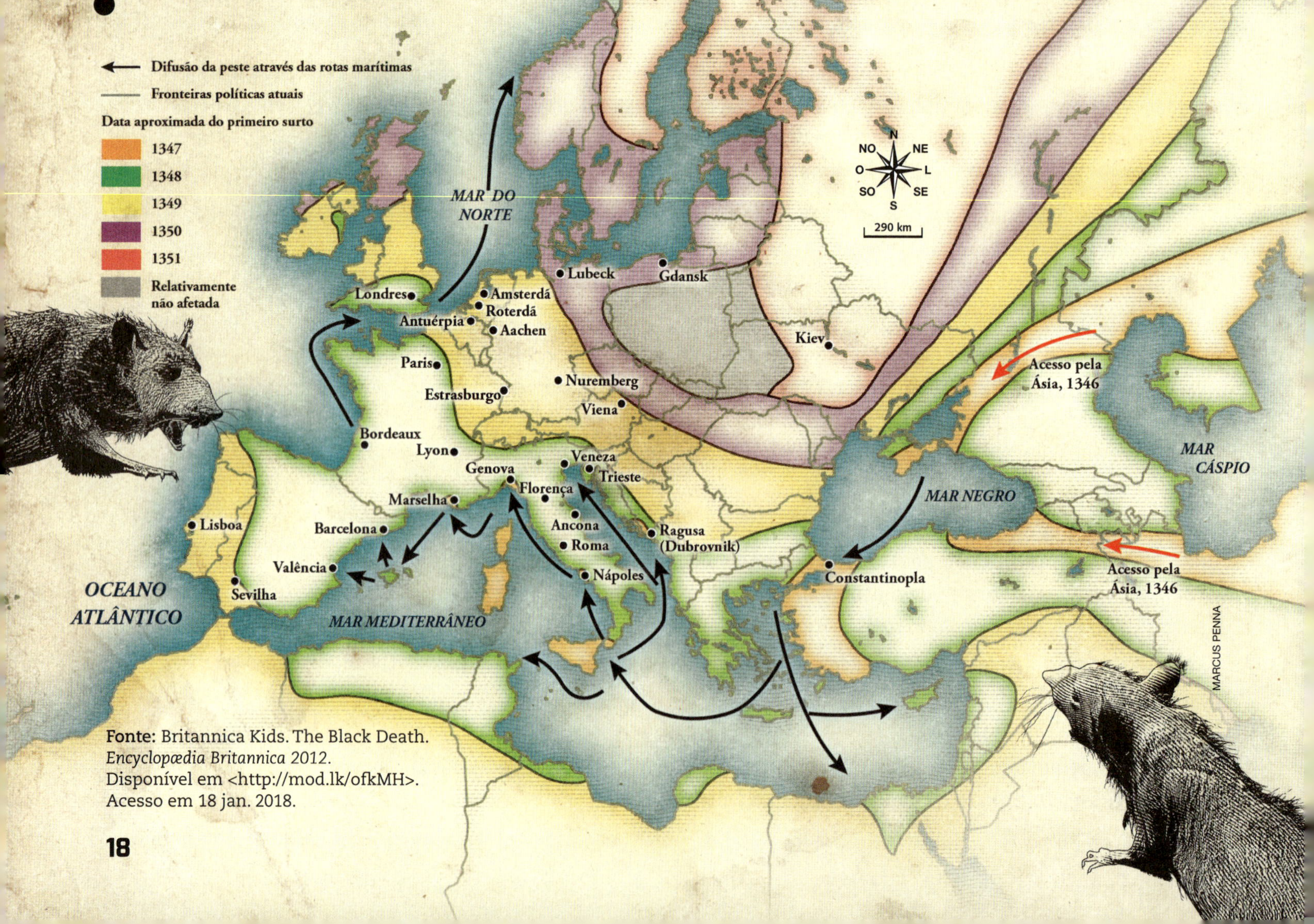

Fonte: Britannica Kids. The Black Death. *Encyclopædia Britannica* 2012.
Disponível em <http://mod.lk/ofkMH>.
Acesso em 18 jan. 2018.

BRIDGEMAN IMAGES/KEYSTONE BRASIL - MUSEU ASHMOLEAN, UNIVERSIDADE DE OXFORD

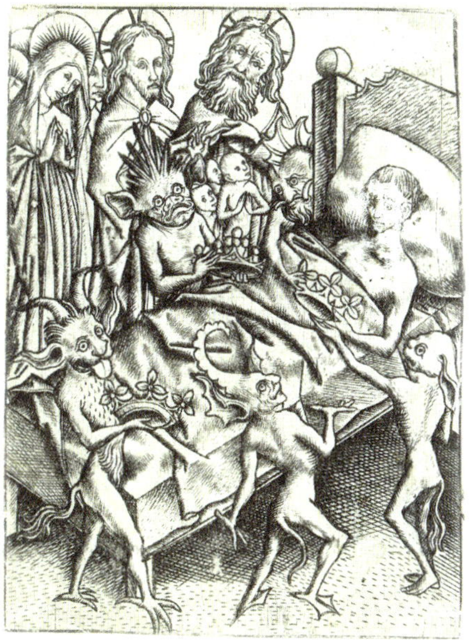

Gravura de exemplar de *Ars Moriendi* representando a tentação da avareza na hora da morte, século XV.

O MEDO DA MORTE

"Da peste, da fome e da guerra livrai-nos, oh Senhor!" Essa oração, muito entoada nas igrejas da Europa no final da Idade Média, é um exemplo do quadro de crise, angústia e fervor religioso do período. Era como se a profecia revelada no Livro do Apocalipse estivesse se cumprindo. Esse cenário de medo, destruição e morte foi representado à exaustão por muitos artistas da época.

Na pintura, por exemplo, a morte era representada na figura de esqueletos humanos, de corpos em decomposição e, em especial, nas danças macabras, como você pode observar na imagem ao pé desta página. Essas danças mostravam a morte personificada em um esqueleto parcialmente coberto por um manto e carregando uma foice, seguido por indivíduos dos mais variados segmentos sociais. Nas representações da morte, as diferentes camadas sociais da Europa medieval apareciam, enfim, igualadas pela finitude da existência humana.

Na literatura, as representações da morte deram origem ao *Ars Moriendi* ("a arte de morrer"), gênero literário em que os textos ensinavam aos cristãos os preparativos para uma boa morte. O famoso *Tractatus artis bene moriendi* (1415), por exemplo, procurava consolar o moribundo e motivá-lo a considerar o lado bom da morte. A obra também trazia conselhos para que evitasse as tentações que rondavam seu leito de morte, além de regras gerais de boa conduta de parentes e amigos junto ao agonizante e de preces apropriadas à situação.

Livro do Apocalipse: livro bíblico que descreve a visão profética do apóstolo João. Nele, conta-se que, após a abertura dos quatro primeiros Sete Selos, quatro cavaleiros teriam sido liberados para despejar sobre a humanidade pecadora toda a ira divina. Esses cavaleiros seriam a peste, a fome, a guerra e a morte.

Explore

- Você consegue identificar os grupos sociais representados nessa pintura? Se sim, como?

Dança macabra, detalhe de pintura de Bernt Notke, século XV.

THE BRIDGEMAN ART LIBRARY/ KEYSTONE BRASIL - MUSEU DE ARTE DA ESTONIA, TALLINN

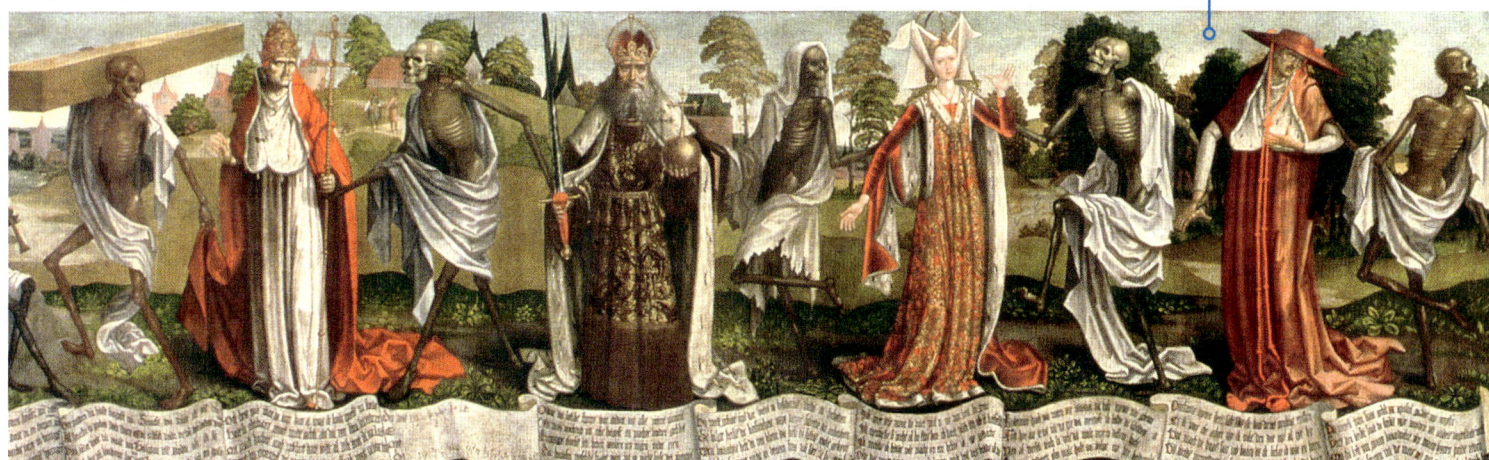

O clérigo revolucionário John Ball (sobre o cavalo) lidera os camponeses durante a revolta popular de 1381 na Inglaterra. A cena foi representada em ilustração das *Crônicas de Jean Froissart*, c. 1470.

REVOLTAS POPULARES

O contexto de fome e epidemias, somado às constantes guerras no continente e aos tributos devidos à Igreja e aos senhores feudais, impeliu muitos camponeses à rebelião. Na década de 1350, explodiram várias revoltas camponesas na França, conhecidas como **jacqueries**, nome que deriva de uma expressão francesa semelhante a "joão-ninguém".

Para alguns autores, essas revoltas contestavam os altos tributos cobrados pelos senhores. Para outros, teriam sido motivadas por uma crise de fome no norte da França. Outros, ainda, as interpretam como levantes contra o poder da nobreza. Essas revoltas foram duramente reprimidas, deixando mais de 20 mil camponeses mortos.

Além das *jacqueries*, na região de Flandres (norte da Bélgica atual), trabalhadores urbanos se voltaram contra as oficinas artesanais formadas por camponeses vindos das áreas rurais. Para os rebeldes, essas oficinas eram responsáveis pelo aumento da concorrência e pela redução dos seus salários.

Em 1381, uma revolta aglutinando trabalhadores do campo e da cidade explodiu na Inglaterra, motivada pela cobrança de um novo imposto. Os trabalhadores chegaram a tomar a cidade de Canterbury e a constranger o rei em Londres, que se viu forçado a atender às demandas do movimento. Contudo, após essa concessão, a rebelião foi derrotada e massacrada pela aristocracia.

ORGANIZAR O CONHECIMENTO

1. Crie um pequeno texto sobre a produção agrícola europeia do século XIV utilizando as expressões do quadro abaixo.

   > aumento populacional
   > produção agrícola   redução das colheitas
   > expansão das áreas cultiváveis   tecnologias

2. Decida qual substantivo do quadro abaixo entra em cada uma das frases a seguir.

   > 1. Rebelião   2. Roedor   3. Fome
   > 4. Bactéria   5. Literatura

   a) A peste negra, que no século XIV matou mais de 20 milhões de pessoas na Europa, é causada por um microrganismo desse tipo. ___

   b) As *jacqueries* ocorreram na França, no século XIV, e foram violentamente reprimidas pela aristocracia. ___

   c) Tipo de obra que trazia conselhos e regras com o objetivo de ajudar o cristão a ter uma boa morte. ___

   d) Ao alojar pulgas contaminadas, é considerado o responsável por introduzir e alastrar a peste negra pela Europa. ___

   e) O aumento da população e a crise da produção agrícola tiveram como resultado uma grave crise alimentar na Europa do século XIV. ___

TEMA 2

O PROCESSO DE CENTRALIZAÇÃO POLÍTICA NA EUROPA

A CENTRALIZAÇÃO MONÁRQUICA

No 6º ano, provavelmente você estudou que a Europa Ocidental passou por uma série de transformações sociais e econômicas entre os séculos XI e XIV, que favoreceram a nascente burguesia. Apesar disso, existiam muitos obstáculos para o enriquecimento desse novo grupo social, relacionados principalmente com o poder político fragmentado.

O transporte de mercadorias de uma cidade para outra, por exemplo, obrigava os comerciantes a cruzar vários senhorios. Cada um deles, porém, estava sob a autoridade de um senhor feudal, que estipulava suas próprias leis e taxações.

Essas restrições, que variavam de um senhorio para outro, incentivaram a burguesia a apoiar a transferência de poder para as mãos de um rei; assim, ele poderia unificar a moeda, as leis e os impostos e estabelecer um sistema de pesos e medidas único, facilitando os negócios.

Que mudanças possibilitaram a formação dos primeiros Estados modernos na Europa?

Burguesia: grupo social que surgiu com a formação do burgo, a cidade medieval. Os burgueses exercem diferentes atividades urbanas, como a de comerciante, banqueiro e donos de oficinas artesanais.

Senhorio: propriedade agrícola do senhor feudal.

Ilustração de um manuscrito genovês do século XIV representando banqueiros. A centralização do poder nas mãos dos reis favoreceu as atividades da burguesia.

A RECONQUISTA

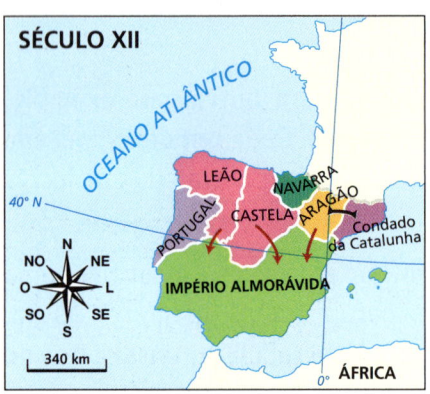

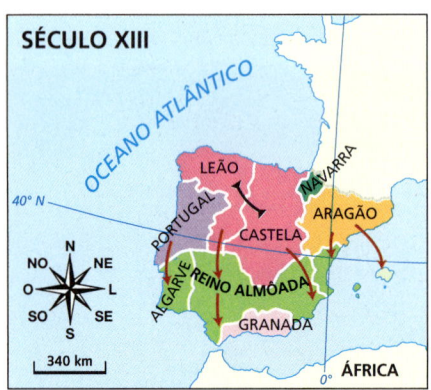

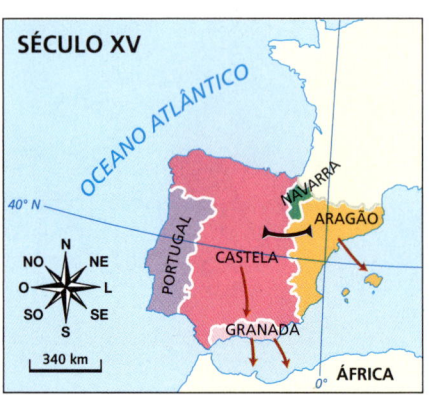

Fonte: HILGEMANN, Werner; KINDER, Hermann. *Atlas historique*. Paris: Perrin, 1992. p. 182.

O SURGIMENTO DO ESTADO MODERNO

Os monarcas também receberam apoio de alguns nobres. Enfraquecidos com as Cruzadas e as fugas dos servos para as cidades, muitos aristocratas se aliaram ao rei, mantendo boa parte de seus privilégios. A centralização do poder real, contudo, sofreu resistência da maior parte dos senhores feudais e da Igreja. Os senhores feudais temiam ter seu poder diminuído; enquanto o alto clero receava que reis muito poderosos se tornassem politicamente mais fortes que o papa.

Apesar desses entraves, aos poucos os reis europeus conseguiram impor sua autoridade sobre os habitantes de um território e estabelecer o chamado **Estado moderno**. Ele é caracterizado pela existência de um mesmo povo (súdito), falando uma única língua, vivendo em um mesmo território limitado por fronteiras, defendido por um Exército nacional e governado pelo monarca soberano.

A FORMAÇÃO DOS REINOS IBÉRICOS

Desde o início do século VIII, a maior parte da Península Ibérica estava dominada pelos árabes muçulmanos. Os cristãos ocupavam o norte da península. A partir do século XI, as Cruzadas e as disputas políticas entre os muçulmanos estimularam os cristãos a retomar os territórios ocupados pelos árabes, em batalhas que ficaram conhecidas pelo nome de **Reconquista**.

Aos poucos, os territórios reconquistados na península deram origem a reinos como Leão, Castela, Navarra e Aragão. Esses reinos, entretanto, também lutavam entre si pelo controle político e territorial da região. Alianças entre famílias reais, firmadas por meio do matrimônio, foram usadas para ampliar o poder de cada reino.

Na luta contra os árabes, o rei Afonso VI de Leão e Castela contou com o apoio de seu primo francês Henrique de Borgonha, que recebeu em casamento a filha do rei, D. Teresa, e o **Condado Portucalense**. Em 1139, Afonso Henriques, filho de Henrique de Borgonha, proclamou-se rei de Portugal e inaugurou a primeira dinastia portuguesa.

O reino da Espanha formou-se a partir do casamento de Fernando, herdeiro do trono de Aragão, e Isabel, irmã do rei de Leão e Castela. Mas a centralização política somente se consolidou após a expulsão definitiva dos árabes que ainda resistiam em Granada, no extremo sul da península, em 1492. Assim nascia o **Reino da Espanha**, que adotou o castelhano, a língua de Castela, como idioma oficial para todo o reino.

Explore

- Considerando que o símbolo ⊢⊣, no mapa, significa união por casamento, responda: qual foi a importância do matrimônio real para a formação da Espanha?

A MONARQUIA NA FRANÇA E NA INGLATERRA

A formação do Estado moderno na França teve início com a dinastia capetíngia (978-1328). Visando aumentar o poder real, a partir do século XII os monarcas capetíngios criaram impostos e confiscaram feudos. Nos dois séculos seguintes, os monarcas criaram um exército assalariado e estabeleceram taxas sobre os bens da Igreja.

Entretanto, o poder real somente foi consolidado na França com a **Guerra dos Cem Anos**, ocorrida entre 1337 e 1453 e vencida pelos franceses. O conflito foi motivado pelas disputas com a Inglaterra pela sucessão do trono francês e pelo controle da região de Flandres, importante centro produtor de tecidos. Muitos nobres franceses morreram no conflito. Enfraquecida, grande parte da nobreza se aliou aos reis da dinastia Valois. Com ela, o poder real se afirmou na França.

A centralização monárquica na Inglaterra teve início com Guilherme, o Conquistador, no século XII. Ele confiscou terras da população e criou 5 mil feudos, administrados por vassalos que deviam fidelidade ao rei. Nos séculos seguintes, porém, os monarcas ingleses tiveram de lutar para manter a autoridade real contra o fortalecimento dos senhores feudais.

O ato que marcou definitivamente a história da monarquia inglesa ocorreu durante o reinado de João Sem Terra. Em 1215, ele assinou a **Magna Carta**, uma espécie de Constituição que reconhecia o poder do rei, mas o obrigava a respeitar as resoluções da lei. Com a Magna Carta, nobres, clérigos e burgueses conseguiram limitar o poder do monarca na Inglaterra.

A francesa Joana d'Arc representada em manuscrito de 1505. Durante a Guerra dos Cem Anos, apareceu na França a figura de Joana d'Arc, camponesa que liderou um exército na libertação da cidade de Orleans. Acusada de heresia, Joana foi presa e queimada viva, em 1431. Inocentada no século XV, ela foi santificada pela Igreja Católica em 1920.

 ORGANIZAR O CONHECIMENTO

1. Assinale a afirmativa correta sobre o processo de centralização política na Europa medieval.
    a) O alto clero apoiava os novos reis porque via neles uma base de apoio ao poder do papa na Europa.
    b) A burguesia temia que os monarcas, fortalecidos, cobrassem novas taxas sobre o comércio.
    c) A maior parte dos senhores feudais foi contrária à centralização do poder nas mãos do rei, pois isso significava perder seu próprio poder e prestígio.
    d) Os reis permitiram que os nobres continuassem cobrando taxas nos senhorios em troca do seu apoio político.

2. Escreva **1** para Portugal e **2** para Espanha.
    a) Foi inicialmente um condado. ___
    b) Formou-se a partir da união de diversos reinos. ___
    c) O processo de unificação política se consolidou após a expulsão dos árabes de Granada. ___
    d) O país foi o primeiro a fundar o Estado moderno na Europa. ___

ATIVIDADES

APLICAR

Dialogando com Ciências

1. Observe a tira a seguir para responder às questões.

Níquel Náusea, tira de Fernando Gonsales, 2012.

a) Por que a afirmação feita pelo rato do segundo quadrinho não é correta?

b) Como você explica o lamento feito pelos ratos do último quadrinho?

c) Em 2016, um surto de febre amarela teve início no estado de Minas Gerais e se alastrou, no ano seguinte, para os demais estados do Sudeste do Brasil. A doença é causada pela picada de alguns mosquitos infectados pelo vírus causador da febre amarela. A enfermidade só atinge os primatas, como humanos e diferentes tipos de macaco. Muitas pessoas, desinformadas, passaram a matar os macacos acreditando que eles são os transmissores da doença. Forme um grupo com seus colegas para discutir o assunto e depois respondam: por que a matança de macacos, além de ser uma atitude cruel com esses animais, poderia aumentar o risco da contaminação de humanos pela doença?

2. Leia, abaixo, o trecho de um documento para responder às questões.

"Item, neste ano de 1437, tornaram-se os trigos e os cereais tão caros por todas as partes do reino de França e outros diversos lugares e países da cristandade que aquilo que alguma vez se tinha dado por quatro soldos, moeda de França, vendia-se por 40, ou mais. Por ocasião da qual carestia houve uma tão grande fome universal que grande multidão de pobres morreu por indigência."

La chronique d'Enguerran de Monstrelet.
In: PEDRERO-SÁNCHEZ, Maria Guadalupe.
História da Idade Média: textos e testemunhas.
São Paulo: Unesp, 2000. p. 195.

a) Qual é o tema central desse documento?

b) Em que contexto ele foi escrito?

3. Assinale a afirmativa incorreta sobre o texto da questão 2.

a) A carestia dos cereais tendia a causar graves crises de fome na Europa medieval.

b) O documento descreve a escassez de alimentos que atingiu o mundo no século XV.

c) No auge da carestia na França, o preço dos cereais chegou a subir 10 vezes.

d) A fome causada pela carestia dos cereais atingiu principalmente a população mais pobre.

4. Sobre o processo de centralização política na Inglaterra, responda.

a) Que fato diferenciou a formação do Estado moderno inglês do de Portugal, Espanha e França?

b) Qual foi a principal consequência desse acontecimento?

RETOMAR

5. Responda às questões-chave da abertura dos temas 1 e 2.

a) Quais foram os principais problemas que atingiram a Europa Ocidental no final da Idade Média?

b) Que mudanças possibilitaram a formação dos primeiros Estados modernos na Europa?

TEMA 3 — CIVILIZAÇÕES DA AMÉRICA PRÉ-COLOMBIANA

Quais características em comum havia entre as civilizações maia, asteca e inca?

A DIVERSIDADE CULTURAL NA AMÉRICA

Quando você estudou, no tema 2, a formação dos Estados modernos, deve ter percebido que esse processo ocorreu, inicialmente, em poucos países da Europa. A maior parte dela continuou dividida em pequenos reinos independentes. A diversidade política na América era semelhante à da Europa daquele período. Mas o território americano não estava dividido em fronteiras políticas claramente definidas.

Explore

- Quais regiões do continente americano pareciam ser mais povoadas antes da conquista europeia? E as menos povoadas? Justifique.

Apesar disso, as pesquisas nos permitem conhecer hoje a distribuição dos povos indígenas pelo continente e a grande diversidade que havia entre eles. Por exemplo, quando o Reino da Espanha concluiu sua unificação política, em 1492, havia na América grandes impérios, como o asteca e o inca; cidades-Estado que se encontravam em declínio, como as maias; Estados menores independentes, como o mixteca; além de múltiplas comunidades tradicionais, como as que habitavam o território brasileiro.

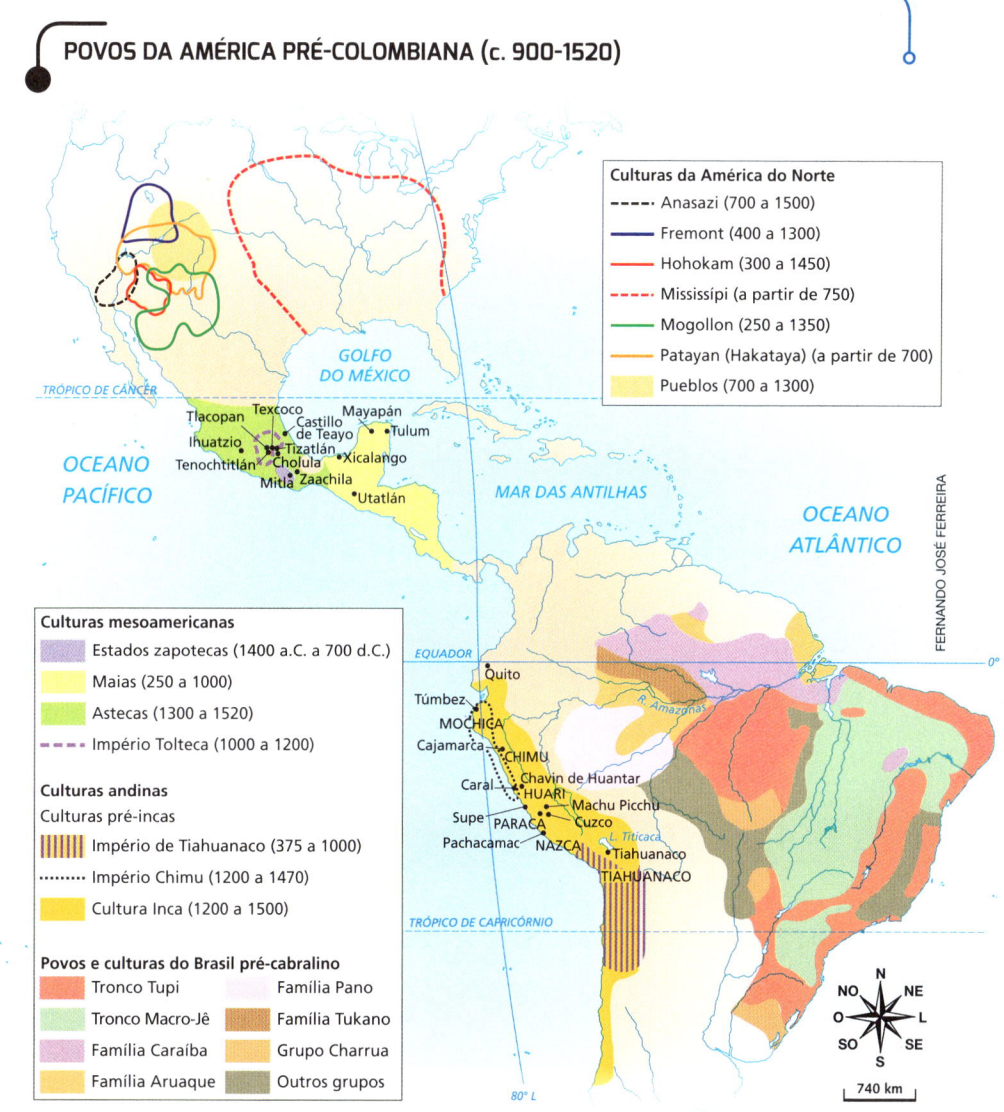

POVOS DA AMÉRICA PRÉ-COLOMBIANA (c. 900-1520)

Mapa interativo

Fontes: VICENTINO, Cláudio. *Atlas histórico*: geral e do Brasil. São Paulo: Scipione, 2011. p. 52; SOLIS, Felipe. Posclásico tardío (1200/1300-1521 d.C.). Tiempo mesoamericano (2500 a.C.-1521 d.C.). *Arqueología Mexicana*. Edición especial. México (DF): Raíces/Instituto Nacional de Antropología e Historia, 2001. p. 65.

25

O MUNDO DOS MAIAS

A civilização maia se desenvolveu na chamada **Mesoamérica**, área que atualmente corresponde ao sul do México, à Guatemala, a Belize, a Honduras e à parte leste de El Salvador. Essa civilização atingiu o auge de seu desenvolvimento entre 250 e 900 d.C.

Os maias viviam em cidades-Estado governadas por um chefe político hereditário. O chefe de cada cidade exercia funções políticas e religiosas e era auxiliado por um conselho de líderes tribais, nobres guerreiros e sacerdotes. Essa elite detinha a posse das terras, que eram cultivadas por camponeses.

Apesar da importância do comércio realizado entre as várias cidades-Estado, a **agricultura** constituía a base da economia maia. O principal produto cultivado era o milho; ele era tão importante que, segundo os mitos maias, os deuses o haviam utilizado como matéria-prima para criar o homem.

A civilização maia entrou em declínio por volta do ano 900, não se sabe se em decorrência de epidemias, guerras ou invasões de outros povos. Estudos recentes sugerem que esse declínio poderia, também, estar relacionado a uma longa estiagem ou ao esgotamento do solo, causado pelo uso contínuo do sistema de derrubada-queimada. Empobrecido, o solo deixou de produzir alimentos suficientes para a população.

MATEMÁTICA E ASTRONOMIA

Os sacerdotes maias procuravam explicar os movimentos dos corpos celestes como uma manifestação da vontade dos deuses. Por isso, esses sacerdotes também eram matemáticos e astrônomos.

Os maias criaram um símbolo para representar o zero e o usaram em cálculos matemáticos muito precisos. Além disso, eles conheciam o movimento do Sol, da Lua e de Vênus e os eclipses solares e lunares.

Com base nesses conhecimentos, os maias criaram três **calendários**, que utilizavam simultaneamente: o agrícola e social, de 365 dias; o ritual, de 260 dias; e o histórico, de 360 dias. Com base neles, os sacerdotes indicavam a época propícia para o preparo do campo, a semeadura e a colheita.

Mesoamérica: grande área geográfica e cultural do continente americano que se estende do sul do México até a América Central. Os povos que habitavam essa região tinham características culturais semelhantes.

Praça cerimonial e o Templo do Grande Jaguar, ruínas maias no Parque Nacional de Tikal, na Guatemala. Foto de 2010. Construído em forma de pirâmide, em meados do século VIII, esse templo serviu de túmulo ao governante maia Hasaw Cha'an Kawil e como centro de práticas cerimoniais.

O GRANDE IMPÉRIO ASTECA

Quando a maior parte das cidades maias já tinha sido abandonada, começou a se formar, também na Mesoamérica, a civilização asteca. Os mexicas, como os astecas também são chamados, chegaram à região do Lago Texcoco por volta do século XII, vindos do norte. Grandes guerreiros, eles iniciaram a conquista de cidades e povos vizinhos, formando um grande império.

Os povos subjugados deviam reconhecer a autoridade asteca e pagar tributos ao império. Os produtos confiscados desses povos permitiram transformar **Tenochtitlán**, a capital asteca, em uma bela cidade. Calcula-se que, no começo do século XVI, a cidade tivesse aproximadamente 300 mil habitantes e que o império reunisse ao todo mais de 25 milhões de pessoas.

A cidade de Tenochtitlán foi construída no meio de um lago salgado. Para conseguir viver no local, os astecas construíram diques e barragens que serviam para controlar o nível da água e evitar inundações. Eles também construíram terraços sobre a água dos lagos, chamados **chinampas**. Nesses canteiros flutuantes, cultivavam flores e hortaliças.

A agricultura era a base da economia asteca. Cultivavam milho, feijão, pimenta, abóbora, cacau, algodão, tabaco, frutas e verduras. Domesticavam perus, cachorros e patos. O artesanato também era muito refinado. Os artesãos trabalhavam nas residências, nos templos e em oficinas dos palácios imperiais. Eles confeccionavam peças em ouro, prata, cerâmica e pedras preciosas, além de tecidos de algodão e mosaicos de plumas.

A sociedade asteca era dirigida por uma aristocracia militar e sacerdotal. No centro desse grupo dirigente estava o imperador. Os membros do povo estavam reunidos em comunidades aldeãs, em uma condição social de **camponês-soldado**. Eles pagavam tributos ao imperador e aos sacerdotes entregando a eles parte do que produziam na aldeia, lutavam nas guerras e prestavam serviços ao Estado construindo diques, pirâmides e outras obras.

É BOM SABER

O Códice Mendoza

A palavra "códice" refere-se ao conjunto de desenhos e escritos feitos por escribas astecas e por outros habitantes da região do México, antes e depois da conquista espanhola. Um dos códices mais conhecidos é o *Códice Mendoza*, produzido entre 1541 e 1542. Nele, os nativos descrevem a fundação de Tenochtitlán, as conquistas territoriais astecas e eventos relacionados à vida cotidiana.

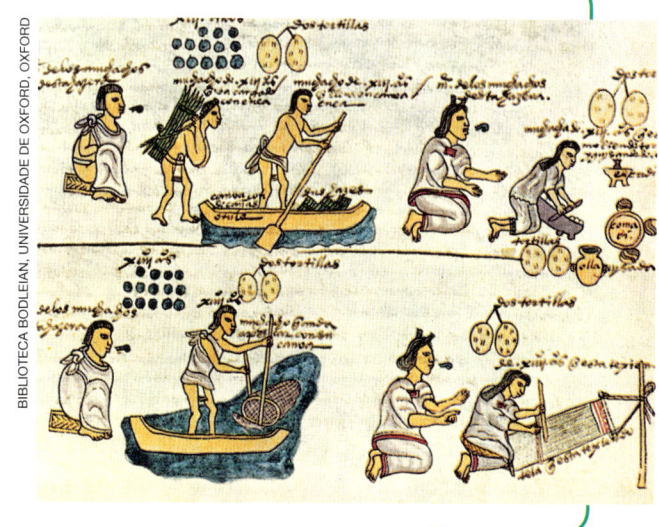

Ilustração do *Códice Mendoza*, 1541-1542. As imagens desse manuscrito representam aspectos da vida cotidiana dos astecas.

TAHUANTINSUYO: O IMPÉRIO DOS INCAS

No século XV, quando o Reino da Espanha se formou na Europa, as terras andinas estavam dominadas pela civilização inca. Acredita-se que os incas chegaram às terras férteis da região de Cuzco, sul do atual Peru, no final do século XIII. Influenciados pelas culturas dos Andes Centrais, os incas construíram um grande império, chamado **Tahuantinsuyo**. Na língua quéchua, significa "Os Quatro Cantos do Mundo".

As terras do Império Inca abrigavam cerca de 7 milhões de pessoas de mais de cem grupos étnicos distintos. Elas viviam em comunidades familiares chamadas **ayllus**. Cada uma delas tinha um *kuraka*, chefe que se encarregava de distribuir as terras para o cultivo, organizar o trabalho e garantir a sobrevivência e a segurança de todos. Também era responsável pela cobrança da **mita**, um tributo pago pelos camponeses na forma de serviços prestados ao Estado e ao *kuraka*.

A base econômica dos incas era a agricultura. Nas encostas das montanhas, eles construíam terraços em forma de degraus, onde cultivavam milho, feijão, batata, algodão, tomate, pimenta, quinoa, abacaxi e outros produtos. Os incas também domesticavam lhamas e alpacas para a obtenção de leite, lã, carne e como meio de transporte. O artesanato inca destacou-se na confecção de tecidos, peças de metal e objetos de cerâmica, além de *quipus*.

Quipu inca, c. século XV.

Vista das ruínas de Machu Picchu, no Peru, em foto de 2015. A cidade foi construída pelos incas no topo de uma montanha, a cerca de 2.400 metros de altitude.

Ayllu: pequena comunidade agropastoril inca formada por famílias unidas por laços de parentesco ou aliança.

Quinoa: grão nativo da região andina rico em proteínas.

Quipu: sistema inca de registro de dados que consistia em um cordão, de cores diferentes, no qual se faziam vários nós. A cor e a quantidade de nós indicavam informações como a população de um *ayllu*, forças militares e as finanças do império.

A AUTORIDADE DO *SAPA INCA*

A autoridade mais alta do império era o *Sapa Inca*, visto como representante sagrado do Sol. Ele se cercava de funcionários administrativos recrutados, na maioria das vezes, entre jovens das famílias nobres. Quando o *Sapa Inca* morria, suas mulheres e servos eram sacrificados e seus corpos depositados, junto ao dele, no Templo do Sol.

Os incas, assim como os egípcios, mumificavam os mortos, principalmente membros das elites. Eles adotavam dois métodos de mumificação. O primeiro, **artificial**, em geral era feito com a retirada das vísceras do cadáver, que depois era preenchido com ervas e tratado com óleos e resinas. O segundo, **natural**, consistia em enterrar o corpo em um ambiente frio e seco, como o das montanhas dos Andes, local onde foram encontradas várias múmias pré-colombianas.

MAIAS E QUÉCHUAS ATUAIS

Atualmente, mais de 6 milhões de indígenas de grupos linguísticos maias estão distribuídos por regiões do México, Belize, Honduras e, principalmente, Guatemala. As etnias indígenas de origem maia mantiveram muitos mitos e tradições do seu passado pré-colombiano, renovando-os com crenças e práticas cristãs. Entre as principais atividades econômicas desses indígenas estão o cultivo do milho e do feijão e o artesanato.

Na região andina também sobrevivem tradições culturais pré-colombianas, praticadas por indígenas quéchuas e aimarás, principalmente no Peru e na Bolívia. O quéchua, antigo idioma dos incas, por exemplo, é uma das línguas oficiais no Peru, com quase 12 milhões de falantes. No país, comunidades camponesas ainda mantêm alguns rituais tradicionais, como as oferendas anuais à Pachamama, mãe Terra. Em determinado período do ano, uma alpaca é sacrificada com a finalidade de garantir a fertilidade da terra e boas colheitas.

No alto, indígena quéchua com roupas tradicionais e suas lhamas em Cuzco, antiga capital inca, no Peru; ao lado, indígena e criança maias na cidade de Chichicastenango, na Guatemala. Fotos de 2015.

ORGANIZAR O CONHECIMENTO

1. Cite uma fonte histórica material maia, uma asteca e outra inca. Explique o que cada uma dessas fontes informa sobre o modo de vida desses povos.

2. Preencha as lacunas com a expressão correta em cada caso.

    a) Região da América onde se desenvolveram as civilizações maia e asteca. _____

    b) Tributo pago pelas aldeias incas na forma de prestação de serviços. _____

    c) Língua falada pelo povo inca. _____

    d) Principal atividade econômica dos maias, incas e astecas. _____

    e) Técnica de cultivo desenvolvida pelos astecas aproveitando a água dos lagos. _____

DE OLHO NO INFOGRÁFICO

JUANITA, A DONZELA DO GELO

Em busca de um bom lugar para apreciar a erupção do Vulcão Sabancaya, um antropólogo e seu guia escalaram o Monte Ampato, no sul dos Andes peruanos, e fizeram uma grande descoberta arqueológica: a múmia natural de uma jovem, apelidada de Juanita.

1 Em 1995, a erupção do **Vulcão Sabancaya**, no meio da Cordilheira dos Andes, lançou nuvens de cinzas que cobriram a região e provocaram o derretimento da neve de montanhas vizinhas, como a do **Monte Ampato**.

2 O **derretimento da neve** no topo do monte expôs alguns vestígios incas, que foram descobertos pelo antropólogo estadunidense Johan Reinhard e o guia peruano Miguel Zárate.

A neve branca normalmente reflete a maior parte da energia solar...

... mas a neve suja de cinzas absorve luz, o que causa seu derretimento.

3 Parte do achado deslizou cem metros abaixo do topo da montanha, onde Reinhard e Zárate encontraram o **corpo congelado** de uma menina, protegido por uma manta de lã de alpaca.

A menina foi apelidada de **Juanita** em homenagem a Johan Reinhard, o pesquisador que a fotografou no momento da descoberta.

O Vulcão Sabancaya era reverenciado pelos incas como uma das divindades das montanhas.

Mais de 6.300 metros de altura.

LOCAL DA DESCOBERTA

Fonte: Instituto Geofísico do Peru (IGP). Disponível em <http://mod.lk/2j6gn>. Acesso em 7 fev. 2018.

Ritual inca
Uma das cerimônias incas mais importantes era conhecida como *Capacocha*. Na celebração, jovens eram sacrificados por **sacerdotes** em um ritual que homenageava os imperadores e pedia aos deuses proteção nas batalhas contra os inimigos.

O ritual também era visto como uma forma de prevenir terremotos, erupções, secas e epidemias.

Procissão
Reinhard relatou que, no local da descoberta, foram encontrados restos de trilha, fezes, grama, entre outros **vestígios arqueológicos**. Isso indicaria que Juanita estava acompanhada e o grupo teria subido o Monte Ampato em lhamas e alpacas.

Fontes: REINHARD, J. *The Ice Maiden*. Washington: National Geographic Society, 2005; SCHROEDL, Annette. La Capacocha como ritual político. Negociaciones en torno al poder entre Cuzco y los curacas. *Bulletin de l'institut français d'études andines*. v. 37, 2008. p. 19-27. Disponível em <http://mod.lk/8e2sg>. Museu Santuários Andinos. Disponível em <http://mod.lk/0uifw>. Acessos em 7 fev. 2018.

MUSA - MUSEU SANTUÁRIOS ANDINOS, AREQUIPA

MUSA - MUSEU SANTUÁRIOS ANDINOS, AREQUIPA

STEPHEN ALVAREZ/NATIONAL GEOGRAPHIC CREATIVE

STEPHEN ALVAREZ/NATIONAL GEOGRAPHIC CREATIVE

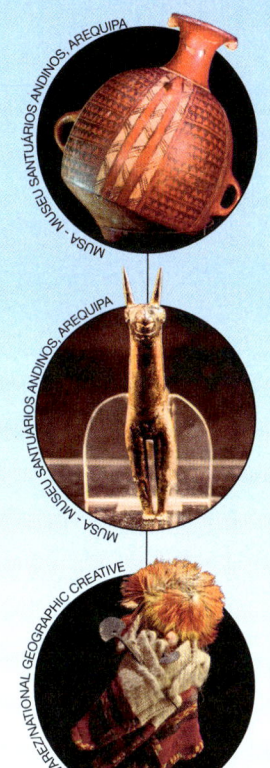

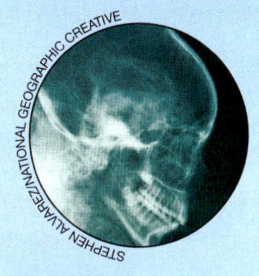

Sacrifício

Exames feitos no corpo de Juanita indicam que ela teria morrido em decorrência de um forte golpe na cabeça. Também foram encontrados resíduos de **folhas de coca** e de uma **bebida à base de milho**, que teriam sido usados para anestesiar a menina antes do ritual.

A morte de Juanita teria sido parte de um ritual com oferendas a divindades incas ocorrido na metade do século XV.

Como teria sido Juanita?

O corpo congelado apresenta características de uma menina de cerca de 13 anos, com 1,47 m de altura, saudável e bem nutrida. Segundo o arqueólogo estadunidense William Conklin, especialista em tecidos andinos, Juanita foi vestida como uma adulta da elite. Em 1553, o espanhol Cieza de León descreveu roupas semelhantes usadas por damas de Cuzco. Essa e outras informações indicam que ela pode ter vivido entre essas damas.

ILUSTRAÇÕES: JUBRAN

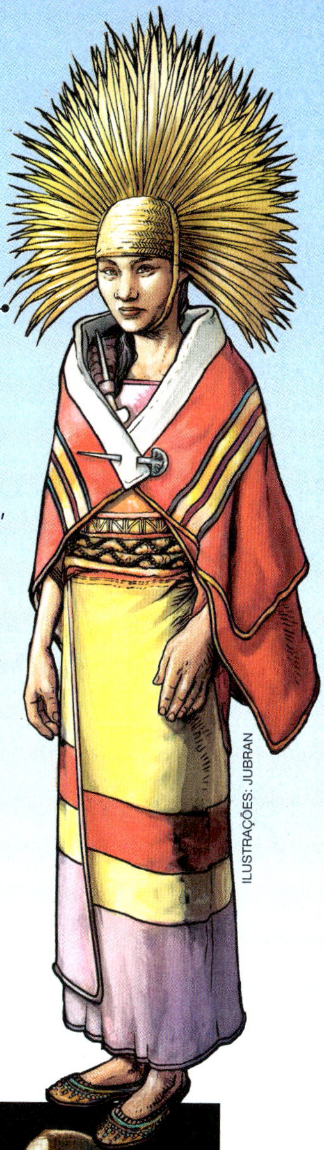

Objetos cerimoniais

Entre os objetos encontrados com Juanita havia **bonecas** feitas de vários materiais, como ouro, plumas e conchas marinhas (logo acima), **estatuetas de lhama**, **cerâmicas** e restos de alimentos.

Oferendas

Para os incas, os jovens simbolizavam a pureza e, por isso, eram oferecidos aos deuses. A maioria, como **Juanita**, tinha entre 8 e 14 anos e vinha de famílias nobres. Alguns meses antes do sacrifício, meninos e meninas tinham uma dieta especial para se manterem saudáveis.

Muitas meninas de famílias nobres eram enviadas, ainda pequenas, para a Casa das Virgens do Sol, onde eram preparadas para o ritual.

Nos dias de hoje

Juanita teria sido sacrificada por volta de 1450, ou seja, há mais de 500 anos. Seu corpo, que já passou por vários estudos, segue conservado e está exposto no Museu Santuários Andinos, em Arequipa, Peru.

STEPHEN ALVAREZ/NATIONAL GEOGRAPHIC CREATIVE

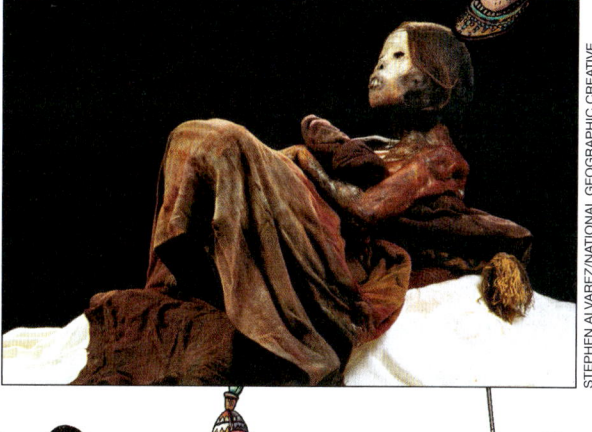

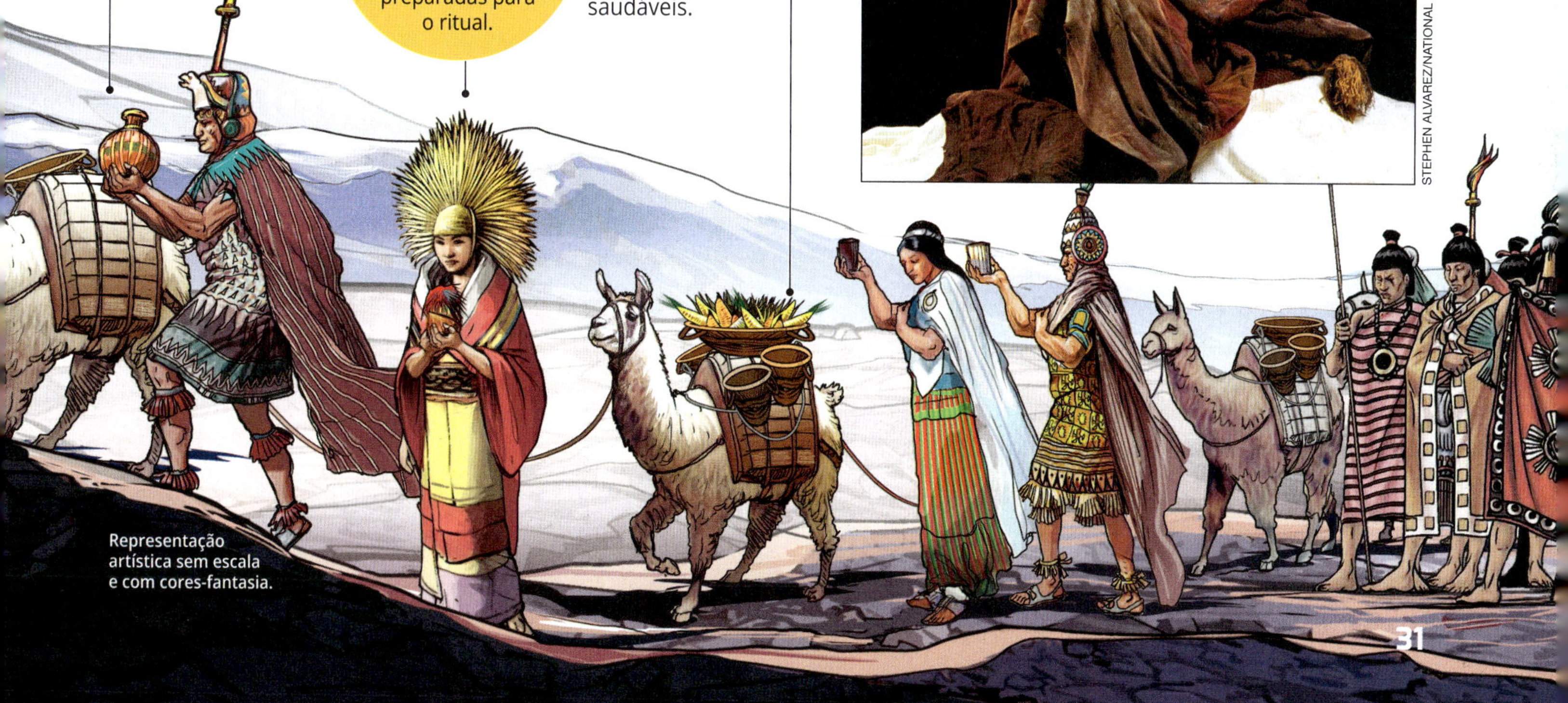

Representação artística sem escala e com cores-fantasia.

TEMA 4

REINOS E IMPÉRIOS NA ÁFRICA SUBSAARIANA

Qual é a importância da tradição oral no estudo das sociedades africanas?

AS SOCIEDADES SAHELIANAS

Da mesma forma que a América, o continente africano tinha sido, desde a Antiguidade, o território de diferentes civilizações. Mas a África não era (e não é) uniforme. Havia no continente povos nômades e povos sedentários; povos que tinham governos centralizados e povos que viviam em comunidades aldeãs; povos que praticavam religiões tradicionais, enquanto outros, como os da região do **Sahel**, adotaram gradualmente o islamismo.

O Sahel é uma extensa faixa de terra situada imediatamente ao sul do Deserto do Saara e habitada por diferentes povos pastores e comerciantes. Entre os séculos VIII e XVI, desenvolveram-se na região diversos reinos e cidades mercantis, como Djenné e Timbuctu (ou Tombuctu).

A formação desses reinos esteve diretamente relacionada ao **comércio** de longa distância, principalmente com os árabes vindos do norte da África. Comerciando com as sociedades sahelianas, os mercadores árabes adquiriam ouro, noz-de-cola, marfim, peles, escravos e outros artigos.

Sahel: do árabe, significa "margem" ou "borda".

O comércio de caravanas de camelos ligando a costa do Mediterrâneo, no norte, à região do Sahel, ao sul do Saara, está presente na vida dos africanos dessas regiões desde o início da era cristã. Na foto, caravana de camelos em trecho do Deserto do Saara no Marrocos, em 2014.

O REINO DE GANA

O Reino de Gana, o mais antigo do Sahel, estabeleceu-se na região vizinha ao sul do Deserto do Saara por volta do ano 300. O centro comercial do reino era a cidade de Kumbi Saleh, que atingiu seu esplendor por volta dos séculos XIII e XIV, e pode ter sido uma das capitais do Reino de Gana. O reino era chamado pelos árabes de "terra do ouro", devido a suas ricas zonas auríferas.

No século VII, o **islã** alcançou o norte da África, principalmente por meio da conquista militar, e dali foi levado para o Sahel. No Reino de Gana, o islã começou a crescer por volta do século XI, por intermédio de mercadores árabes e líderes religiosos vindos do norte. A nova crença encontrou maior número de adeptos entre os funcionários da corte e assessores do rei, chamado de *gana*.

A religião e a cultura islâmicas contribuíram para fortalecer o poder real e para aglutinar diferentes povos sob o domínio do **Império de Gana**, como tuaregues, fulas e soninquês. Com isso, o islã transformou-se em uma religião de Estado, ainda que o próprio *gana* não tenha se convertido e muitas crenças e rituais tradicionais tenham se mantido na região.

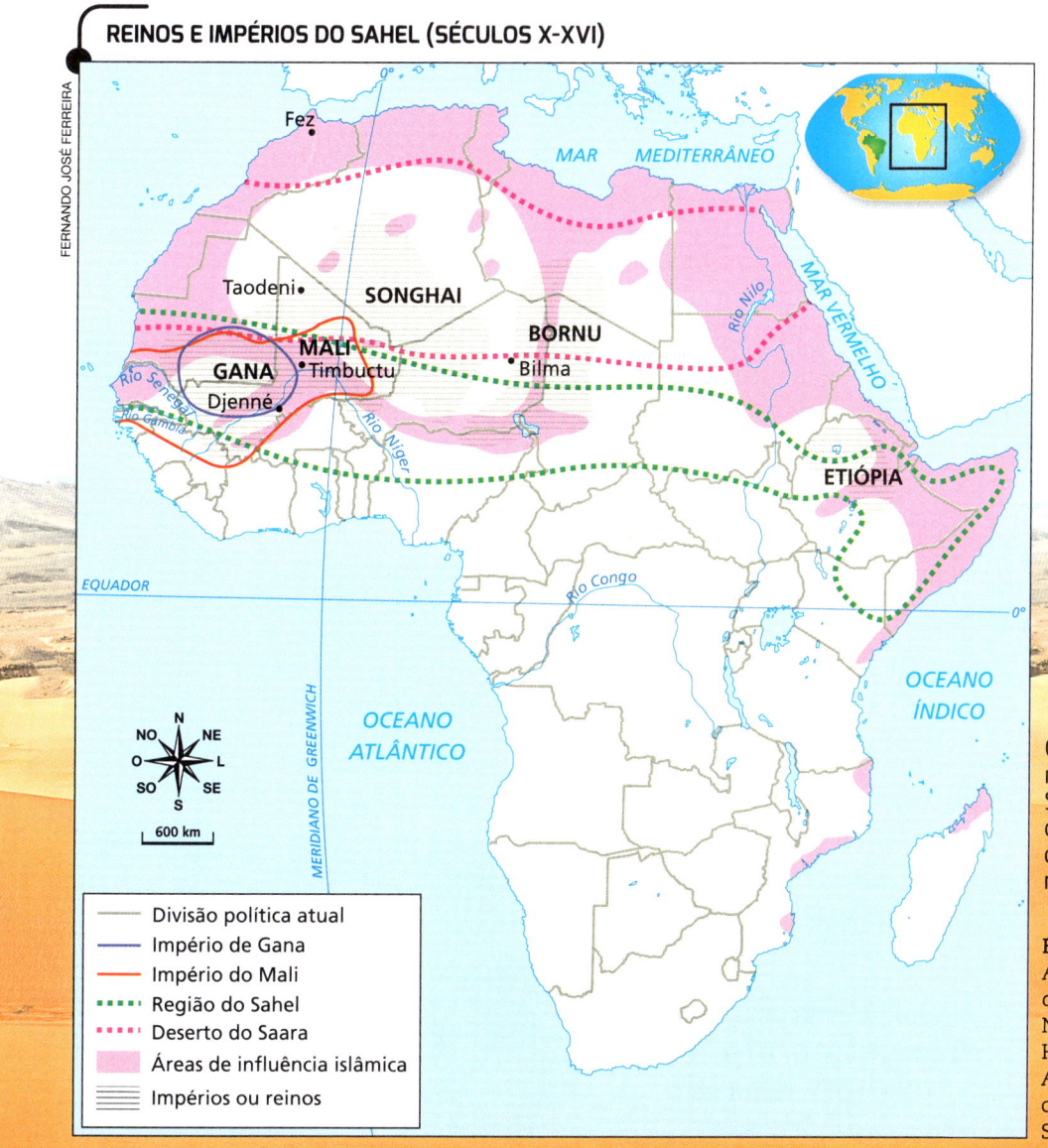

REINOS E IMPÉRIOS DO SAHEL (SÉCULOS X-XVI)

Os rios Senegal, Gâmbia e Níger eram muito importantes para os povos do Sahel. Além de serem utilizados para o transporte de pessoas e produtos, o húmus que se acumulava em suas margens fertilizava o solo.

Fontes: SILVA, Alberto da Costa e. *A enxada e a lança*: a África antes dos portugueses. 2. ed. Rio de Janeiro: Nova Fronteira, 1996. p. 297; HERNANDEZ, Leila M. G. Leite. *A África na sala de aula*: visita à África contemporânea. São Paulo: Selo Negro, 2005. p. 41.

Mercado a céu aberto diante da Grande Mesquita de Djenné, no Mali. Foto de 2012.

O IMPÉRIO DO MALI

Na região do Sahel também floresceu, entre os séculos XIII e XVI, o **Império do Mali**. A princípio era uma região do Império de Gana habitada pelos **malinquês** (ou mandingas). Os mandingas falavam a mesma língua do povo de Gana e também adotaram a cultura e a religião do islã.

Os governantes do Mali recebiam o título de *mansa*, que significa "rei dos reis". Entre os mais famosos deles estavam Sundiata Keita, fundador do reino, e Mansa Musa, que organizou o império em províncias, estreitou os laços com o Egito e ampliou a extensão do seu reino.

O controle do comércio de caravanas e a cobrança de taxas sobre produtos como ouro, sal, escravos, marfim e noz-de-cola eram fundamentais para a manutenção do Estado, da corte e do poder do *mansa*. Entretanto, a população em geral não era favorecida pela riqueza desse comércio, exceto pelo sal, indispensável na sua alimentação.

Os súditos viviam em vilarejos, habitando casebres feitos de barro. Cultivavam milhete, sorgo, inhame, algodão e feijão; criavam animais, como bois, camelos e cabras; pescavam; teciam e produziam objetos artesanais, como cestas e potes.

PARA ASSISTIR

● **Viajando aos extremos – Mali: Deserto do Saara**
Direção: Karel Bauer
País: Estados Unidos
Ano: 2008
Duração: 23 min

No documentário, o fotógrafo Art Wolfe e sua equipe fazem uma viagem pelo Mali para registrar o modo de vida das populações tradicionais e conhecer os tesouros arqueológicos de Djenné e Timbuctu.

AS CIDADES DE TIMBUCTU E DJENNÉ

As cidades de Timbuctu e Djenné foram incorporadas ao Império do Mali no século XIII. Sob o governo de Mansa Musa, essas cidades foram transformadas em grandes centros cosmopolitas. Artistas e letrados foram convocados para trabalhar nelas, e diversas mesquitas e prédios públicos foram construídos.

Timbuctu se destacou como um ponto de encontro de intelectuais e estudiosos que vinham de várias regiões do mundo árabe. Nas universidades de Sankore, Djingareyber e Sidi Yahya ensinavam-se lógica, astronomia, caligrafia árabe, matemática e história. Também se transmitiam os fundamentos do islã por meio da leitura e do estudo do *Alcorão*.

Explore

- Como o Império do Mali foi representado na imagem? Quais impressões sobre o império ela transmite? Justifique sua resposta com elementos da imagem.

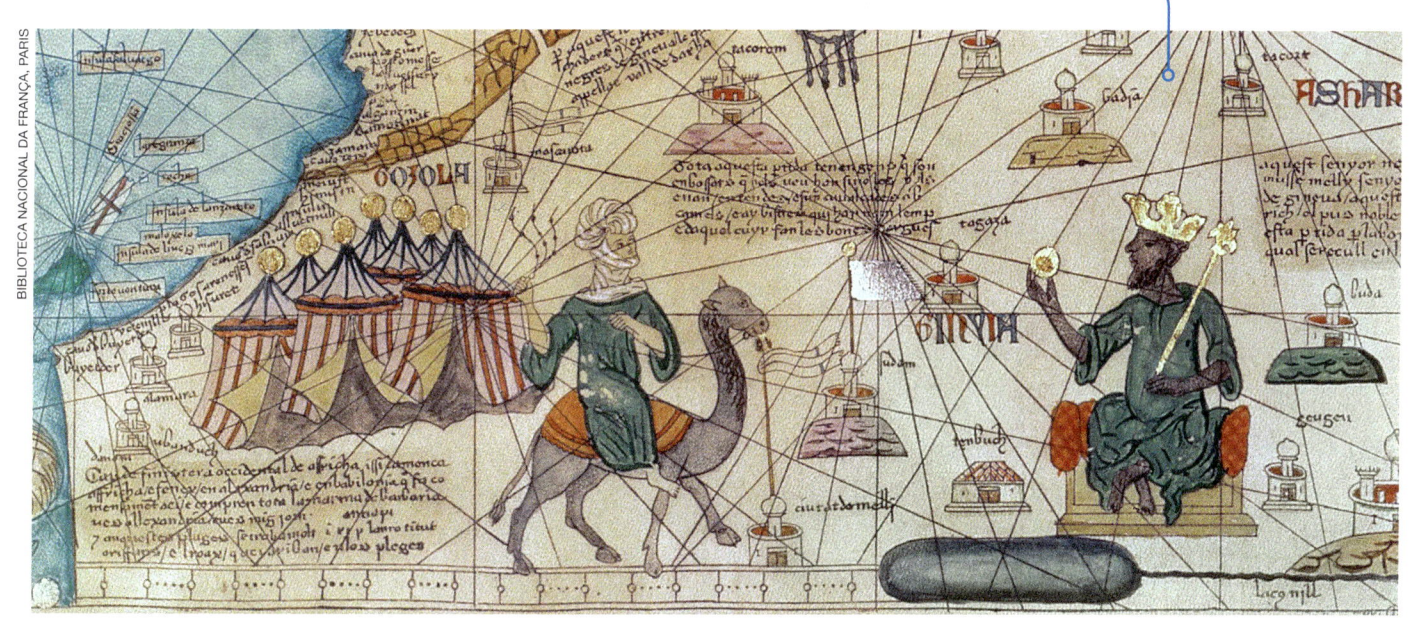

Detalhe de *Atlas catalão de Abraham Cresques*, 1375, que relata a viagem de Mansa Musa a Meca, cidade sagrada para os muçulmanos. Na ilustração, Mansa Musa segura uma pepita de ouro; abaixo da mão do rei, aparece a cidade de Timbuctu. À direita do soberano, estão escritos, em árabe, os seguintes dizeres: "Este senhor negro é aquele muito melhor senhor dos negros de Guiné. Este rei é o mais rico e o mais nobre senhor de toda esta parte, com abundância de ouro na sua terra".

ORGANIZAR O CONHECIMENTO

1. Marque um X na alternativa que melhor define a região do Sahel.
    a) Região da África banhada pelo Mar Mediterrâneo.
    b) Região do continente africano situada entre o Mar Mediterrâneo e o Deserto do Saara.
    c) Região africana de transição entre o Deserto do Saara e as savanas.
    d) Região do continente africano que adotou a religião islâmica.

2. Escreva **1** para o Reino de Gana, **2** para o Império do Mali ou **3** para ambos.
    a) O islamismo foi adotado pela maior parte dos habitantes. _____
    b) Era conhecido como a terra do ouro. _____
    c) O núcleo original do reino era habitado pelo povo mandinga. _____

ATITUDES PARA A VIDA

Griot conta história para crianças em cena de *Kiriku e a feiticeira*, animação francesa dirigida por Michel Ocelot, 1999.

A tradição dos griots

Várias sociedades africanas não desenvolveram sistemas de escrita. Nessas sociedades, tradições, costumes, técnicas e rituais eram (e são ainda hoje) transmitidos oralmente através das gerações por pessoas conhecidas como **griots**.

No Império do Mali, por exemplo, desde o século XIII existia o costume de iniciar algumas crianças, desde cedo, na arte da palavra. Sua missão era guardar as histórias de uma família, de um povo e de um reino e transmiti-las de forma poética e rimada à sociedade.

Para tornar-se um *griot*, era necessário longo treinamento. No Reino de Gana, por exemplo, os iniciados repetiam durante sete anos as narrativas que cada mestre ensinava. Eles registravam o passado memorizando histórias, símbolos e músicas. Em seguida, realizavam um longo percurso de viagens a fim de adquirir novos conhecimentos. Depois dessas etapas, estavam autorizados a ser *griots*.

Os *griots* eram muito respeitados no grupo e podiam ter grande influência entre seus chefes. Com o passar do tempo, assumiam a responsabilidade de formar os jovens que iriam sucedê-los. Por isso, o pensador malinês Hampâté Bâ dizia: "Na África, cada velho que morre é uma biblioteca que se queima".

QUESTÕES

1. Associe as atitudes abaixo a cada uma das frases a seguir.
   1. Persistir.
   2. Escutar os outros com atenção e empatia.
   3. Pensar e comunicar-se com clareza.
   a) Nas sociedades sem escrita, a cultura do grupo é transmitida oralmente através das gerações.
   b) A formação de um *griot* era responsabilidade de um mestre mais velho, durava muitos anos e podia incluir conhecimentos musicais e a realização de viagens.
   c) Ao estudar as sociedades africanas tradicionais, os historiadores precisam pesquisar várias fontes, entre elas, os relatos dos *griots*.

2. Muitos guardiões da memória também são poetas e músicos nas sociedades africanas. Por que era importante desenvolver todos esses talentos? Qual atitude pode ser relacionada a isso? Justifique.

3. Explique a frase de Hampâté Bâ: "*Na África, cada velho que morre é uma biblioteca que se queima*". Retome a descrição das atitudes, escolha aquelas que podem ser associadas a essa frase e explique suas escolhas.

ATIVIDADES

APLICAR

1. A Carta Mandinga ou Carta de Kurukan Fuga foi proclamada provavelmente no século XIII por Sundiata Keita, fundador do Império do Mali, e por seus companheiros. Essa carta, talvez a primeira Declaração dos Direitos Humanos conhecida, faz parte do Patrimônio Cultural Imaterial da Humanidade desde 2009. Leia alguns trechos dessa carta para responder às questões.

   "Os caçadores declaram: toda vida humana é uma vida.
   [...] sendo toda vida uma vida, qualquer dano que se cause a ela exige reparação.
   Consequentemente, que ninguém ataque gratuitamente seu vizinho.
   Que ninguém cause dano ao seu próximo, que ninguém martirize seu semelhante. [...]
   A fome não é uma boa coisa, a escravidão também não é; são as piores calamidades que podem acontecer neste mundo. [...]
   Os caçadores declaram: o espírito da escravidão se apagou a partir de hoje, 'de um muro a outro', de uma fronteira a outra de Manden;
   As tormentas nascidas desses horrores acabam a partir de hoje em Manden. [...]
   Consequentemente, **os caçadores declaram:** a partir de agora, todos são donos de sua pessoa, de agora em diante, cada um é livre para fazer suas próprias escolhas, cada um é dono dos frutos do seu trabalho.
   Este é o juramento de Manden, que o mundo todo o ouça."

   A primeira carta dos direitos humanos nasceu no Mali. El País, 23 mar. 2012. Disponível em <http://mod.lk/njagc>. Acesso em 16 abr. 2018. (tradução nossa)

   a) Por que a Carta Mandinga tem sido considerada atualmente um documento pioneiro na declaração dos direitos humanos?
   b) O que ela determinou a respeito da escravidão nas terras mandingas? Por quê?
   c) O que significa dizer "que cada um é dono dos frutos do seu trabalho"? É isso o que acontece com os trabalhadores do Brasil atual? Justifique.
   d) Como você imagina que a Carta Mandinga, datada do século XIII, chegou aos nossos dias?
   e) Explique por que essa carta faz parte do patrimônio imaterial da humanidade.

2. Releia o infográfico "Juanita, a donzela do gelo", nas páginas 30 e 31, para responder às questões.
   a) Quais condições ambientais contribuíram para a descoberta de Juanita e para a preservação de seu corpo?
   b) Que tipos de documento foram utilizados pelos pesquisadores para reconstruir a história da jovem inca?
   c) Com base na análise desses documentos, o que foi possível descobrir sobre a vida de Juanita e sobre a sociedade em que ela vivia?

3. Observe a correspondência de alguns números do sistema maia com o sistema numérico que utilizamos.

Sistema maia	•	••	•••	••••	—
Nosso sistema	1	2	3	4	5

Sistema maia	•̅	••̅	•••̅	••••̅	=
Nosso sistema	6	7	8	9	10

   Agora é a sua vez! Represente no quadro os seguintes números no sistema maia.

Nosso sistema	15	16	17	18	20
Sistema maia					

4. Atividade em grupo. A foto na próxima página mostra crianças uros, povo indígena minoritário que habita a parte peruana de algumas ilhas no Lago Titicaca e as margens de lagos menores na Bolívia. Estudos genéticos realizados por pesquisadores da Universidade Federal de Minas Gerais (UFMG) revelaram que os uros descendem de povos muito antigos, distintos dos quéchuas e aimarás, etnias predominantes no Peru e na Bolívia.
   a) Com base nas informações desse texto e em **outros casos que vocês conheçam**, **expliquem** como a tecnologia pode ajudar a desvendar o passado de um povo.
   b) **Reflitam** e respondam: por que a descoberta feita por pesquisadores da UFMG é importante para o povo uro?

RETOMAR

5. Responda às questões-chave da abertura dos temas 3 e 4.

   a) Quais características em comum havia entre as civilizações maia, asteca e inca?

   b) Qual é a importância da tradição oral no estudo das sociedades africanas?

   Mais questões no livro digital

AUTOAVALIAÇÃO

CONTEÚDOS

1. Ao final dos estudos propostos nesta unidade, como você avalia seu aprendizado? Bom, regular ou insatisfatório? Consulte os materiais que você utilizou durante seus estudos, incluindo atividades e anotações pessoais. Escreva no caderno uma frase explicando sua resposta para cada um dos itens abaixo.

   a) Crises do século XIV e seus impactos na sociedade europeia.

   b) Europa: o Estado moderno, o papel do rei, da burguesia e da nobreza.

   c) A centralização monárquica em Portugal, Espanha, França e Inglaterra.

   d) América: localização e características das civilizações pré-colombianas.

   e) África: localização e características das sociedades do Sahel.

ATITUDES

2. Diante de uma tarefa mais longa ou mais difícil, o que você fez para não desanimar?

3. Assinale as frases que expressam situações que você experimentou ao final dos estudos desta unidade.

   a) Utilizo corretamente o vocabulário adequado para explicar, oralmente e por escrito, os temas estudados nesta unidade.

   b) Aproveitei sugestões de colegas, depois de saber como eles conseguiram fazer uma atividade mais difícil.

   c) Quando não entendo um trecho do texto didático ou uma proposta de exercício, procuro me lembrar de como resolvi essa dificuldade em outros momentos.

4. Associe cada uma das frases acima às atitudes priorizadas nesta unidade.

   a) Persistir.

   b) Escutar os outros com atenção e empatia.

   c) Pensar e comunicar-se com clareza.

Crianças uros em ilha do Lago Titicaca, no Peru, em foto de 2009.

COMPREENDER UM TEXTO

A tomada definitiva de Lisboa pelos cristãos, em 1147, aconteceu após um cerco de quase quatro meses. A participação de uma frota poderosa de cruzados na batalha contra os mouros é o tema desse texto.

Frísio: habitante da Frísia, região da Europa que atualmente pertence aos Países Baixos.

Compelir: forçar; obrigar.

O cerco de Lisboa

"A cidade de Lisboa [...] após a conquista romana foi sede de um bispado cristão [...]. Os muçulmanos a conquistaram em 714 [...]. Os cristãos a retomaram em 953 e 1093, sempre perdendo-a pouco depois. Quando da conquista definitiva de Afonso Henriques, a cidade contava com aproximadamente 5.000 habitantes [...].

Esta vitória cristã contou com a importante participação de cruzados ingleses, flamengos e frísios. [...] Ao chegarem ao Porto em 1147, os cruzados foram recebidos pelo bispo, D. Pedro Pitões (1146-1152), que fez um discurso, compelindo-os a ajudarem Afonso Henriques a tomar a cidade dos mouros [...].

[...] o bispo do Porto esperava suscitar nos cruzados o ímpeto guerreiro que auxiliaria Afonso Henriques a tomar Lisboa. O simbolismo da cruz é motivo de várias passagens do cronista-presbítero. Numa delas, já quando do sítio à cidade, os cristãos mostravam-se profundamente ofendidos pelos insultos dos muçulmanos à Virgem Maria [...] e sobre seu símbolo, a cruz [...].

Momentos antes do assalto final a Lisboa, foi rezada uma missa campal. Um sacerdote desconhecido, presente entre as fileiras dos cruzados, trouxe a cruz do Santo Lenho [...]. Acreditava-se que este objeto era um pedaço de madeira legítimo da cruz onde Cristo tinha sido crucificado. Assim, era adorado como uma verdadeira relíquia, e já tinha neste momento a função de adoração cristã e cruzada. [...] [Em seguida] todos se deitaram no chão, com gemidos e lágrimas. Depois, foram benzidos pelo sacerdote, num último preparativo para a batalha santa [...].

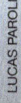

Ilustração atual representando a retomada de Lisboa pelos cristãos em 1147.

COMPREENDER UM TEXTO

A vitória deu-se após 17 semanas de cerco. [...]

[...] ao se renderem a Afonso I, os islamitas lisboetas entregaram ouro, prata e 'todos os restantes haveres dos habitantes da cidade'. [...] Mesmo assim, apesar da preocupação real em preservar a cidade e seus habitantes, alguns cruzados ainda praticaram atos de vandalismo na cidade após a vitória [como mostra a carta de um cruzado inglês que estava presente no cerco]:

'Os colonenses e flamengos [...] não observam respeito algum ao juramento e fidelidade; correm aqui e ali; fazem presa; arrombam portas; esquadrinham os interiores de cada casa; afugentam os habitantes [...] e às ocultas surripiam tudo que devia ser dividido por todos. Contra o direito e o lícito matam até o bispo da cidade, já muito idoso, cortando-lhe o pescoço'. [...]

Assim, é legítimo considerar a tomada de Lisboa de 1147 como uma autêntica batalha de caráter cruzado, não só pela presença dos guerreiros peregrinos [...], mas também pelo combate estar inserido num âmbito peninsular maior, o da afirmação militar da casa de Borgonha às expensas muçulmanas. A nova dinastia europeia legitimava-se assim pela força das armas."

COSTA, Ricardo da. A mentalidade da Cruzada em Portugal (séculos XII-XIV). In: Estudos sobre a Idade Média peninsular. *Anos 90 – Revista do Programa de Pós-Graduação em História da UFRGS*. n. 16. Porto Alegre: UFRGS, 2001-2002. p. 143-178. Disponível em <http://mod.lk/S1KW3>. Acesso em 10 fev. 2018.

Expensas: despesas; custos.

ATIVIDADES

EXPLORAR O TEXTO

1. O tema central do texto é:
   a) a história da cidade de Lisboa.
   b) a conquista de Lisboa pelos muçulmanos.
   c) a conquista de Lisboa pelos cristãos, sob a liderança da dinastia de Borgonha.
   d) o espírito cruzadista dos portugueses, que viam a luta contra os mouros como tarefa dos cristãos.

2. O autor cita, ao longo do texto, um símbolo e um personagem da tradição cristã.
   a) Que símbolo e personagem são esses?
   b) Explique a importância desse símbolo e desse personagem na vitória cristã sobre os muçulmanos.

3. Releia estas duas passagens do texto. Em seguida, assinale a alternativa que apresenta as expressões mais adequadas para substituir as palavras destacadas em cada uma delas.
   1. "Acreditava-se que este objeto era um pedaço de madeira *legítimo* da cruz onde Cristo tinha sido crucificado."
   2. "A nova dinastia europeia *legitimava-se* assim pela força das armas."
      a) Autêntico; afirmava seu poder.
      b) Original; amparava-se na lei.
      c) Genuíno; tornava-se justa.
      d) Original; justificava seu poder.

4. O historiador Ricardo da Costa, autor do texto, utilizou diversas fontes documentais para elaborar seu trabalho. Duas dessas fontes são citadas no trecho que reproduzimos. Identifique-as.

RELACIONAR

5. Explique por que o autor, no último parágrafo do texto, afirma que a tomada de Lisboa foi, ao mesmo tempo, uma batalha de caráter cruzado e de afirmação da dinastia de Borgonha "às expensas muçulmanas".

6. O texto descreve duas condutas que em geral são condenadas por todas as religiões da atualidade. Identifique essas condutas e escreva o que você pensa a respeito delas.

REVISANDO

A crise da Europa feudal

1. O esgotamento do solo, a expansão agrícola em áreas inapropriadas e as fortes chuvas foram algumas das razões das más colheitas e, consequentemente, da **crise de fome** que atingiu a Europa no século XIV.

2. A epidemia de **peste negra** que se espalhou pela Europa na metade do século XIV vitimou um terço da população do continente, agravando a **crise social**.

3. Nos campos e nas cidades, a população mais pobre reagiu à fome e aos altos tributos promovendo uma série de **revoltas**.

Centralização monárquica na Europa

1. A **centralização do poder real** na Europa da Baixa Idade Média teve **apoio dos burgueses**, interessados em facilitar a circulação e a comercialização de seus produtos.

2. Muitos **nobres**, enfraquecidos com as Cruzadas e com as guerras internas, apoiaram o fortalecimento do rei em **troca de privilégios**.

3. A centralização política de **Portugal** e da **Espanha** está relacionada às **Guerras de Reconquista**.

4. A formação dos Estados modernos **francês** e **inglês** está relacionada com a **Guerra dos Cem Anos**.

Civilizações da América pré-colombiana

1. Os **maias**, um dos povos da **Mesoamérica**, destacaram-se na matemática, na astronomia e na construção de templos em forma de pirâmide.

2. Os **astecas** construíram um grande império na Mesoamérica. Com os tributos cobrados dos camponeses e dos povos dominados transformaram sua capital, **Tenochtitlán**, em uma rica cidade.

3. Os habitantes do **Império Inca**, na região andina, estavam organizados em *ayllus*, comunidades familiares dirigidas por um *kuraka*.

4. Maias, astecas e incas tinham importantes características em comum: a **agricultura** como atividade central, a prática de **sacrifícios rituais**, o **politeísmo** e a **tradição guerreira**.

Reinos e impérios na África subsaariana

1. As sociedades do **Sahel** tiveram sua história marcada pelo desenvolvimento do **comércio de caravanas** no Saara e pela expansão do **islã** entre seus habitantes.

2. O **Reino de Gana**, o mais antigo do Sahel, cresceu com a exploração do **ouro**. A cidade de **Kumbi Saleh** era o centro comercial do reino.

3. O **Império do Mali**, formado no século XIII, era habitado pelo **povo mandinga**. O império se enriqueceu controlando o **comércio de caravanas**.

4. Várias sociedades africanas são conhecidas pela rica **tradição oral**. Graças aos *griots*, conhecimentos e narrativas são transmitidos de geração a geração.

Trilha de estudo

Vai estudar? Nosso assistente virtual no *app* pode ajudar! <http://mod.lk/trilhas>

PARA ASSISTIR

Conversa griô
Produção: Arquivo Público e Histórico no Município de Rio Claro
País: Brasil
Ano: 2011
Duração: 14 min

Sinopse

Nesse trecho do documentário, duas mulheres afrobrasileiras moradoras de Rio Claro (SP) falam sobre o costume de suas ancestrais de contar histórias e mostram como a tradição africana dos *griots* também está presente no Brasil.

O filme e esta unidade

1. Quem são as entrevistadas?
2. Qual é a importância que elas atribuem à tradição de contar histórias?

Audiovisual

Para assistir ao trecho do documentário, acesse o código QR. Disponível em <http://mod.lk/5kijt>.

UNIDADE 2
RENASCIMENTO E REFORMAS RELIGIOSAS

OBRA: GALERIA DOS OFÍCIOS, FLORENÇA
CENÁRIO: ARCHIDEAPHOTO/ALAMY/FOTOARENA

O nascimento de Vênus, pintura de Sandro Botticelli, c. 1485.

ATITUDES PARA A VIDA

- Imaginar, criar e inovar.
- Esforçar-se por exatidão e precisão.

COMEÇANDO A UNIDADE

1. Identifique o tema da pintura e exponha suas primeiras impressões sobre ela. Algum aspecto chamou sua atenção?

2. Descreva a cena representada. Observe os personagens e suas ações, os elementos da paisagem, as cores e a luminosidade.

3. A pintura aborda um tema relacionado à mitologia greco-romana. Na sua opinião, essa obra representa uma continuidade ou uma ruptura em relação à arte medieval? Justifique.

O NASCIMENTO DE VÊNUS

A pintura acima, produzida pelo artista florentino Sandro Botticelli, é uma das obras mais conhecidas do Renascimento, movimento artístico e intelectual que marcou a Europa entre o final do século XIV e o século XVI. As grandes transformações econômicas, sociais e políticas do final da Idade Média foram acompanhadas por mudanças na mentalidade, na sensibilidade, na linguagem artística e na fé religiosa dos europeus. Essas mudanças são os temas estudados nesta unidade.

43

TEMA 1

O HUMANISMO: UMA NOVA VISÃO DE MUNDO

Dialogando com Arte

Que relação podemos estabelecer entre as ideias defendidas pelos humanistas e a sociedade em que viviam?

UM NOVO MODO DE PENSAR

Na Europa medieval, o estudo e o conhecimento eram dirigidos pelo clero católico. Para os clérigos, o mundo deveria ser compreendido a partir da fé e da religião, e a vida deveria ser guiada pela crença na vontade de Deus, que era tido como o centro do Universo (visão **teocêntrica**). Mesmo os pensadores da chamada **Escolástica**, que procuraram conciliar fé e razão, defendiam que a verdade estava na palavra revelada por Deus nas Escrituras.

Essa forma de ver e guiar o mundo já não correspondia às transformações que estavam em curso na Europa desde o século XI, como a urbanização, a expansão do comércio e o enriquecimento da burguesia. Nesse contexto, surgiram novas ideias, especialmente no campo da educação, que pretendiam renovar os estudos tradicionais por meio da valorização de outras áreas do conhecimento, como história, filosofia, literatura, retórica e matemática. Com esse objetivo, e para se diferenciar do homem e da cultura medievais, muitos intelectuais e artistas foram buscar inspiração num período considerado por eles de grandes realizações e esplendor: a **Antiguidade clássica**.

Esse movimento intelectual e cultural, que expressava o novo modo de pensar do homem moderno, surgiu na Península Itálica em fins do século XIV e início do XV e ficou conhecido como **Renascimento**.

PALÁCIO APOSTÓLICO, CIDADE DO VATICANO

Escola de Atenas, pintura de Rafael Sanzio, 1511. Nessa pintura foram representados importantes pensadores da Grécia antiga.

POR QUE RENASCIMENTO?

A palavra "Renascimento" traz uma série de questões sobre seu emprego e significado. É importante verificar que foram os próprios artistas da época que usaram o termo para definir suas obras em oposição ao que vinha sendo produzido até então.

Essa concepção, porém, trouxe algumas implicações. Primeiro porque se criou uma visão, hoje considerada equivocada, de que a Idade Média foi um período de atraso, um milênio de trevas durante o qual o conhecimento e a cultura da Antiguidade clássica teriam desaparecido. Os estudos feitos sobre o assunto mostram, já há algum tempo, que nem a Idade Média foi uma era de atraso e estagnação nem os valores da Antiguidade clássica desapareceram no período. A cultura greco-romana continuou presente na literatura, nas teorias políticas, na educação, na filosofia etc.

Um segundo problema é acreditar que qualquer expressão cultural possa surgir fora de seu tempo. Ainda que os renascentistas desejassem fazer "renascer" a cultura greco-romana, o que eles de fato conseguiram foi criar um estilo artístico que logicamente retomava alguns valores e procedimentos da cultura greco-romana, mas que expressava algo novo, refletindo a sociedade do final da Idade Média.

Esses artistas viviam num mundo em que o cristianismo e as ideias religiosas continuavam com muita força, enquanto novos valores, grupos sociais, conhecimentos e atividades econômicas surgiam ou se desenvolviam rapidamente. Não por acaso, o movimento renascentista teve origem nas prósperas cidades italianas em fins do século XIV. Nelas, uma burguesia enriquecida com as atividades urbanas descobria na beleza das obras de arte um meio de expressar o seu poder e a sua riqueza.

Pietá, escultura em mármore de Michelangelo Buonarroti, 1499. Representações da Virgem Maria sofrendo sobre o corpo de Cristo morto eram comuns na Europa. No entanto, a obra de Michelangelo inova ao combinar o ideal de beleza da Antiguidade clássica, a temática cristã e o realismo na representação.

Detalhe do desenho *Homem Vitruviano*, de Leonardo da Vinci, 1492. Note que a figura humana está no centro dessa obra, da mesma maneira que os artistas do Renascimento e as ideias humanistas elegiam o ser humano como o centro das atenções.

O QUE FOI O HUMANISMO?

O período de grandes transformações pelo qual passava a Europa propiciou o nascimento de uma nova forma de pensar, o **humanismo**, movimento intelectual do Renascimento que surgiu nos centros urbanos mais desenvolvidos da Península Itálica. O humanismo voltava-se para a busca do conhecimento sobre o ser humano e a natureza por meio da investigação, da observação e da crítica, valorizando a **razão** e o **raciocínio lógico**.

Os humanistas defendiam que as pessoas deveriam deixar de lado a submissão, a devoção religiosa como centro da existência e a vida contemplativa da época medieval para assumir uma postura mais ativa, inventiva, observadora e capaz de usufruir do seu mundo e de seu tempo. Assim, em substituição à visão teocêntrica, os humanistas defendiam o **antropocentrismo**, que colocava o ser humano como o centro do Universo. O homem, no lugar de Deus, deveria ser a medida de todas as coisas.

O humanismo também estava associado a outros valores próprios do mundo burguês que se desenvolvia, como o otimismo (pensamento positivo e aberto em relação ao novo), o individualismo (afirmação da liberdade do indivíduo em relação à sociedade) e a competição (incentivo à capacidade de agir do ser humano).

É importante ressaltar, porém, que os humanistas não eram ateus. Pelo contrário, eram cristãos que defendiam a busca da verdade por meio da investigação e da reflexão racional, pois entendiam que a razão não deveria estar a serviço da fé, mas ser uma categoria livre.

ORGANIZAR O CONHECIMENTO

1. Identifique as afirmativas incorretas e as corrija.

   a) O movimento renascentista teve início em cidades onde as atividades econômicas e a burguesia eram fracas.

   b) O humanismo se caracterizou pela busca do conhecimento por meio da investigação, da observação e da crítica.

   c) Os humanistas defendiam o teocentrismo, ou seja, Deus como o centro do Universo.

   d) Os renascentistas se inspiraram na Antiguidade clássica, mas suas obras expressavam a época em que viviam.

2. Por que artistas e intelectuais adotaram o termo "Renascimento" para definir as obras que produziam? Esse termo é questionado atualmente? Explique.

TEMA 2: O RENASCIMENTO NAS CIÊNCIAS E NAS ARTES

Dialogando com Ciências e Arte

Como o humanismo marcou o desenvolvimento das ciências e das artes?

O ESPÍRITO CIENTÍFICO

No pensamento do homem medieval, diversos fenômenos da natureza eram vistos como manifestações da vontade divina. Questionando essas "verdades absolutas", vários estudiosos começaram a explicar o mundo ao seu redor por meio da **observação** e da **experimentação**. Para isso, valorizaram o cálculo e a matemática, o projeto e a precisão, o método e o rigor, realizando muitas descobertas científicas e inovações técnicas.

No campo da matemática, da astronomia e da medicina, destacaram-se:

- **Nicolau Copérnico** (1473-1543). Astrônomo polonês, contestou a teoria geocêntrica, elaborada pelo grego Ptolomeu e reafirmada pela Igreja Católica, de que a Terra era o centro do Universo. No lugar, defendeu a teoria heliocêntrica, segundo a qual o Sol era o centro de tudo e a Terra e os demais planetas giravam em torno dele.

- **Johannes Kepler** (1571-1630). Astrônomo e matemático alemão, dedicou-se à observação do planeta Marte e descobriu que os planetas descrevem órbitas elípticas em vez de circulares, como se acreditava até então. Também elaborou as leis sobre o movimento dos planetas.

- **Galileu Galilei** (1564-1642). Astrônomo, matemático e filósofo italiano, aperfeiçoou a luneta, instrumento que lhe permitiu descobrir as luas de Júpiter, os anéis de Saturno, as fases de Vênus, as manchas no Sol e a dimensão da Via Láctea e do sistema solar. Por meio de suas observações astronômicas, confirmou a teoria heliocêntrica de Copérnico.

- **Paracelso** (1493-1541). Químico e médico suíço-alemão, propôs a cura da sífilis por meio da utilização do mercúrio.

- **Miguel Servet** (1511-1553). Médico espanhol, descobriu o funcionamento da pequena circulação sanguínea, mostrando que o sangue é levado aos pulmões para ser oxigenado, retornando depois ao coração.

PERSEGUIDOS PELA IGREJA

A busca do conhecimento por meio da observação da natureza e da experimentação era vista como grande ameaça às ideias defendidas pela Igreja. Por essa razão, vários desses pensadores sofreram pressões para abandonar seus estudos. O caso mais conhecido é de Galileu Galilei. Condenado pelos tribunais da Igreja por defender a teoria de Copérnico, Galileu foi obrigado a renunciar publicamente às suas ideias para não morrer queimado como herege.

Sistema cosmológico concebido por Copérnico, retirado da obra *Atlas celestial ou a harmonia do Universo*, 1660.

Explore

- O que você pensa da atitude de Giordano Bruno? Ele aceitou correr o risco sem pensar nas consequências ou, ao contrário de Galileu, preferiu persistir na defesa de suas ideias e morrer por causa delas? Qual das atitudes você acha mais correta? Reflita sobre isso e anote, no caderno, seu ponto de vista e os argumentos para defendê-lo depois na classe.

É BOM SABER

Giordano Bruno

O ex-monge italiano Giordano Bruno (1548-1600), ao contrário de Galileu, não se intimidou diante dos tribunais da Igreja. Saiba um pouco mais sobre ele:

"Foi grande defensor do conceito de infinito [...]. Segundo ele, os seres humanos ainda não eram capazes de realmente entender o conceito de Deus, que estaria em tudo e em todos. Para Bruno, Deus era a inteligência e a vida por trás de tudo que existe no mundo [...].

Por ter ideias tão liberais em torno da religião, ele era grande defensor da unificação das religiões, a favor de que Deus estava além de qualquer tipo de dogma ou regra. [...]

[...] [Ele] peregrinou pela Europa dando aulas e divulgando suas teorias. Passou por Suíça, Inglaterra, França, Alemanha e República Tcheca.

Após vários ataques em diferentes regiões, foi preso em Veneza pelo Santo Ofício. A pedido do papa, foi entregue ao Tribunal da Santa Inquisição e condenado a sete anos de prisão. Durante esse tempo, por não concordar em negar as próprias convicções, acabou sendo queimado no dia 17 de fevereiro de 1600."

Quem foi Giordano Bruno? Revista *Galileu*, 4 abr. 2017. Disponível em <http://mod.lk/ctcbt>. Acesso em 18 abr. 2018.

A DIFUSÃO DE NOVAS IDEIAS

Você deve estar se perguntando: como todas essas inovações e conhecimentos foram divulgados naquela época? Até a primeira metade do século XV, os textos dos livros eram escritos à mão, principalmente por monges copistas, o que limitava e encarecia a produção. Além disso, a maior parte dos livros encontrava-se guardada nas bibliotecas dos mosteiros, dificultando a difusão do conhecimento, que ficava limitado aos religiosos e a poucos intelectuais e aristocratas.

Um passo decisivo para mudar essa situação foi dado em 1450, quando o alemão **Johannes Gutenberg** desenvolveu a prensa de caracteres móveis feitos de chumbo, com base em um modelo chinês. A prensa era uma máquina que comprimia, em uma superfície, os tipos móveis embebidos em tinta. Por meio dela, foi possível agilizar a reprodução de livros e, consequentemente, aumentar a produtividade e baratear os custos. Com a invenção de Gutenberg, as ideias humanistas puderam ser difundidas para várias regiões da Europa. No entanto, vale ressaltar que o uso da prensa se tornou hegemônico somente no século XIX, com a produção industrial de livros.

Outro importante fator que contribuiu para a divulgação do humanismo foi a criação de academias e liceus laicos. Até o século XIV, as escolas e universidades eram controladas pela Igreja e mantinham o método de estudo da Idade Média, que se baseava na memorização de algumas obras. As academias e os liceus laicos criados com o Renascimento adotaram um método diferente, enfatizando o estudo do grego e do latim e incentivando os alunos a desenvolver um conhecimento investigativo, reflexivo e crítico.

Laico: não religioso; independente do clero, da Igreja e de qualquer crença religiosa.

Explore

- A charge faz referência à invenção de Gutenberg para satirizar a sociedade contemporânea. Você consegue identificar o alvo dessa sátira? Explique.

Frank & Ernest, charge de Bob Thaves, 2017.

Madona de todos os santos, pintura de Giotto di Bondone, c. 1300-1305. Essa obra ainda conserva o dourado e a expressão austera das pinturas bizantinas. Mas já percebemos o uso da perspectiva ao criar uma ilusão de profundidade no trono da Virgem. Além disso, as figuras têm expressão mais humana, com traços que as aproximam do real.

PENÍNSULA ITÁLICA: BERÇO DA NOVA ARTE

O pensamento humanista também se manifestou nas artes visuais do Renascimento, que colocaram em evidência o potencial sensível do ser humano e sua capacidade de representar o mundo.

A Península Itálica foi o berço desse movimento e o local onde ele atingiu o esplendor. A riqueza proveniente das atividades comerciais e bancárias permitiu formar na região uma próspera e orgulhosa burguesia, que passou a financiar o trabalho de pintores, escultores e arquitetos.

Ao atuar como **mecenas**, ou seja, protetores e patrocinadores dos artistas, esses ricos burgueses tinham duplo objetivo: exibir sua riqueza e imortalizar sua figura. Entre os mecenas, destacaram-se a família Médici, em Florença, os Sforza, em Milão, e os Bentivoglio, em Bolonha. Até mesmo papas, como Júlio II, investiram nas artes como forma de reforçar o poder da Igreja e conquistar a admiração dos fiéis.

GIOTTO: O PRECURSOR DO RENASCIMENTO

Por volta de 1200, a cidade de Florença já era uma grande potência mercantil. Nessa cidade, como em Paris, Veneza e outros centros econômicos e culturais da Europa, as criações artísticas expressavam a riqueza das famílias burguesas e da Igreja e a crescente valorização da vida terrena. Grandes catedrais construídas em várias cidades europeias a partir do século XIII se transformaram na principal marca da **arte gótica**, o estilo artístico desse novo período.

Na pintura, o maior expoente da arte gótica foi o florentino **Giotto di Bondone** (c. 1267-1337). Ele conseguiu representar paisagens e figuras com grande realismo e criou a ilusão de profundidade, uma novidade no período. Por afastar-se da rigidez da arte bizantina e criar cenas que pareciam reais, Giotto é considerado o principal precursor do Renascimento.

Gárgula localizada na Catedral de Notre Dame, em Paris (França), construída entre 1163 e 1345. As gárgulas, esculturas típicas da arte gótica, tinham dupla função: religiosa, de guardiã do templo; e técnica, de descartar a água da chuva longe das paredes.

O RENASCIMENTO EM FLORENÇA

Com Giotto, os habitantes da Península Itálica redescobriram o orgulho do seu passado de esplendor e poder, quando todo o Mediterrâneo era domínio romano. Relatos da época mostram que os setores mais letrados da população peninsular estavam cientes de que uma grande renovação cultural e intelectual estava acontecendo nas cidades italianas e estavam orgulhosos disso.

Em nenhuma cidade italiana esse sentimento otimista era tão forte como em Florença, terra natal de Giotto e do escritor Dante Alighieri. Foi nessa cidade, governada pelos Médici, uma poderosa família de banqueiros, que um grupo de artistas decidiu criar uma nova arte. Com Brunelleschi, Donatello e mais tarde Botticelli, o Renascimento atingiu, no século XV, sua fase madura.

- **Filippo Brunelleschi** (1377-1466). Líder do movimento de artistas, projetou a cúpula da Catedral de Florença, que se transformou em modelo para a arquitetura renascentista.
- **Donatello** (1386-1466). Escultor, ficou conhecido por abordar temas religiosos em suas obras, embora elas também exaltassem a figura humana. Preocupou-se com o rigor na representação humana, transmitindo expressões e sentimentos. Entre suas esculturas destacam-se *São Jorge* e *Gattamelata*.
- **Sandro Botticelli** (1445-1510). Dedicou-se aos nus, aos temas religiosos e mitológicos, além de pintar quadros e retratos encomendados por famílias burguesas. *O nascimento de Vênus*, que você viu na abertura, é sua obra mais famosa.

A projeção de Florença e mais tarde de Roma como principais centros do Renascimento mostram que, desde aquela época, dinheiro e arte já caminhavam juntos. Sem o patrocínio de comerciantes, banqueiros e papas, artistas como Botticelli e Michelangelo talvez não tivessem marcado a história da arte europeia com suas pinturas e esculturas.

Fichas

Primavera, pintura de Sandro Botticelli, c. 1482.

O Juízo Final, detalhe da pintura de Michelangelo Buonarroti na parede do altar da Capela Sistina, 1535-1541. Michelangelo também pintou o teto da capela, uma obra suntuosa, realizada entre 1508 e 1512, a pedido do papa Júlio II. As cenas desse grande afresco representam as principais narrativas bíblicas, da criação do mundo à época de Jesus.

O RENASCIMENTO EM ROMA

Se a cidade de Florença foi o berço do Renascimento, Roma foi o local de seu maior esplendor. A antiga capital imperial, entre 1450 e 1530, foi a sede da **Alta Renascença**, o apogeu da arte renascentista italiana.

O fato de Roma reunir elementos da tradição cristã e da Antiguidade clássica contribuiu para que a cidade atraísse muitos artistas e estudiosos. Além disso, um amplo projeto de revitalização da cidade empreendido pelo papado foi fundamental para a realização de grandes obras nesse período.

Em Roma, trabalhando para a Igreja e para famílias nobres e burguesas, destacaram-se Michelangelo, Rafael e Leonardo da Vinci.

- **Michelangelo Buonarroti** (1475-1564). Procurou exaltar ao máximo a natureza humana. Entre suas obras destacam-se os afrescos no teto da Capela Sistina, no Vaticano, e as esculturas *Davi*, *Moisés* e *Pietá*.

- **Rafael Sanzio** (1483-1520). Construiu um estilo que valorizava a clareza das figuras. Ficou conhecido como o "pintor das Madonas" devido à série de representações que fez da Virgem Maria com o menino Jesus.

- **Leonardo da Vinci** (1452-1519). Considerado o melhor exemplo do homem universal, foi pintor, escultor, matemático, arquiteto, engenheiro e inventor. Pintou, entre outras obras, *A última ceia*, *A Virgem e o menino com Sant'Ana* e a *Mona Lisa*, provavelmente a obra mais famosa do mundo.

Em Veneza, o maior expoente da pintura renascentista desse período foi **Ticiano** (1488-1576). Considerado o "mestre da cor", era capaz de fazer com a tinta o que Michelangelo fazia com o mármore. Pintou vários retratos de homens poderosos da época.

PARA NAVEGAR

Capela Sistina
Disponível em <www.vatican.va/various/cappelle/sistina_vr/index.html>.
Acesso em 25 abr. 2018.

O *site* do Vaticano oferece um *tour* virtual pela Capela Sistina. O teto e a parede do altar foram pintados por Michelangelo. Já as demais paredes contaram com o trabalho de diversos artistas, como Botticelli. Navegue e conheça essas obras-primas do Renascimento.

INOVAÇÕES DA ARTE RENASCENTISTA

Inspirados nos valores humanistas, os artistas do Renascimento enfatizavam em suas obras a natureza, os animais e, principalmente, o ser humano. Entre os principais temas estavam a mitologia greco-romana e os personagens bíblicos, que mostram a síntese da religião cristã com a cultura clássica pagã.

Os artistas renascentistas também partiam da concepção de que a beleza em uma obra de arte tinha como função principal proporcionar prazer ao observador. Assim, procuraram recriar a **realidade** e buscar a **perfeição** na representação das formas, empregando, para isso, conhecimentos de geometria e de óptica. Nesse sentido, os artistas assumiram cada vez mais o papel de "cientistas das artes".

Essa aliança entre humanismo e ciência definiu uma característica geral do Renascimento: o **universalismo**, que tinha como base a visão de que o ser humano deveria desenvolver todas as áreas do saber, assumindo a atitude de um sábio capaz de se posicionar ativamente num mundo dinâmico e em transformação.

Na pintura, os renascentistas desenvolveram diversas técnicas inovadoras para atingir a beleza, o realismo e a perfeição. O uso da **perspectiva**, por exemplo, criava a impressão de profundidade e de volume na pintura, que adquiria, aos olhos do observador, uma realidade tridimensional. Outra inovação foi a **técnica de luz e sombra**, que possibilitou o uso das cores, dos tons e meios-tons para representar cenas, emoções e movimentos.

Abaixo, à esquerda, *Mona Lisa* (ou *Gioconda*), pintura de Leonardo da Vinci, 1503-1506. Nessa pintura, Da Vinci utilizou a técnica do *sfumato*, que consiste em fundir diversas cores e em não desenhar os contornos com clareza.

Abaixo, à direita, *Madona de Granduca*, pintura de Rafael Sanzio, 1505. Nessa obra, notamos a preocupação do artista em representar o ser humano e explorar o mundo real, mesmo abordando um tema religioso. A linha de contorno das figuras desaparece, e os detalhes dos personagens adquirem nitidez e naturalidade.

O RENASCIMENTO NO NORTE DA EUROPA

Na primeira metade do século XV, enquanto o Renascimento atingia seu ponto culminante na Península Itálica, no norte da Europa, especialmente nos Países Baixos, mudanças importantes também ocorriam no campo da arte, com destaque para o trabalho do pintor flamengo **Jan van Eyck** (1390-1441).

Além de desenvolver a técnica da pintura a óleo, que permitiu trabalhar mais vagarosamente e com maior exatidão, criando transições de cores mais suaves, Eyck dedicou-se à observação e à reprodução minuciosa da natureza, produzindo obras que impressionam pelo realismo e pela riqueza de detalhes.

O desejo de produzir uma arte mais próxima do mundo real inspirou tanto os artistas italianos quanto os do norte da Europa. Contudo, as técnicas empregadas por eles diferiam bastante. Apesar das inovações introduzidas por Jan van Eyck, faltava aos artistas nórdicos o rigor científico dos italianos.

Porém, a partir do final do século XV, as diferenças técnicas entre os dois Renascimentos diminuíram muito. Nesse período, artistas nórdicos como o alemão **Albrecht Dürer** (1471-1528) passaram a se dedicar ao estudo de novas técnicas, especialmente no que se refere à perspectiva, à anatomia e à arquitetura clássica. Isso não significa que tenham abandonado seus antigos mestres. Em suas obras, eles buscaram combinar o ideal de beleza clássico com a representação realista da anatomia humana e da natureza.

No norte da Europa, os temas da cultura greco-romana não tinham muita presença e despertaram menos interesse dos artistas. Eles estavam mais preocupados em representar o mundo à sua volta com realismo. A representação de plantas, animais e do rosto humano, feita com base em estudos de anatomia, por exemplo, foi um dos destaques da arte de Albrecht Dürer.

Autorretrato, pintura de Albrecht Dürer, 1493.

ORGANIZAR O CONHECIMENTO

1. Elimine o elemento que não faz parte do grupo e o substitua por outro que faça sentido.

Sandro Botticelli	Rafael Sanzio	Michelangelo
Jan van Eyck	Leonardo da Vinci	Ticiano

2. Elabore perguntas que tenham como resposta as seguintes palavras.
   a) Mecena.
   b) Perspectiva.
   c) Heliocentrismo.
   d) Prensa.

3. Escreva à frente de cada frase a seguir U para universalismo, R para realismo ou E para experimentação.
   a) Método aplicado na ciência para produzir conhecimento. ( )
   b) A geometria e a óptica serviram de base para uma nova arte. ( )
   c) O ser humano deve se aplicar em todas as áreas do saber. ( )
   d) A técnica do *sfumato* permite ao artista imprimir nitidez e naturalidade às suas pinturas. ( )

ATITUDES PARA A VIDA

Os cadernos de Leonardo

Leonardo da Vinci registrou um conjunto de esboços, estudos, projetos, reflexões, observações e questionamentos que estão preservados até os dias de hoje.

Em seus cadernos, ele costumava listar o que queria fazer e aprender. Por exemplo: "Tirar as medidas de Milão e de seus subúrbios" para depois desenhar a cidade; "Pedir para o mestre de aritmética me ensinar a quadratura do triângulo"; "Estudar a anatomia das asas de um pássaro junto com os músculos peitorais que se movem [...]. Fazer o mesmo com o homem para demonstrar a possibilidade de ele conseguir sustentar a si próprio no ar batendo asas".

Também anotava suas descobertas e invenções, seus métodos de trabalho e suas dúvidas, descrevendo minuciosamente a criação de algumas obras.

Certa vez, os duques de Florença encomendaram uma pintura sobre a vitória da cidade na batalha de Anghiari. Após ouvir relatos do evento, Leonardo fez centenas de esboços e elaborou instruções que deveria seguir ao pintar a obra. Ele registrou o desafio de transmitir as intensas emoções de um velho guerreiro durante o combate através de suas expressões faciais: "As laterais do nariz devem ter certas rugas, no formato de arcos, partindo do nariz e terminando na borda dos olhos. Faça as narinas bem abertas, para produzir essas rugas, e os lábios arqueados, para revelar os dentes da arcada superior, e a boca aberta, para que ele possa berrar seus lamentos".

Leonardo não concluiu esse trabalho, restando-nos apenas os estudos preparatórios, como o que você pode observar nesta página.

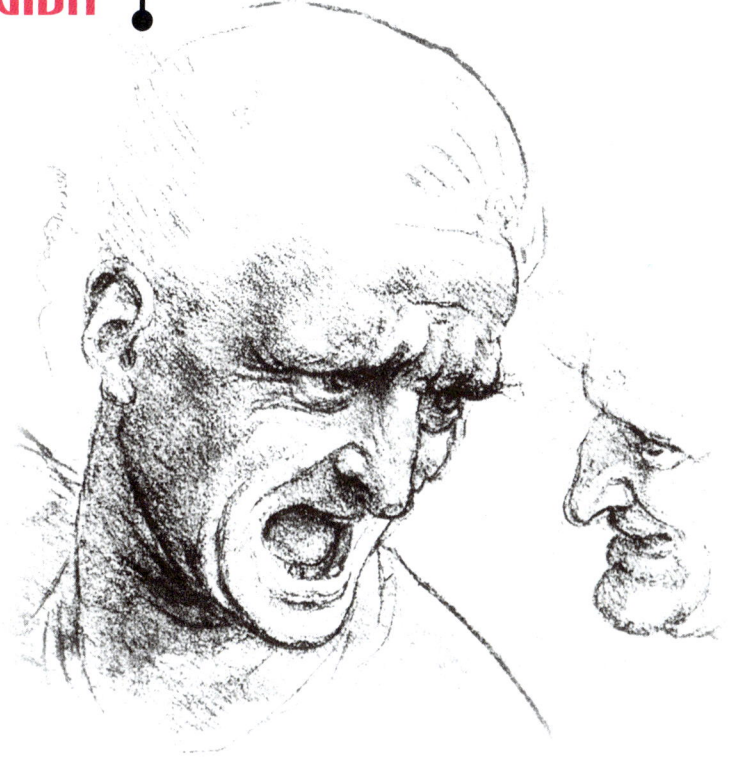

Estudos para as cabeças de dois soldados na Batalha de Anghiari, de Leonardo da Vinci, c. 1504-1505.

QUESTÕES

1. Indique quais ações de Leonardo podem ser associadas às atitudes priorizadas nesta unidade. Escreva **1** para **imaginar, criar e inovar**; **2** para **esforçar-se por exatidão e precisão** ou **3** para ambas.
   a) Antes de executar uma pintura, Leonardo imaginava e planejava em detalhes a cena que queria representar.
   b) Da Vinci estudou imagens de cavalos para pintar *A batalha de Anghiari*.
   c) A representação das emoções dos guerreiros baseava-se nos estudos do artista sobre anatomia humana.
   d) Da Vinci investigou e projetou equipamentos para que o ser humano pudesse voar.

2. Que outras atitudes você reconheceu no trabalho de Leonardo da Vinci? Para responder, retome a descrição das atitudes e justifique sua resposta.

3. Na sua opinião, qual era, para Leonardo, a utilidade de seus registros e esboços? E você, costuma fazer anotações ou rascunhos? Com que objetivo?

ATIVIDADES

APLICAR

1. O escritor inglês William Shakespeare (1564-1616) foi um dos principais nomes da literatura renascentista. Em sua obra *Hamlet*, o protagonista, refletindo sobre a existência humana, pergunta: "Ser ou não ser, eis a questão. Será mais nobre sofrer na alma pedradas e flechadas do destino feroz ou pegar em armas contra o mar de angústias?". Considerando as informações apresentadas nesse enunciado e o que você estudou nesta unidade, responda.

   a) O que você entendeu ao ler a frase de Hamlet?

   b) Que relação pode ser estabelecida entre a frase e os valores do Renascimento?

   c) Imagine que Shakespeare tivesse vivido na Europa medieval. Reescreva a frase considerando esse outro contexto.

2. Explique por que o otimismo e o individualismo são considerados valores humanistas.

3. Observe a charge ao lado para responder às questões 3 e 4.

   a) Que obra do Renascimento é satirizada na imagem?

   b) Em que consiste o humor da charge?

4. Assinale a afirmativa correta sobre a charge.

   a) A charge compara Michelangelo a um jovem *punk*.

   b) Um artista desprezado hoje pode ser mundialmente reconhecido no futuro.

   c) O talento de Michelangelo apagou a capacidade criadora do homem que rebocou o teto da Capela Sistina.

   d) Michelangelo e o homem que rebocou o teto da capela têm o mesmo talento artístico.

5. Analise a pintura *Primavera*, de Sandro Botticelli, na página 51, e descreva as características do Renascimento presentes na obra.

6. Retome as pinturas *Madona de todos os santos*, de Giotto, e *Madona de Granduca*, de Rafael, nas páginas 50 e 53 para responder às questões.

   a) Quais são as principais semelhanças e diferenças entre as duas pinturas?

   b) Como as duas pinturas representam a divindade da Virgem e do menino Jesus?

ROBERTO PAROU PARA ADMIRAR SEU TRABALHO. ELE NUNCA HAVIA REBOCADO UM TETO TÃO LINDAMENTE. MINUTOS DEPOIS, UM JOVEM *PUNK* CHAMADO MICHELANGELO ESTRAGARIA TUDO.

Brevity, charge de Guy e Rodd, 2005.

RETOMAR

7. Responda às questões-chave da abertura dos temas 1 e 2.

   a) Que relação podemos estabelecer entre as ideias defendidas pelos humanistas e a sociedade em que viviam?

   b) Como o humanismo marcou o desenvolvimento das ciências e das artes?

TEMA 3

A REFORMA PROTESTANTE: UMA NOVA DIVISÃO NA CRISTANDADE

De que maneira a Reforma Protestante favoreceu o desenvolvimento da burguesia?

A CRISE RELIGIOSA

As transformações políticas, econômicas e sociais na Europa Ocidental e o novo modo de pensar e ver o mundo do homem moderno também se expressaram na religião.

Com o fortalecimento das monarquias nacionais, o poder papal passou a rivalizar com o poder dos reis. Assim, a Igreja, que antes ocupava um papel importante na política, começou a perder espaço. Além disso, as pregações da Igreja, que condenavam o lucro e a usura, chocavam-se com os interesses da burguesia, tornando-se um obstáculo à expansão de suas atividades econômicas.

Para agravar a situação, o poder da Igreja Católica foi abalado por uma série de críticas surgidas dentro da própria instituição. Isso porque, desde o final da Idade Média, a Igreja vinha se desviando de seus princípios, ostentando e usufruindo luxos e riquezas. Boa parte do clero desrespeitava as regras religiosas, como o celibato, desconhecia o latim e tratava com descaso os cultos e ritos religiosos. Muitos também praticavam a venda da simonia.

Esse quadro gerou um amplo movimento reformista que deu origem a novas igrejas cristãs: a **Reforma Protestante**.

Simonia: venda de bênçãos, favores divinos, objetos tidos como sagrados e de cargos eclesiásticos.

O papa Francisco (no centro) e o reverendo Martin Junge, secretário-geral da Federação Luterana Mundial (à direita), assistem a uma celebração ecumênica na Catedral de Lund, na Suécia, 2016. O evento deu início às comemorações dos 500 anos da Reforma Protestante.

LUTERO E O INÍCIO DA REFORMA

O movimento protestante iniciou-se na Saxônia, região da atual Alemanha, dirigido pelo monge **Martinho Lutero**. Em 1517, ao saber da venda de indulgências autorizada pelo papa Leão X com o objetivo de arrecadar fundos para a reconstrução da Basílica de São Pedro, em Roma, o monge resolveu se manifestar publicamente.

Indulgência: remissão, diante de Deus, das penas devidas pelos pecados cometidos e já perdoados.

Provavelmente em um encontro de eruditos religiosos da cidade de Wittenberg, Lutero apresentou suas **95 teses**, nas quais denunciava a venda de indulgências e criticava o mau comportamento do clero e do próprio papa. A versão de que Lutero afixou as teses na porta da Igreja de Wittenberg parece ter sido noticiada, mas não há documentos que confirmem o fato.

Depois disso, seguiram-se debates teológicos entre Lutero e sábios da Igreja, os quais refutaram todas as teses do reformista. Em 1520, três anos após o início da crise, uma bula papal foi enviada a Lutero ameaçando-o de excomunhão caso não se retratasse; o monge, porém, não só manteve suas críticas, como queimou a bula papal em praça pública. O ato simbolizou a ruptura de Lutero com a Igreja e iniciou a Reforma Protestante.

A DOUTRINA LUTERANA

Os princípios da doutrina luterana foram formalizados no documento intitulado **Confissão de Augsburgo**, de 1530. Nele, Lutero afirmou que a salvação era obtida pela fé, e não pelas obras praticadas; rejeitou a hierarquia eclesiástica; estabeleceu que todo crente é livre para interpretar a *Bíblia*, sem necessitar da mediação de sacerdotes da Igreja; aboliu o celibato dos padres e os sacramentos, mantendo apenas o batismo e a eucaristia; e determinou a substituição do latim pelo idioma nacional nos cultos religiosos.

Explore
- Lucas Cranach é considerado o pintor oficial da doutrina luterana. Que elementos da pintura mostram a importância da *Bíblia* para o luteranismo?

A doutrina luterana teve um grande alcance social no centro-norte da Europa: de um lado, interessou à nobreza, que viu a oportunidade de se libertar da autoridade de Roma e de confiscar terras e bens pertencentes à Igreja. De outro, agradou aos camponeses, que viram na divisão da Igreja a oportunidade de se livrar dos tributos devidos ao clero.

Lei e graça, pintura de Lucas Cranach, o Velho, 1529.

Salão do Museu Internacional da Reforma, em Genebra, na Suíça. Nesse salão, o visitante pode ouvir uma apresentação de 12 minutos sobre a história da Reforma Protestante.

CALVINO E SEUS SEGUIDORES

Com a ajuda da prensa de Gutenberg, as ideias de Lutero se difundiram rapidamente pelas regiões central e norte da Europa e abriram caminho para novos movimentos reformadores.

O francês **João Calvino**, por exemplo, perseguido na França por converter-se ao protestantismo, refugiou-se em Genebra, na Suíça, em 1536. Aos poucos, Calvino se distanciou do luteranismo, criando uma doutrina religiosa que se baseava na ideia da **predestinação absoluta**.

Segundo Calvino, Deus já havia escolhido, desde o princípio, os indivíduos abençoados com a vida eterna e os condenados à perdição. O ser humano seria indigno de alterar essa decisão ou de conhecê-la. Para não viver aflito pela incerteza, deveria perseverar em sua fé e levar uma vida austera e obediente a Deus. Os bens materiais e a riqueza deveriam ser entendidos como bondades divinas.

Após a morte de Calvino, seus seguidores fizeram interpretações da doutrina da predestinação. A riqueza e a prosperidade passaram a ser vistas como sinais da graça divina, e não apenas como generosidades de Deus. Isso explica por que o calvinismo obteve grande apoio da burguesia e estimulou seus adeptos a se esforçar para progredir economicamente.

A IGREJA ANGLICANA

Na Inglaterra, a ruptura religiosa foi conduzida pelo rei **Henrique VIII** e teve caráter essencialmente político. O principal motivo da Reforma Anglicana, como o movimento ficou conhecido, foi o conflito de interesses entre a monarquia inglesa, forte e centralizada, e o clero católico. Somava-se a isso a queixa dos ingleses com a cobrança do dízimo por parte da Igreja.

O pretexto para o rompimento com a Igreja veio de uma questão pessoal. Henrique VIII era casado com Catarina de Aragão, que não lhe havia dado um herdeiro. Insatisfeito, o rei solicitou a anulação de seu casamento ao papa Clemente VII. O pedido foi negado. Mesmo assim, Henrique VIII separou-se de Catarina e casou-se com a cortesã Ana Bolena, decisão que levou o rei a ser excomungado pelo papa.

Em resposta, Henrique VIII decretou, em 1534, o **Ato de Supremacia**, pelo qual se tornou o chefe da Igreja na Inglaterra, com total apoio do Parlamento.

Nesse processo, o rei concentrou mais poderes, pois, além de chefe de Estado, ele obteve o poder de escolher o arcebispo responsável pela organização da Igreja Anglicana. Entre as consequências da reforma, destacam-se o confisco das terras da Igreja Católica e a transformação do anglicanismo em religião oficial da Inglaterra.

PRINCIPAIS PONTOS DAS DOUTRINAS PROTESTANTES		
Luteranismo	Calvinismo	Anglicanismo
• Defendeu a livre interpretação da *Bíblia* e a salvação pela fé. • Simplificou a liturgia da missa e manteve apenas dois sacramentos: batismo e eucaristia. • Rejeitou a hierarquia eclesiástica e aboliu o celibato. • Substituiu o latim pela língua nacional. • Negou o culto aos santos e às imagens.	• Defendeu a livre interpretação da *Bíblia* e a salvação pela predestinação. • Simplificou a liturgia da missa e manteve apenas dois sacramentos: batismo e eucaristia. • Rejeitou a hierarquia eclesiástica e aboliu o celibato. • Substituiu o latim pela língua nacional. • Negou o culto aos santos e às imagens. • Pregou uma rígida disciplina moral e religiosa e a adoção de um modo de vida simples e austero.	• Defendeu a livre interpretação da *Bíblia* e a salvação pela predestinação. • Sintetizou princípios católicos e calvinistas. • Manteve os ritos católicos e apenas dois sacramentos: batismo e eucaristia. • Tornou o rei a autoridade máxima da Igreja na Inglaterra. • Manteve a hierarquia eclesiástica e aboliu o celibato. • Substituiu o latim pela língua inglesa. • Condenou o culto aos santos e às relíquias.

ORGANIZAR O CONHECIMENTO

1. Elimine do quadro o termo que não faz parte do grupo e o substitua por outro que faça sentido.

   anglicanismo   calvinismo   celibato   luteranismo   protestante

2. Preencha o quadro sobre a Reforma Protestante.

REFORMA PROTESTANTE		
Práticas da Igreja condenadas por Lutero	Principais pontos da doutrina luterana	Impactos da Reforma Luterana na Europa

DE OLHO NO INFOGRÁFICO

IGREJAS E DENOMINAÇÕES CRISTÃS

A história do cristianismo tem sido marcada por movimentos para conquistar novos fiéis e territórios, mas também por grandes discordâncias que separam seus devotos em muitas denominações.

1 — Nascimento de Jesus Cristo.

380 — O imperador Teodósio declara o cristianismo a religião oficial do Império Romano.

1054 — Cisma do Oriente: primeira grande divisão no cristianismo.

Cristianismo

Católicos

Ortodoxos

60

As dez maiores populações cristãs – 2010
(População cristã em milhões de pessoas e percentual de cristãos por país)

- **1º** Estados Unidos — 247 (79%)
- **2º** Brasil — 176 (90%)
- **3º** México — 108 (95%)
- **4º** Rússia — 105 (74%)
- **5º** Filipinas — 87 (93%)
- **6º** Nigéria — 81 (51%)
- **7º** China — 67 (5%)
- **8º** República Democrática do Congo — 63 (96%)
- **9º** Alemanha — 58 (71%)
- **10º** Etiópia — 53 (63%)

Note a diferença nos dados sobre o Brasil no mapa e no gráfico. Isso ocorre porque esses dados vêm de pesquisas feitas com métodos diferentes. Apesar disso, ambos são válidos.

Em 2010 havia cerca de **2 bilhões** de cristãos no mundo, quase metade (48%) nesses dez países.

Um terço (33%) dos cristãos do mundo vive nas Américas. Cerca de 85% da população do continente se declara cristã, a maioria (65%) católica.

Distribuição da população por grupos religiosos no Brasil – 2010

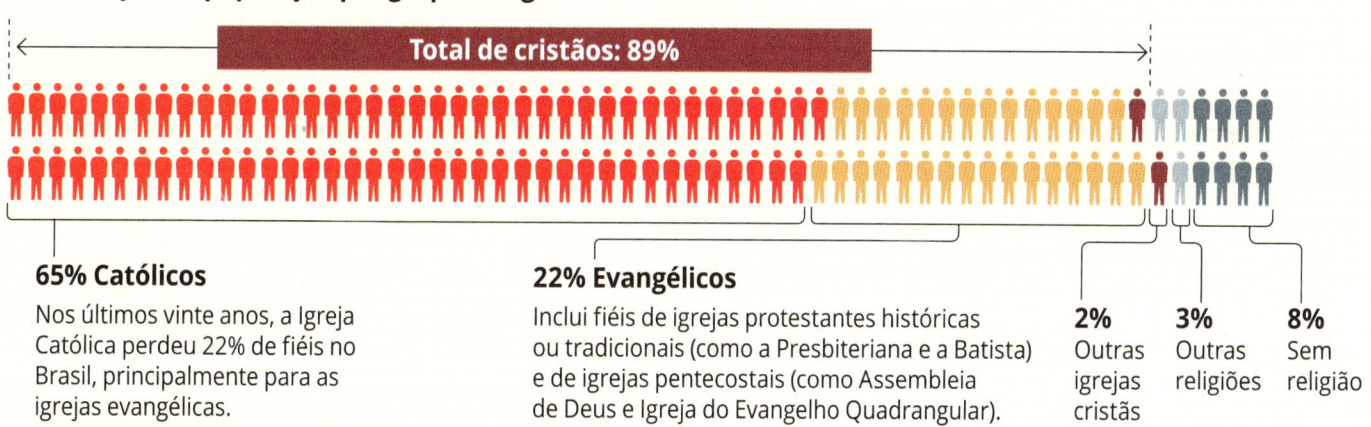

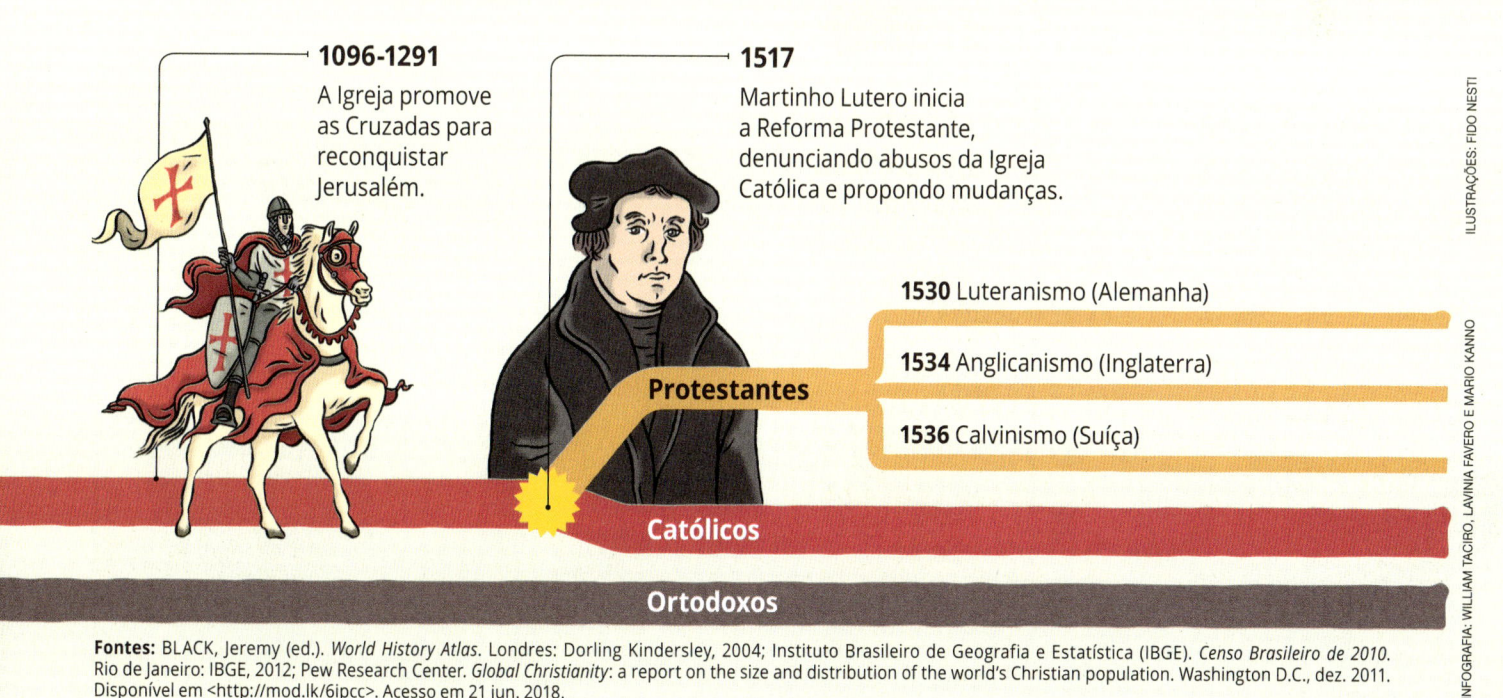

Total de cristãos: 89%

- **65% Católicos** — Nos últimos vinte anos, a Igreja Católica perdeu 22% de fiéis no Brasil, principalmente para as igrejas evangélicas.
- **22% Evangélicos** — Inclui fiéis de igrejas protestantes históricas ou tradicionais (como a Presbiteriana e a Batista) e de igrejas pentecostais (como Assembleia de Deus e Igreja do Evangelho Quadrangular).
- **2%** Outras igrejas cristãs
- **3%** Outras religiões
- **8%** Sem religião

1096-1291 — A Igreja promove as Cruzadas para reconquistar Jerusalém.

1517 — Martinho Lutero inicia a Reforma Protestante, denunciando abusos da Igreja Católica e propondo mudanças.

Protestantes
- 1530 Luteranismo (Alemanha)
- 1534 Anglicanismo (Inglaterra)
- 1536 Calvinismo (Suíça)

Católicos

Ortodoxos

Fontes: BLACK, Jeremy (ed.). *World History Atlas*. Londres: Dorling Kindersley, 2004; Instituto Brasileiro de Geografia e Estatística (IBGE). *Censo Brasileiro de 2010*. Rio de Janeiro: IBGE, 2012; Pew Research Center. *Global Christianity*: a report on the size and distribution of the world's Christian population. Washington D.C., dez. 2011. Disponível em <http://mod.lk/6ipcc>. Acesso em 21 jun. 2018.

TEMA 4 — A REFORMA CATÓLICA E SEUS IMPACTOS NA EUROPA E NO MUNDO

Como a Igreja Católica reagiu à Reforma Protestante?

A REAÇÃO DA IGREJA

A Reforma Protestante provocou uma cisão definitiva na cristandade ocidental, que se dividiu em cristãos católicos e cristãos protestantes. Com isso, a intolerância, as perseguições e as guerras religiosas se estenderam pela Europa até meados do século XVII. A Igreja Católica, por exemplo, reagiu às críticas dos reformadores e criou um movimento denominado **Contrarreforma** ou **Reforma Católica**.

É importante perceber que a Igreja Católica não estava indiferente aos seus problemas internos. No entanto, a Reforma Protestante, a expansão das novas igrejas pela Europa e a perda de fiéis a pressionaram a iniciar seu movimento de renovação.

Ato pela liberdade religiosa, realizado na cidade do Rio de Janeiro (RJ), em 2017. No Brasil, os praticantes das religiões afro-brasileiras são as principais vítimas da intolerância e lutam para que suas crenças e práticas religiosas sejam respeitadas.

É BOM SABER

A intolerância religiosa

Na época das reformas religiosas, as pessoas eram obrigadas a seguir a religião do Estado, o que era mais um motivo para a eclosão de guerras religiosas. Atualmente, os conflitos religiosos ainda fazem milhares de vítimas em diversas partes do mundo, como na Nigéria e na Indonésia, onde existem disputas entre muçulmanos e cristãos; na Síria e no Iraque, entre muçulmanos xiitas e sunitas; na Índia, entre seguidores do hinduísmo e do islã; no Afeganistão e no Sudão, entre muçulmanos e não muçulmanos; no Egito, entre cristãos e radicais islâmicos etc.

Gravura do século XVII que representa pessoas sendo mortas na fogueira. Essa e outras sentenças do Santo Ofício eram executadas em espaços públicos, durante evento conhecido como auto de fé.

INSTRUMENTOS DA CONTRARREFORMA

Para dar início à Reforma Católica, em 1545, o papa Paulo III convocou um concílio na cidade italiana de Trento, cujos trabalhos se estenderam até 1563. O **Concílio de Trento**, como ficou conhecido, reafirmou os dogmas e ritos católicos: a salvação pela fé e pelas boas obras; a presença de Cristo na eucaristia; a autoridade e a infalibilidade do papa; a hierarquia eclesiástica; o celibato do clero; a devoção aos santos e à Virgem Maria; os sete sacramentos (batismo, eucaristia, crisma, matrimônio, ordem, penitência e extrema-unção); e a missa e a *Bíblia* em latim.

Por meio do Concílio de Trento, a Igreja também condenou a venda de indulgências e de cargos eclesiásticos e determinou a criação de seminários para a formação do clero e a elaboração do catecismo, um resumo da doutrina católica para ser usado na evangelização dos fiéis, principalmente dos jovens e das crianças.

Além disso, a Igreja reorganizou o **Tribunal do Santo Ofício da Inquisição**, criado em 1231 com o objetivo de vigiar, julgar e punir os acusados de heresia. Protestantes, judeus e cristãos-novos foram perseguidos pela Inquisição. O Tribunal também se encarregou de elaborar o **Índice de Livros Proibidos**, o *Index*, que consistia numa lista de obras censuradas pela Igreja por serem consideradas prejudiciais à fé católica, perseguindo muitos cientistas e pensadores, como estudamos anteriormente.

Concílio: reunião do alto clero católico convocada para decidir a respeito da doutrina da Igreja, dos costumes e da disciplina eclesiástica.

Heresia: pensamento ou conduta que contrariam a doutrina estabelecida pela Igreja. Entre as práticas consideradas heréticas pela Igreja estavam a feitiçaria e os ritos pagãos.

Cristão-novo: filho ou neto de judeus convertido ao cristianismo.

A PERSEGUIÇÃO AOS PROTESTANTES

Para combater o protestantismo, a Igreja Católica contou com a aliança fundamental de algumas monarquias europeias. Na França, por exemplo, a perseguição aos protestantes foi intensa. Mesmo assim, os protestantes se expandiram pelo reino, concentrando-se nos centros comerciais mais importantes, como Paris, Lion e Orleans.

Na década de 1540, o rei Francisco I instituiu a pena de morte aos huguenotes, como eram chamados os calvinistas franceses. No reinado de Carlos IX (1560-1574), as tensões entre católicos e calvinistas se tornaram ainda mais fortes. O episódio mais grave e sangrento dos conflitos ocorreu em 24 de agosto de 1572 e ficou conhecido como **Noite de São Bartolomeu**.

Nessa noite, centenas de nobres huguenotes estavam reunidos em Paris para celebrar o casamento do príncipe protestante Henrique de Navarra com a católica Marguerite de Valois, irmã de Carlos IX. Essa união foi anunciada como um sinal de aproximação e uma tentativa de pôr fim às hostilidades entre católicos e protestantes. No entanto, o que se viu foi algo bem diferente. Seguindo ordens da família real, católica, tropas francesas executaram centenas de huguenotes, incluindo seus principais líderes. A onda de violência se espalhou pela França e se estendeu por dois meses, totalizando mais de 10 mil huguenotes mortos.

Os conflitos só terminaram em 1598, com a promulgação do **Edito de Nantes**, que estabeleceu a liberdade de culto na França.

Massacre de São Bartolomeu, pintura de François Dubois, c. 1572-1584.

A COMPANHIA DE JESUS

Outra medida tomada pela Igreja Católica para combater a expansão protestante foi a criação da **Companhia de Jesus**, em 1534, pelo espanhol Inácio de Loyola. Os jesuítas, como ficaram conhecidos, tinham a missão de combater o protestantismo por meio da reafirmação da fé católica, da criação de escolas religiosas e da conquista de novos fiéis.

Na Europa, os jesuítas atuaram principalmente na área do ensino. No entanto, seu papel de maior destaque foi exercido em domínios portugueses e espanhóis na Ásia, na África e na América. Encarregados de catequizar as populações nativas, eles logo perceberam que os antigos métodos de conversão, fundamentados no uso da força, eram ineficientes. Assim, defenderam a necessidade de conhecer as línguas e adaptar o catolicismo às culturas locais.

Essa adaptação não significa que as conversões tenham ocorrido sem conflitos. Em diversos casos, os jesuítas foram acusados de escravizar os nativos, sob o pretexto de evangelizá-los. Além disso, muitos povos resistiram às investidas da Igreja Católica. No Japão, por exemplo, o cristianismo foi proibido em 1587 e, dez anos depois, 26 cristãos foram crucificados.

> **É BOM SABER**
>
> ### Estratégia de conversão
>
> Conheça algumas das adaptações promovidas por jesuítas no Japão.
>
> "Logo na chegada ao Japão [em 1549], por exemplo, foi necessário adaptar o Evangelho, e na tradução do episódio das Bodas de Caná era dito que Jesus transformara a água em saquê, em vez de vinho; as igrejas eram construídas segundo um modelo arquitetônico local, parecendo-se mais com um templo budista do que com uma igreja tradicional [...]."
>
> COSTA, João Paulo Azevedo de Oliveira e. Os discípulos de Xavier. *Revista de História da Biblioteca Nacional*, n. 81, jun. 2012. p. 30.

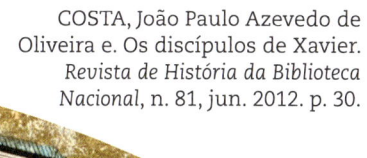

Pintura representando uma igreja jesuíta no Japão, no final do século XVI.

ORGANIZAR O CONHECIMENTO

1. Identifique as afirmativas incorretas e corrija-as.
   a) Antes da Reforma Protestante, pensadores católicos já defendiam mudanças na Igreja.
   b) A Reforma Protestante uniu a cristandade sob diferentes denominações cristãs.
   c) A Igreja Católica ficou indiferente à Reforma Protestante.
   d) O Concílio de Trento reafirmou a doutrina católica e condenou a venda de indulgências.

2. Identifique a que se refere cada frase a seguir.
   a) Movimento de renovação e reação da Igreja à Reforma Protestante.
   b) Criado para vigiar, julgar e punir os acusados de heresia.
   c) Ordem religiosa que foi essencial na difusão da fé católica.
   d) Decreto que estabeleceu a liberdade de culto na França.

ATIVIDADES

APLICAR

1. Leia duas das 95 teses escritas por Martinho Lutero para responder às questões.

   "21. Erram, portanto, os pregadores de indulgências que afirmam que a pessoa é absolvida de toda pena e salva pelas indulgências do papa. [...]

   24. Por isso, a maior parte do povo está sendo necessariamente ludibriada por essa magnífica e indistinta promessa de absolvição da pena. [...]"

   LUTERO, Martinho. *Martinho Lutero*: obras selecionadas. 2. ed. São Leopoldo: Sinodal; Porto Alegre: Concórdia; Canoas: Ulbra, 2004. v. 1. p. 24.

   a) Qual prática da Igreja Católica é criticada no texto?
   b) Que argumento Lutero apresenta para condená-la?
   c) Que outros fatores contribuíram para a realização da Reforma Protestante?
   d) Como a Igreja Católica reagiu às teses de Lutero?
   e) O que fez Lutero diante da reação católica?

2. As ideias da Contrarreforma se manifestaram na arte com a criação do Barroco. A arte barroca surgiu na Península Itálica, no final do século XVI, e se espalhou por Portugal, Espanha, França e mais tarde pela América. Em oposição à simplicidade e ao realismo do Renascimento, a arte barroca priorizava o terreno dos sentidos e das intuições, procurando despertar a emoção e o fervor religioso com uma arte exuberante e rebuscada, capaz de prender a respiração dos fiéis.

   Observe, abaixo, a imagem da nave da Igreja de Santo Inácio de Loyola, em Roma. Preste atenção aos diferentes elementos que a compõem e opine se ela cumpriu a função emotiva e religiosa da arte barroca.

Nave da Igreja de Santo Inácio de Loyola, em Roma (Itália), foto de 2010. Construído entre 1626 e 1650, o edifício é um exemplo da arquitetura barroca na Europa.

3. Observe o infográfico "Igrejas e denominações cristãs", nas páginas 60 e 61, para responder às questões.

   a) Quais momentos de ruptura na história do cristianismo são destacados no infográfico? Quais igrejas surgiram com essas rupturas?

   b) Que posição o Brasil ocupa na relação de países onde vive o maior número de cristãos? O número de cristãos brasileiros corresponde a que percentual da população?

   c) Identifique, entre os países citados, aquele onde os cristãos não representam a maioria da população.

4. Quais são as principais diferenças entre adotar uma crença religiosa na Europa da época de Lutero e nos dias de hoje? Existe tolerância religiosa no mundo atual? Discuta essas questões com os colegas. Não se esqueça de escutá-los com atenção e de refletir sobre os argumentos que eles apresentarem.

RETOMAR

5. Responda agora às questões-chave da abertura dos temas 3 e 4.

   a) De que maneira a Reforma Protestante favoreceu o desenvolvimento da burguesia?

   b) Como a Igreja Católica reagiu à Reforma Protestante?

Mais questões no livro digital

AUTOAVALIAÇÃO

CONTEÚDOS

1. Como você avalia seu aprendizado nesta unidade? Bom, regular ou insatisfatório? Consulte os materiais que você utilizou durante seus estudos, incluindo atividades e anotações pessoais. Escreva no caderno uma frase explicando sua resposta para cada um dos itens abaixo.

   a) As características do pensamento humanista e do Renascimento.

   b) As principais realizações do Renascimento nas ciências e nas artes.

   c) As críticas à Igreja Católica e as ideias defendidas pelos líderes reformadores.

   d) As medidas da Igreja Católica para deter o avanço do protestantismo.

ATITUDES

2. Qual foi o conteúdo ou atividade mais difícil para você? Como foi possível superar as dificuldades? Retome a descrição das atitudes para responder.

3. Nesta unidade priorizamos as seguintes atitudes: **imaginar, criar e inovar** e **esforçar-se por exatidão e precisão**.

   a) A primeira atitude está presente em sua vida cotidiana? Ela pode ajudá-lo a resolver problemas? Como?

   b) Em sua opinião, a segunda atitude pode ser associada ao estudo da história? Como? Dê exemplos.

COMPREENDER UM TEXTO

O texto apresenta um diálogo fictício entre Galileu Galilei e seu aluno e amigo Andrea. Ele é uma adaptação da peça *A vida de Galileu*, escrita pelo poeta e dramaturgo alemão Bertolt Brecht entre 1938 e 1939.

O que é que você vê?

"Galileu – Veja o que eu trouxe para você, ali atrás dos mapas astronômicos.

Andrea – O que é isso?

Galileu – É uma esfera armilar; mostra como as estrelas se movem à volta da Terra, segundo a opinião dos antigos.

Andrea – E como é?

Galileu – Vamos investigar, e começar pelo começo: a descrição.

Andrea – No meio tem uma esfera pequena.

Galileu – É a Terra. [...]

Andrea – A bola embaixo é a Lua, é o que está escrito. Mais em cima é o Sol.

Galileu – E agora faça mover o Sol.

Andrea (movendo as esferas) – É bonito. Mas nós estamos fechados lá no meio.

Galileu – É, foi o que eu também senti, quando vi essa coisa pela primeira vez. Há dois mil anos a humanidade acredita que o Sol e as estrelas do céu giram em torno dela. [...] Pois onde a fé teve mil anos de assento, sentou-se agora a dúvida. Todo mundo diz: é, está nos livros – mas nós queremos ver com nossos olhos. [...]

Galileu – Você acabou entendendo o que eu lhe expliquei ontem?

Andrea – O quê? Aquela história do Copérnico e da rotação?

Galileu – É.

Andrea – Não. Por que o senhor quer que eu entenda? É muito difícil! [...]

Andrea – [...] eu vejo que o Sol de tarde não está onde estava de manhã. Quer dizer que ele não pode estar parado! Nunca e jamais!

Galileu – Você vê! O que é que você vê? Você não vê nada! Você arregala os olhos e arregalar os olhos não é ver. (Galileu põe uma bacia de ferro no centro do quarto.) Bem, isto é o Sol. Sente-se aí. (Andrea se senta na única cadeira; Galileu está de pé, atrás dele.) Onde está o Sol, à direita ou à esquerda?

Andrea – À esquerda.

Galileu – Como fazer para ele passar para a direita?

Andrea – O senhor carrega a bacia para a direita, claro.

Galileu – E não tem outro jeito? (Levanta Andrea e a cadeira do chão, faz meia-volta com ele.) Agora, onde é que o Sol está?

Andrea – À direita.

Galileu – E ele se moveu?

Andrea – Ele, não.

Galileu – O que é que se moveu?

Andrea – Eu.

Galileu (berrando) – Errado! A cadeira!

Andrea – Mas eu com ela!

Galileu – Claro. A cadeira é a Terra. Você está em cima dela. Esta aqui é a Terra; seus pés estão sobre ela [...]. Você entendeu isto?

Andrea – Sim."

FILHO, Paulo N. L.; LAVARDA, Francisco C. *Galileu*.
Roteiro adaptado para o teatro da peça
A vida de Galileu, de Bertolt Brecht,
escrita entre 1938-1939.
Disponível em <http://mod.lk/ozthk>.
Acesso em 29 jan. 2018.

ATIVIDADES

EXPLORAR O TEXTO

1. Identifique, nesse texto, duas características típicas de roteiros de peças de teatro.

2. Note que o verbo *ver* aparece nessas duas falas dos personagens: "mas nós queremos ver com nossos olhos" (Galileu); "eu vejo que o Sol de tarde não está onde estava" (Andrea). Explique qual é a diferença de sentido do verbo *ver* nesses dois casos.

3. Quando Galileu se dirige a Andrea e diz: "Você arregala os olhos e arregalar os olhos não é ver", o verbo "arregalar", no contexto da peça, tem o mesmo sentido de:

   a) não enxergar por detrás da aparência.
   b) enxergar com clareza.
   c) perceber com a visão.
   d) abrir amplamente os olhos.

RELACIONAR

4. No final do trecho que você acabou de ler, Galileu diz, berrando: "Errado! A cadeira!". Em seguida, ele se empenha em demonstrar que a diferença entre Andrea se mover e a cadeira se mover não é nada sutil.

   a) Que adjetivos você usaria para caracterizar a reação de Galileu em "Errado! A cadeira!"?
   b) Por que o fato de a cadeira ter se movido, e não Andrea, é uma diferença fundamental para Galileu?
   c) Você considera que, ao ressaltar essa diferença, Galileu agiu de acordo com as regras e o rigor do método científico? Justifique.

5. No início do texto, Galileu se refere à "opinião dos antigos".

   a) Qual é essa opinião e quem são os antigos?
   b) De que maneira Galileu se relaciona com essa "opinião dos antigos"? Fundamente sua resposta com uma passagem do texto.
   c) Podemos dizer que Galileu se empenhou em fazer "renascer" a opinião dos antigos?

REVISANDO

O humanismo: uma nova visão de mundo

1. As transformações sociais e econômicas vividas na Europa da Baixa Idade Média se expressaram também no surgimento de novas ideias nos campos da filosofia, das ciências e das artes, dando origem ao **Renascimento**.

2. Os renascentistas, inspirando-se na **cultura greco-romana**, criaram algo novo, que expressava a **sociedade de seu tempo**.

3. O **humanismo** foi o movimento intelectual do Renascimento e caracterizou-se pela **busca racional do conhecimento** e por colocar o ser humano no centro de suas preocupações (**antropocentrismo**).

O Renascimento nas ciências e nas artes

1. Os humanistas valorizavam a **observação**, a **experimentação** e a **investigação**, realizando diversas **descobertas** e **inovações técnicas**.

2. O berço do Renascimento foram as **cidades italianas**, especialmente Florença, onde o movimento contou com a proteção dos **mecenas**.

3. A **arte renascentista** caracterizou-se pelo uso de técnicas que possibilitavam representar paisagens e figuras com o máximo de **realismo** e **precisão**.

4. O **Renascimento** se difundiu pela Europa, encontrando nos **Países Baixos** e na **Alemanha** importantes expoentes dessa arte.

A Reforma Protestante

1. As mudanças políticas, sociais e econômicas na Europa da Baixa Idade Média, combinadas com as **críticas ao clero**, deram origem à **Reforma Protestante**.

2. O marco da Reforma Protestante foi a publicação das **95 teses**, por **Martinho Lutero**, em 1517, em resposta à **venda de indulgências** por parte da Igreja.

3. As bases da **doutrina luterana** são a salvação pela fé, a livre interpretação da *Bíblia*, o culto em idioma nacional e a abolição do celibato clerical.

4. A difusão das ideias luteranas abriu caminho para outros movimentos reformadores, como o **calvinismo** e o **anglicanismo**.

A Reforma Católica

1. As reformas religiosas dividiram a cristandade ocidental em **católicos** e **protestantes**.

2. O movimento de renovação promovido pela Igreja Católica foi chamado de **Reforma Católica** ou **Contrarreforma**.

3. Visando combater a expansão protestante e fortalecer o catolicismo, a Igreja realizou o **Concílio de Trento**, reorganizou o **Tribunal do Santo Ofício da Inquisição** e criou a **Companhia de Jesus**.

Trilha de estudo

Vai estudar? Nosso assistente virtual no *app* pode ajudar! <http://mod.lk/trilhas>

PARA ASSISTIR

Lutero
Direção: Eric Till
País: Alemanha/Estados Unidos
Ano: 2003
Duração: 123 min

Sinopse

O filme faz uma leitura do processo que levou à ruptura da cristandade na Europa Ocidental. O trecho selecionado mostra a venda de indulgências pelo clero católico e a oposição de Lutero a essa prática.

O OED e esta unidade

1. Identifique, na cena inicial, os argumentos utilizados pelo padre para convencer os fiéis a comprarem indulgências.

2. Como Lutero reagiu ao saber da compra de indulgência por uma fiel?

3. O filme faz referência a um invento que ajudou a divulgar as teses de Lutero. Que invento foi esse?

Audiovisual

Use o código QR para assistir ao trecho do filme. Disponível em <http://mod.lk/zw47v>.

UNIDADE 3

AS VIAGENS MARÍTIMAS EUROPEIAS

AS CARAVELAS: SÍMBOLO DE UMA ERA

Desenvolvidas pelos portugueses no final da Idade Média, as caravelas utilizavam um conjunto de velas triangulares que lhes permitia navegar "à bolina", ou seja, ziguezagueando pelos mares, com o vento incidindo sobre a lateral da embarcação. Dessa maneira, os navegadores puderam executar manobras mais ágeis e rápidas e navegar cada vez mais longe da costa.

Aperfeiçoadas ao longo dos séculos XV e XVI, as caravelas permitiram que os navegadores europeus cruzassem os oceanos e atingissem o sul da África, as Índias e a América, explorando mares nunca antes navegados. Por isso, não é exagero dizer que as caravelas integraram o mundo.

ATITUDES PARA A VIDA

- Imaginar, criar e inovar.
- Assumir riscos com responsabilidade.

COMEÇANDO A UNIDADE

1. Quais foram as vantagens da caravela desenvolvida pelos portugueses em relação às embarcações que existiam até então?

2. Quais dificuldades e perigos você imagina que os navegadores europeus enfrentavam ao cruzar os oceanos embarcados em caravelas?

3. Na sua opinião, qual meio de transporte pode ser considerado um símbolo de nossa época? Quais são suas vantagens e desvantagens? Explique.

Caravela portuguesa Vera Cruz participa da Tall Ship Races, regata que reúne grandes veleiros do mundo. Litoral de Cádiz, na Espanha, em 2012.

FERNANDO CAMINO/GETTY IMAGES

TEMA 1
AS MOTIVAÇÕES PARA A EXPANSÃO MARÍTIMA EUROPEIA

Quais fatores propiciaram a expansão marítima europeia?

Detalhe da *Carta Marina*, xilogravura da obra *Carta marina et descriptio septentrionalium terrarum*, do cartógrafo sueco Olaus Magnus, 1539. A Carta Marítima (seu nome em português) é o primeiro mapa das terras da Escandinávia contendo em detalhes nomes e lugares.

MARES NUNCA ANTES NAVEGADOS

Hoje, se perguntarmos para você onde fica a China, o Peru ou a África do Sul, você saberia responder e localizar esses países facilmente em um mapa-múndi, não é mesmo? Mas você sabia que esse conhecimento geográfico é recente na história humana? Que ele foi fruto de longos anos de estudos e de grandes viagens exploratórias?

Pelo mar, povos da Antiguidade fizeram contatos comerciais e culturais, travaram guerras e conquistaram outras terras. As águas foram utilizadas por muitas civilizações como via de comunicação, local estratégico para exercer poder e domínio sobre outros povos.

Entretanto, durante a Idade Média, com a ruralização da economia, a relação dos europeus com o mar tornou-se mais distante. Até o século XIV, o conhecimento geográfico dos medievais não era muito diferente daquele que tinham os antigos romanos: conheciam, basicamente, a Europa e as proximidades do Mediterrâneo, como o norte da África e algumas partes da Ásia. Além disso, tinham um grande medo do desconhecido. Antigas histórias contando que o Oceano Atlântico abrigava monstros marinhos e que as terras distantes eram habitadas por seres assustadores apavoravam os europeus.

Apesar disso, no início do século XV, eles partiram para grandes viagens marítimas. O que teria levado os europeus a enfrentar seus medos e os desafios dos oceanos? É o que você vai descobrir a seguir.

A FORMAÇÃO DOS ESTADOS MODERNOS

Na unidade 1, você estudou que, a partir do século XII, várias regiões da Europa iniciaram o processo de formação dos **Estados modernos**. Essa mudança estava relacionada a um conjunto de transformações econômicas, sociais e políticas que ocorriam no período.

Durante a Baixa Idade Média, ocorreu uma revitalização dos centros urbanos na Europa, que estabeleceram uma rede de trocas comerciais mais complexas entre si. Com isso, a **burguesia**, grupo social ligado ao comércio e a outras atividades urbanas, conseguiu acumular lucros e enriquecer. E, com muito dinheiro, conquistou mais poder e prestígio, passando a financiar as guerras promovidas pelos monarcas europeus e a comprar títulos de nobreza. A compra desses títulos por parte dos burgueses incomodava os nobres tradicionais. Para eles, não interessava que pessoas de origem comum e sem terras adquirissem títulos que antes eram exclusivos da nobreza de sangue.

A partir do século XV, os reis trataram de **consolidar seu poder** e de adotar medidas para exercer sua autoridade sobre vastas regiões. Para isso, criaram impostos e moedas de circulação nacional e constituíram uma burocracia formada por funcionários administrativos encarregados de fazer valer as decisões do soberano em todo o reino. Além disso, os reis definiram suas fronteiras territoriais e formaram exércitos permanentes e profissionais, subordinados à autoridade da Coroa.

Explore

1. Observe com atenção a pintura e responda oralmente na classe.
   a) Que grupo social urbano foi representado?
   b) Quais objetos da cena o representam?
   c) O artista criou uma imagem positiva ou negativa desse grupo social? Justifique.
   d) O que a maçã e a vela apagada (em cima da prateleira), a balança e o livro simbolizam nessa pintura?
2. Como é vista atualmente a atividade representada no quadro?

O agiota e sua esposa, pintura do artista flamengo Quentin Matsys, 1514. A imagem representa um burguês pesando moedas ao lado da esposa, que observa o marido enquanto folheia as páginas de um livro de orações.

Vista da movimentação de navios às margens do Rio Tejo, próximo à cidade de Lisboa, Portugal, no século XVI. Gravura do atlas *Civitates orbis terrarum*, 1576.

NOVAS PRÁTICAS ECONÔMICAS: O MERCANTILISMO

Para sustentar os funcionários que cuidavam da administração do reino, equipar as tropas que protegiam o território e ainda por cima manter o luxo da corte, era necessário ter muito dinheiro. Como era possível obtê-lo?

A solução encontrada por muitas monarquias europeias para enriquecer o reino foi adotar um conjunto de práticas que recebeu o nome de **mercantilismo**. Conheça suas principais medidas.

- **Metalismo**. A riqueza de um reino era medida pela quantidade de metais nobres que ele possuía. Por essa razão, muitos governos evitavam a saída de ouro e prata dos cofres do Estado.

- **Balança comercial favorável**. Os governos criavam medidas protecionistas para encarecer os produtos importados e reduzir sua entrada no reino. Reduzindo as importações e aumentando as exportações, a balança comercial ficaria positiva.

- **Estímulo às manufaturas locais**. Os governos estimulavam a produção de bens manufaturados, como tecidos e ferramentas. Esses produtos abasteciam o mercado interno e podiam ser exportados, rendendo mais moedas para a Coroa.

Além disso, o interesse por riquezas e produtos de alto valor no mercado europeu, como **especiarias**, **pedras** e **metais preciosos**, estimularam os governos a organizar expedições para explorar os mares e conquistar colônias fora da Europa. A burguesia, aliada dos reis na expansão marítima, assumiu o controle das rotas de comércio criadas com as viagens atlânticas.

Manufatura: sistema de produção em que os artesãos são agrupados em grandes galpões. As atividades são divididas em etapas e realizadas por mais de uma pessoa com o auxílio de ferramentas e equipamentos simples.

O COMÉRCIO COM O ORIENTE

A ligação comercial entre a Europa e o Oriente vinha de longa data. Desde o Império Macedônico, por exemplo, no século IV a.C., foram estabelecidos caminhos terrestres que ligavam centros comerciais chineses à colônia grega de Bizâncio (Constantinopla), na entrada da Europa. Com os romanos, o comércio e a comunicação com o Oriente se expandiram, conectando também a África através de caminhos marítimos. Esses caminhos marítimos e terrestres ligando os três continentes faziam parte da famosa **Rota da Seda**.

Os contatos comerciais com o Oriente, reduzidos durante os primeiros séculos da Idade Média, foram revigorados a partir do século XI. Os produtos orientais mais cobiçados pelos europeus eram as **especiarias**: pimenta-do-reino, cravo-da-índia, canela, gengibre, noz-moscada etc. usados para conservar e dar sabor aos alimentos e na fabricação de remédios. Os europeus também buscavam pedras preciosas, tintas para tecidos, açúcar, seda e tapetes.

Desde o século XII, os principais agentes desse comércio nas montanhas e desertos da Ásia eram mercadores **muçulmanos**. Depois que chegavam aos portos do Mediterrâneo, os produtos eram revendidos aos comerciantes cristãos, principalmente das cidades italianas de **Gênova** e **Veneza**. Nos mercados da Europa, os italianos revendiam, a preços elevados, as especiarias e outros artigos vindos do Oriente. Os italianos também lucravam com o controle das rotas marítimas que ligavam a Europa aos centros comerciais do norte da África.

É BOM SABER

Novas fontes de metais preciosos

A expansão comercial na Baixa Idade Média enfrentava uma dificuldade, que era o esgotamento das minas de ouro e prata europeias. Diante da escassez de metais preciosos usados nas trocas comerciais, a busca por novas fontes de ouro e prata tornou-se uma preocupação constante de reis e burgueses.

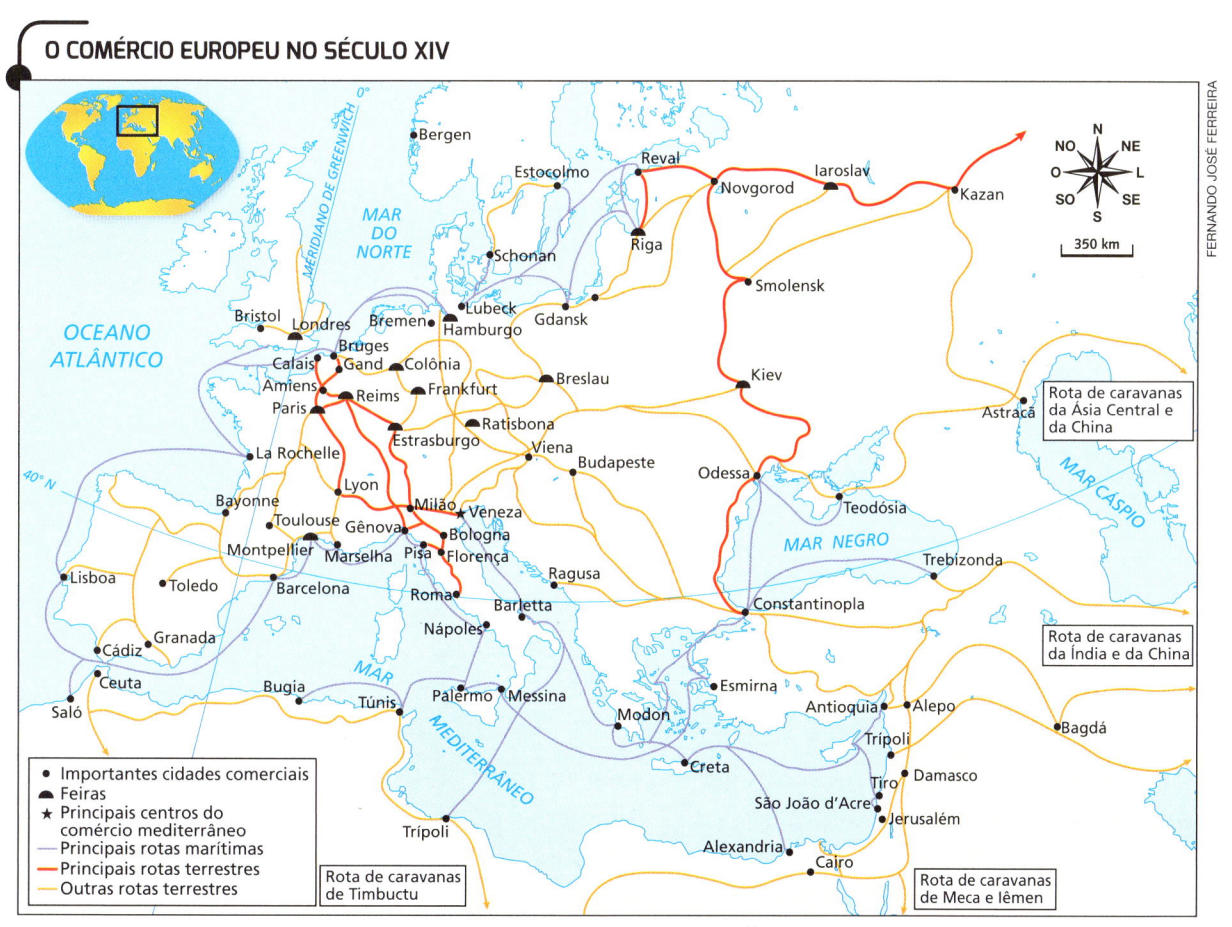

Mapa interativo

O COMÉRCIO EUROPEU NO SÉCULO XIV

Fonte: ARRUDA, José Jobson de A. *Atlas histórico básico*. 17. ed. São Paulo: Ática, 2007. p. 17.

O IDEAL CRUZADISTA

Em 1453, a cidade de Constantinopla foi tomada pelos turcos otomanos. Ao tomar o principal porto por onde entravam os produtos orientais na Europa, os turcos também assumiram o controle das rotas que ligavam o Mediterrâneo ao Oriente. A queda do **Império Bizantino**, como o episódio tornou-se conhecido, abalou profundamente a Europa Ocidental e provocou pânico por toda a cristandade.

Os turcos eram povos nômades originários das estepes da Ásia Central. Eles entraram em contato com os árabes a partir do século X e aos poucos converteram-se ao islã. Com os domínios árabes enfraquecidos pelos ataques cristãos e pelas divisões internas, os turcos assumiram o comando do Império Muçulmano. Após tomar Constantinopla, eles bloquearam o acesso dos cristãos à rota terrestre do comércio com o Oriente e impediram ainda mais o acesso da cristandade à cidade santa de Jerusalém.

Por isso, a conquista de Constantinopla revigorou o ideal cruzadista da Europa cristã. Todo rei almejava ser o braço direito da Igreja na missão de apoderar-se da mítica cidade de Jerusalém e de outras terras dominadas pelos muçulmanos, expandir o cristianismo pelo mundo e ser coroado imperador de toda a cristandade.

A burguesia via nesse projeto expansionista uma oportunidade de ampliar as trocas mercantis e aumentar seus lucros. O interesse em encontrar novas fontes de metais preciosos também movia burgueses e reis. Para os nobres, a expansão ultramarina era um meio de obter terras e poder político.

No século XV, reis, burguesia, setores da nobreza e a Igreja uniram-se em torno de objetivos econômicos, políticos e religiosos comuns: chegar às fontes produtoras das valiosas especiarias no Oriente, obter metais preciosos e terras e expandir a fé cristã. Se por terra a expansão para o Oriente estava impossibilitada, a saída era enfrentar a fúria dos mares.

Ilustração digital contemporânea simulando a tomada da cidade de Constantinopla pelos turcos otomanos em 29 de maio de 1453.

> ### É BOM SABER
>
> ### O marco inaugural da Idade Moderna
>
> A conquista de Constantinopla pelos turcos otomanos foi o acontecimento escolhido por historiadores europeus do século XIX para marcar, na Europa, o início do que eles chamaram de **Idade Moderna** ou **Modernidade**. Esse período se estenderia até a Revolução Francesa, em 1789. Segundo esses pesquisadores, a conquista de Constantinopla marcou o fim da hegemonia do Oriente e do Mediterrâneo no comércio intercontinental. A exploração do Oceano Atlântico, para eles, marcou o início de uma nova era, relacionada ao poder centralizado dos reis, ao mercantilismo e à conquista da América.

INOVAÇÕES TÉCNICAS

As grandes viagens marítimas também foram impulsionadas pelo **humanismo**, movimento intelectual que se difundiu nos principais centros urbanos da Europa no final da Idade Média. Seus pensadores tinham uma visão otimista sobre a capacidade humana de dominar as forças da natureza por meio do conhecimento científico. Estimulando as experiências científicas, as ideias humanistas contribuíram para a realização de importantes inovações náuticas, que tornaram as viagens marítimas mais rápidas e seguras. Conheça algumas delas.

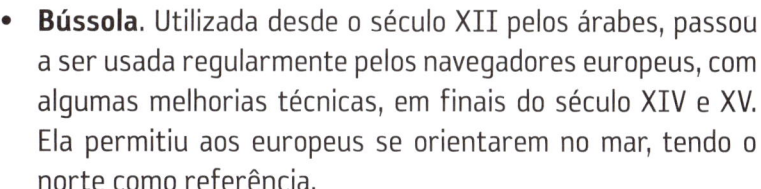

- **Bússola**. Utilizada desde o século XII pelos árabes, passou a ser usada regularmente pelos navegadores europeus, com algumas melhorias técnicas, em finais do século XIV e XV. Ela permitiu aos europeus se orientarem no mar, tendo o norte como referência.

- **Astrolábio**. O instrumento, que já havia sido utilizado pelos gregos na Antiguidade, foi desenvolvido e aperfeiçoado pelos árabes muçulmanos na Península Ibérica, possivelmente no século XIII. Ele ajudava os navegadores a guiarem-se à noite observando as estrelas.

Acima, à direita, astrolábio; à esquerda, bússola, ambos do século XV.

Ilustração representando a chegada de uma caravela portuguesa ao Japão, c. 1600. No século XVI, os navegadores portugueses chegaram ao Japão, onde estabeleceram entrepostos comerciais e procuraram difundir o cristianismo.

- **Caravelas**. Elas tinham em geral dois mastros, velas triangulares, cerca de 20 metros de comprimento e podiam transportar até 50 pessoas. Com as caravelas, os navegadores puderam percorrer longas distâncias e viajar mais rapidamente. No século XVI, desenvolveu-se um novo tipo de embarcação a vela, a **nau**. Com três ou quatro mastros e velas redondas, as naus podiam transportar até mil toneladas.

Impulsionados por essas inovações técnicas, os portugueses, ao longo do século XV, avançaram pelo Atlântico africano, atingiram o Oceano Índico e chegaram ao tão sonhado Oriente viajando por via exclusivamente marítima.

ORGANIZAR O CONHECIMENTO

1. Preencha as lacunas com os termos corretos.

   A partir do século XI, a Europa medieval passou por profundas mudanças. O crescimento do _____ impulsionou a formação de novas cidades e a revitalização de muitas outras. Na liderança desse crescimento comercial e _____ estavam principalmente as cidades _____ de Gênova e Veneza. Nesses centros urbanos renovados pelo comércio, florescia uma nova camada social, os _____. À medida que enriqueciam com o comércio, as manufaturas e as atividades bancárias, vários deles passaram a comprar _____, interessados em frequentar o prestigiado círculo da corte. Ao mesmo tempo, em grande parte do continente, os reis promoviam a _____, retirando dos senhores _____ o poder das armas, da justiça, de emitir moedas e de cobrar impostos no reino. Com reis fortes e burgueses enriquecidos, os principais reinos europeus estavam preparados para promover a expansão _____.

2. Explique por que a tomada de Constantinopla pelos turcos impulsionou as grandes viagens marítimas.

3. Elabore uma frase que sintetize cada uma das práticas mercantilistas listadas a seguir.
   a) Balança comercial favorável.
   b) Metalismo.
   c) Incentivo às manufaturas.

TEMA 2

AS VIAGENS MARÍTIMAS PORTUGUESAS

O PIONEIRISMO IBÉRICO

Como você viu na unidade 1, a partir do século XI, a cristandade declarou guerra contra os muçulmanos pela retomada de Jerusalém. O movimento cruzadista lançado pelo papa contribuiu para dar mais ânimo à luta dos cristãos para expulsar os mouros da Península Ibérica. A chamada **Reconquista** cristã da Península Ibérica daria origem aos reinos de Portugal e Espanha.

Entretanto, o longo contato entre cristãos e árabes na Península Ibérica, na Sicília e no comércio realizado nos vários portos do Mediterrâneo permitiu uma intensa troca de costumes e conhecimentos entre eles. Excelentes astrônomos e geógrafos muçulmanos produziram obras importantes nessas áreas, que foram lidas e utilizadas pelos estudiosos da Península Ibérica, contribuindo para as principais inovações náuticas do período. Também foram úteis os diversos relatos de viajantes muçulmanos, que transmitiram aos cristãos os conhecimentos que tinham do mar.

> **Quais foram as motivações econômicas e religiosas de Portugal para realizar as grandes navegações?**

A Rua dos Mercadores, em Lisboa, representada em pintura holandesa do século XVI, artista anônimo. Note a fisionomia multicultural de Lisboa nos anos 1500, quando os portugueses já tinham iniciado o comércio de escravos africanos, chegado às Índias e ao Brasil. Na cena, aparecem comerciantes judeus, árabes e cristãos e negros escravizados.

PORTUGAL CONQUISTA OS MARES

A centralização monárquica de Portugal se iniciou no século XII, com as guerras de Reconquista. Nos séculos seguintes, a pesca, a agricultura e a produção artesanal foram incrementadas pelo desenvolvimento do comércio, especialmente o marítimo.

Devido à **posição geográfica** de Portugal, os portos de Lisboa e da cidade do Porto tornaram-se importantes centros comerciais. Essas atividades propiciaram o aperfeiçoamento das técnicas de navegação e renderam altos lucros aos comerciantes e à Coroa portuguesa. Por isso, desde cedo, as frotas mercantes receberam especial atenção do governo.

No século XIV, o comércio marítimo ganhou impulso após a **Revolução de Avis** (1383-1385), quando D. João, conhecido como o mestre de Avis, foi proclamado rei de Portugal. Aliando-se à burguesia mercantil, ele decidiu expandir o território português com o objetivo de conquistar novas áreas de comércio.

Assim, em 1415, Portugal partiu para a conquista de Ceuta, cidade no norte da África sob domínio muçulmano. A cidade também era um importante entreposto comercial, que recebia mercadorias do interior da África, da Índia e da Pérsia. Era, ainda, um local estratégico para controlar as rotas comerciais do Mediterrâneo, que ainda estavam monopolizadas por mercadores italianos e flamengos.

Após conquistar Ceuta, os portugueses continuaram a contornar o litoral africano e a explorar o Oceano Atlântico. Em algumas regiões, instalaram **feitorias** e iniciaram a **colonização** dessas terras. Em 1419, por exemplo, ocuparam a Ilha da Madeira e, em 1427, os Açores.

Feitoria: entreposto comercial fortificado e protegido militarmente, onde as mercadorias eram estocadas e negociadas.

AS CONQUISTAS PORTUGUESAS NA ÁSIA E NA ÁFRICA (SÉCULOS XV-XVI)

Fonte: HERNANDEZ, Leila Leite. A *África na sala de aula*: visita à história contemporânea. São Paulo: Selo Negro, 2005. p. 46.

Painel de azulejos portugueses representando o infante D. Henrique comandando a conquista de Ceuta, em 1415. Estação Ferroviária do Porto, em Portugal. Apelidado de o Navegador, D. Henrique foi um grande incentivador das navegações portuguesas.

NAVEGANDO EM DIREÇÃO ÀS ÍNDIAS

Os portugueses também iniciaram a exploração de novas rotas em direção às Índias, onde eles poderiam adquirir especiarias e outros artigos orientais a preços mais baixos e, depois, revendê-los na Europa, obtendo altos lucros. As dificuldades do caminho terrestre, o grande número de intermediários, o monopólio exercido pelos mercadores italianos e os impostos cobrados nos pontos de passagem encareciam os produtos.

As viagens portuguesas intensificaram-se a partir de 1453, quando a cidade de Constantinopla foi tomada pelos turcos otomanos, que passaram a controlar as rotas que ligavam o Mediterrâneo ao Oriente. A dificuldade de acesso aos produtos orientais aumentou, e os preços dispararam.

Diante do interesse em encontrar rapidamente um caminho marítimo para as Índias, em 1487 o rei D. João II enviou o navegador Bartolomeu Dias em uma viagem ao sul do continente africano. No ano seguinte, o navegador português contornou o **Cabo das Tormentas**, encontrando enfim a passagem entre o Atlântico e o Índico.

Dez anos depois, Vasco da Gama, realizando o mesmo percurso, alcançou finalmente Calicute, na Índia, importante região fornecedora de gengibre, canela, pimenta-do-reino e outras especiarias. Os lucros obtidos com essa viagem foram reinvestidos em outras expedições, que ajudaram Portugal a se tornar o **maior centro europeu** do comércio de especiarias do século XVI.

Índias: nome dado pelos europeus às terras do Oriente, como a Índia, a China e o Japão.

Cabo das Tormentas: nome que os navegadores davam ao extremo sul do continente africano. Ao receber a boa notícia da viagem de Bartolomeu Dias, o rei português renomeou o local de Cabo da Boa Esperança.

OS PORTUGUESES CHEGAM AO BRASIL

Com a intenção de fixar entrepostos comerciais em Calicute, garantir o comércio de especiarias com o Oriente e expandir o cristianismo, a Coroa portuguesa organizou uma expedição composta de dez naus, três caravelas e dezenas de canhões. O comando da armada foi entregue ao português **Pedro Álvares Cabral**.

A armada partiu de Lisboa em 9 de março de 1500. Entretanto, quando atingiu o noroeste da África, a frota desviou de sua rota original e acabou ancorando no sul do atual estado da Bahia, em 22 de abril. As terras foram chamadas de Ilha de Vera Cruz e, mais tarde, **Terra de Santa Cruz**.

Alguns historiadores acreditam que o desvio não foi um acidente, mas uma decisão previamente tomada, pois Cabral também estaria à procura de novas terras descritas por outros navegadores. Seja como for, a Coroa teve pouco interesse em investir na ocupação do Brasil naquele momento. Além de não ter achado metais preciosos na terra, ela estava mais interessada nos lucros do comércio com o Oriente.

Depois de estabelecer colônias na África e chegar à Índia e à América, os navegadores portugueses prosseguiram em suas viagens marítimas e chegaram ao Extremo Oriente. Aportaram em Goa, Cantão, Ilhas Molucas, Macau e Japão, onde se estabeleceram em 1571.

ORGANIZAR O CONHECIMENTO

1. Relacione a presença muçulmana na Península Ibérica ao pioneirismo de Portugal e Espanha nas grandes navegações.

2. Escreva **V** ou **F** nas afirmativas abaixo.
   a) Após a chegada da expedição de Cabral ao Brasil, o Oriente perdeu sua importância para os portugueses. ____
   b) O monopólio do Mediterrâneo pelos mercadores italianos e o espírito cruzadista motivaram a tomada de Ceuta por Portugal. ____
   c) As especiarias eram levadas pelos portugueses das Índias para a Europa, onde eram comercializadas por um bom preço, rendendo-lhes altos lucros. ____
   d) A tomada de Constantinopla pelos turcos otomanos criou dificuldades para o acesso dos europeus aos produtos orientais pela rota do Mediterrâneo, motivando-os a buscar novos caminhos pelo Atlântico. ____

Mapa localizador

Desembarque de Pedro Álvares Cabral em Porto Seguro em 1500, pintura de Oscar Pereira da Silva, 1922.

ATITUDES PARA A VIDA

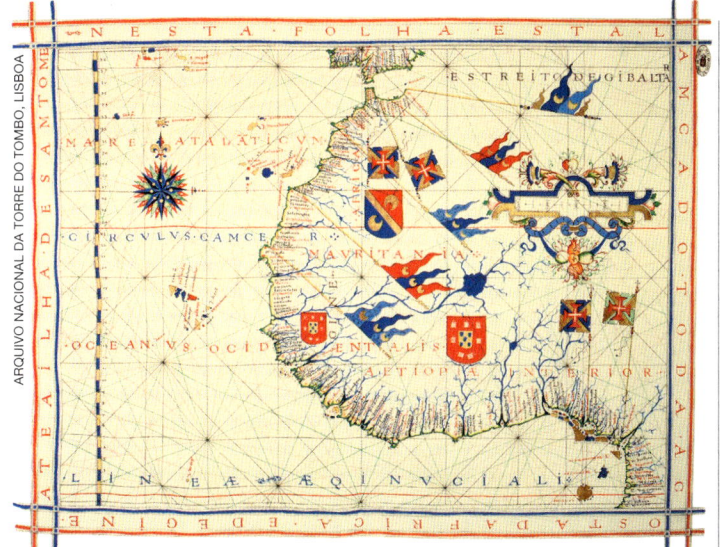

Carta náutica da África Ocidental, extraída do *Atlas náutico*, do cartógrafo português Fernão Paz Dourado, 1571.

O desenvolvimento da cartografia em Portugal

Desde o século XIII, os italianos elaboravam roteiros para a navegação no Mediterrâneo conhecidos como portulanos. Eles registravam a localização e os nomes de cidades, portos, rios, baías, enseadas, ilhas, rochedos e bancos de areia. Sobre esses mapas eram traçadas linhas que indicavam a direção dos ventos e correntes marítimas e as possíveis direções a seguir. Os portulanos apresentavam também uma ou mais rosa dos ventos e uma flor-de-lis, que indicava a direção norte, demonstrando que o uso da bússola já era comum. Eram desenhados sobre peles de animais (bezerros ou carneiros), sendo, por isso, resistentes e de fácil manuseio.

Entretanto, com o avanço das navegações, no século XV, os portulanos tornaram-se insuficientes para a orientação dos navegadores. Ao ultrapassar a linha do Equador, os viajantes perdiam seu ponto de referência, pois não conseguiam mais avistar a estrela Polar, cuja posição no céu os orientava durante a noite. Assim, à medida que avançavam em direção ao sul do Atlântico, os portugueses precisaram elaborar novos mapas com informações seguras sobre as rotas em direção ao Oriente.

No século XV, o governo português patrocinou a vinda do importante cartógrafo catalão Jaime de Maiorca, o que representou um marco no desenvolvimento da cartografia portuguesa. No século seguinte, com o auxílio de astrônomos e matemáticos, cartógrafos portugueses produziram centenas de novos mapas. Calcularam a linha do Equador e as latitudes com precisão, e introduziram novas técnicas para orientar os pilotos, como a criação de tabelas para o cálculo da altura dos astros e para o desvio da agulha magnética da bússola.

QUESTÕES

1. Escreva **V** ou **F** nas frases abaixo e corrija no caderno as que forem falsas.
   a) A sorte e o acaso determinaram o sucesso das navegações portuguesas nos séculos XV e XVI.
   b) Cartógrafos portugueses mapearam o litoral do continente africano e asiático, estabelecendo rotas mais seguras de navegação.
   c) Os portulanos, produzidos na Idade Média, apresentavam as informações necessárias para as viagens pelo hemisfério sul.
   d) Os estudos realizados por matemáticos, astrônomos e cartógrafos portugueses permitiram a representação das latitudes nas cartas náuticas do século XVI.

2. Nesta unidade selecionamos como foco para o trabalho as seguintes atitudes: **Imaginar, criar e inovar** e **assumir riscos com responsabilidade**. Essas atitudes podem ser relacionadas ao desenvolvimento da cartografia em Portugal? Dê exemplos e explique.

3. Quais outras atitudes podem ter contribuído para o desenvolvimento das técnicas de navegação e da cartografia em Portugal? Justifique suas escolhas.

ATIVIDADES

APLICAR

1. Observe novamente o mapa da página 80, que representa as principais conquistas ultramarinas portuguesas na Ásia e na África. Sobre esse mapa, é correto afirmar que:

   a) mostra que os portugueses conquistaram mais terras ultramarinas que outros reinos europeus.

   b) permite apontar os países atuais falantes da língua portuguesa.

   c) nos leva a concluir que os portugueses já conheciam o Brasil antes de 1500.

   d) permite traçar, em linhas gerais, a rota seguida pelos portugueses para chegar às Índias em 1498.

2. A tabela a seguir apresenta a variação dos preços de algumas especiarias em ducado (antiga moeda adotada em Estados europeus), cruzado (antiga moeda portuguesa) e em ouro. A pimenta africana é a especiaria que sofreu a maior queda no preço em 1498.

COTAÇÃO DO QUINTAL DE ESPECIARIAS VENDIDAS AOS VENEZIANOS NO PORTO DE ALEXANDRIA						
	1440			1498		
Produto	Ducado	Cruzado	Ouro (g)	Ducado	Cruzado	Ouro (g)
Pimenta	160	66	560	81	51	283
Gengibre	24	9	84	15	9	52
Pau-brasil	33	13	115	10	6	35
Cravo	54	22	189	86	54	301
Noz-moscada	25	10	87	29	18	101

Nota: 1 ducado = 3,5 gramas de ouro; 1 cruzado = 8,5 gramas de ouro em 1457; 1 cruzado = 5,5 gramas de ouro em 1500.

Fonte: RAMOS, Fábio Pestana. *O apogeu e declínio do ciclo das especiarias: uma análise comparativa das navegações portuguesas da Carreira da Índia e da Carreira do Brasil – 1500-1700.* Tese de doutorado apresentada ao Departamento de História da Universidade de São Paulo, 2002. Disponível em <http://mod.lk/wlwrc>. Acesso em 17 jun. 2018.

   a) O que explicaria a queda acentuada no preço da pimenta em 1498?

   b) Que acontecimento de 1498 causou essa desvalorização da pimenta africana?

   c) Quem foram os maiores prejudicados por essa queda nos preços da pimenta? E os maiores beneficiados?

3. Analise a charge a seguir para responder às questões.

Descobrimento do Brasil. Charge de Biratan Porto, 2013.

   a) Como a charge representa os contatos iniciais entre os portugueses e os indígenas no Brasil?

   b) Qual seria a intenção do gesto dos portugueses nela?

4. Leia o texto a seguir.

   "Esses povos recém-visitados [pelos portugueses na Ásia], ou se tornariam amigos pela negociação e a diplomacia, ou inimigos tenazes, que não admitiriam a intromissão em suas crenças, costumes e estratificação social. Assim aconteceu na Índia, na China e no Japão onde, na maioria dos casos, os soberanos não só se recusaram a converterem-se à fé católica, como deram combate e proibiram os súditos de fazer comércio com os capitães portugueses."

   SOUZA, Maria Inez Salgado de. *Herança portuguesa na Ásia.* Revista Contemporânea de Educação, v. 1, n. 1, 2006.

   A expansão portuguesa na Ásia:

   a) teve amplo sucesso em razão das alianças estabelecidas com reis e governantes locais.

   b) concretizou-se na construção de feitorias no interior do continente.

   c) fracassou, na maior parte dos casos, no projeto de imposição das crenças e costumes europeus.

RETOMAR

5. Responda às questões-chave da abertura dos temas 1 e 2.

   a) Quais fatores propiciaram a expansão marítima europeia?

   b) Quais foram as motivações econômicas e religiosas de Portugal para realizar as grandes navegações?

TEMA 3

AS VIAGENS MARÍTIMAS ESPANHOLAS

Quais foram os principais desdobramentos para o mundo das viagens marítimas portuguesas e espanholas?

OS ESPANHÓIS CHEGAM À AMÉRICA

As viagens espanholas se iniciaram em 1492, quando os reis católicos Isabel de Castela e Fernando de Aragão expulsaram os árabes de Granada e concluíram o processo de formação do reino da Espanha. Eles então contrataram o navegante genovês **Cristóvão Colombo** para comandar uma viagem em direção às Índias.

Inspirado pelo espírito renascentista, Colombo não era apenas um aventureiro ambicioso, mas também um estudioso das navegações. Ele acreditava que a Terra era redonda e afirmava ser possível alcançar as Índias navegando em direção ao oeste.

Seguindo esse pensamento, em outubro de 1492, Colombo acabou chegando à **América**. O primeiro local em que ele aportou foi a ilha de Guanaani, no Caribe, que ele batizou de San Salvador (provavelmente é a atual Bahamas). Em seguida, alcançou Cuba e a ilha de São Domingos, também chamada de Hispaniola (atuais Haiti e República Dominicana). Pensando estar nas Índias, Cristóvão Colombo chamou seus habitantes de índios.

Colombo morreu em 1506, acreditando que tinha chegado às Índias. Foi o navegador florentino **Américo Vespúcio**, após realizar três viagens à América, que apresentou a hipótese de que as terras encontradas formavam outro continente.

Partida de Cristóvão Colombo de Palos, na Espanha, em 3 de agosto de 1492. Gravura de Theodore de Bry, 1594.

DE OLHO NA IMAGEM

A CERTIDÃO DE NASCIMENTO DA AMÉRICA

O mapa-múndi que você vê abaixo foi elaborado, em 1507, por estudiosos dirigidos pelo cartógrafo alemão Martin Waldseemüller. Produzido com base nas descrições feitas pelo navegador Américo Vespúcio e em conhecimentos de cartografia disponíveis na época, o mapa é considerado a certidão de nascimento da América.

 # Dialogando com Geografia

QUESTÕES

1. Quem são os dois personagens representados no mapa? Por que eles foram homenageados?
2. Por que o mapa de Waldseemüller é um marco para a história da cartografia? Quais novidades ele apresenta?
3. Compare o mapa de Waldseemüller com um mapa-múndi atual. Quais são as principais semelhanças e diferenças?
4. Observe os quatro continentes representados no mapa. Como pode ser explicado o fato de a América possuir menos detalhes que os demais?

Retrato do grego Ptolomeu (90-168), considerado o maior astrônomo da Antiguidade.

É a primeira vez que o continente é representado separado da Ásia e que o nome "América" aparece em um mapa.

Retrato de Américo Vespúcio (1454-1512). As descrições geográficas desse navegador, feitas em suas viagens, contribuíram para a elaboração do mapa.

Mapa colorizado de Martin Waldseemüller, 1507.

É o primeiro mapa a apresentar o hemisfério ocidental semelhante à forma como o conhecemos hoje.

O Cabo da Boa Esperança é apresentado de maneira arredondada.

O TRATADO DE TORDESILHAS

As expedições espanholas passaram a rivalizar com as portuguesas, levando as duas Coroas a reivindicar a posse das terras ultramarinas. Para resolver o problema, Portugal e Espanha recorreram ao papa Alexandre VI, que, em 1493, apresentou a **Bula Intercoetera**. Pelo acordo, os espanhóis ficariam com as terras encontradas por Colombo e reconheciam a soberania portuguesa sobre as Ilhas da Madeira, Açores e de Cabo Verde. O rei português D. João II, porém, não concordou com a divisão.

Para evitar o conflito, representantes de Portugal e Espanha, a convite do papa, reuniram-se na cidade espanhola de Tordesilhas e chegaram a um acordo em julho de 1494. Por meio do **Tratado de Tordesilhas**, como ficou conhecido, estabeleceu-se uma linha imaginária que passaria 370 léguas (2.500 quilômetros) a oeste das ilhas de Cabo Verde. As terras descobertas ou por descobrir situadas a oeste dessa linha ficavam com a Espanha e as localizadas a leste pertenciam a Portugal.

PARA LER

- **Nos passos de... Cristóvão Colombo**
Autor: Jean-Paul Duviols
Editora: Rocco
Ano: 2004

Ao narrar a grande viagem de Cristóvão Colombo, o livro apresenta o cotidiano das grandes navegações, os conhecimentos científicos desenvolvidos na época e o contexto político em que foi organizada a expedição que resultou no primeiro encontro entre europeus e indígenas na América.

É BOM SABER

A Terra é redonda!

Em 1519, o navegador português Fernão de Magalhães, a serviço da Coroa espanhola, iniciou uma viagem a fim de encontrar uma passagem para o Oceano Pacífico navegando pelo sul do Atlântico. Ao encontrá-la, no extremo-sul do continente americano, a estreita passagem recebeu seu nome: **Estreito de Magalhães**. A expedição prosseguiu em direção às Ilhas Filipinas, onde o navegador morreu. Sebastião Elcano assumiu o comando da frota e, navegando pelos oceanos Índico e Atlântico, retornou à Espanha em 1522, comprovando a esfericidade da Terra.

Tordesilhas. Charge de Carlos Amorim, 2014. Nesta charge, o cartunista representou os reis espanhol (à esquerda) e português lamentando derrotas sofridas pelas seleções espanhola e portuguesa na Copa do Mundo de futebol no Brasil, em 2014.

A VIDA EM ALTO-MAR

Você já imaginou quantos perigos e dificuldades foram enfrentados pelos navegadores em suas viagens pelo Atlântico a partir do século XV?

Os relatos de viagem são as principais fontes disponíveis para o estudo dessa grande aventura humana pelos mares. Como esses relatos eram produzidos por capitães, cronistas ou escrivães oficiais, como foi o caso de Pero Vaz de Caminha, escrivão da expedição de Cabral, pouco se sabe sobre o cotidiano dos trabalhadores durante as viagens. Sendo em geral pessoas pobres e analfabetas, poucas tiveram seus nomes registrados nos diários de bordo. Mas, sem o trabalho desses sujeitos anônimos, talvez Cabral, Colombo ou Vasco da Gama não estivessem hoje nos livros de história.

As expedições marítimas eram compostas, em geral, de um comandante e alguns oficiais auxiliares, soldados, religiosos, marinheiros, artesãos e um médico. O tamanho da tripulação variava de acordo com o objetivo da expedição, o prestígio do comandante e os recursos disponíveis para a empreitada. A expedição de Vasco da Gama, por exemplo, reuniu aproximadamente 170 homens, número muito inferior à armada de Pedro Álvares Cabral. Por ter finalidade militar, a conquista das Índias, a expedição de Cabral foi a maior armada organizada no Ocidente até então, constituída de dez naus, três caravelas, dezenas de canhões e cerca de 1.500 homens.

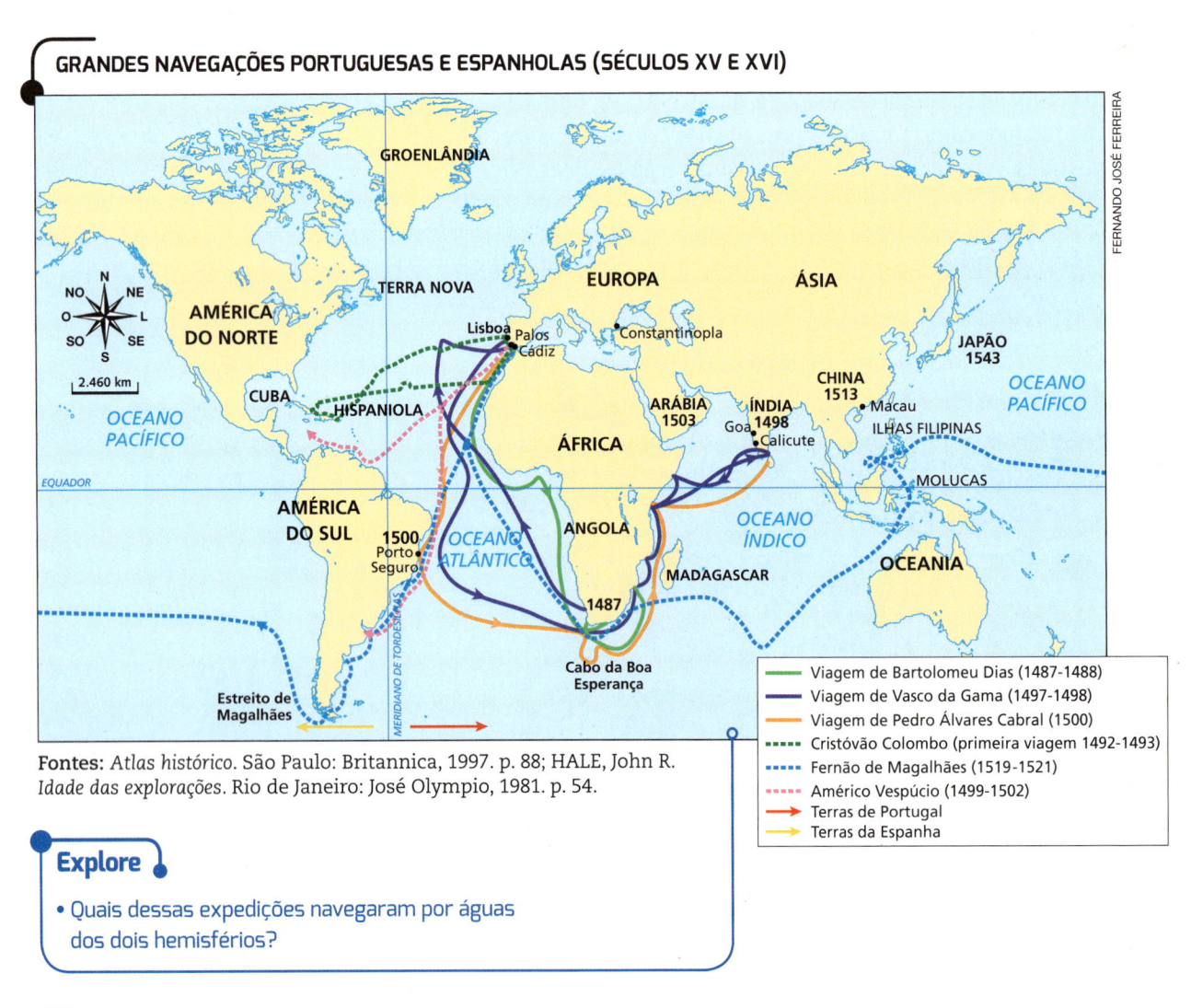

Mapa interativo

GRANDES NAVEGAÇÕES PORTUGUESAS E ESPANHOLAS (SÉCULOS XV E XVI)

- Viagem de Bartolomeu Dias (1487-1488)
- Viagem de Vasco da Gama (1497-1498)
- Viagem de Pedro Álvares Cabral (1500)
- Cristóvão Colombo (primeira viagem 1492-1493)
- Fernão de Magalhães (1519-1521)
- Américo Vespúcio (1499-1502)
- Terras de Portugal
- Terras da Espanha

Fontes: *Atlas histórico*. São Paulo: Britannica, 1997. p. 88; HALE, John R. *Idade das explorações*. Rio de Janeiro: José Olympio, 1981. p. 54.

Explore

- Quais dessas expedições navegaram por águas dos dois hemisférios?

DIFICULDADES, PERIGOS E SONHOS NO MAR

Nas viagens, a alimentação era composta, basicamente, de biscoitos, carne salgada, peixe seco, banha, lentilhas, arroz, alho, azeite, açúcar, passas, mel e vinho. Os alimentos frescos estragavam com facilidade. Alguns animais, como galinhas e patos, eram embarcados vivos e servidos durante a viagem.

Diversas doenças atingiam os tripulantes, como o tifo, a coqueluche e o sarampo. A mais temida era o **escorbuto**, o "mal das gengivas", provocado pela falta de vitamina C, presente em alimentos frescos. O primeiro sinal dessa doença era o inchaço da gengiva, que avançava para a perda dos dentes e a putrefação da carne.

O risco de **naufrágio** também assustava os navegadores. Uma das regiões mais temidas no Atlântico era o extremo-sul da África, batizado inicialmente de Cabo das Tormentas pelas fortes tempestades comuns no local. Outro grande perigo eram as calmarias, períodos prolongados sem vento em que as embarcações ficavam à deriva em alto-mar, enquanto a água e a comida dos tripulantes iam acabando.

Representação de nativos americanos auxiliando a tripulação de Cristóvão Colombo (de vermelho) a salvar os suprimentos da nau Santa Maria, naufragada próxima à ilha de São Domingos, em 1492. Gravura de 1892.

ORGANIZAR O CONHECIMENTO

1. Complete o quadro comparativo a seguir.

	Expansão marítima portuguesa	Expansão marítima espanhola
Quando começou		
Objetivo		
Principais viagens		
Conquistas realizadas		

2. Por que o continente encontrado pelos europeus foi chamado de América e seus habitantes de índios?

89

TEMA 4

OUTRAS VIAGENS MARÍTIMAS: FRANCESES, INGLESES E CORSÁRIOS

De que maneira França e Inglaterra se inseriram na corrida pelas riquezas ultramarinas?

PIRATAS EM NOME DA COROA

As notícias da descoberta do caminho marítimo para as Índias e de um novo continente se espalharam rapidamente pela Europa, despertando a cobiça de franceses e ingleses, interessados também nas riquezas que essas terras podiam oferecer.

Quando Portugal iniciou a exploração do Atlântico africano, em 1415, Inglaterra e França estavam envolvidas na **Guerra dos Cem Anos** (1337-1453), conflito que consumiu muitos recursos e muitas vidas. Por isso, esses países iniciaram sua expansão marítima tardiamente em relação aos países ibéricos.

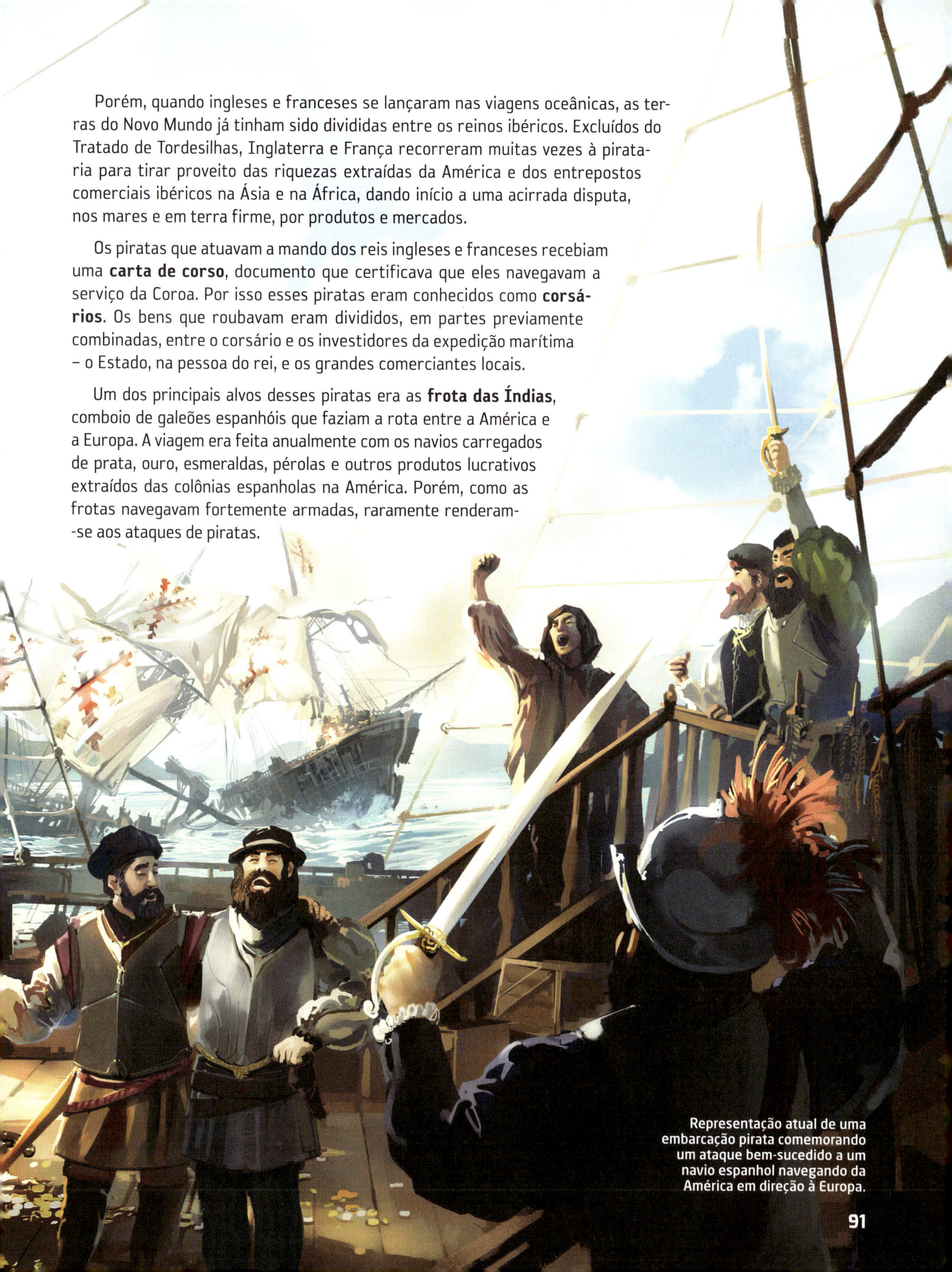

Porém, quando ingleses e franceses se lançaram nas viagens oceânicas, as terras do Novo Mundo já tinham sido divididas entre os reinos ibéricos. Excluídos do Tratado de Tordesilhas, Inglaterra e França recorreram muitas vezes à pirataria para tirar proveito das riquezas extraídas da América e dos entrepostos comerciais ibéricos na Ásia e na África, dando início a uma acirrada disputa, nos mares e em terra firme, por produtos e mercados.

Os piratas que atuavam a mando dos reis ingleses e franceses recebiam uma **carta de corso**, documento que certificava que eles navegavam a serviço da Coroa. Por isso esses piratas eram conhecidos como **corsários**. Os bens que roubavam eram divididos, em partes previamente combinadas, entre o corsário e os investidores da expedição marítima – o Estado, na pessoa do rei, e os grandes comerciantes locais.

Um dos principais alvos desses piratas era as **frota das Índias**, comboio de galeões espanhóis que faziam a rota entre a América e a Europa. A viagem era feita anualmente com os navios carregados de prata, ouro, esmeraldas, pérolas e outros produtos lucrativos extraídos das colônias espanholas na América. Porém, como as frotas navegavam fortemente armadas, raramente renderam-se aos ataques de piratas.

Representação atual de uma embarcação pirata comemorando um ataque bem-sucedido a um navio espanhol navegando da América em direção à Europa.

INCURSÕES FRANCESAS NA AMÉRICA

Desde a chegada dos portugueses à América, em 1500, os franceses marcaram presença na costa brasileira. Eles exploravam o pau-brasil e, em algumas ocasiões, procuraram estabelecer colônias no território. Desejando ter direitos à partilha das novas terras descobertas, a França investiu na colonização do Novo Mundo.

- **França Antártica**. Em 1555, a serviço da Coroa francesa, o capitão Nicolás Durand de Villegagnon e seus homens invadiram a Baía de Guanabara, no atual Rio de Janeiro, onde construíram um forte e fundaram a França Antártica. Entretanto, em 1567, os franceses e seus aliados indígenas foram derrotados pelas forças portuguesas.

- **França Equinocial**. Em 1612, sob o comando do capitão francês Daniel de La Touche, os franceses fundaram o povoado de Saint Louis, atual cidade de São Luís, no Maranhão. Em 1615, foram expulsos por tropas luso-brasileiras, enviadas da capitania de Pernambuco, sob o comando de Jerônimo de Albuquerque.

- **Nova França**. Na América do Norte, no início do século XVII, os franceses estabeleceram povoamentos bem ao norte da costa atlântica. Depois avançaram para o interior, fundando a Nova França (veja o mapa). No decorrer daquele século, ampliou-se a colonização francesa no território, estimulada sobretudo pelo comércio de peles na região.

No século XVII, os franceses se apossaram de Martinica e do Haiti, no Caribe, onde desenvolveram a produção de açúcar, café e cacau. No século seguinte, a França estendeu seus domínios na América do Norte com a ocupação do vale do Rio Mississipi, criando a **Louisiana**, nome escolhido em homenagem ao rei Luís XIV. O principal povoado francês na região era **Nova Orleans**, fundado em 1717.

FRANCESES NA AMÉRICA DO NORTE (SÉCULO XVIII)

Fonte: *Atlas histórico escolar*. Rio de Janeiro: FAE, 1991. p. 60-61.

Pau-brasil: árvore de cuja madeira se obtinha um pigmento utilizado no tingimento de tecidos e na pintura de manuscritos na Europa.

Indígenas voltando de uma pescaria em gravura do francês André Thévet, feita no período da França Antártica. A obra foi publicada em seu livro *Singularidades da França Antártica, a que outros chamam de América*, de 1557.

AS NAVEGAÇÕES INGLESAS

Os ingleses, também interessados nas valiosas mercadorias orientais, começaram a investir na busca de um novo caminho marítimo para as Índias.

Em 1497, o genovês **Giovanni Caboto**, navegando a serviço da Inglaterra, comandou a missão encarregada de encontrar a chamada passagem noroeste, que ligaria o Oceano Atlântico ao Pacífico. Ele atingiu a Terra Nova. Outras viagens inglesas seguiram a rota noroeste, mas foram barradas pelos mares congelados.

Um dos principais responsáveis pela exploração britânica das terras do Atlântico sul foi o armador e comerciante de escravos **William Hawkins**. Além de comercializar vinho e açúcar das ilhas Canárias e pimenta e marfim de Gana, Hawkins fez viagens ao Brasil, entre 1530 e 1532, para adquirir pau-brasil.

Entre 1577 e 1581, financiado pela Coroa inglesa, o corsário **Francis Drake** fez uma viagem de circum-navegação da Terra seguindo a mesma rota de Fernão de Magalhães. Ele retornou à Inglaterra com toneladas de ouro e prata e outros produtos saqueados de navios e da América hispânica.

Recebido na Inglaterra com todas as honras, Francis Drake prosseguiu sua carreira de pirata com a missão oficial de saquear as Índias ocidentais espanholas. Assim, em 1585, ele tomou Santo Domingo e Cartagena das Índias, na América, que lhe rendeu um fabuloso butim em ouro e prata.

Explore

1. A narrativa sobre a vida de Francis Drake se aproxima de qual gênero literário? Apresente as principais características desse gênero.
2. Em sua opinião, essa forma de narrar a história pode atrapalhar a compreensão do processo histórico? Justifique.

El Drake

Conheça a história do pirata inglês que derrotou os temidos espanhóis. Disponível em <http://mod.lk/dvrgi>.

AS VIAGENS MARÍTIMAS INGLESAS

Os principais exploradores
- G. Caboto (1497)
- H. Willoughby e Chancellor (1553)
- W. Burrough (1556)
- Francis Drake (1577)
- H. Hudson (1610; viajou pela Holanda e pela Inglaterra)

James Cook
- Primeira viagem (1769-1771)
- Segunda viagem (1772-1775)
- Terceira viagem (1772-1779)

Fonte: *Atlas da história do mundo*. São Paulo: Folha de S.Paulo/The Times, 1995. p. 153.

A FORMAÇÃO DAS TREZE COLÔNIAS

Ao realizar as viagens marítimas, os navegantes ingleses encontraram terras na América do Norte. Entre 1584 e 1587, a Coroa inglesa fez as primeiras tentativas de colonizá-las, autorizando nobres a organizar expedições de exploração e ocupação das novas terras.

No entanto, doenças, fome e ataques indígenas levaram essas iniciativas ao fracasso. Mantendo o impulso colonizador, a Coroa inglesa estabeleceu parcerias com **companhias comerciais**, como a de Londres e a de Plymouth. Por meio de contratos, o governo inglês reconhecia o direito dessas companhias às terras eventualmente conquistadas e garantia a elas o monopólio do comércio realizado entre a região e a Europa.

Muitos trabalhadores ingleses migraram para a América do Norte na condição de **servos temporários**. Em geral, eram pessoas pobres, que não tinham dinheiro para pagar a viagem. Por isso, eles aceitavam trabalhar sem remuneração, em troca do pagamento das despesas de viagem. Geralmente, depois de sete anos, os servos ficavam livres para trabalhar em seu próprio negócio.

A primeira iniciativa independente de colonizar a América do Norte ocorreu em 1620, quando 102 ingleses desembarcaram do navio *Mayflower* e fundaram a cidade de Plymouth, no atual estado de Massachusetts. Eles ficaram conhecidos como "pais peregrinos" (*pilgrim fathers*). No rastro desses primeiros colonos, vieram outros, como franceses, holandeses, irlandeses e alemães, formando as **treze colônias** da América do Norte.

AS COLÔNIAS DO NORTE, DO CENTRO E DO SUL

As treze colônias inglesas podem ser divididas em dois grupos: as **colônias do norte e do centro** e as **colônias do sul**.

O primeiro grupo apresentava clima temperado semelhante ao da Inglaterra. Por essa razão, tinha fraco potencial para o cultivo de produtos tropicais ou semitropicais, valorizados no comércio internacional. Essas colônias tinham características socioeconômicas semelhantes à da metrópole: policultura agrícola voltada ao consumo local ou ao mercado interno e praticada em pequenas propriedades, com o predomínio da mão de obra livre e, em alguns casos, servos temporários; fabricação de navios usados no comércio marítimo local ou transatlântico; pesca e comércio de peles e de madeira. Também havia pequeno número de escravos indígenas e negros nessas colônias.

As colônias do sul apresentavam clima subtropical, que permitiu o cultivo de produtos agrícolas valorizados no mercado europeu. O tabaco e o algodão, por exemplo, eram cultivados em grandes propriedades rurais, nas quais se utilizavam, predominantemente, trabalhadores escravos trazidos da África. De modo geral, podemos dizer que as colônias inglesas do sul possuíam economia e estrutura social semelhantes às do litoral nordestino do Brasil ou das colônias europeias no Caribe.

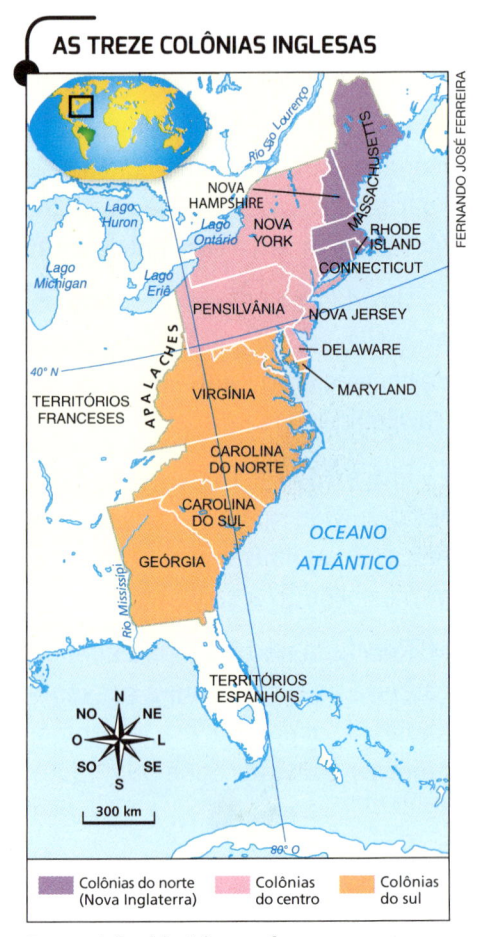

Fonte: *Atlas histórico escolar*. Rio de Janeiro: FAE, 1991. p. 62.

O primeiro Dia de Ação de Graças, em 1621, pintura de Jean Leon Gerome Ferres, 1912.

RELAÇÕES ENTRE INDÍGENAS E COLONOS

Nas treze colônias, as relações entre colonos e indígenas foram muito mais conflituosas que amistosas. De norte a sul, os ingleses invadiram progressivamente os territórios habitados pelos indígenas, que reagiram com ataques esporádicos ou guerras. Nesse contexto, a população nativa diminuiu vertiginosamente, caindo de aproximadamente 10 milhões de pessoas no começo do século XVI para apenas 600 mil indivíduos no final do século XVIII. Enquanto isso, a população de origem europeia na América do Norte cresceu de cerca de 2.500 para 3 milhões de pessoas.

Diferentemente do que ocorria nas colônias espanholas e portuguesa na América, a colonização promovida pelos protestantes ingleses não apresentou esforços sistemáticos de evangelização dos povos indígenas. O caráter comercial da empresa colonizadora dirigida pela Coroa inglesa não incentivava a integração política ou social do ameríndio ao reino britânico. O resultado desse modelo de colonização foi a formação de uma sociedade de matriz europeia com pouca mestiçagem e quase nenhuma integração entre ameríndios e brancos.

Explore

1. Como a relação entre nativos e colonos ingleses foi representada nesta cena?
2. Você acredita que essa imagem reflita a realidade da colonização inglesa na América do Norte? Por quê?

ORGANIZAR O CONHECIMENTO

1. Escreva **1** para ingleses, **2** para franceses ou **3** para ambos.
    a) Fracassaram no objetivo de fundar um povoamento permanente no Rio de Janeiro e no Maranhão.
    b) Fundaram colônias na América do Norte e em ilhas do Caribe.
    c) Adotaram o regime de servidão temporária nas treze colônias da América do Norte.
    d) Eles fundaram a cidade de Nova Orleans, a terra do jazz e do encontro de diferentes culturas.

2. As características climáticas tiveram influência no desenvolvimento das treze colônias inglesas da América do Norte? Justifique.

95

ATIVIDADES

APLICAR

1. Em duplas, analisem o mapa abaixo para responder às questões.

América (1606), mapa de Cornelis Claesz, Jodocus Hondius, Gerardus Mercator e Petrus Montanus. No mapa, é possível ver algumas criaturas reais e outras fantásticas, além de indígenas fabricando o cauim, bebida fermentada feita com mandioca, utilizada em alguns rituais.

a) Comparem esse mapa com o da página 86. Quais semelhanças e diferenças vocês identificam entre eles, no que se refere à representação da América?

b) Como vocês explicam as diferenças entre os dois mapas? Quais mudanças de mentalidade por parte dos europeus são reveladas por elas? Justifiquem.

2. Leia o texto a seguir para responder às questões.

"A ambição não é realmente a força motriz da ação de Colombo. Importa-se com a riqueza porque ela significa o reconhecimento de seu papel de descobridor, mas teria preferido o rústico hábito de monge. O ouro é um valor humano demais para interessar a Colombo, e devemos acreditar nisso quando ele descreve no diário da terceira viagem: 'Nosso Senhor bem sabe que eu não suporto todas estas penas para acumular tesouros nem para descobri-los para mim; pois, quanto a mim, bem sei que tudo que se faz neste mundo é vão, se não tiver sido feito para a honra e o serviço de Deus' [...]. [...]

Na verdade, Colombo tem um projeto mais preciso do que a exaltação do Evangelho no universo [...]. Qual um Dom Quixote atrasado de vários séculos em relação ao seu tempo, Colombo queria partir em cruzada e libertar Jerusalém. [...] A realidade deste projeto está amplamente comprovada. No dia 26 de dezembro de 1492, durante a primeira viagem, ele revela em seu diário que espera encontrar ouro, e 'em quantidade suficiente para que os reis possam, em menos de três anos, preparar e empreender a conquista da Terra Santa'."

TODOROV, Tzvetan. *A conquista da América*: a questão do outro. São Paulo: Martins Fontes, 1988. p. 913.

a) Ao se aventurarem nas viagens oceânicas, a Coroa espanhola, Cristóvão Colombo e seus navegantes tinham o mesmo objetivo? Explique.

b) Qual relação havia entre o projeto de Cristóvão Colombo e a mentalidade que predominava no homem europeu do século XV?

3. Sobre as treze colônias inglesas da América do Norte, marque a afirmativa correta.

   a) A maior adequação das colônias do sul aos interesses mercantilistas ingleses marcou o desenvolvimento histórico dessa região.

   b) A exploração da mão de obra indígena, no regime de servidão temporária, garantiu o desenvolvimento inicial das colônias do norte e do centro.

   c) As relações entre colonos e indígenas nas treze colônias foram caracterizadas pela intensa miscigenação e pelo projeto de evangelização dos nativos.

   d) Nas colônias do norte, além de não se praticar a escravidão, os negros foram integrados à sociedade na condição de cidadãos com plenos direitos políticos.

RETOMAR

4. Responda às questões-chave da abertura dos temas 3 e 4.

   a) Quais foram os principais desdobramentos para o mundo das viagens marítimas portuguesas e espanholas?

   b) De que maneira França e Inglaterra se inseriram na corrida pelas riquezas ultramarinas?

Mais questões no livro digital

AUTOAVALIAÇÃO

CONTEÚDOS

1. Como você avalia seu aprendizado nesta unidade? Bom, regular ou insatisfatório? Consulte os materiais que você utilizou durante seus estudos, incluindo atividades e anotações pessoais. Escreva no caderno uma frase explicando sua resposta para cada um dos itens abaixo.

   a) Os fatores políticos, econômicos, sociais e culturais da expansão marítima europeia.

   b) Semelhanças e diferenças entre as viagens portuguesas e espanholas.

   c) As disputas entre os europeus pelas terras e riquezas descobertas no ultramar.

   d) As viagens e as conquistas inglesas e francesas.

ATITUDES

2. Dentre as onze atitudes trabalhadas neste livro, escolha duas que poderão ajudá-lo a superar as dificuldades encontradas. Justifique suas escolhas.

3. Nesta unidade priorizamos o trabalho com as seguintes atitudes: **imaginar, criar e inovar** e **assumir riscos com responsabilidade**.

   a) Podemos considerar as viagens marítimas como **empreendimentos de risco**? Como esses riscos poderiam ser contornados? Explique e dê exemplos.

   b) Em quais aspectos **criatividade** e **inovação** foram fundamentais para o sucesso dessas expedições?

EM FOCO

A PRIMEIRA VIAGEM AO REDOR DO MUNDO

Navegar é preciso!

Hoje, viajar para várias partes do mundo é uma possibilidade para qualquer pessoa que viva em um país democrático e tenha condições financeiras para isso. Mesmo quem não tem condições de viajar pode, por meio da internet, fazer contato com pessoas de diferentes países assim como visualizar imagens de ilhas, países, mares e paisagens distantes.

No entanto, os avanços na comunicação que permitiram conectar o mundo são recentes na história humana. Até o século XV, o conhecimento que os europeus tinham do mundo era bem limitado, restringindo-se à Europa e a regiões da África e da Ásia próximas ao Mediterrâneo. Com as grandes navegações, ao mesmo tempo em que conheceram novos territórios, paisagens, pessoas e animais, os europeus alargaram a concepção que tinham sobre a Terra. Nesta seção, você verá como ocorreu a primeira viagem ao redor do mundo e conhecerá o cotidiano dos tripulantes e passageiros dos navios durante as grandes navegações.

A primeira circum-navegação da Terra

A primeira viagem ao redor da Terra de que se tem conhecimento durou três anos. Ela foi comandada pelo navegador português Fernão de Magalhães, a serviço do rei da Espanha. Com cinco navios e 234 tripulantes, ele partiu do porto de Sevilha em 10 de agosto de 1519, com a missão de encontrar a passagem marítima entre o Atlântico e o Pacífico – que ainda não tinha esse nome – navegando na direção oeste.

Ao longo do caminho, boa parte da tripulação morreu. Alguns em razão de doenças, outros de fome ou ainda mortos em conflitos com povos encontrados durante a aventura marítima. Alguns membros da tripulação retornaram à Espanha antes mesmo de Fernão de Magalhães encontrar a passagem: uns desestimulados pelas dificuldades da viagem; outros por não acreditarem que tal caminho de fato existisse. Apesar das evidências contrárias, muitos europeus ainda acreditavam que a Terra fosse plana.

Mapa da América destacando o Oceano Pacífico, à esquerda, e duas caravelas no Oceano Atlântico, à direita. Gravura de Theodore de Bry, 1596. Ao redor do mapa, foram representados quatro exploradores europeus: da esquerda para a direita, no alto estão Cristóvão Colombo e Américo Vespúcio; embaixo Fernão de Magalhães e Francisco Pizarro.

98

Nativos gigantes da Patagônia trocando presentes com europeus, gravura em placa de cobre de 1842. O relato do cronista Antonio Pigafetta disseminou pela Europa o mito, que perduraria até o final do século XVIII, de que a Patagônia seria habitada por gigantes.

O início da viagem

Antes de se dirigirem à América, os navios passaram pelas ilhas Canárias, Cabo Verde, Guiné e Serra Leoa, no continente africano. Depois, atravessaram o Atlântico, seguindo viagem pela costa do Brasil, tendo passado pelas terras que hoje correspondem à cidade do Rio de Janeiro.

Dias depois atingiram o estuário do Rio da Prata e seguiram navegando em direção à Patagônia, no sul dos atuais Chile e Argentina, momento em que dois comandantes se rebelaram e foram presos.

Fernão de Magalhães puniu com rigor os rebeldes: dois deles foram abandonados em uma praia deserta e outro foi executado. Com seu grupo, o rebelde Estevão Gomes decidiu regressar à Espanha, a bordo do maior navio da expedição, aportando em Sevilha em maio de 1521.

Mas os problemas não acabaram ali. Fernão de Magalhães perdeu, pouco depois, mais uma nau, a Santiago, que encalhou e foi abandonada na costa ao fazer o reconhecimento da região da Patagônia.

Segundo os relatos do cronista da viagem, Antonio Pigafetta, a tripulação manteve contato com os nativos da Patagônia e capturou alguns deles para levá-los para a Espanha. Todos os nativos embarcados morreram ao longo da viagem. O último dos "patagones", batizado com o nome de Pablo, morreu de escorbuto.

Fonte 1

Dificuldades durante a viagem

"Quarta-feira, 28 de novembro [de 1520], desembocamos no Estreito para entrar no grande mar, ao qual demos em seguida o nome de Pacífico e no qual navegamos durante um período de 3 meses e 20 dias, sem provar nenhum alimento fresco. O biscoito que comíamos já não era pão, e sim um pó misturado com vermes, que haviam devorado toda a sua substância. No mais, tinha um fedor insuportável por ter sido impregnado por urina de ratos. A água que nos víamos obrigados a beber estava igualmente podre e fedorenta. Para não morrermos de fome, nos víamos ainda obrigados a comer pedaços de couro de vaca [...]. Frequentemente éramos obrigados ainda a nos alimentar de serragem e até de ratos. Estes, tão repelentes para os homens, haviam se tornado um alimento muito fino e delicado, pelo qual se pagava muito bem por cada um.

No entanto, isso não era tudo. Nossa maior desgraça era nos ver atacados de uma espécie de doença, que fazia inchar as gengivas, ultrapassando os dentes em ambos maxilares. Isso impedia que os doentes se alimentassem e desta doença morreram dezenove, entre eles, o gigante da Patagônia [...] que levávamos conosco. Além dos mortos, tínhamos vinte e cinco marinheiros doentes, que sofriam de dores nos braços, nas pernas e em outras partes do corpo, mas que ao fim conseguiram se salvar."

PIGAFETTA, Antonio. *Primer viaje alrededor del globo*. La crónica en vivo de la expedición Magallanes-Elcano (1519-1522). Sevilla: Civiliter, 2012. v. 2. p. 36. (tradução nossa)

EM FOCO

Enfim, a passagem é descoberta

Após essas desventuras, veio um alívio: os navegadores encontraram a passagem tão esperada. O estreito foi atravessado em 28 de novembro de 1520 e batizado com o nome do comandante da expedição, passando a ser conhecido como **Estreito de Magalhães**.

Do outro lado da passagem, os navegadores encontraram um mar muito calmo. Assim, Fernão de Magalhães batizou-o com o nome de **Pacífico**. Nos meses seguintes, a tripulação passou pelas Ilhas Desventuradas, pelas Ilhas Marianas e pelas ilhas que mais tarde ficaram conhecidas como Filipinas.

Foi neste arquipélago, em específico na Ilha de Mactan, que o navegador Fernão de Magalhães perdeu a vida durante um combate com os nativos, em 27 de abril de 1521. Magalhães morreu sem ter alcançado as Ilhas Molucas, na atual Indonésia.

Com a morte do capitão e de parte da tripulação durante o combate, os navegadores tiveram de queimar a nau Concepción, pois os poucos homens que sobraram não podiam continuar a viagem em três naus.

Depois disso, eles seguiram rumo às Molucas, as "ilhas das especiarias", onde chegaram em 8 de novembro de 1521. Nesse arquipélago, os europeus realizaram comércio com os nativos e carregaram as embarcações com especiarias e outros produtos rentáveis.

Em 7 de setembro de 1522, a nau Victória, a única embarcação que resistiu à aventura, finalmente entrou no porto de Sevilha. No navio, estavam apenas 18 tripulantes, sob o comando de Sebastião Elcano. A expedição realizava um feito histórico: não apenas descobriu um caminho para as Índias navegando pelo oeste, como também comprovou a esfericidade da Terra.

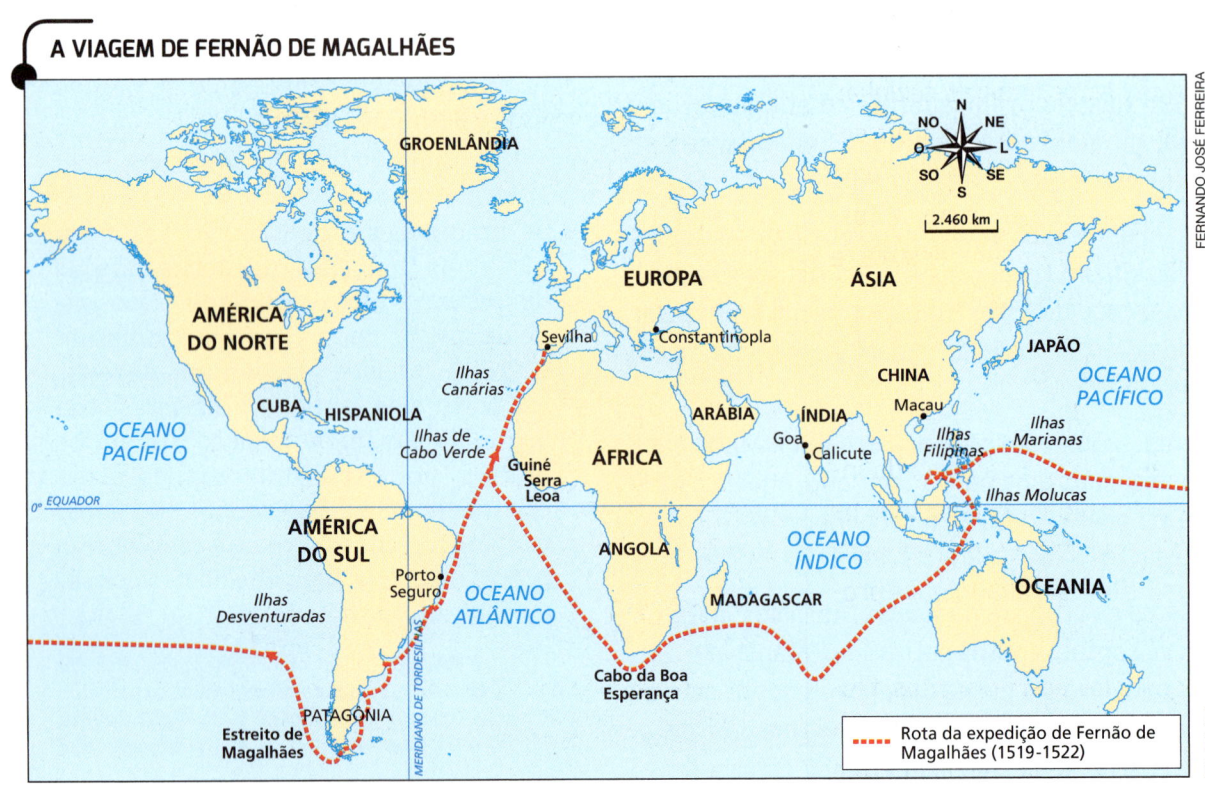

A VIAGEM DE FERNÃO DE MAGALHÃES

Fonte: *Atlas histórico*. São Paulo, Britannica, 1997.

A vida nas caravelas

Nos navios que partiam para as Índias, viajavam, além da tripulação, alguns nobres que iam ocupar cargos administrativos nos entrepostos portugueses nas Índias e burgueses que iam comerciar no Oriente. Também viajavam padres e clérigos em missão religiosa e muitos pobres e desamparados que migravam com o objetivo de tentar a sorte nas novas terras. Eram centenas de pessoas a bordo!

É bom lembrar que os passageiros deviam levar a sua própria alimentação na viagem. Os nobres, burgueses e religiosos não só levavam uma boa matalotagem, como também pajens, escravos e criados para os serviços de limpeza e preparo dos alimentos.

Entretanto, a vida era bastante dura e miserável para os passageiros pobres. Eles geralmente levavam apenas um pequeno barril de água e ficavam, ao longo da viagem, à espera da caridade dos passageiros mais ricos. Assim como os grumetes, que realizavam os serviços mais pesados a bordo, como limpar e cozinhar, os passageiros pobres eram os que mais sofriam privações; muitas vezes, passavam fome e sede e eram lançados ao mar como se fossem carga, quando vinham as tempestades e era preciso aliviar o peso dos navios.

• Do que os navegantes se alimentavam?

Tudo dependia do poder econômico do indivíduo. Antes de o navio partir de Lisboa, os tripulantes recebiam as rações diárias para os meses de viagem. Mas, geralmente, as provisões não eram suficientes.

Os produtos estocados eram biscoitos, frutos secos, carne defumada, vinho, azeite e vinagre, além de barris de água. Também eram embarcados animais vivos, como vacas, porcos, galinhas e bois. Quase não havia alimentos frescos, a não ser para os primeiros dias da viagem.

Os tripulantes mensalmente recebiam suas rações cruas. As refeições eram preparadas no fogão comunitário, tarefa normalmente executada pelos grumetes. Os nobres, fidalgos e oficiais tinham os seus próprios cozinheiros.

Os alimentos eram armazenados no porão do navio em péssimas condições de higiene, muitas vezes ao lado de dejetos humanos e ratos. Por isso, as doenças e epidemias eram comuns, causando muitas mortes.

Matalotagem: provisão de mantimentos para pessoas que embarcam.

Grumete: aprendiz de marinheiro. Nessa época, o posto era ocupado por crianças e adolescentes, órfãos e pobres.

Fonte 2

Representação da nau Victória, única embarcação que concluiu a primeira viagem de circum-navegação da Terra. Gravura colorida do século XVI.

EM FOCO

• A diversão nos navios

Nem tudo era tristeza nos navios. Juntos, marinheiros e passageiros organizavam festas e encenações teatrais a bordo das naus. Nos momentos de lazer, eram ensaiadas e apresentadas algumas peças de teatro e algumas brincadeiras.

Uma delas era conhecida como "tourinha a bordo". A atividade consistia em um tipo de corrida de novilhos mansos que imitava as corridas de touros. Na verdade, os novilhos eram bonecos, feitos de cestas de madeira ou vime, carregados pelos homens que disputavam a corrida.

Essas atividades recreativas eram uma maneira que os navegadores encontraram de amenizar as dificuldades, os medos e os tormentos causados pelas longas viagens no mar.

Fonte 3

Navio-cruzeiro ancorado no Porto de Kotor, em Montenegro, 2017. Atualmente, empresas de navegação realizam cruzeiros luxuosos, em que é possível dar a volta ao mundo em cerca de três meses.

ATIVIDADES

ORGANIZAR O CONHECIMENTO

1. Qual foi a importância da descoberta do Estreito de Magalhães? Que transformação ela provocou na mentalidade europeia?

2. Monte uma linha do tempo com os principais acontecimentos que marcaram a expedição de Fernão de Magalhães.

ANALISAR AS FONTES

3. **Fonte 1** Leia o relato apresentado nessa fonte.
   a) Identifique o autor e a data informada no relato.
   b) Em que gênero textual você classificaria esse relato?
   c) Qual trecho permite identificar onde estava a expedição quando o relato foi escrito?
   d) No texto, o autor descreve uma doença que vitimou diversos membros da expedição. Dê o nome da doença, as causas, os sintomas e explique se essa enfermidade é comum nas viagens de hoje.

4. **Fontes 2 e 3** Escreva um texto comparando as duas embarcações. Destaque aspectos comuns e diferentes entre elas, a composição dos viajantes, os propósitos e as condições de viagem de cada uma.

POR UMA CONDUTA CIDADÃ

5. A invenção da geladeira, no início do século XX, revolucionou a tecnologia de preservação dos alimentos, criando facilidades que inexistiam nas grandes viagens marítimas. Entretanto, se é possível conservar os alimentos por muito mais tempo, os alimentos são consumidos, hoje, muito mais em sua versão industrializada do que *in natura*. Em grupo, façam o que se pede.

   a) Dividam-se em grupos e escolham um produto agrícola que seja vendido em feiras ou supermercados no município ou bairro onde vocês moram.
   b) Pesquisem informações sobre os alimentos industrializados que apresentam esse produto em sua composição; os corantes, conservantes e outros aditivos utilizados na fabricação industrial desses alimentos; e os riscos que eles trazem para a saúde e para o meio ambiente.
   c) Com os dados obtidos na pesquisa, elaborem um infográfico sobre a produção e o consumo desse produto agrícola pelos brasileiros atualmente, contendo, pelo menos, um gráfico ou uma tabela, um texto expositivo e uma imagem do produto agrícola escolhido.

REVISANDO

A expansão marítima europeia

1. As **práticas mercantilistas**, como o **metalismo**, o **protecionismo**, o estímulo às manufaturas locais e a exploração de **colônias**, contribuíram para enriquecer os governos da Europa moderna.

2. Os elevados preços das **especiarias** transportadas dos portos do Mediterrâneo por **mercadores italianos** estimularam a Coroa portuguesa a investir na busca de um novo **caminho para as Índias**.

3. A **tomada de Constantinopla** pelos turcos, em 1453, deu novo impulso à busca por um **caminho marítimo** em direção ao Oriente.

4. Movidos pelo **ideal cruzadista** e pelo lucrativo **comércio de especiarias**, **tecidos** e **metais preciosos**, navegadores europeus se lançaram aos oceanos, patrocinados pelos monarcas de Portugal e Espanha.

As viagens marítimas portuguesas e espanholas

1. O **pioneirismo português** nas viagens marítimas foi resultado da **centralização política precoce**, da existência de um **forte grupo mercantil**, da **posição geográfica favorável** e do **intercâmbio cultural** com os muçulmanos.

2. A expedição comandada por **Vasco da Gama** descobriu o caminho marítimo para as **Índias**, garantindo a Portugal o controle do comércio das especiarias.

3. Navegando em direção ao oeste, a serviço da Espanha, **Cristóvão Colombo** chegou à **América** em 1492.

4. O **Tratado de Tordesilhas** dividiu as terras descobertas ou por descobrir entre Portugal e Espanha.

5. Desviando de sua rota original para as Índias, a expedição comandada por **Pedro Álvares Cabral aportou no Brasil** em 22 de abril de 1500.

Franceses, ingleses e corsários

1. Excluídos da partilha colonial, **França** e **Inglaterra** recorreram à **pirataria** para usufruir das riquezas oriundas das viagens pela América, África e Ásia, promovendo a ação de **corsários**.

2. Na América portuguesa, os franceses fundaram a **França Antártica (1555-1567)** e a **França Equinocial (1612-1615)**. Na América do Norte, criaram a **Nova França**. No Caribe, eles se apossaram do Haiti e de Martinica.

3. Em 1620, os "pais peregrinos" ingleses desembarcaram do navio *Mayflower* e fundaram a cidade de Plymouth, que seria o núcleo original das **treze colônias** inglesas.

Trilha de estudo

Vai estudar? Nosso assistente virtual no *app* pode ajudar! <http://mod.lk/trilhas>

PARA ASSISTIR

- **O Novo Mundo**
  Direção: Terrence Malick
  País: Estados Unidos/Grã-Bretanha
  Ano: 2005
  Duração: 135 min

Sinopse

O filme conta a história da indígena Pocahontas, que intermediou as relações entre powhatan e ingleses durante a colonização da Virgínia, no atual território estadunidense. Após ser capturada pelos ingleses, a personagem converteu-se ao cristianismo e casou-se com o explorador John Rolfe, em 1614.

O filme e esta unidade

1. Repare no ritmo lento da narrativa. Qual poderia ter sido a intenção do diretor ao escolher contar a história dessa maneira?
2. Observe os contatos entre colonos e indígenas durante a colonização da Virgínia. Eles são influenciados pela história de amor contada no filme?
3. Qual é a simbologia do gesto dos colonos de apresentarem Pocahontas, batizada com o nome de Rebecca, aos reis ingleses?

UNIDADE 4
A CONQUISTA E A COLONIZAÇÃO ESPANHOLA NA AMÉRICA

O ENCONTRO COM O OUTRO

A chegada dos europeus ao continente americano, no final do século XV, pode ser vista como um encontro entre duas culturas. Na ocasião, estiveram frente a frente dois povos culturalmente distintos, que se desconheciam por completo até aquele momento. Qual teria sido o primeiro sentimento dos povos americanos e dos conquistadores europeus diante daquele encontro? Curiosidade? Espanto? Medo, talvez? Sentimentos como esses provavelmente foram compartilhados pelos dois lados.

Com essa reflexão iniciamos nossos estudos sobre a conquista e a colonização espanhola na América. Leia agora dois depoimentos que nos dão uma ideia das impressões que indígenas e espanhóis tiveram a respeito um do outro.

Descrição dos espanhóis, por um mensageiro ao imperador asteca

"Seus corpos são totalmente cobertos; somente seus rostos podem ser vistos, e são brancos como giz. Têm cabelo amarelo, embora em alguns casos seja preto. As barbas são longas; os bigodes também são amarelos... Estão montados em seus 'veados'. Empoleirados dessa forma, andam ao nível dos tetos [...]."

LEÓN-PORTILLA, Miguel. Visión de los vencidos. In: BETHELL, Leslie (Org.). *História da América Latina*: América Latina Colonial I. São Paulo: Edusp; Brasília: Fundação Alexandre de Gusmão, 1997. v. 1. p. 197.

Descrição dos habitantes da ilha de Guanahani, por Cristóvão Colombo

"Andavam nus como a mãe lhes deu à luz [...]. Eles se pintam de preto, e são da cor dos canários, nem negros nem brancos, e se pintam de branco, e de encarnado, e do que bem entendem, e pintam a cara, o corpo todo, e alguns somente os olhos ou o nariz. [...] Não tem nenhum ferro: as suas lanças são varas sem ferro, sendo que algumas têm no cabo um dente de peixe e, outras, uma variedade de coisas. [...]"

COLOMBO, Cristóvão. *Diários da descoberta da América*: as quatro viagens e o testamento. Porto Alegre: L&PM, 1999. p. 44-45.

COMEÇANDO A UNIDADE

1. Leia a descrição sobre os espanhóis feita pelo mensageiro asteca. Quais aspectos dos europeus chamaram a atenção dele? Por quê?

2. Leia a descrição feita por Colombo sobre os habitantes da ilha de Guanahani. Quais aspectos dos indígenas chamaram a atenção do conquistador? Por quê?

3. Passado o momento dos primeiros contatos, como você imagina que se desenvolveu o relacionamento entre os espanhóis e indígenas? A pintura de Diego Rivera que reproduzimos nesta abertura oferece alguma pista a esse respeito?

Chegada do espanhol Hernán Cortés a Veracruz, detalhe da obra *Epopeia do povo mexicano* ou *História do México através dos séculos*, pintura mural de Diego Rivera, 1929-1935.

ATITUDES PARA A VIDA

- Pensar com flexibilidade.
- Questionar e levantar problemas.

TEMA 1

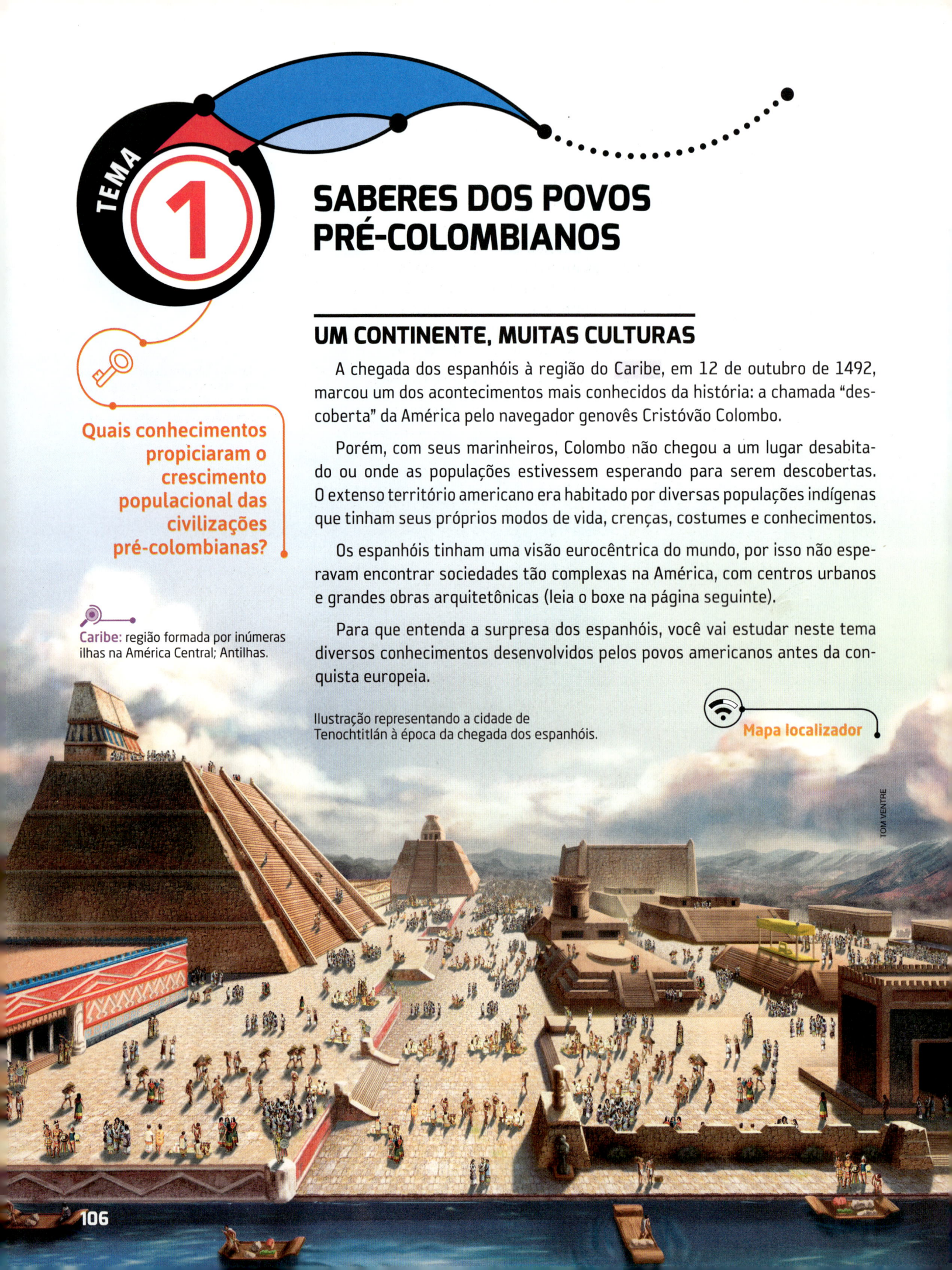

SABERES DOS POVOS PRÉ-COLOMBIANOS

Quais conhecimentos propiciaram o crescimento populacional das civilizações pré-colombianas?

UM CONTINENTE, MUITAS CULTURAS

A chegada dos espanhóis à região do Caribe, em 12 de outubro de 1492, marcou um dos acontecimentos mais conhecidos da história: a chamada "descoberta" da América pelo navegador genovês Cristóvão Colombo.

Porém, com seus marinheiros, Colombo não chegou a um lugar desabitado ou onde as populações estivessem esperando para serem descobertas. O extenso território americano era habitado por diversas populações indígenas que tinham seus próprios modos de vida, crenças, costumes e conhecimentos.

Os espanhóis tinham uma visão eurocêntrica do mundo, por isso não esperavam encontrar sociedades tão complexas na América, com centros urbanos e grandes obras arquitetônicas (leia o boxe na página seguinte).

Para que entenda a surpresa dos espanhóis, você vai estudar neste tema diversos conhecimentos desenvolvidos pelos povos americanos antes da conquista europeia.

Caribe: região formada por inúmeras ilhas na América Central; Antilhas.

Ilustração representando a cidade de Tenochtitlán à época da chegada dos espanhóis.

Mapa localizador

> **É BOM SABER**
>
> ### Tenochtitlán surpreende os europeus
>
> Em 1519, o cronista espanhol Bernal Díaz del Castillo registrou sua surpresa com o tamanho da cidade de Tenochtitlán, a capital asteca, construída sobre o Lago Texcoco:
>
> > "Quando vimos as cidades e vilarejos construídos sobre a água e muitas outras populações em terra firme, ficamos admirados, e dissemos que era como um encantamento. Muitos dos nossos soldados se perguntavam se aquilo que víamos não era um sonho. Não sei como descrever o que vimos; eram coisas nunca antes ouvidas, vistas ou sequer sonhadas por nós."
>
> > CASTILLO, Bernal Díaz del. *Historia verdadera de la conquista de la Nueva España*. Madrid: Real Academia Española; Barcelona: Galaxia Gutenberg-Círculo de Lectores, 2011. p. 271. (adaptado, tradução nossa)

Ilustração representando uma chinampa asteca. Essas pequenas ilhas artificiais eram construídas com lama, estacas de árvores e resíduos de plantas aquáticas.

CONHECIMENTOS ARQUITETÔNICOS E URBANÍSTICOS

A maior parte das sociedades complexas encontradas pelos europeus estava localizada na Mesoamérica. Os povos dessa região desenvolveram, ao longo da história, uma série de conhecimentos de arquitetura e técnicas construtivas, criando uma tradição urbanística na região que foi mais tarde aproveitada pelos astecas.

Não por acaso a cidade de Tenochtitlán impressionou os conquistadores espanhóis. Muito maior do que qualquer cidade europeia da época, ela abrigava cerca de 300 mil pessoas. Suas ruas eram largas e espaçosas e havia pessoas responsáveis pela limpeza dos espaços públicos. Como você viu na unidade 1, os astecas construíram um sistema de aquedutos em Tenochtitlán que trazia a água do Lago Texcoco diretamente para a cidade. Essa água era usada nas plantações, construídas sobre **chinampas**.

A cidade de Tlatelolco, vizinha de Tenochtitlán, se destacava na região por seu mercado central. Os espanhóis estimaram que esse mercado seria duas vezes maior que a cidade espanhola de Salamanca, e que nele cerca de 20 mil pessoas comercializavam diariamente.

Sítio arqueológico de El Tajín, no estado de Veracruz, no México. A cultura de Tajín floresceu entre 100 e 1000 d.C. e foi a mais importante na Mesoamérica após o declínio de Teotihuacán. Sua arquitetura tem características próprias, com destaque para a Pirâmide dos Nichos.

Tenochtitlán também chamou a atenção dos espanhóis por suas pirâmides, templos e palácios monumentais. O Templo Maior, por exemplo, dedicado aos deuses Huitzilopochtli e Tlaloc, tinha 27 metros de altura e 90 metros de largura. As moradias tinham como principal material de construção o **adobe**, uma mistura de argila, lodo e palha que era seca ao Sol. O adobe é um material muito resistente e bom isolante térmico e acústico.

Tenochtitlán e Tlatelolco não eram as únicas grandes cidades mesoamericanas dessa época. Vizinha a elas estava a cidade de **Tlaxcala**, rival dos astecas. A cidade estava dividida em vários bairros, cada um deles com uma autoridade local própria, que cuidava da alimentação e da segurança de todos. Alguns desses bairros eram habitados por moradores originários de outros povos e regiões, como zapotecas, mixtecas e totonacas.

Em outras partes do continente, os conquistadores também encontraram sociedades extremamente complexas. Nos Andes Centrais, as cidades eram habitadas pelas elites do Império Inca e estavam divididas em setores administrativos, religiosos e agrícolas. Chamadas *llactas*, as cidades incas eram centros de poder, o local de onde as autoridades controlavam a população e os territórios.

Para construir essas *llactas*, o poder imperial contava com a *mita*, tributo pago pelas comunidades camponesas (*ayllus*) na forma de serviços prestados ao Estado. Os camponeses recrutados para o trabalho construíam casas, pirâmides e fortalezas usando como materiais grandes blocos de pedra ou o adobe.

Na *llacta* de Cuzco, a capital do império, os incas construíram um sistema de esgoto e abastecimento de água, conduzido por canais forrados e cobertos de pedra, que melhoraram as condições de vida das pessoas na cidade. A mesma estrutura foi construída na *llacta* de Pisac.

ESCRITA E FORMAS DE REGISTRO

Uma tradição comum de diversas culturas mesoamericanas foi o uso da **escrita pictoglífica**, que combinava desenhos e símbolos. Tudo indica que esse tipo de escrita foi desenvolvido pelos olmecas, por volta de 1000 a.C., utilizando cerâmicas e pedra como suporte para os escritos. A partir da era cristã, os escribas de diferentes povos passaram a registrar os escritos em peles de animais, lenços de algodão e papel, feito com casca ou fibra de plantas.

Alguns livros produzidos na Mesoamérica, atualmente conhecidos como **códices**, possuíam desenhos e dados que foram utilizados pelos espanhóis para compreender o modo de vida e as relações entre os diferentes povos mesoamericanos. Os códices continham relatos sobre a origem do mundo, a história das cidades, os diferentes calendários e o sistema de cobrança de tributos, entre outras informações.

Nos Andes Centrais, os incas não desenvolveram propriamente um sistema de escrita. Entretanto, como você viu na unidade 1, eles criaram os *quipus* para registrar dados importantes sobre seu império, relativos à produção de alimentos, ao número de habitantes e aos tributos arrecadados, por exemplo.

Calendário de pedra da civilização huasteca, c. 600-900, México.

A CRIAÇÃO DE CALENDÁRIOS

Observando fenômenos da natureza, os povos da Mesoamérica e dos Andes Centrais descobriram as melhores épocas para plantar e colher, conhecimento que foi essencial para desenvolverem a **agricultura**. Observando o movimento aparente do Sol, das estrelas e da Lua, os ameríndios desenvolveram a matemática e a astronomia.

A criação de um sistema de numeração vigesimal, provavelmente pelos maias, permitiu que os mesoamericanos aprimorassem seus cálculos astronômicos, podendo assim criar diferentes **calendários**. Eles se tornaram um instrumento muito importante para organizar a vida cotidiana, pois passaram a marcar as datas para a realização das atividades agrícolas, dos ritos religiosos e das celebrações históricas.

Com base no sistema numérico vigesimal, os maias criaram três tipos principais de calendário: o agrícola e social, de 365 dias; o ritual, de 260 dias; e o histórico, de 360 dias. Nos três calendários, os meses tinham vinte dias cada um. Desses três, apenas o ritual sobreviveu, sendo ainda mantido nas práticas culturais das comunidades maias contemporâneas.

Nos Andes Centrais, os incas criaram um calendário com um ano solar de 365 dias, dividido em doze meses lunares. O calendário inca estava intimamente ligado ao poder do imperador, o *Sapa Inca*, representante sagrado do Sol. Ele o utilizava para determinar as atividades agrícolas e estabelecer as datas de celebração das cerimônias sagradas.

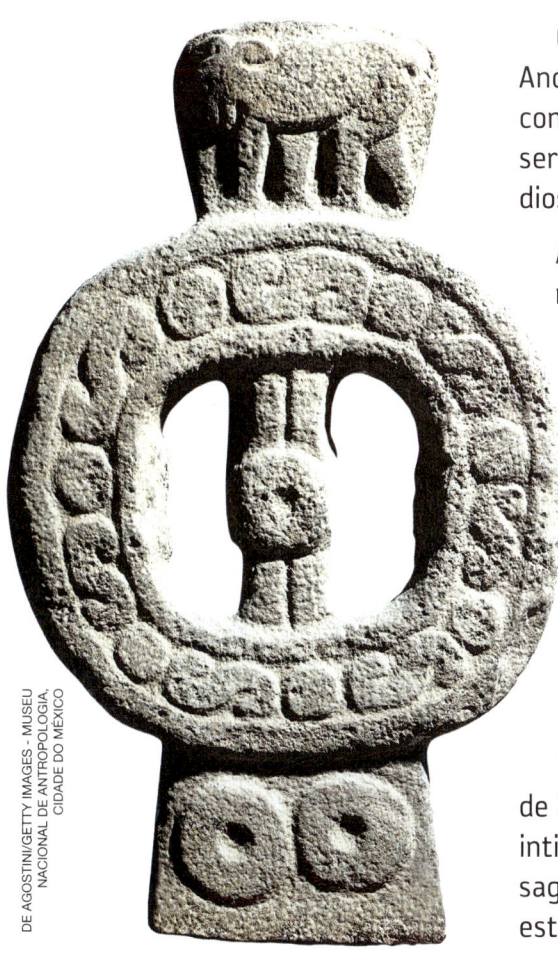

TÉCNICAS E PRODUTOS AGRÍCOLAS

As civilizações pré-colombianas também criaram e aprimoraram **técnicas de cultivo** que significaram uma grande conquista tecnológica.

Na Mesoamérica, a diversidade ambiental do extenso território proporcionou aos seus habitantes uma grande variedade de espécies vegetais. Por volta de oitenta delas, como o milho, o feijão, a abóbora e a pimenta, foram domesticadas entre 8 mil e 7 mil anos atrás.

Apesar de não utilizarem animais no trabalho agrícola, os mesoamericanos desenvolveram técnicas para melhor aproveitar a água da chuva e dos lagos no cultivo e evitar o desgaste do solo, aumentando assim a produção de alimentos. Eles construíram canais de irrigação, chinampas, adotaram a prática do pousio, além de construir plataformas artificiais que permitiam a drenagem de solos pantanosos.

Na região andina, os incas praticavam a agricultura em *camellones*, que funcionavam de modo similar às chinampas astecas. Além disso, construíram canais, poços, cisternas e lagos para irrigar as terras em regiões secas. Nas áreas montanhosas ou de declive acentuado, os incas praticavam o cultivo em terraços (degraus), sistema que evitava a erosão do solo e permitia que a água captada das geleiras fosse distribuída uniformemente pelos degraus cultivados.

Além disso, a grande extensão do império e as guerras constantes levaram os incas a desenvolver técnicas para preservar os alimentos. Entre elas, estavam o charque, o ressecamento de vegetais ao Sol para produção de farinhas e a tosta e moagem. Transformados, os alimentos podiam ser conservados por mais tempo e ser transportados de uma parte a outra do império, tanto por comerciantes quanto por tropas que partiam para a guerra.

Pousio: período em que o solo é deixado em repouso, sem cultivo, para que recupere a sua fertilidade.

Charque: carne salgada seca ao Sol.

Vista de cultivo em terraços (degraus) nos Andes do Peru, em foto de 2013. Na América pré-colombiana, a criação e o aprimoramento de instrumentos e técnicas agrícolas tiveram como resultado o aumento da produção de alimentos, que possibilitou o sustento das populações.

> **É BOM SABER**

Alimentos da América para o mundo

Parte importante dos alimentos que consumimos hoje já compunha a dieta dos povos indígenas que habitavam a América antes da chegada dos europeus ao continente.

Produtos como milho, feijão, cacau, tomate, abacate, batata e mandioca são originários da América. Eles foram domesticados por agricultores americanos e levados para outros continentes pelos colonizadores europeus.

A expansão mundial do cultivo desses produtos permitiu diversificar e melhorar a dieta em vários países. O norte da Europa e o sul da Índia, por exemplo, sobreviveram a períodos de fome graças ao cultivo de plantas domesticadas na América.

Mas, com certeza, esses produtos hoje são diferentes daqueles que os antigos agricultores indígenas cultivavam na América. Experiências de manipulação e seleção de sementes e contínuas inovações nas técnicas de cultivo alteraram o tamanho, a cor e o sabor desses alimentos.

Milho, feijão, cacau, tomate, abacate, batata e mandioca são exemplos de alimentos de origem americana que atualmente são consumidos em diversas partes do mundo.

> **ORGANIZAR O CONHECIMENTO**

1. Coloque em ordem os procedimentos que os maias tiveram de seguir para criar seu calendário agrícola.

    a) Elaborar um calendário de 365 dias. ( )

    b) Observar fenômenos da natureza. ( )

    c) Estabelecer a época do plantio e da colheita. ( )

    d) Desenvolver a matemática e a astronomia. ( )

2. Escreva **A** para astecas, **I** para incas e **AI** para ambos.

    a) Registravam informações em códices. _____

    b) Desenvolveram uma eficiente tecnologia de cultivo em terraços. _____

    c) Construíram chinampas na água dos lagos. _____

    d) Utilizavam *quipus* para registrar informações. _____

    e) Desenvolveram calendários para a agricultura e a vida religiosa. _____

TEMA 2

OS ESPANHÓIS NA AMÉRICA

Que estratégia os espanhóis utilizaram para conquistar os impérios asteca e inca?

A CONQUISTA DO CARIBE

Como você estudou na unidade 3, a chegada dos europeus à América esteve relacionada à busca por parte dos países ibéricos de rotas alternativas que os levassem ao Oriente, onde obteriam as valiosas especiarias diretamente da fonte produtora, as Índias.

No entanto, a partir do momento em que os conquistadores tomaram conhecimento da existência de grandes jazidas minerais na América, o continente se transformou no alvo principal da política mercantilista espanhola. E, na exploração das minas da América hispânica, os indígenas se transformaram nas "mãos e nos pés" da Coroa espanhola.

A primeira conquista espanhola na América foi o **Caribe**, região onde a expedição de Cristóvão Colombo aportou em 1492. No Caribe e em outras regiões da América, os espanhóis utilizaram diferentes estratégias para estabelecer sua dominação: o uso das armas, alianças com povos indígenas, o trabalho de missionários católicos e até mesmo crenças míticas nativas.

O grau de dominação, porém, não foi o mesmo em toda a América de colonização hispânica. Nos impérios asteca e inca, uma vez destruído o poder central indígena, os espanhóis rapidamente se transformaram no novo dominador. O mesmo não ocorreu com povos que viviam mais dispersos, como os maias e aqueles que habitavam o norte do México e a América do Sul meridional. Nesses casos, o processo de dominação foi longo e nem sempre se concluiu plenamente.

Explore
- Quais são os dois povos representados nessa obra? Que atitude ou postura cada um deles expressa? Procure explicar por que o artista retratou o encontro entre esses dois povos dessa forma.

O desembarque de Cristóvão Colombo na América, gravura de Theodore de Bry, 1594.

NO INÍCIO, AS ALIANÇAS

Os povos **tainos** predominavam em várias ilhas do Caribe quando os espanhóis ali chegaram. Em um primeiro momento, eles estabeleceram alianças com os espanhóis. Entretanto, isso não significa que os indígenas fossem dóceis, inocentes e hospitaleiros, como antes se imaginava. Essas populações foram movidas por interesses próprios, avaliavam o contexto em que viviam e faziam escolhas buscando satisfazer suas necessidades ou pretensões políticas.

No caso dos tainos, a aliança com os espanhóis provavelmente esteve relacionada ao contexto de expansão dos povos **caraíbas** ou caribes, indígenas inimigos que estavam ampliando seus domínios e ameaçando a soberania taina sobre seu próprio território. Dessa forma, a aliança com os espanhóis poderia significar o apoio de um povo poderoso na luta contra os inimigos caraíbas.

NO FIM, O EXTERMÍNIO

A aliança dos tainos com os espanhóis, porém, teve curta duração. Com a convivência, eles perceberam que os espanhóis queriam mais que simples contatos comerciais; eles queriam conquistar as terras indígenas. As relações iniciais, baseadas na troca de produtos, foram se transformando em relações mais hierarquizadas, que envolviam a imposição de diferentes formas de trabalho compulsório sobre a população nativa.

Somados à exploração do trabalho, os surtos de doenças, como sarampo, varíola e gripe, trazidas pelos colonizadores e contra as quais os indígenas não possuíam imunidade, desencadearam um processo brutal de declínio demográfico nativo na região. Em algumas ilhas, os nativos chegaram até mesmo a desaparecer.

Estudantes dominicanos em frente ao Altar da Pátria, em Santo Domingo, capital da República Dominicana, em foto de 2011. Local onde a expedição de Colombo aportou, em 1492, a atual República Dominicana é habitada por uma população de maioria africana. Apenas 10% têm origem indígena.

Compulsório: obrigatório.

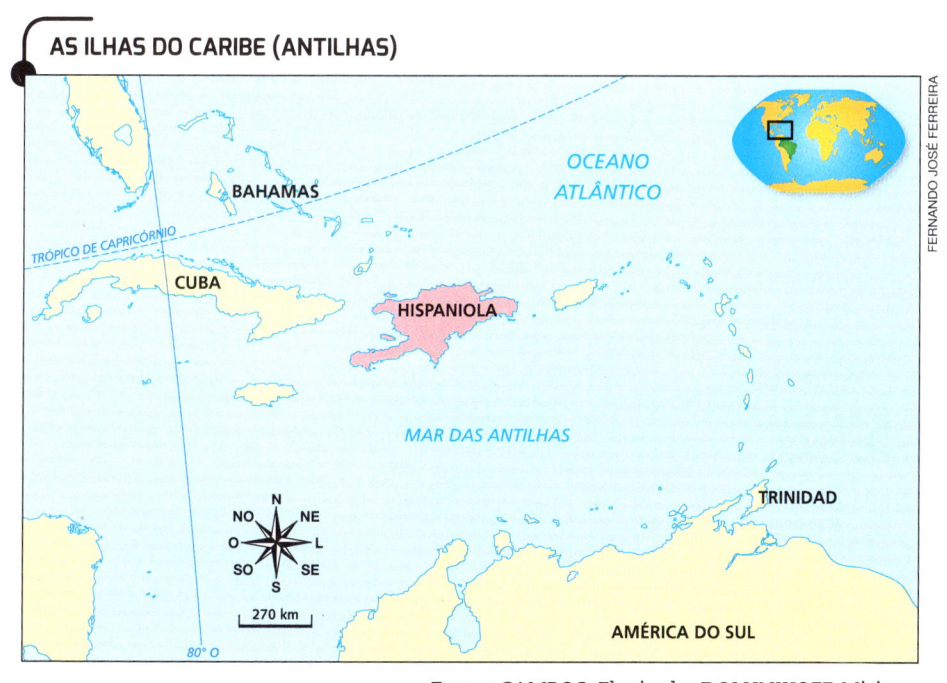

AS ILHAS DO CARIBE (ANTILHAS)

Fonte: CAMPOS, Flavio de; DOLHNIKOFF, Miriam. *Atlas: história do Brasil.* São Paulo: Scipione, 1993. p. 13.

O conquistador espanhol Hernán Cortés, sua intérprete Malinche e alguns astecas. Ilustração do *Códice Tlaxcala*, cópia de 1632.

A DESTRUIÇÃO DO IMPÉRIO ASTECA

O **Império Asteca** ou **Mexica** localizava-se no planalto central do México. Esse rico império era formado por uma rede de alianças que envolvia três capitais políticas: as cidades de Texcoco, de Tlacopan e de Tenochtitlán, a capital asteca. Esses centros urbanos formavam uma tríplice aliança que impunha domínio político e tributário sobre centenas de grupos étnico-territoriais, denominados *altepetl*.

Tal domínio gerava descontentamento e revolta nos demais grupos indígenas. Situação que foi notada e habilmente manipulada pelos espanhóis.

O conquistador espanhol **Hernán Cortés** e seus homens partiram de Cuba em direção à capital asteca em fevereiro de 1519. Já no continente, Cortés conheceu Malinche, a jovem indígena que lhe serviria de intérprete, e selou aliança com o povo de Tlaxcala, inimigo dos astecas.

Em novembro, os espanhóis chegaram a Tenochtitlán e foram recebidos pacificamente por Montezuma, o imperador asteca. Não se sabe ao certo como a guerra entre espanhóis e astecas começou, mas o primeiro conflito de que se tem notícia ocorreu em maio de 1520, quando os espanhóis invadiram um templo, em Tenochtitlán, e mataram dezenas de indígenas.

A TOMADA DE TENOCHTITLÁN

Derrotados na primeira tentativa de tomar a capital asteca, os espanhóis se refugiaram em Tlaxcala. A queda definitiva de Tenochtitlán só ocorreu em agosto de 1521, após meses de cerco, combates e derrotas de ambos os lados. O sistema de alianças que os espanhóis selaram com os *altepetl* foi decisivo para sua vitória.

A tomada de Tenochtitlán representou, portanto, a vitória de diversos grupos étnicos que, aliados aos espanhóis, derrotaram um inimigo em comum: os astecas. No entanto, os povos nativos coligados aos espanhóis não podiam imaginar que a queda dos astecas era apenas o primeiro grande ato de uma história de destruição que arrastaria depois suas cidades, formas de organização social e política, crenças e milhões de vidas.

A DESTRUIÇÃO DO IMPÉRIO INCA

Na América do Sul, os domínios do Império Inca se espalhavam por regiões dos atuais Peru, Equador, Bolívia, Argentina e Chile. Reunindo diferentes grupos indígenas, o império mantinha-se, principalmente, por meio de acordos com lideranças étnicas e da cobrança de impostos.

A configuração de estados com características imperiais gerou conflitos pelo trono. Foi o que aconteceu na sucessão do imperador Huayna Capac. Seus filhos, Atahualpa e Huáscar, disputavam violentamente o poder quando os espanhóis chegaram à região, em 1532.

Sob o comando de Francisco Pizarro, os espanhóis aproveitaram-se da situação e investiram sobre o fragilizado império. Na cidade de Cajamarca, ao norte de Cuzco (capital inca), capturaram Atahualpa, acusaram-no de ter matado seu irmão Huáscar e o condenaram à morte por estrangulamento, não sem antes cobrar uma quantia exorbitante em ouro e prata como resgate.

Com o apoio de povos indígenas rebelados contra a dominação inca, os espanhóis tomaram as cidades de Cuzco e de Quito. Em 1535, Pizarro fundou a cidade de **Lima**, futura capital dos domínios espanhóis nos Andes Centrais.

Ruínas astecas do Templo Maior, diante da Catedral Metropolitana da Cidade do México, no México, em foto de 2013. Os espanhóis ergueram os edifícios da administração colonial no México sobre os escombros da antiga capital asteca.

O jovem Lautaro, pintura de Pedro Subercaseaux, século XIX, representando Lautaro (1534-1557), importante líder da resistência mapuche.

A RESISTÊNCIA INDÍGENA

Muitos povos indígenas resistiram à dominação espanhola durante décadas. Em 1537, o líder inca **Manco Capac** e seus seguidores, após um ano de cerco a Cuzco, a antiga capital inca, refugiaram-se na região de Vilcabamba. Dali o grupo promoveu sucessivos movimentos de resistência ao domínio espanhol.

A resistência inca em Vilcabamba chegou ao fim com **Tupac Amaru**. Derrotado pela expedição do vice-rei Francisco de Toledo, que havia declarado guerra à cidade, Tupac Amaru foi capturado e decapitado pelos espanhóis na praça central de Cuzco, diante de uma multidão de indígenas, para servir de exemplo à população.

Além da luta armada, os indígenas também reagiram de forma pacífica ao domínio espanhol. Em várias situações, atitudes como a entrega ao alcoolismo, o silêncio, a indolência e a recusa em aceitar ideias, objetos e crenças dos conquistadores frustraram as expectativas dos espanhóis em impor seu domínio.

Um importante movimento pacífico de resistência surgiu em Huamanga e espalhou-se pelo norte do Peru: o **Taqui Ongo**, ou a "enfermidade da dança", que atingiu seu auge na década de 1560. O movimento pregava que era preciso dançar constantemente para que as *huacas*, divindades andinas, despertassem e vencessem o Deus cristão, restabelecendo o Império Inca e a ordem anterior à colonização. O Taqui Ongo foi violentamente reprimido pelos colonos e missionários espanhóis, e seus principais líderes foram punidos com chicotadas.

Mais ao sul, no Chile, os indígenas **mapuches** (também conhecidos como araucanos) encabeçaram uma longa resistência aos espanhóis, da qual saíram vitoriosos. Em sua luta contra os conquistadores, os mapuches aperfeiçoaram suas armas e se apropriaram de uma prática espanhola: a utilização de cavalos.

A resistência mapuche ao domínio espanhol teve seu momento de maior explosão entre 1550 e 1696; depois disso, os enfrentamentos se tornaram esporádicos, predominando entre eles acordos comerciais e negociações de fronteira.

É BOM SABER

O pachacuti

Os líderes espirituais da região andina pregavam que a chegada dos espanhóis à região havia provocado o *pachacuti*, isto é, a inversão da ordem do mundo. O caminho para trazer de volta a ordem natural era repudiar todas as crenças, costumes e objetos que tivessem relação com o modo de vida do conquistador. Ao fazer isso, as divindades andinas venceriam o Deus cristão e expulsariam os espanhóis.

Celebração do Inti Raymi, ritual em homenagem ao deus Sol, em Cuzco, Peru. Foto de 2015.

ORGANIZAR O CONHECIMENTO

1. Preencha cada um dos campos abaixo com o termo correto.

    a) Conquistador do Império Asteca.

    b) Indígenas inimigos do povo taino.

    c) Cidades líderes do Império Asteca.

    d) Líder da expedição que aportou no Caribe em 1492.

    e) Conquistador do Império Inca.

2. Compare os movimentos de Manco Capac e Taqui Ongo e aponte uma semelhança e uma diferença entre eles.

ATITUDES PARA A VIDA

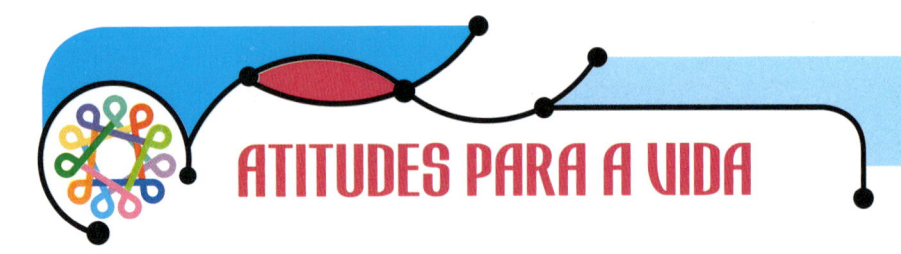

Cuauhtémoc: história e memória

Cuauhtémoc foi o último imperador asteca. Era primo de Montezuma e casou-se com uma de suas filhas. Em 1520, em meio às investidas espanholas sobre Tenochtitlán, assumiu o posto de imperador por indicação dos nobres e sacerdotes locais.

Na ocasião, a situação da capital asteca era dramática. A população havia sido devastada por uma epidemia de varíola, faltavam água e alimentos. Cuauhtémoc tentou conseguir apoio entre os povos vizinhos garantindo redução de tributos. Mas já era tarde: a maioria dos povos indígenas já havia se aliado a Cortés. Em abril de 1521, um exército formado de 20 mil indígenas inimigos dos astecas e centenas de espanhóis cercou a cidade de Tenochtitlán.

As forças astecas tinham a metade de homens. Em 13 de agosto de 1521, o líder asteca se rendeu. Talvez para poupar maior sofrimento ao seu povo, Cuauhtémoc aceitou submeter-se ao rei da Espanha e pagar tributos a ele. Relatos espanhóis, no entanto, contam outra história: o imperador e seus acompanhantes teriam sido presos enquanto fugiam.

O imperador e os nobres astecas foram presos e submetidos a interrogatórios cruéis. Os espanhóis queriam informações sobre tesouros que acreditavam terem sido escondidos. Cuauhtémoc manteve-se em silêncio, sendo executado em 1525.

Quando o México se tornou independente, no século XIX, a resistência de Cuauhtémoc transformou-se em um símbolo da nacionalidade mexicana. Em sua memória foram erguidos monumentos, e sua imagem foi reproduzida na moeda do país. Praças, ruas, escolas, uma cidade e até um estádio de futebol receberam o nome do último imperador asteca.

Imagem do imperador Cuauhtémoc representada no *Códice Florentino*, c. 1580.

QUESTÕES

1. Escreva **V** (verdadeiro) ou **F** (falso) nas frases abaixo.
   a) Enquanto a figura de Malinche simboliza traição para os mexicanos, a de Cuauhtémoc simboliza bravura e resistência.
   b) Cuauhtémoc conseguiu apoio dos povos vizinhos, prometendo-lhes redução de tributos.
   c) A preservação da memória de Cuauhtémoc valoriza o passado pré-hispânico da história do México.
   d) Cuauhtémoc foi aprisionado por Cortés em consequência da traição de seus subordinados.

2. Como você se posiciona a respeito da rendição de Cuauhtémoc? Foi um ato de coragem ou de fraqueza? Justifique sua resposta.

3. Na sua opinião, por que alguns relatos espanhóis contam que Cuauhtémoc foi preso ao tentar fugir de Tenochtitlán em 1521?

4. **Pensar com flexibilidade** e **questionar e levantar problemas** são as atitudes focadas nesta unidade. Elas estão presentes nas questões anteriores? Você mobilizou outras atitudes para respondê-las?

ATIVIDADES

APLICAR

1. Com um colega, observem a charge, que trata da conquista da América, e respondam às questões.

    a) Identifiquem os dois povos representados na charge e o momento histórico a que ela se refere.

    b) Como vocês interpretam a atitude do personagem de espada e chapéu ao encontrar-se com o outro?

    c) **Coloquem-se no lugar** dos dois personagens e se **imaginem** continuando a conversa mostrada nessa charge. Cada aluno da dupla deve criar argumentos para defender as ideias e os interesses do povo que está sendo representado. Depois de listar os argumentos, simulem um diálogo, apresentem para os colegas e **escutem com atenção** o que eles criaram. Ao final das exposições, realizem um debate para escolher os argumentos mais convincentes, além de expressar suas opiniões e conclusões sobre o tema.

Charge de Victor Hugo Catalán, 2010.

2. Leia o texto com atenção e responda às questões.

    "Ao ler a história do México, não podemos evitar a pergunta: por que os índios não resistem mais [aos espanhóis]? Será que não se dão conta das ambições colonizadoras de Cortés? A resposta desloca a pergunta: os índios das regiões atravessadas por Cortés no início não ficam muito impressionados com suas intenções colonizadoras, porque esses índios já foram conquistados e colonizados – pelos astecas. O México de então não é um estado homogêneo, e sim um conglomerado de populações subjugadas pelos astecas, que ocupam o topo da pirâmide. Desse modo, longe de encarnar o mal absoluto, Cortés frequentemente aparecerá como um mal menor, como um libertador [...], que permite acabar com uma tirania particularmente detestável. [...] Os conquistadores só atrapalharam os astecas."

    TODOROV, Tzvetan. *A conquista da América*: a questão do outro.
    São Paulo: Martins Fontes, 1999. p. 69.

    a) Explique por que, segundo o texto, os indígenas das regiões por onde Cortés passava não se impressionaram com as ambições colonizadoras do espanhol.

    b) Qual teria sido o único povo prejudicado pela chegada dos conquistadores espanhóis? Por quê? Você concorda com essa visão? Justifique.

    c) Quais diferenças você consegue identificar entre a dominação exercida pelos impérios asteca e inca sobre outros povos indígenas e aquela que seria exercida pelo Império Espanhol?

RETOMAR

3. Responda às questões-chave da abertura dos temas 1 e 2.

    a) Quais conhecimentos propiciaram o crescimento populacional das civilizações pré-colombianas?

    b) Que estratégia os espanhóis utilizaram para conquistar os impérios asteca e inca?

TEMA 3

A COLONIZAÇÃO ESPANHOLA NA AMÉRICA

OS PRIMEIROS ÓRGÃOS DA ADMINISTRAÇÃO COLONIAL

De maneira geral, o objetivo principal das ações colonizadoras iniciadas após a expansão marítima europeia foi promover a exploração das terras colonizadas para a obtenção de riquezas, que foram canalizadas tanto para o governo do país que promoveu e apoiou a empresa colonizadora quanto para suas elites econômicas. Esse era o objetivo essencial da colonização na **era mercantilista**.

Visando garantir que a colonização promovesse o enriquecimento da metrópole, os governos de Portugal e da Espanha estabeleceram o **exclusivo metropolitano**. Ele determinava que as colônias só poderiam comercializar com suas respectivas metrópoles. O monopólio das metrópoles sobre o comércio das colônias foi mais rígido no caso espanhol. Mesmo assim, comerciantes estrangeiros e das colônias sempre encontravam brechas para burlar a lei.

Guiada pelos interesses mercantilistas, cerca de dez anos após a chegada de Colombo à América, a Coroa espanhola criou o primeiro órgão encarregado de administrar as colônias americanas: a **Casa de Contratação**. Criado em 1503, em Sevilha, o órgão regulamentava a administração colonial, nomeava os funcionários e fiscalizava a cobrança do **quinto**, imposto devido à Coroa que recaía sobre a mineração e as transações comerciais da colônia.

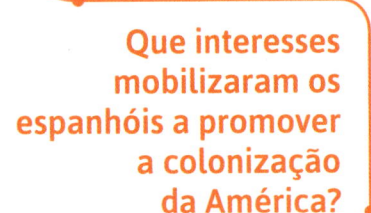

> Que interesses mobilizaram os espanhóis a promover a colonização da América?

Vista de Sevilha no século XVI. Pintura de Alonso Sánchez Coello, c. 1576-1600. Até o século XVIII, a prata e outros produtos que saíam da América entravam na Espanha pelo porto de Sevilha.

A Casa de Contratação também se encarregava de garantir o exclusivo metropolitano, fiscalizando os navios que partiam das colônias e chegavam ao reino espanhol. Para isso, foi criado o **regime de porto único**. Os metais e outros produtos saíam dos portos de Porto Belo (América Central) e Veracruz (México), em frotas de navios vigiadas por galeões armados, e entravam na Espanha pelo porto de Sevilha. A partir do século XVIII, o porto de Sevilha foi substituído pelo de Cádiz.

Em 1524, após a queda do Império Asteca, foi criado o **Conselho das Índias**, órgão encarregado de tomar as decisões relativas às colônias. Suas reuniões podiam ser encabeçadas pelo próprio rei, que indicava pessoas de sua mais alta confiança para os principais cargos do conselho.

A criação desses órgãos visava transferir para o Estado e para as elites políticas e econômicas da Espanha os lucros com a colonização na América.

A CRIAÇÃO DOS VICE-REINOS

Consumada a queda dos principais impérios indígenas pré-colombianos, a Coroa espanhola começou, de imediato, a organizar a presença direta de seus representantes na administração colonial, visando consolidar a conquista e garantir a exploração econômica dos territórios.

Para alcançar esses objetivos, a América espanhola foi dividida em vice-reinos. O **Vice-Reino da Nova Espanha** foi o primeiro a ser organizado, em 1535, seguido pelo **Vice-Reino do Peru**, em 1543. Os vice-reis eram membros da nobreza ou da burguesia espanhola. Na América eles representavam o rei e, portanto, eram as mais altas autoridades coloniais. Os vice-reis cuidavam dos assuntos administrativos, militares e religiosos. Eles ainda presidiam as audiências, nas quais exerciam o papel de autoridade judicial.

Outro órgão muito importante era o **cabildo**. Espécie de conselho municipal, os cabildos tratavam de vários assuntos, como segurança, abastecimento e uso dos espaços públicos.

Fonte: DUBY, Georges. *Atlas historique mondial*. Paris: Larousse, 2003. p. 239.

AS PRINCIPAIS ATIVIDADES ECONÔMICAS

Entre todas as atividades econômicas desenvolvidas nas colônias americanas, certamente a que gerou mais lucros e tributos à Coroa espanhola foi a mineração da **prata**, iniciada a partir de 1540. A atividade mineradora impulsionou outros empreendimentos, como a extração de carvão e a criação de mulas que serviam como transporte.

Em 1545, foram descobertas as **minas de Potosí**, localizadas na Bolívia atual, que na época pertencia ao Vice-Reino do Peru. Elas se tornaram uma das mais ricas e produtivas áreas de exploração mineral do mundo durante os séculos XVI e XVII. Para se ter uma ideia de sua importância, boa parte das moedas que circulavam pelo mundo nesse período era feita com a prata extraída das minas de Potosí.

A prata americana chegava à Espanha pelo porto de Sevilha, onde era registrada na Casa de Contratação. Em seguida, o produto era taxado e um quinto ia para os cofres da Coroa espanhola. Da Espanha, a prata americana se dispersou pelo restante da Europa e pela Ásia. Porém, uma parcela significativa do metal ficou na América.

Apesar de proibidos pela Espanha, colonos do Peru e do México faziam comércio entre si. Outra parte da prata circulava nas colônias inglesas e no Brasil, onde ainda não haviam sido descobertas minas relevantes. No caso das colônias inglesas, a prata espanhola supria parte da necessidade de moedas que havia na região. Já nas terras portuguesas, a prata chegava através do comércio de produtos e de escravos.

Vista panorâmica dos arredores das montanhas do Cerro Rico, em Potosí, no Vice-Reino do Peru. Pintura de Gaspar Miguel Berrio, 1758.

A PECUÁRIA, A AGRICULTURA E O COMÉRCIO

A **pecuária** e a produção de **gêneros alimentícios** tiveram papel fundamental na economia interna das colônias espanholas. Para desenvolver a agricultura, os espanhóis aplicaram técnicas agrícolas europeias e aproveitaram conhecimentos indígenas, além de introduzir animais oriundos de outros continentes, como bois, ovelhas e cavalos. Entre os principais alimentos cultivados estavam o milho, o cacau e a batata.

O **comércio** internacional de produtos de luxo, como a seda, foi outra atividade bastante lucrativa. O comércio da seda, trazida das Filipinas através do Pacífico, chegou a ser tão volumoso e estava tão fora do controle tributário do governo espanhol que foi proibido a partir de 1631. O **contrabando** desse artigo enriqueceu muitos membros das elites comerciais.

A produção de tabaco, cana-de-açúcar, anil e algodão, por sua vez, visava abastecer o mercado europeu. O primeiro centro importante de cultivo de **cana-de-açúcar** foram as terras da Nova Espanha (México), envolvendo, desde o início, homens de muito dinheiro, com recursos para investir em sistemas de irrigação e na instalação dos equipamentos do engenho.

O principal centro produtor de açúcar, porém, foram as ilhas do Caribe (Cuba e Hispaniola). Com o uso do escravo africano e da grande propriedade, a partir do século XVII a região se especializou na produção de açúcar, melaço e rum para a exportação.

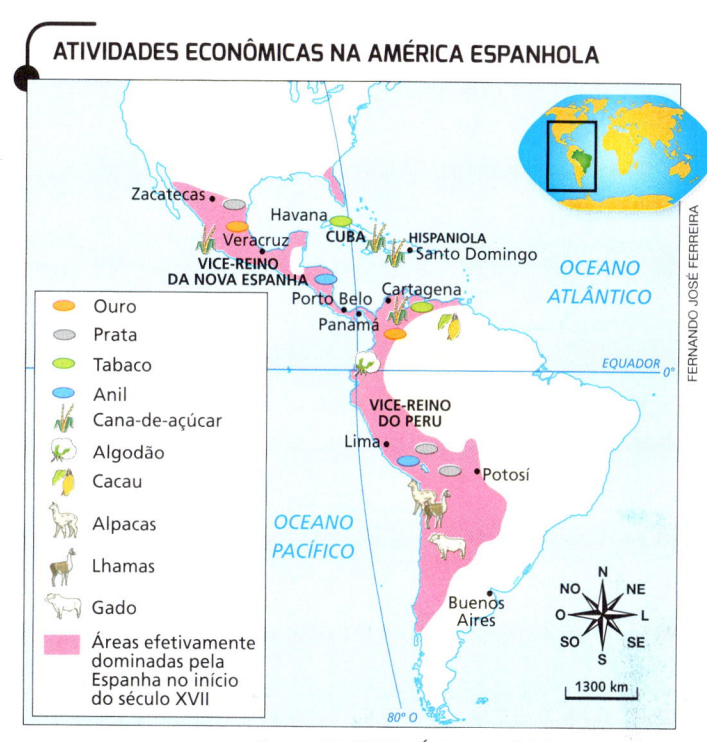

Mapa interativo

ATIVIDADES ECONÔMICAS NA AMÉRICA ESPANHOLA

Fonte: FRANCO JÚNIOR, Hilário; ANDRADE FILHO, Ruy de. *Atlas*: história geral. São Paulo: Scipione, 1997. p. 39.

ORGANIZAR O CONHECIMENTO

1. Complete o quadro dos órgãos da administração colonial espanhola.

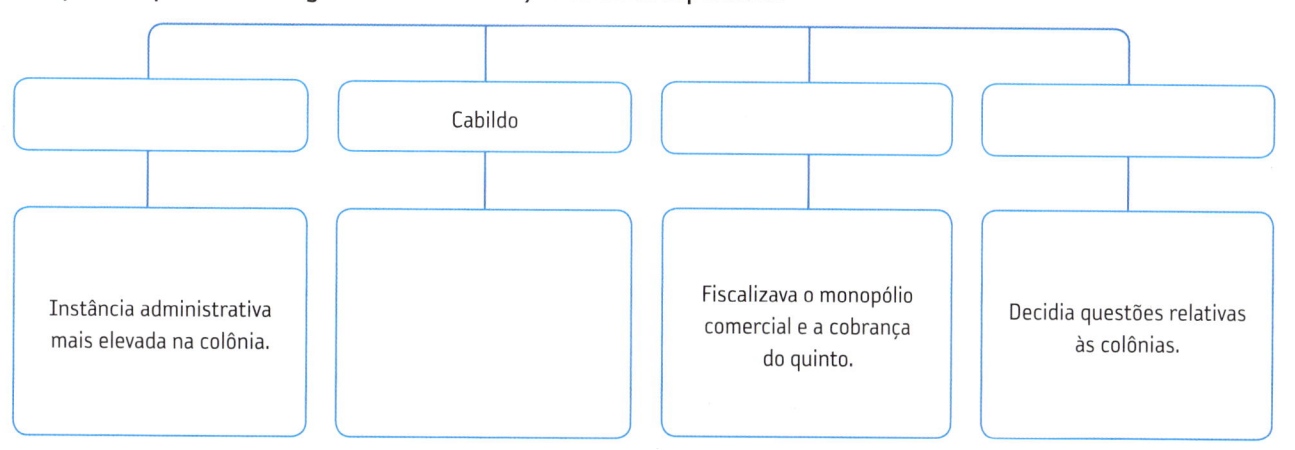

   - Cabildo
   - Instância administrativa mais elevada na colônia.
   - Fiscalizava o monopólio comercial e a cobrança do quinto.
   - Decidia questões relativas às colônias.

2. Reveja o mapa desta página e indique quais artigos da América espanhola destinavam-se ao mercado externo e quais eram mais consumidos na colônia.

TEMA 4

TRABALHO E DIVISÕES SOCIAIS NAS COLÔNIAS ESPANHOLAS

Qual era o papel do indígena na economia e na sociedade das colônias espanholas na América?

A MÃO DE OBRA INDÍGENA

A mão de obra indígena foi predominante na maior parte da América espanhola. As populações ameríndias ocuparam tanto o papel de aliados políticos dos castelhanos, como de trabalhadores livres ou compulsórios, incluindo entre estes últimos os escravizados. Entre as principais formas de explorar o trabalho indígena estavam a *encomienda* e a *mita*.

A *encomienda* era uma instituição jurídica comum nas terras do Vice-Reino da Nova Espanha. Por meio dela, os *encomenderos* eram autorizados a cobrar tributos de um certo número de indígenas, que eram pagos com o trabalho na agricultura e nas minas. Os *encomenderos*, por sua vez, ficavam encarregados de catequizar os indígenas. O regime de *encomienda* rendia altos tributos ao governo da Espanha, chegando a totalizar 20% de toda a receita da Coroa.

A *mita*, por sua vez, era uma instituição de origem inca adaptada pelos espanhóis em suas colônias. Por meio dela, os colonizadores encarregavam os chefes indígenas de selecionar, nas comunidades, os homens que deveriam ser encaminhados ao trabalho, principalmente nas minas, onde deveriam permanecer por quatro meses. Os índios recrutados recebiam um pagamento e, durante o recrutamento, só podiam se ausentar do trabalho nas folgas autorizadas.

Castelhano: relativo ao antigo Reino de Castela, o qual, após a formação da Espanha, prevaleceu sobre as demais regiões do país; espanhol.

Incas trabalhando em plantação de milho, gravura retirada da obra *Nueva coronica y buen gobierno*, de Guaman Poma de Ayalla, 1615.

> **É BOM SABER**
>
> ### A mão de obra africana
>
> Na América espanhola, a mão de obra africana foi utilizada de maneira pontual. No caso do México, do Peru e da Bolívia, onde a população indígena era muito numerosa, os africanos escravizados, minoritários, trabalhavam como capatazes nas minas de prata ou como ajudantes de espanhóis ricos. Nas Antilhas e nas zonas costeiras do Caribe, principalmente nos litorais da atual Venezuela e Colômbia, os escravos de origem africana formavam a maioria da mão de obra utilizada na produção de açúcar.

> **PARA LER**
>
> - **O paraíso destruído: a sangrenta história da conquista da América**
> Autor: Frei Bartolomeu de Las Casas
> Porto Alegre: L&PM, 2001
>
> O frei dominicano Bartolomeu de Las Casas embarcou para a Nova Espanha em 1511, depois de receber uma *encomienda* de índios e tornar-se *encomendero*. Em 1514, indignado com os massacres que presenciou, o frei abandonou as propriedades que tinha e resolveu dedicar-se à defesa dos indígenas. Morto em 1566, Las Casas deixou obras como esta, que alimentaram o debate na Espanha sobre o papel da Coroa e da Igreja na colonização da América.

Detalhe do *Códice Kingsborough*: memorial dos índios de Tepetlaóztoc, pergaminho do século XVI. Ele foi produzido por indígenas da comunidade de Tepetlaóztoc, na Mesoamérica, com o objetivo de denunciar ao rei os abusos cometidos pelos *encomenderos*.

O TRABALHO NAS MINAS

Os trabalhadores indígenas foram a principal mão de obra empregada nas minas de prata e estavam submetidos a diversos tipos de exploração e de violência por parte dos colonizadores. Além das longas jornadas de trabalho e dos acidentes, os indígenas conviviam com temperaturas extremas, umidade, escuridão e pouco oxigênio, além do risco de contrair doenças pulmonares causadas pela inalação de impurezas. A realidade era tão dura que um padre chegou a denominar as minas de Potosí de a "boca do inferno".

Na tentativa de amenizar os sofrimentos, os indígenas consumiam bebidas alcoólicas e mascavam folhas de coca. Essas folhas (já consumidas pelos incas, mas apenas em rituais religiosos) funcionavam como um estimulante natural, diminuindo a fome, o sono e o cansaço. Mesmo correndo grande risco, os indígenas resistiram de inúmeras formas: fugiam, danificavam estruturas dos túneis e contrabandeavam minério e mercúrio.

Os africanos escravizados tinham dificuldades de adaptação ao clima e à elevada altitude; por isso, nas áreas da mineração, o trabalho africano foi pouco numeroso.

A EXTRAÇÃO DA PRATA

Em um primeiro momento, os espanhóis utilizaram técnicas incas para explorar as minas de Potosí, como os fornos de pedra ou de barro. Esses fornos tinham chaminés que direcionavam o vento para atiçar o fogo, fazendo-o alcançar temperaturas que permitiam fundir o metal e extrair a prata. Boa parte desse trabalho era feita por indígenas, que se comprometiam a entregar uma quantidade de prata aos espanhóis e ficar com o excedente.

As técnicas indígenas, porém, eram capazes de extrair apenas a prata localizada na superfície, que se esgotou rapidamente. Assim, por volta de 1570, os espanhóis implantaram a técnica do **amálgama**, já utilizada em minas da Europa e do México. Essa nova técnica utilizava o mercúrio, metal líquido que tem a propriedade de se unir à prata, formando uma pasta (amálgama) e separando-a de impurezas.

O novo método era mais lucrativo, pois extraía prata até dos restos do metal descartados pela técnica indígena. Entretanto, ele exigia a abertura de túneis cada vez mais profundos, o que piorou muito as condições de trabalho. Além disso, cada vez mais os espanhóis passaram a explorar o trabalho indígena nas minas por meio da *mita*.

A brutalidade da colonização espanhola

Neste trecho do filme *A controvérsia de Valladolid*, do diretor Jean-Daniel Verhaeghe, o frei Bartolomeu de Las Casas dá seu testemunho sobre o que viu na América.
Disponível em <http://mod.lk/sxb5x>.

Explore

1. Pesquise a respeito do episódio que deu origem ao filme: onde ele ocorreu? Por quê? Esse episódio teve algum resultado prático?
2. No trecho selecionado, em que momento a fala do frei causa irritação entre os participantes do encontro? Por que eles teriam se indignado?

Gravura de Theodore de Bry, c. 1590, representando o trabalho indígena nas minas de ouro do território da atual Colômbia.

À esquerda, *De espanhol e mestiça: castiça*; ao lado, *De chino cambujo e índia: loba*, pinturas de Miguel Cabrera, século XVIII. A curiosidade dos europeus a respeito da existência de famílias multiétnicas na América estimulou vários pintores do século XVIII, no México, a retratar essas famílias, muitas vezes indicando como seria o filho de um casal inter-racial. Esse gênero de pintura ficou conhecido como *pintura de castas*.

A SOCIEDADE COLONIAL

A sociedade na América espanhola era composta de cinco grupos de condições distintas: espanhóis, *criollos*, mestiços, indígenas e negros trazidos como escravos da África.

- **Espanhóis**. Conhecidos como *chapetones*, ocupavam os postos públicos mais destacados no vice-reino, na Igreja e no exército, além de serem donos de grandes negócios.

- *Criollos*. Descendentes de espanhóis nascidos na América, possuíam grandes propriedades e atuavam no comércio ou participavam dos cabildos. Muitos de seus filhos iam estudar na Espanha e, ao voltar, exerciam as carreiras de médico, advogado, entre outras.

- **Mestiços**. Filhos de espanhóis com indígenas, dedicavam-se ao pequeno comércio, ao serviço doméstico e ao trabalho no campo como vaqueiros ou administradores de propriedades.

- **Indígenas**. Em geral, não tinham propriedades e trabalhavam na agricultura, nas minas e na construção e reparo de obras públicas. A maioria era analfabeta – com exceção das crianças, especialmente os meninos, que eram alfabetizadas no processo de catequização.

- **Africanos escravizados**. Na América espanhola, foram expressivos no Vice-Reino de Nova Granada e nas ilhas do Caribe, principalmente a partir da segunda metade do século XVII.

Ao longo do tempo, espanhóis, *criollos*, mestiços, indígenas e negros escravizados formaram novas famílias. Ao se miscigenar, esses sujeitos deram origem a novos grupos sociais e a novas desigualdades na América hispânica.

Um dos critérios de hierarquização social mais comum foi o da "pureza de sangue", combinada com o local de nascimento. Um *criollo*, por exemplo, mesmo sendo filho de nobre espanhol, não poderia alcançar os postos mais elevados da administração colonial pelo fato de ter nascido na América.

Criança com roupas tradicionais da cultura quéchua em Ollantaytambo, cidade de origem inca no Peru, foto de 2017. Segundo dados do governo, mais de 3 milhões de pessoas falam o quéchua no Peru, idioma dos antigos incas e uma das línguas oficiais do país.

RELAÇÕES ENTRE DIFERENTES CULTURAS

A proibição de escravizar os indígenas, decretada pela Coroa espanhola no século XVI, não criou uma situação de igualdade entre nativos e brancos. Na realidade, os europeus consideravam os indígenas inferiores e ingênuos, incapazes de decidir, por sua própria conta, onde e como trabalhar, ou mesmo qual religião seguir. A Coroa e as elites políticas e econômicas espanholas preferiam que os colonizadores e os indígenas não se misturassem. Porém, apesar desse pensamento, muitos conquistadores tiveram filhos com indígenas. O mesmo aconteceu, em menor grau, entre africanos escravizados e indígenas e colonos.

Nesse ambiente social bastante heterogêneo, indígenas, africanos escravizados e mestiços foram aqueles que mais tiveram suas identidades transformadas e recriadas. A maioria das comunidades indígenas adotou o cristianismo e incorporou práticas dessa religião à sua identidade étnica e cultural. Apesar dessas transformações, os nativos não deixaram de se considerar indígenas, porque não abandonaram os elementos que compunham essa identidade, como a língua, a visão de mundo, as relações de parentesco, as festas, os trajes e as tradições culinárias, artísticas e religiosas.

Procissão cristã em uma vila da região de Oaxaca, no México, representada em pintura de Arturo Estrada, 1964. Nas celebrações católicas, os indígenas que ocupavam papel de destaque pertenciam, geralmente, às antigas elites nativas.

RELIGIÕES AFRO-AMERICANAS

Já os africanos escravizados, que em geral pertenciam a grupos étnicos distintos, acabaram construindo na América novas identidades socioculturais. Eles mantiveram muito de suas culturas originais, mas incorporaram expressões da cultura do colonizador, como a língua e a religião cristã. Em muitos casos, essa situação propiciou o surgimento de novas religiões, que tinham forte relação com crenças africanas e que ainda hoje são praticadas, como o vodu haitiano ou a *santería* cubana, aparentadas com o candomblé e a umbanda que conhecemos no Brasil.

Seguidores do vodu haitiano dançam em cerimônia realizada durante o fim de semana de Páscoa em Souvenance, Haiti, 2016. O vodu foi declarado religião oficial pelo governo haitiano em 2003, o que garantiu aos seus seguidores a permissão para a realização de casamentos e batismos.

ORGANIZAR O CONHECIMENTO

1. Associe cada grupo social da América espanhola a uma das características descritas a seguir.

    1. Mestiços.
    2. Africanos escravizados.
    3. *Criollos*.
    4. Indígenas.
    5. *Chapetones*.

    a) Descendiam de espanhóis, podiam adquirir terras e minas e exerciam cargos inferiores na administração da colônia.

    b) Filhos de espanhóis com indígenas, dedicavam-se ao comércio ou ocupavam funções de pouco prestígio como de ferreiros e pedreiros.

    c) Ocupavam as funções mais elevadas no vice-reino e na Igreja e eram os únicos que podiam atuar no comércio externo.

    d) Formavam a maioria da população e sua força de trabalho era explorada nas minas e propriedades rurais.

    e) Trabalhavam principalmente na produção de açúcar das Antilhas e das atuais Colômbia e Venezuela.

2. Explique como funcionavam a *mita* e a *encomienda*.

ATIVIDADES

APLICAR

1. Compare o texto e a iluminura para responder às questões.

   "Depois da conquista, ocorreu uma explosão populacional entre o gado, porcos, carneiros e cabras, os quais causaram grandes danos às plantações de milho indígenas [...]. As medidas tomadas pela população indígena eram muitas vezes ineficazes. O sistema de valor dos conquistadores favorecia o gado. Bois e carneiros eram protegidos pela lei, os costumes e o sentimento castelhanos. As leis que protegiam a pecuária na Península Ibérica foram exportadas para o México e permitiam que o gado pastasse em propriedade alheia depois da colheita. E os animais destruidores eram, afinal, propriedade dos vitoriosos; a agricultura era província dos derrotados."

   MAXWELL, Kenneth. Morte e sobrevivência. *Folha de S.Paulo*, 11 ago. 2002. Disponível em <http://mod.lk/eafcg>. Acesso em 7 mar. 2018.

   # Dialogando com Arte

   Conquista hispânica, 1519. Iluminura representando a chegada de Hernán Cortés ao porto de Veracruz, no México, retirada do *Códice Florentino*, c. 1540. Esta obra reúne diversos textos e desenhos que descrevem a sociedade asteca antes e depois da chegada dos espanhóis.

   a) Descreva a situação, as pessoas, os animais e os objetos representados nessa iluminura. **Preste atenção** aos trajes, à postura e às figuras que aparecem. Seja **cuidadoso** na descrição, **esforçando-se** para associar as imagens ao que você aprendeu nesta unidade.

   b) Como essa iluminura representa o contato entre os conquistadores espanhóis e os indígenas da região do México?

   c) Qual relação existe entre o desenho do códice e a crítica feita por Kenneth Maxwell em seu texto?

2. O frei Domingo de Santo Tomás, um religioso que viveu no século XVI, escreveu: "Não é prata o que se envia à Espanha, é o suor e o sangue dos índios". O que ele procurou denunciar com essa frase?

3. Analise o texto para responder às questões.

   "As populações indígenas da América, trabalhando para os europeus, procuravam obedecer ao ritmo de vida na forma exigida pelos seus senhores. Nas missões, os padres ensinavam as populações nativas a obedecer ao sino e a acompanhar os ofícios religiosos.

   A repetição dos gestos em cerimônias e o longo processo de catequização favoreciam o aprendizado dos novos costumes. [...]

   Ao erguer novos palácios, ao construir igrejas, o indígena aprendia a imitar. Aprendia o ofício, tornava-se um bom artesão, sobrevivia. Sua conduta deveria sugerir sempre o abandono de seus ídolos e a crença absoluta em Deus. [...]

   O resultado desse conflito não é difícil imaginar. Ocorreram sobrevivências culturais indígenas que permaneceram encobertas nesse processo aparente de imitação dos costumes europeus. O indígena, enraizado em suas tradições politeístas, pôde manter parte de seu patrimônio cultural, ao contrário do europeu, sempre a exigir exclusão."

   THEODORO, Janice. *Descobrimentos e renascimento*. 4. ed. São Paulo: Contexto, 1996. p. 51-52.

   a) Identifique os novos costumes ensinados pelos espanhóis aos indígenas.

   b) Explique a frase: "Ocorreram sobrevivências culturais indígenas que permaneceram encobertas nesse processo aparente de imitação dos costumes europeus".

   c) Que comparação o texto faz entre a cultura indígena e a do europeu?

4. Em 2010, um acidente na mina de San José, no Chile, deixou 33 trabalhadores soterrados por mais de dois meses. Acidentes como esse ocorrem frequentemente em minas de todo o mundo. Em grupos, pesquisem reportagens sobre o assunto.

   a) Anotem o nome, o tipo de mina e o país onde ela está localizada.

   b) Anotem os dados sobre o acidente: quando e por que ocorreu e o número de trabalhadores que estavam no local.

   c) Registrem as ações que foram organizadas pelo governo, pela sociedade e por instituições de outros países para resgatar as vítimas. Anotem o desfecho da operação.

   d) Na sala, apresentem o conteúdo de cada reportagem ao restante da turma.

   e) Discutam: O que existe em comum entre esses acidentes? O que poderia ser feito para preveni-los e melhorar as condições de trabalho dos mineiros?

Em outubro de 2010, mais de dois meses após o acidente, os primeiros mineiros são resgatados da mina de San José, no Chile, como mostra a foto. Esse acidente causou grande comoção nacional e internacional.

RETOMAR

5. Responda às questões-chave da abertura dos temas 3 e 4.

   a) Que interesses mobilizaram os espanhóis a promover a colonização da América?

   b) Qual era o papel do indígena na economia e na sociedade das colônias espanholas na América?

Mais questões no livro digital

AUTOAVALIAÇÃO

CONTEÚDOS

1. Como você avalia seu aprendizado nesta unidade? Bom, regular ou insatisfatório? Consulte os materiais que você utilizou durante seus estudos, incluindo atividades e anotações pessoais. Escreva no caderno uma frase explicando sua resposta para cada um dos itens abaixo.

   a) As civilizações pré-colombianas: agricultura, cidades e tecnologias.

   b) Os espanhóis na América: estratégias de conquista.

   c) A colonização espanhola: controle metropolitano, administração e atividades econômicas.

   d) A colonização espanhola: sistemas de trabalho e grupos sociais.

   e) Os impactos da colonização na população indígena.

ATITUDES

2. Qual foi o conteúdo ou atividade mais difícil para você? Como foi possível superar as dificuldades? Retome a descrição das atitudes para responder.

3. Nesta unidade priorizamos o trabalho com as seguintes atitudes: **questionar e levantar problemas** e **pensar com flexibilidade**. Em quais momentos ou situações de estudo elas estiveram presentes? Explique sua resposta.

4. Quais outras atitudes foram importantes para você durante o estudo dos temas da unidade? Por quê? Retome a descrição das atitudes para responder.

COMPREENDER UM TEXTO

A seguir, apresentamos dois poemas do poeta chileno Pablo Neruda que encenam a captura de Atahualpa. Trata-se das partes XIV e XV do terceiro canto da obra *Canto geral*, publicada em 1950, na qual Neruda poetiza a história do continente americano.

Os conquistadores

Na cidade de Cajamarca, em novembro de 1532, o imperador Atahualpa e a nobreza inca encontraram-se com a expedição de Francisco Pizarro. Na ocasião, os espanhóis ofereceram uma *Bíblia* ao imperador, que a teria atirado ao chão; revoltados, os espanhóis capturaram Atahualpa e massacraram as tropas incas.

Em troca de sua liberdade, Atahualpa ofereceu um quarto cheio de ouro e de prata; entretanto, ele foi traído pelos espanhóis, que o condenaram à morte na fogueira. Após aceitar ser batizado como cristão pelo frei dominicano Vicente de Valverde, Atahualpa foi morto por estrangulamento.

Canto III – Os conquistadores

Parte XIV – As agonias

"Em Cajamarca começou a agonia.

O jovem Atahualpa, estame azul,
árvore insigne, ouviu o vento
trazer rumor de aço.
Era um confuso
brilho e tremor desde a costa,
um incrível galope
– patear e poderio –
de ferro e ferro entre a relva.
Chegaram os capitães.

O Inca saiu da música
rodeado pelos senhores.

As visitas
de outro planeta suadas e barbudas,
iam prestar reverência.
O capelão
Valverde, coração traidor, chacal podre,
avança um estranho objeto, um pedaço
de cesto, um fruto
talvez daquele planeta
de onde vieram os cavalos.
Atahualpa o segura. Não sabe
de que se trata: não brilha, não soa,
e o deixa cair sorrindo.

'Morte,
vingança, matai, que vos absolvo',
grita o chacal da cruz assassina.
O trovão acode aos bandoleiros.
Nosso sangue em seu berço é derramado.
Os príncipes rodeiam como um coro
o Inca, na hora agonizante.

Dez mil peruanos caem
debaixo de cruzes e espadas, o sangue
molha as vestimentas de Atahualpa.
Pizarro, o porco cruel de Estremadura,
faz amarrar os delicados braços
do Inca. A noite desceu
sobre o Peru como brasa negra.

Parte XV – A linha vermelha

[...]

Atahualpa esperava levemente
triste no escarpado dia andino.
Não se abriram as portas. Até a última
joia os abutres dividiram:
as turquesas rituais, salpicadas
pela carnificina, o vestido
laminado de prata: as unhas bandoleiras
iam medindo e a gargalhada
do frade entre os verdugos
o rei escutava com tristeza. [...]

Pensou em suas fruteiras, no alto Cuzco,
nas princesas, em sua idade,
no calafrio de seu reino. [...]
Tudo era enigma, tudo era faca.
Tudo era solidão, só a linha rubra
palpitava vivente,
tragando as entranhas amarelas
do reino emudecido que morria.

Entrou Valverde então com a morte.
'Te chamarás Juan', lhe disse
enquanto preparavam a fogueira.
Gravemente respondeu: 'Juan,
Juan me chamo até morrer',
já sem compreender nem mesmo a morte.

Ataram-lhe o pescoço e um gancho
penetrou na alma do Peru."

NERUDA, Pablo.
Canto geral. São Paulo:
Círculo do Livro, s/d. [*e-book*].

Canto: cada uma das partes de um poema longo.
Insigne: ilustre; importante.
Estremadura: província espanhola, a mesma em que Francisco Pizarro nasceu.
Escarpado: muito íngreme.
Verdugo: indivíduo cruel; algoz.

COMPREENDER UM TEXTO

A captura de Atahualpa, pintura de Juan Lepiani, c. 1920-1927.

ATIVIDADES

EXPLORAR O TEXTO

1. Os dois poemas reproduzidos aqui fazem parte de um canto intitulado *Os conquistadores*. O título da parte XIV é "As agonias". A que agonias o poema se refere? O que causou essas agonias?

2. Os poemas apresentam diversos adjetivos que servem para caracterizar Atahualpa, o frei Vicente de Valverde, Francisco Pizarro e os espanhóis.
   a) Anote no caderno exemplos desses adjetivos, indicando a que personagem cada um deles se refere.
   b) Que efeitos os adjetivos utilizados para caracterizar os personagens provocam no leitor?

3. Em diversas estrofes desse canto, Pablo Neruda faz referência às forças da natureza e ao efeito que elas produziram no conflito entre espanhóis e indígenas. Sublinhe no texto exemplos desses efeitos.

4. Assinale a afirmativa que melhor descreve o efeito obtido pelo autor ao mencionar os efeitos das forças da natureza.
   a) As forças da natureza são implacáveis contra os espanhóis.
   b) As forças da natureza revelam uma injustiça contra os indígenas.
   c) Não há relação entre as forças da natureza e a ação dos espanhóis.
   d) As forças da natureza são implacáveis, assim como os espanhóis.

5. O frei Vicente de Valverde, especialmente lembrado nesses versos, foi responsável pelo batismo de Atahualpa, antes de este ser morto por estrangulamento. Nesse poema, o batismo representa:
   a) o nascimento do Inca como membro da comunidade católica.
   b) um golpe violento desferido contra a cultura indígena.
   c) a aceitação da dominação espanhola pelo Inca.
   d) a salvação da alma do Inca antes de sua morte.

RELACIONAR

6. Pablo Neruda, nos dois poemas, utiliza a história como fonte de inspiração. Em sua opinião, esse canto pode ser considerado uma versão científica da história indígena e europeia? Neruda se baseou em documentos históricos para produzi-lo? Explique.

REVISANDO

Saberes nunca antes imaginados

1. As grandes civilizações pré-colombianas desenvolveram **técnicas construtivas** e de **arquitetura**, criando uma **tradição urbanística** na América.

2. Com base na observação dos astros, os povos ameríndios da Mesoamérica e dos Andes desenvolveram **calendários**, utilizados tanto para organizar a **agricultura** quanto nas **celebrações religiosas**.

3. As **sociedades mais complexas** da América, como a asteca e a inca, desenvolveram **técnicas agrícolas** que permitiram **incrementar a produção e sustentar grandes populações**.

4. Os povos pré-colombianos **domesticaram uma série de plantas**, como o feijão, a batata, o milho e a pimenta, que se **espalharam pelo mundo** depois da conquista europeia.

A conquista dos grandes impérios pré-colombianos

1. A **colonização espanhola** na América iniciou-se nas ilhas do Caribe, onde Colombo aportou em 1492. A **população nativa** desses territórios foi quase totalmente **dizimada** pelos espanhóis.

2. As **alianças militares e políticas** entre os espanhóis e as elites indígenas inimigas dos astecas e dos incas, somadas a outras razões, explicam a **derrota** desses dois **grandes impérios** pré-colombianos.

3. Muitos povos **indígenas**, como os **incas** e os **araucanos**, resistiram à colonização espanhola por um longo período.

A colonização espanhola na América

1. Visando **obter riquezas** com a colonização da América e organizar a administração de suas possessões, a Coroa espanhola estabeleceu o **exclusivo metropolitano**, criou órgãos como **Casa de Contratação** e o **Conselho das Índias** e dividiu as colônias em **vice-reinos**.

2. O **principal produto** explorado na América espanhola foi a **prata**. Além da extração mineral, os espanhóis desenvolveram a **criação de gado** e a agricultura, com destaque para a **produção de açúcar**.

3. A **mão de obra indígena**, submetida à *encomienda* e à *mita*, foi largamente explorada. Os **africanos escravizados** foram utilizados principalmente na **produção de açúcar** das Antilhas e da costa das atuais Colômbia e Venezuela.

4. A **sociedade** na América espanhola era composta de **cinco grupos** de condições distintas: espanhóis, *criollos*, mestiços, indígenas e negros trazidos como escravos da África.

Trilha de estudo

Vai estudar? Nosso assistente virtual no *app* pode ajudar! <http://mod.lk/trilhas>

PARA ASSISTIR

- **Ritmos negros del Peru**
  Direção: Sonia Barousse, Florent Wattelier, Hugo Massa
  País: Peru/França
  Ano: 2014
  Duração: 61 min

Sinopse

O documentário aborda a tradição musical afro-peruana e seus instrumentos, como o *cajón*, a *quijada* e o *checo*. Ele traz o depoimento de pesquisadores, músicos e dançarinos. É possível assistir ao documentário, em espanhol, inglês ou francês, no *site* criado para divulgá-lo. Disponível em <http://mod.lk/A72fD>. Acesso em 7 maio 2018.

O filme e esta unidade

1. Os instrumentos que mais se destacam na apresentação dos músicos são de um mesmo tipo. Que tipo é esse? O que esses instrumentos expressam sobre esse gênero musical?

2. Que elementos resultantes da integração cultural entre negros, indígenas e espanhóis no Peru você identifica no documentário?

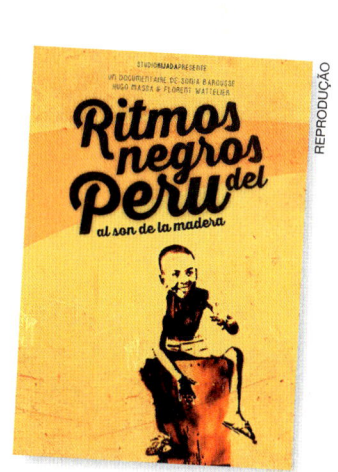

UNIDADE 5
PORTUGUESES NA AMÉRICA: CONQUISTA E COLONIZAÇÃO

ATITUDES PARA A VIDA

- Aplicar conhecimentos prévios a novas situações.
- Questionar e levantar problemas.
- Escutar os outros com atenção e empatia.

COMEÇANDO A UNIDADE

1. Os Jogos Mundiais dos Povos Indígenas podem ser considerados um evento exclusivamente esportivo? Justifique.

2. Para você, qual é o significado da frase do indígena Pataxó reproduzida nesta abertura?

3. Compare o lema dos Jogos Olímpicos Modernos, "o importante é competir", com o lema dos Jogos Mundiais dos Povos Indígenas, "o importante é celebrar".

"O IMPORTANTE É CELEBRAR"

Corrida de tora, cabo de força, canoagem, arco e flecha, lançamento de zarabatana... Você conhece essas práticas? Elas fazem parte de tradições que foram apresentadas pela delegação brasileira durante a primeira edição dos Jogos Mundiais dos Povos Indígenas (JMPI), realizados entre 22 e 31 de outubro de 2015, no município de Palmas (TO).

Ao contrário dos eventos esportivos aos quais estamos acostumados, os indígenas não estavam lá para competir, ganhar medalhas e subir ao pódio. O objetivo dos JMPI é celebrar a identidade, fortalecer a cultura dos diferentes povos indígenas e promover a integração entre eles.

As modalidades esportivas foram divididas em: **jogos tradicionais demonstrativos** (típicos de uma única etnia), **jogos nativos de integração** (praticados por várias etnias) e um **jogo ocidental** (futebol). Além disso, foram construídos espaços de debate e integração, como a Oca da Sabedoria (onde se discutiram as políticas de proteção aos direitos indígenas), a Oca Digital (voltada para o debate sobre a transmissão da cultura indígena diante das novas tecnologias) e as feiras de agricultura familiar e de artesanato.

Leia, a seguir, o depoimento de um indígena Pataxó sobre a importância dos JMPI.

"Essa é uma forma de dizer ao mundo que nós estamos aqui com nossas brincadeiras, nossa forma de viver, nossa forma de nos relacionar com a terra, o respeito que temos um pelo outro. Os jogos nos fortalecem espiritualmente também porque, em cada canto que a gente faz, buscamos uma força espiritual, e há essa troca da energia entre as nações indígenas, e isso nos fortalece como povo no mundo inteiro. É um grande ritual."

ROQUE, Lucas e outros. *Jogos mundiais dos povos indígenas*: Brasil, 2015 – o importante é celebrar! Brasília: Pnud, 2017. p. 63.

De acordo com o último Censo do IBGE (2010), mais de 890 mil indígenas vivem hoje no Brasil, a maioria deles em áreas rurais. Você sabe como viviam os povos indígenas quando os portugueses aqui chegaram? E como foi a interação entre eles? Essas e outras questões serão estudadas ao longo desta unidade.

Indígenas Kuikuro apresentam dança tradicional durante os Jogos Mundiais dos Povos Indígenas, Palmas (TO), 2015.

TEMA 1

OS POVOS QUE OS PORTUGUESES ENCONTRARAM

Como era o modo de vida dos povos Tupi quando os portugueses chegaram ao Brasil?

OS POVOS DE PINDORAMA

Os portugueses não foram os primeiros habitantes das terras que viriam a ser chamadas de Brasil. Quando aqui chegaram, em 1500, encontraram povos com cultura, costumes, organização social e línguas totalmente diferentes das que conheciam na Europa, na África e no Oriente.

Calcula-se que, na época da chegada dos portugueses, entre 3 e 5 milhões de nativos habitavam o território brasileiro, distribuídos em mais de mil povos que falavam aproximadamente 1.300 línguas. Cada um desses povos possuía seus rituais, crenças, mitos, línguas, formas de trabalho e organização social.

As línguas mais faladas pelos indígenas do Brasil podem ser agrupadas em dois troncos linguísticos, **Tupi** e **Macro-Jê**, compostos de diversas famílias linguísticas. Além delas, há várias famílias linguísticas cujas semelhanças não são suficientes para formar um tronco linguístico, como Aruaque e Caraíba.

Por estarem distribuídos ao longo da costa brasileira, os povos Tupi foram os que mais contato tiveram com os portugueses. Eles chamavam o Brasil de Pindorama, que na sua língua significa "terra das palmeiras".

 # Dialogando com Geografia

Explore

- Identifique os povos indígenas que habitavam as terras que hoje correspondem ao estado onde você vive.

OS POVOS INDÍGENAS NO BRASIL EM 1500

Legenda:
- Tupi
- Macro-Jê
- Aruaque
- Caraíba
- Cariri
- Pano
- Tucano
- Charrua
- Outros grupos
- Fronteiras atuais do Brasil

Fonte: *Atlas histórico escolar*. Rio de Janeiro: FAE, 1991. p. 12.

FORMAS DE ORGANIZAÇÃO SOCIAL

Os Tupi, em geral, andavam nus, com pinturas pelo corpo e adornos feitos de penas. Praticavam a agricultura de subsistência, cultivando mandioca, milho, inhame, abóbora, batata-doce, entre outros produtos. Coletavam frutos, caçavam e pescavam. Com troncos de árvores, ossos, fibras vegetais, barro e madeira, confeccionavam diferentes artigos, como canoas, arcos e flechas, redes, cestos, vasos e urnas funerárias.

Os Tupi e a maior parte dos povos indígenas que habitavam o Brasil na época da chegada dos portugueses viviam em **aldeias**. As moradias podiam estar organizadas em um círculo ou em fileiras. Porém, em algumas aldeias, havia apenas uma grande casa comum.

As aldeias estabeleciam entre si laços de solidariedade. Entretanto, havia guerras constantes entre povos diferentes. Muitas vezes, os conflitos ocorriam quando um povo queria afirmar sua superioridade sobre outro.

Além disso, os indígenas não tinham um Estado organizado. Entre os Tupi, por exemplo, não existia um poder centralizado, exercido por um rei ou alguém com autoridade para dar ordens aos demais. Reunidos numa espécie de conselho, os líderes, chamados *principais*, decidiam em conjunto o destino da aldeia. Os primeiros a serem ouvidos eram os membros mais corajosos.

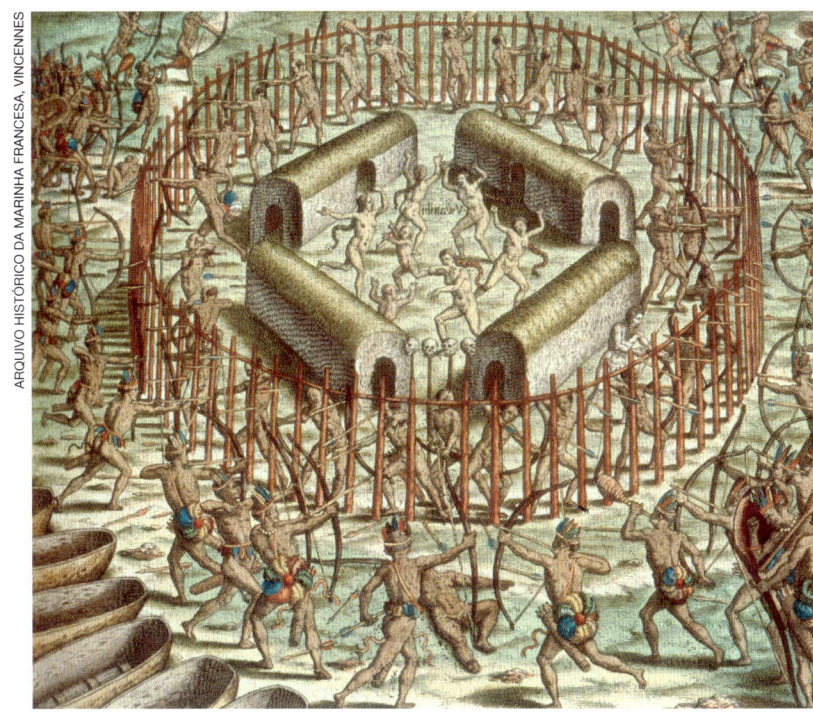

Ataque Tupiniquim a uma aldeia Tupinambá, gravura colorizada de Theodore de Bry, 1592.

Explore

- Qual é o ponto de vista defendido por Daniel Munduruku? Você concorda com a opinião dele? Por quê?

É BOM SABER

Índio ou indígena?

O termo "índio" originalmente expressava uma visão preconceituosa por parte do conquistador. Ao longo do tempo, porém, ele foi ressignificado. Hoje, documentos oficiais, entidades indígenas e estudiosos utilizam esse termo para se referir aos povos nativos do Brasil e seus descendentes, com seus diferentes modos de vida e identidade cultural. Nesse aspecto, podemos considerar que o termo perdeu o sentido pejorativo. Contudo, o escritor indígena Daniel Munduruku apresenta outro ponto de vista.

> "Sempre que posso tenho falado sobre os equívocos que cercam a palavra 'índio'. Faço uma provocação e tenho certeza [de] que muitas pessoas, especialmente professores, ficam com a 'pulga atrás da orelha'. Sempre que isso acontece alcanço meu objetivo. A inquietação é já um princípio de mudança. Ficar incomodado com os saberes engessados em nossa mente ao longo dos séculos é uma atitude sábia de quem se percebe parte do todo [...].
>
> [...] [o termo índio] não é uma definição, é um apelido, e apelido é o que se dá para quem parece ser diferente de nós ou ter alguma deficiência que achamos que não temos. Por este caminho veremos que não há conceitos relativos ao termo 'índio', apenas preconceito: selvagem, atrasado, preguiçoso, canibal [...] são alguns deles. [...]
>
> Por outro lado o termo 'indígena' significa 'aquele que pertence ao lugar', 'originário', 'original do lugar'. Pode-se notar, assim, que é muito mais interessante reportar-se a alguém que vem de um povo ancestral pelo termo 'indígena' que 'índio'."

MUNDURUKU, Daniel. *Três reflexões sobre os povos indígenas e a lei 11.645/08*. Disponível em <http://mod.lk/2zmnv>. Acesso em 17 jul. 2018.

TRABALHO E RELIGIOSIDADE

O trabalho nas aldeias era dividido conforme o sexo e a idade. Em geral, as mulheres plantavam e cuidavam da colheita; fabricavam farinhas, especialmente de mandioca, fiavam e teciam, além de cuidarem das crianças. Os homens eram responsáveis pela caça, pesca, construção de moradias, fabricação de canoas e armas e pelo corte da lenha. Também derrubavam, queimavam e limpavam a mata, preparando-a para o plantio. Os idosos tinham papel fundamental na educação das crianças e na transmissão da cultura para as gerações mais jovens.

Cada povo indígena possuía crenças e rituais religiosos próprios. Entretanto, todos acreditavam nas forças da natureza e nos espíritos dos antepassados, para os quais realizavam cerimônias e festas. O responsável por ensinar os rituais e transmitir as tradições religiosas era o pajé.

A GUERRA E O RITUAL ANTROPOFÁGICO

A guerra era um valor central da cultura Tupi e servia, principalmente, para vingar parentes mortos pelo inimigo. Associado à guerra estava o ritual da **antropofagia**, quando o inimigo capturado no conflito era morto e devorado em uma grande festa.

Primeiro, o prisioneiro era levado à aldeia, onde podia integrar-se à rotina do lugar. Ele devia ser bem tratado e alimentado por uma mulher, que lhe era cedida como companheira temporária. Chegado o grande dia, os Tupi realizavam danças e cantos rituais, além de um grande banquete. Só então o inimigo era morto. Seus membros eram cortados, cozidos e divididos entre os indígenas da aldeia.

Ser devorado em um ritual antropofágico era um destino digno na vida de um guerreiro. Isso porque, para os Tupi, os mortos em guerra iam para uma espécie de Paraíso, onde estavam seus ancestrais. Aqueles que comiam a carne do inimigo acreditavam que, assim, incorporariam a força, a coragem e o espírito do valente guerreiro.

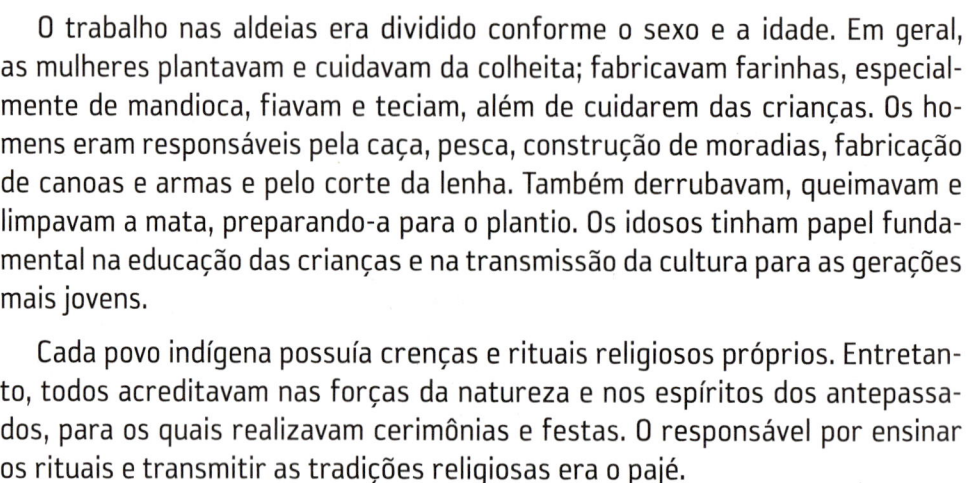

Cântico Guarani

Ouça a música *Nhanerãmoi'i Karai Poty*, de quatro aldeias Guarani situadas no Sudeste brasileiro. O Guarani faz parte do tronco linguístico Tupi. Disponível em <http://mod.lk/tshbk>.

Explore

- O tema desta canção é a Casa de Reza, um espaço religioso Guarani. Em sua opinião, por que é importante conhecer a música produzida pelos indígenas?

Cena de canibalismo, gravura colorizada de Theodore de Bry, 1592.

A chegada dos portugueses ao Brasil representada com humor em charge da cartunista Laerte, 2002.

O CONTATO COM O "OUTRO"

O que os indígenas teriam pensado quando avistaram as caravelas de Cabral? Quais foram suas impressões ao ver homens barbados, vestidos, vindos do mar em embarcações muito diferentes das canoas que conheciam?

Os povos indígenas não deixaram registros sobre o encontro entre eles e os portugueses. Contudo, podemos imaginar que as diferenças culturais causaram grande estranhamento nos nativos.

Os relatos dos portugueses sobre os primeiros contatos com os indígenas mostram que o espanto foi grande entre os europeus.

Veja como Pero Vaz de Caminha, escrivão oficial da expedição de Cabral, descreveu o primeiro encontro com os indígenas:

> "A feição deles é parda, um tanto avermelhada, com bons rostos e bons narizes, benfeitos. Andam nus, sem nenhuma cobertura. Não fazem o menor caso de encobrir ou de mostrar suas vergonhas, e nisso têm tanta inocência como em mostrar o rosto. [...]
>
> [Os indígenas] Entraram [na caravela]. Mas não fizeram nenhum gesto de cortesia, nem sinal de querer falar ao capitão ou a alguém. [...]
>
> Deram-lhes comida: pão e peixe cozido, doces, bolos, mel e figos passados. Não quiseram comer quase nada disso e, se alguma coisa provavam, logo a cuspiam [...]."

TUFANO, Douglas. *A carta de Pero Vaz de Caminha*: comentada e ilustrada. São Paulo: Moderna, 1999. p. 31-33.

Outro registro do primeiro encontro entre portugueses e indígenas é a *Relação do piloto anônimo*, espécie de diário não oficial da expedição cabralina. Veja como ele descreveu um dos momentos do contato com os nativos:

> "Naquele mesmo dia que era a oitava da Páscoa, a 26 de abril, determinou o capitão-mor ouvir missa, e mandou levantar um altar, e todos da dita armada foram ouvir missa e sermão, onde se juntaram muitos daqueles homens bailando e cantando com as suas buzinas. [...]. E depois, tendo o capitão jantado, voltou à terra a gente da dita armada, para se distraírem e divertirem com os homens da terra. E começaram a tratar com os da armada, e davam dos seus arcos e flechas em troca de guisos, e folhas de papel e peças de pano. E todo aquele dia se divertiram com eles."

Relação do piloto anônimo [1501]. Portal *Domínio Público*. Disponível em <http://mod.lk/gjepd>. Acesso em 21 jun. 2018.

Note que o relato do piloto anônimo descreve o primeiro contato entre indígenas e portugueses como pacífico e alegre.

PARA NAVEGAR

Povos Indígenas no Brasil Mirim
Disponível em <https://mirim.org/>.
Acesso em 13 mar. 2018.

Este *site*, desenvolvido pelo Instituto Socioambiental, apresenta vídeos e diversas informações sobre o território, o modo de vida e as línguas dos povos indígenas que habitam o território brasileiro atualmente.

DO ESTRANHAMENTO À NEGAÇÃO

Os dois relatos que você leu sobre o encontro entre portugueses e indígenas mostram que o estranhamento foi recíproco, como acontece com qualquer indivíduo que se vê diante de uma realidade inteiramente nova. Esse primeiro momento foi também de encantamento com o diferente, de curiosidade em conhecer o novo e de trocas de presentes.

No entanto, à medida que os portugueses foram conhecendo os costumes nativos, o estranhamento se transformou em negação e repulsa, especialmente com os rituais de antropofagia. Assim, partindo de uma visão **eurocêntrica**, eles classificaram os nativos como seres inferiores e selvagens, sem cultura, leis e religião, e que deviam ser "civilizados". Com essa visão, os portugueses procurariam justificar as guerrras e a escravização dos indígenas.

Eurocêntrico: que interpreta o mundo considerando apenas os valores da cultura europeia.

É BOM SABER

Grafia dos nomes dos povos indígenas

Nos livros desta coleção, os nomes dos povos indígenas foram escritos de acordo com a grafia adotada pelo Instituto Socioambiental e as resoluções da *Convenção para a grafia dos nomes tribais*, estabelecidas em 1953. A Convenção estabeleceu o uso da inicial maiúscula para os nomes dos povos, sendo opcional quando forem usados como adjetivo, sem flexão de número ou gênero.

A primeira missa no Brasil, pintura do artista Candido Portinari, 1948. Com os traços da arte moderna, Portinari representou o momento em que os portugueses lançaram a primeira semente do cristianismo no Brasil.

ORGANIZAR O CONHECIMENTO

1. Identifique a(s) afirmativa(s) incorreta(s) e corrija-a(s) em seu caderno.

   a) Os povos indígenas que habitavam o território brasileiro em 1500 falavam a língua Tupi e estavam organizados em cidades-Estado.

   b) Os povos Tupi dominavam a agricultura, cultivando diversos alimentos, como mandioca, milho, inhame, abóbora e batata-doce.

   c) Apesar do estranhamento mútuo, o primeiro contato entre indígenas e portugueses foi pacífico.

   d) A guerra, para os povos Tupi, tinha como objetivo principal conquistar territórios de outros povos.

2. Elabore uma ficha a respeito dos povos Tupi. Procure localizar as seguintes informações.

   a) Nome dado às terras que habitavam.
   b) Meios de subsistência.
   c) Organização social.
   d) Divisão do trabalho.
   e) Religiosidade.
   f) Significado da antropofagia.

ATITUDES PARA A VIDA

Terras Indígenas

Na época da chegada dos portugueses, os indígenas consideravam suas terras um bem comum. Usar um determinado território para habitação, plantio, caça ou coleta era uma tradição que vinha sendo compartilhada por várias gerações.

Em 1988 a Constituição brasileira reconheceu os direitos dos povos indígenas remanescentes sobre suas terras tradicionais, consideradas necessárias às atividades que garantem a sua subsistência e a preservação de sua cultura. Em 2018, havia no Brasil 485 Terras Indígenas homologadas pela Presidência da República. Elas se localizam principalmente na Amazônia brasileira.

No entanto, várias Terras Indígenas estão ameaçadas pela construção de estradas, por empreendimentos mineradores e madeireiros e pelo avanço do agronegócio na Amazônia brasileira.

Indígenas de diversas etnias protestam em frente ao Palácio do Planalto pela demarcação de suas terras. Brasília (DF), 2015.

QUESTÕES

1. Escreva **V** (verdadeiro) ou **F** (falso) em cada frase.
   a) Entre os indígenas a terra era propriedade privada, obtida por meio da compra.
   b) De acordo com a Constituição de 1988, os indígenas têm direito às terras que tradicionalmente ocupam e só eles podem usufruir de seus recursos.
   c) A continuidade da cultura indígena depende de seus laços com a terra, fonte de suas atividades de sobrevivência.
   d) Entre os indígenas a terra tem uma dimensão cultural importante, pois estabelece vínculos com suas tradições ancestrais.

2. Quais são os principais conflitos envolvendo Terras Indígenas? Em sua opinião, eles podem ser evitados? Como?

3. Entre as atitudes em foco nesta unidade, quais você colocou em prática para refletir sobre o tema das Terras Indígenas? Explique.
   a) Aplicar conhecimentos prévios a novas situações.
   b) Questionar e levantar problemas.
   c) Escutar os outros com atenção e empatia.

TEMA 2

A CONQUISTA E O INÍCIO DA COLONIZAÇÃO

Que razões levaram a Coroa portuguesa a iniciar a colonização do Brasil?

O VALIOSO PAU-BRASIL

Em suas primeiras incursões à América, os portugueses não encontraram ouro nem pedras preciosas. No entanto, uma árvore nativa despertou seu interesse comercial. Era o **pau-brasil**, do qual se extraía uma tinta vermelha muito cobiçada na Europa, utilizada para tingir tecidos e pintar manuscritos.

Alcançando até 30 metros de altura, as árvores de pau-brasil cresciam na Mata Atlântica, especialmente no litoral sul do atual estado da Bahia. Por sua madeira ser muito dura e resistente, foi também bastante utilizada em obras da construção civil e na fabricação de embarcações.

A Coroa portuguesa logo estabeleceu o monopólio real sobre a exploração do pau-brasil. Isso significa que para extrair e comercializar a madeira os portugueses deveriam obter uma autorização régia e pagar tributos à Coroa.

Ilustração atual representando o trabalho dos indígenas na extração e no carregamento de madeira de pau-brasil até os navios portugueses, em troca de artigos europeus.

Na floresta, a madeira era explorada por meio do **escambo**, regime de troca de mercadorias ou serviços que não envolve dinheiro. O trabalho era realizado pelos indígenas, que cortavam a madeira e a carregavam até os navios em troca de peças de tecido, contas coloridas, canivetes, facas, espelhos, entre outros itens trazidos pelos portugueses.

A exploração do pau-brasil foi tão intensa que devastou a espécie. Hoje, a árvore está restrita a poucas áreas de preservação no litoral de alguns estados brasileiros.

É BOM SABER

América portuguesa ou Brasil?

O termo "Brasil" tem origem na árvore de pau-brasil, primeiro produto que despertou o interesse comercial dos portugueses nas terras americanas. O Brasil do período colonial, porém, era muito diferente do atual. Não havia um sentimento de nacionalidade nos moradores, e o território era bem menor. Por isso, muitos historiadores questionam a expressão "Brasil colônia". Para eles, seria mais apropriado utilizar a expressão "América portuguesa".

Explore

1. Quais elementos você consegue identificar no mapa?
2. Que relação pode ser estabelecida entre o mapa e a exploração do pau-brasil?

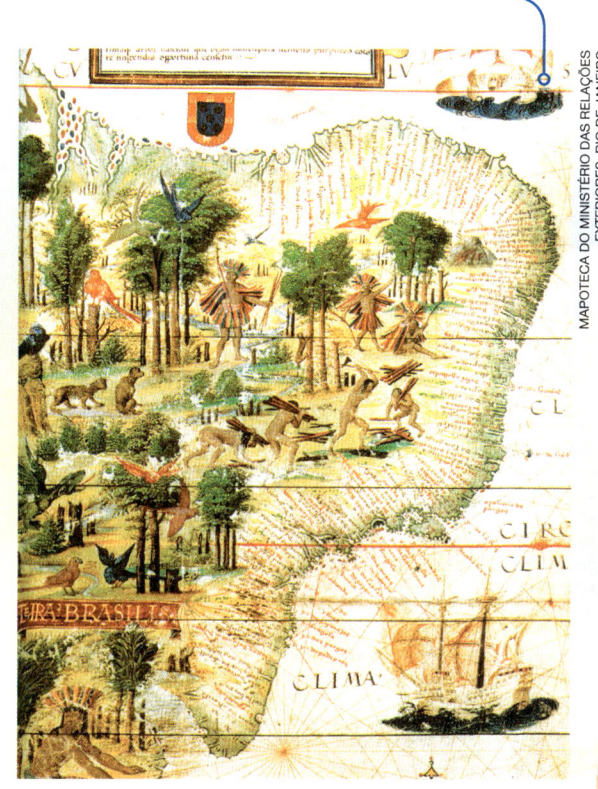

Detalhe do mapa *Terra Brasilis*, atribuído a Lopo Homem, Pedro e Jorge Reinel, 1519.

Fundação de São Vicente, pintura de Benedito Calixto, 1900.

A COLONIZAÇÃO DE FATO

Como a extração de pau-brasil não exigia a fixação dos portugueses no território, não houve, inicialmente, a criação de povoados. Os portugueses se limitaram a construir **feitorias**, uma espécie de posto que funcionava como armazém, local de abastecimento dos navios e fortaleza destinada a proteger o território. Porém, a presença constante de pessoas de outros países, principalmente franceses, interessados em explorar o pau-brasil, começou a preocupar a Coroa portuguesa. As expedições guarda-costas enviadas pelo rei para combater os franceses não deram resultado.

Diante desse quadro, a partir de 1530 a Coroa portuguesa precisou tomar medidas para não perder sua colônia americana. A ideia era estimular a fixação de portugueses explorando uma atividade econômica que gerasse lucros e ao mesmo tempo garantisse a defesa da colônia. A solução encontrada foi a agricultura, e o produto escolhido foi a **cana-de-açúcar**.

Primeiro, porque os portugueses já cultivavam cana-de-açúcar nas Ilhas da Madeira e de Cabo Verde, no Atlântico africano, tendo conhecimentos técnicos para a produção de açúcar. Segundo, porque o açúcar era muito valorizado pelas elites europeias. E, por último, porque o litoral nordestino do Brasil oferecia condições adequadas ao cultivo da cana: clima quente e úmido e a presença de solo **massapê**.

Para o plantio da cana, no entanto, era preciso fixar os portugueses no território. Assim, com o objetivo de criar núcleos de povoamento na região, em 1531 a Coroa enviou uma expedição, comandada por Martim Afonso de Souza. Em 1532, Martim Afonso fundou **São Vicente**, a primeira vila portuguesa em terras americanas, onde introduziu o cultivo de cana. Iniciava-se, assim, a efetiva colonização do Brasil.

Massapê: terra argilosa, de cor escura e fértil.

AS CAPITANIAS HEREDITÁRIAS E O GOVERNO-GERAL

No início da colonização, o governo português não tinha recursos financeiros nem pessoal suficiente para assumir diretamente a colonização do Brasil. Por isso, transferiu a tarefa a particulares, por meio do sistema de **capitanias hereditárias**, modelo que já era adotado nas ilhas do Atlântico.

Assim, o território foi dividido em quinze faixas de terra, a partir do litoral até a linha imaginária do Tratado de Tordesilhas. As capitanias foram doadas pela Coroa portuguesa a membros da pequena nobreza e a militares de alta patente que tinham recursos para assumir os custos da colonização.

As pessoas que recebiam essas terras eram chamadas de capitães donatários. As capitanias podiam ser herdadas por seus filhos, mas não podiam ser vendidas, já que pertenciam à Coroa portuguesa.

A **carta de foral** estabelecia os direitos e os deveres dos donatários. Veja o esquema a seguir.

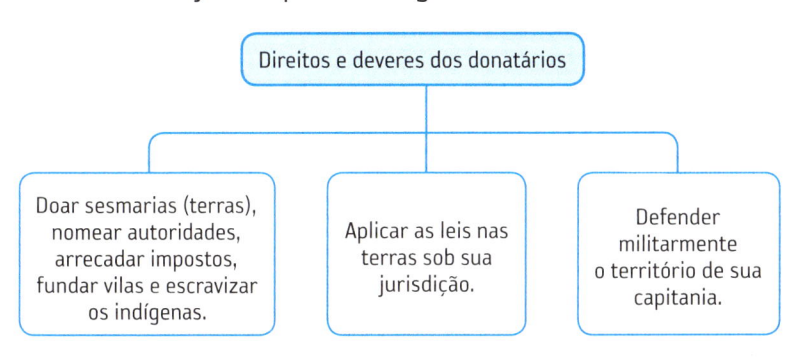

```
Direitos e deveres dos donatários
├── Doar sesmarias (terras), nomear autoridades, arrecadar impostos, fundar vilas e escravizar os indígenas.
├── Aplicar as leis nas terras sob sua jurisdição.
└── Defender militarmente o território de sua capitania.
```

O sistema de capitanias, porém, fracassou na tarefa de estimular a colonização. Os altos custos do empreendimento, o isolamento das capitanias, as doenças tropicais e as relações hostis com grupos indígenas, entre outras dificuldades, impediram que a maior parte delas se desenvolvesse. Somente duas prosperaram: **Pernambuco**, chefiada por Duarte Coelho, e **São Vicente**, do donatário Martim Afonso de Souza.

Com o insucesso do sistema de capitanias, em 1548 a Coroa criou o **governo-geral**, um centro político para administrar todo o Brasil, com sede em **Salvador**. O governador-geral tinha a responsabilidade de garantir a defesa da colônia e fazê-la prosperar. O primeiro governador-geral foi Tomé de Sousa, que chegou ao Brasil em 1549.

AS CÂMARAS MUNICIPAIS

Enquanto a administração de toda a América portuguesa ficava sob a responsabilidade do governo-geral, a administração das vilas e cidades era incumbência das **câmaras municipais**. Somente os **homens-bons**, isto é, grandes proprietários de terra e de escravos, que eram portugueses ou seus descendentes, podiam ser eleitos para os cargos dessas instituições.

As câmaras municipais eram responsáveis por organizar o cotidiano das vilas e cidades. Elas providenciavam a construção de obras públicas, zelavam pela limpeza das ruas, cobravam impostos, controlavam e registravam as categorias profissionais, fixavam os pesos e as medidas, recebiam pedidos e reclamações da população e os enviavam diretamente ao rei, entre outras atribuições. Como na época o Estado português e a Igreja Católica estavam unidos, as câmaras também organizavam as cerimônias e festas religiosas.

CAPITANIAS HEREDITÁRIAS (SÉCULO XVI)

Fonte: *Atlas histórico escolar*. Rio de Janeiro: FAE, 1991. p. 16.

INTERAÇÃO ENTRE INDÍGENAS E PORTUGUESES

No início da ocupação portuguesa, as relações com os indígenas foram pacíficas, mesmo com a exploração do pau-brasil. Diversos povos se aliaram aos portugueses, inclusive por meio do concubinato ou mesmo do casamento entre mulheres indígenas e colonizadores.

Na convivência com os indígenas, os portugueses aprenderam a se orientar nas matas, a reconhecer a aproximação de cobras, onças e outros perigos, a fabricar canoas com um único tronco de árvore etc.

Além disso, o milho, a mandioca e outros produtos da dieta indígena foram incorporados à alimentação portuguesa e criaram raízes na cultura que se formaria mais tarde no Brasil.

Porém, como estudaremos adiante, as tensões cresceram quando os portugueses começaram a escravizar os nativos. Como consequência, no século XVII, muitas populações nativas já haviam sido dizimadas.

Concubinato: união livre entre um homem e uma mulher que não são casados um com o outro.

ORGANIZAR O CONHECIMENTO

1. Elimine do quadro a palavra ou expressão que não faz parte do grupo e a substitua por outra que faça sentido.

   câmaras municipais, escambo, feitorias, monopólio, pau-brasil

2. Crie frases utilizando as seguintes palavras.
   a) Cana-de-açúcar, colônia, Coroa portuguesa.
   b) Capitães donatários, capitanias hereditárias, colonização.
   c) Câmaras municipais, cidades, homens-bons.
   d) Contatos, indígenas, portugueses.

Indígena Kuikuro preparando beiju, Parque Indígena do Xingu (MT), 2012. A mandioca, base para preparação do beiju, é um alimento de origem indígena muito apreciado nos dias de hoje pelos brasileiros.

ATIVIDADES

APLICAR

1. Releia os trechos da carta de Caminha e do relato do piloto anônimo, na página 141, para responder às questões.

   a) Podemos considerar que os dois textos descrevem o encontro entre portugueses e indígenas exatamente como aconteceu? Justifique.

   b) Em sua opinião, é possível dizer que Caminha fez um julgamento dos indígenas expressando alguma ideia de superioridade dos europeus? Por quê?

   c) A celebração da primeira missa no Brasil, episódio descrito no relato do piloto anônimo, é confirmada na carta de Caminha. É quase certo, portanto, que a cerimônia tenha acontecido. Qual seria o significado simbólico de os portugueses levantarem um altar, com a cruz cristã, e rezar uma missa na terra encontrada?

   d) Você sente alguma diferença no tom ou na maneira como os dois cronistas descreveram os primeiros contatos entre indígenas e portugueses no Brasil? Justifique.

2. O texto a seguir foi escrito pelo missionário calvinista francês Jean de Léry. Entre 1557 e 1558, Léry permaneceu dez meses na Baía da Guanabara, onde franceses haviam fundado a França Antártica. Nesse texto, ele narra uma conversa que teria tido com um indígena Tupinambá.

   "Uma vez um velho índio perguntou-me: Por que vindes vós outros, maírs e pêros (franceses e portugueses) buscar lenha de tão longe para vos aquecer? Não tendes madeira em vossa terra? Respondi que tínhamos muita, mas não daquela qualidade, e que não a queimávamos, como ele o supunha, mas dela extraíamos tinta para tingir, tal qual o faziam eles com seus cordões de algodão e suas plumas.

   Retrucou o velho imediatamente: e porventura precisais de muito? – Sim, respondi-lhe, pois no nosso país existem negociantes [...] e um só deles compra todo o pau-brasil com que muitos navios voltam carregados. [...]

   – E quando morre para quem fica o que deixam?

   – Para seus filhos, se os têm, respondi; na falta destes para os irmãos ou parentes próximos.

   – Na verdade, continuou o velho [...] agora vejo que vós outros maírs sois uns grandes loucos, pois [...] trabalhais tanto para amontoar riquezas para vossos filhos ou para aqueles que vos sobrevivem! [...] Temos pais, mães e filhos a quem amamos, mas estamos certos de que depois da nossa morte a terra que nos nutriu também os nutrirá, por isso descansamos sem maiores cuidados."

   LÉRY, Jean de. *Viagem à terra do Brasil* [1578]. Belo Horizonte: Itatiaia; São Paulo: Edusp, 1980. p. 169-170.

   a) Qual era a utilidade do pau-brasil para os indígenas? E para os franceses?

   b) Por que o indígena chamou os franceses de "grandes loucos"?

   c) Por esse relato, é possível dizer que a relação do ser humano com o trabalho é a mesma para os indígenas e para os europeus? Por quê?

   d) Explique como a relação entre indígenas Tupinambá e franceses incomodou os colonizadores portugueses.

3. Compare o mapa "Capitanias hereditárias (século XVI)", na página 147, com um mapa da divisão política atual do Brasil e identifique semelhanças e diferenças entre eles.

4. Qual dos sistemas administrativos implementado pela Coroa portuguesa representou maior centralização política: as capitanias hereditárias ou o governo-geral? Explique.

RETOMAR

5. Responda às questões-chave da abertura dos temas 1 e 2.

   a) Como era o modo de vida dos povos Tupi quando os portugueses chegaram ao Brasil?

   b) Que razões levaram a Coroa portuguesa a iniciar a colonização do Brasil?

TEMA 3
ESCRAVIDÃO E RESISTÊNCIA INDÍGENA

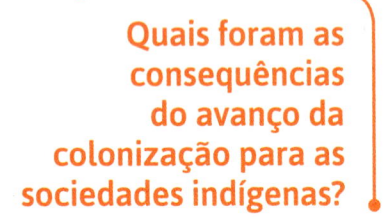

Quais foram as consequências do avanço da colonização para as sociedades indígenas?

Índios atravessando um riacho, pintura de Agostino Brunias, 1800.

ALIANÇAS, GUERRAS E ESCRAVIDÃO

No início do século XVI, os indígenas estavam presentes em praticamente toda a costa brasileira. Para que pudessem fundar vilas e construir engenhos de açúcar nas áreas litorâneas, os portugueses procuraram estabelecer alianças com povos nativos que ali viviam.

Depois disso, os colonizadores passaram a comprar de indígenas aliados prisioneiros capturados em guerra para escravizá-los. Como justificativa, alegavam que a compra e a escravização do prisioneiro o salvavam da morte no ritual de antropofagia. Essa prática ficou conhecida como **resgate**.

Visando obter mais cativos, os portugueses incentivaram seus aliados a entrar em guerra contra outros povos, alterando a relação dos indígenas com a guerra. Se antes os Tupi, por exemplo, guerreavam para vingar a morte de parentes, com os portugueses, que muitas vezes lhes providenciavam armas, passaram a agir interessados nas vantagens que recebiam deles.

Contudo, a aliança com os portugueses não impediu que muitos povos indígenas fossem escravizados, pois suas aldeias também foram alvo constante de ataques promovidos pelos colonos.

FRANCESES, PORTUGUESES E INDÍGENAS

Desde 1500, várias embarcações francesas percorriam a costa brasileira traficando o pau-brasil e especiarias. Alguns homens chegaram a permanecer na terra para fazer amizade com os indígenas e aprender a sua língua. Em 1555, três navios franceses, com cerca de 600 colonos, chegaram à Baía da Guanabara com o objetivo de fundar um povoamento permanente. A expedição era comandada por Nicolas Durand de Villegagnon, que nomeou a colônia de **França Antártica**.

O grupo se estabeleceu em uma pequena ilha, onde construíram casas, praças e o Forte Coligny. Para isso, contaram com a ajuda dos Tupinambá, que os portugueses chamavam de Tamoio. Os indígenas forneceram água e alimentos e ajudaram a levantar as edificações. A amizade dos franceses com os indígenas Tupinambá transformou-se em uma aliança guerreira, contra os portugueses e contra indígenas inimigos.

Na ocasião, não havia ainda nenhum povoamento português no local, e a presença francesa não pareceu importante para o rei de Portugal. A situação começou a mudar em 1557, quando uma nova expedição de franceses chegou à Baía da Guanabara e se uniu ao grupo inicial. A maior parte era formada de protestantes calvinistas, conhecidos como **huguenotes**, que vieram para o Brasil fugindo da perseguição católica na França.

A Coroa portuguesa decidiu agir enviando um novo governador-geral para a colônia, Mem de Sá. Em 1560, ele tomou o Forte Coligny. Cinco anos depois, em 1565, os portugueses receberam o reforço de uma frota de colonos e indígenas aliados, comandada por Estácio de Sá, sobrinho do governador-geral. No local foi fundada, no mesmo ano, a cidade de **São Sebastião do Rio de Janeiro**.

A guerra entre indígenas, portugueses e franceses se estendeu, com poucas tréguas, até 1567, quando a aliança franco-indígena foi derrotada pelas tropas de Mem de Sá. Vitoriosos, portugueses e seus aliados indígenas exterminaram centenas de Tamoio. Os sobreviventes foram capturados e escravizados.

A experiência da França Antártica foi documentada por dois franceses: o religioso católico André Thévet, que veio na primeira expedição e publicou, em 1557, *Singularidades da França Antártica*; e o calvinista Jean de Léry, membro da segunda expedição, que publicou, em 1578, *Viagem à terra do Brasil*. As duas obras foram publicadas na Europa depois que os autores deixaram o Brasil.

Gravura colorizada de Theodore de Bry representando a guerra entre portugueses e seus aliados indígenas contra as forças franco-indígenas, 1592.

A GUERRA JUSTA

Em 1570, principalmente em decorrência da pressão dos padres jesuítas, a Coroa portuguesa proibiu a escravidão de indígenas. Porém, para satisfazer a necessidade de mão de obra na colônia, estabeleceu-se que ela seria permitida em caso de **guerra justa**.

Os portugueses chamavam de guerra justa toda guerra empreendida contra povos indígenas considerados inimigos, incluindo os "índios bravos", ou seja, aqueles que se negavam a selar aliança com os portugueses ou que se aliavam a seus inimigos (como os franceses); os que recusavam a presença de um padre em sua aldeia; os que fugiam para os sertões e os que ofereciam algum tipo de resistência à colonização.

Na prática, os portugueses utilizaram o princípio da guerra justa para legitimar a escravidão e estimularam guerras contra povos até então pacíficos com o objetivo de escravizá-los.

É BOM SABER

Os jesuítas e a colonização

A Companhia de Jesus foi criada na Europa em 1534 e desde o início esteve engajada no projeto de colonização português, desenvolvendo atividades missionárias na Ásia, na África e na América. No Brasil, antes de criar os primeiros aldeamentos de indígenas, os padres fundaram colégios em Salvador e no Rio de Janeiro, onde estudavam filhos de colonos, além de uns poucos indígenas e órfãos.

OS ALDEAMENTOS JESUÍTAS

A comitiva de Tomé de Sousa, primeiro governador-geral do Brasil, chegou a Salvador em 1549. Com ela vieram também os primeiros padres jesuítas, encarregados de educar e catequizar os indígenas e os filhos dos colonos. Visando facilitar a evangelização dos nativos, os padres criaram, em várias partes da colônia, aldeamentos, também chamados de **missões**.

Os aldeamentos buscavam eliminar o estilo de vida autônomo dos indígenas, catequizando-os e obrigando-os a seguir um modo de vida europeu: vestir roupas, falar a língua portuguesa, adotar nomes cristãos etc. Além disso, os indígenas deviam abandonar seus rituais, a poligamia e muitos de seus conhecimentos tradicionais.

O recrutamento de indígenas para os aldeamentos, chamado de **descimento**, era feito pelos missionários jesuítas. Em nome da Coroa, eles buscavam convencer os nativos a se transferirem espontaneamente para as missões. Caso os indígenas se recusassem por muito tempo, podiam ser acusados de rebeldia, o que permitiria que fossem escravizados com base no princípio da guerra justa.

Diversos grupos indígenas aceitaram viver em aldeamentos acreditando que o sistema criado pelos padres garantia proteção contra povos inimigos e contra a escravidão, além de permitir a convivência com outros indígenas em condições mais seguras.

Nas missões, os indígenas eram obrigados a seguir a disciplina de oração e de trabalho imposta pelos religiosos, que administravam a mão de obra indígena e a emprestavam aos fazendeiros da região por tempo determinado.

Explore
- Que cena foi representada na imagem?

Aldeia dos Tapuia, gravura de Johann Moritz Rugendas, 1835. O termo "Tapuia" não se refere a uma etnia indígena. Ele tem origem na língua Tupi e era utilizado para designar genericamente todos os indígenas que não falavam essa língua.

Guerrilha, gravura de Johann Moritz Rugendas, 1835.

FORMAS DE RESISTÊNCIA

Uma das principais formas de resistência indígena à escravização foi a fuga para o interior. Também houve casos de indígenas de povos diferentes que se uniram para enfrentar ataques das tropas coloniais.

A partir do século XVII, outra estratégia adotada por muitos indígenas foi se aliar a africanos escravizados e a brancos pobres e passar a habitar os quilombos ou mocambos, povoados de resistência ao poder colonial.

Mesmo entre os indígenas que permaneceram aliados aos portugueses, houve espaços de liberdade. Isso porque a Coroa dependia desses indígenas e da boa relação com os seus líderes para formar exércitos em tempos de guerra e para defender o território. Percebendo o interesse dos portugueses em evitar conflitos, líderes indígenas aproveitavam para negociar com os colonizadores uma vida de mais liberdade para o seu povo.

Além disso, como a escravidão indígena era proibida, exceto em casos de guerra justa, os indígenas escravizados podiam recorrer a um tribunal português, alegando que sua captura havia sido ilegal, e reivindicar a liberdade.

Explore
- O que os documentos têm em comum?

Desvendando documentos
Conheça mais sobre a história indígena analisando documentos. Disponível em <http://mod.lk/n4dl3>.

ORGANIZAR O CONHECIMENTO

1. Elabore perguntas que tenham as seguintes respostas.
   a) Guerra justa.
   b) Resgate.
   c) Quilombos.
   d) Descimento.
   e) França Antártica.

2. Como os indígenas reagiram às tentativas de escravização?

TEMA 4 — O NORDESTE AÇUCAREIRO

Qual foi a importância dos engenhos de açúcar para a sociedade colonial?

A ORGANIZAÇÃO DA PRODUÇÃO AÇUCAREIRA

Durante os dois primeiros séculos de colonização, o açúcar se tornou o produto mais lucrativo e o principal negócio para a Coroa e para os comerciantes portugueses. Os melhores resultados foram alcançados na faixa litorânea do Nordeste, especialmente em Pernambuco e na Bahia. As duas capitanias foram favorecidas pela maior proximidade da metrópole, pela disponibilidade de terras aráveis e pela existência de rios navegáveis, que facilitavam o transporte do açúcar.

A produção açucareira ocorria nos **engenhos**. O engenho colonial era composto pela lavoura canavieira, pelas instalações onde a cana era transformada em açúcar, pelas moradias de proprietários e trabalhadores e, muitas vezes, por uma capela, onde se realizavam missas, casamentos e festividades previstas no calendário da Igreja.

No entanto, poucos fazendeiros contavam com recursos próprios para montar uma plantação de cana e arcar com os custos de instalação dos equipamentos utilizados para a fabricação do açúcar. Por isso, a atividade açucareira esteve, desde o início, associada a financistas europeus, principalmente flamengos e holandeses. Eles emprestavam dinheiro para a aquisição e manutenção de maquinário, compra de escravos, aumento da área de cultivo. Além disso, eles se encarregavam do refino do açúcar que os portugueses levavam para a Europa.

Explore

- De acordo com o mapa, que vilas e cidades do Nordeste brasileiro se localizavam em áreas produtoras de açúcar no século XVI?

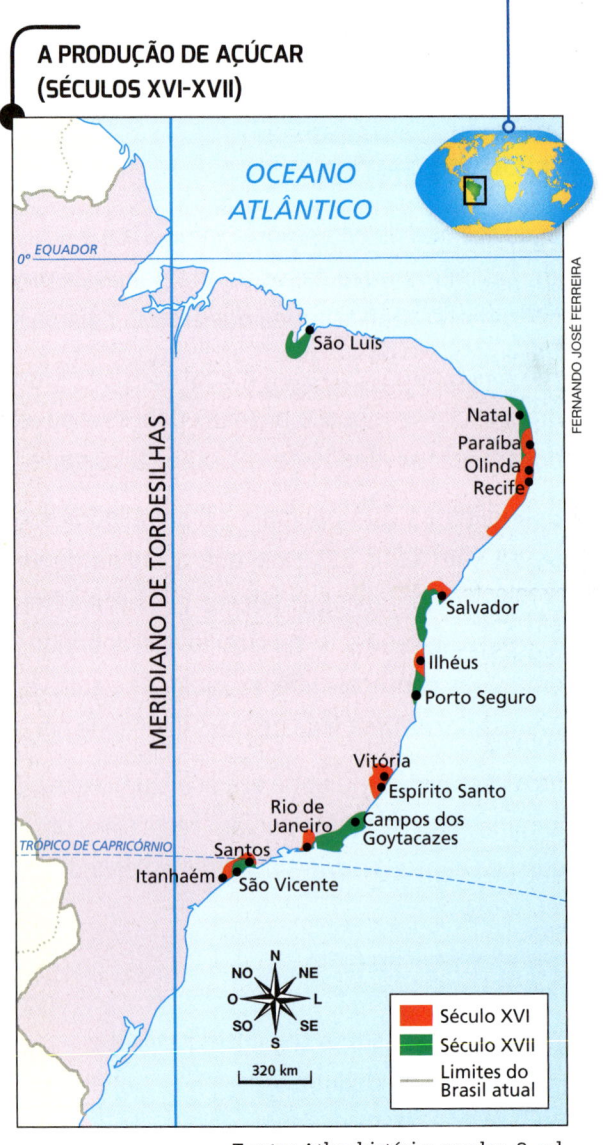

A PRODUÇÃO DE AÇÚCAR (SÉCULOS XVI-XVII)

Fonte: *Atlas histórico escolar.* 8. ed. Rio de Janeiro: FAE. 1991. p. 20 e 28.

DE OLHO NO INFOGRÁFICO

A PRODUÇÃO DE AÇÚCAR NO BRASIL NO SÉCULO XVII

O açúcar produzido no Brasil fazia parte de uma extensa rede de comércio internacional. Além de gerar lucros aos comerciantes e financistas europeus e de aumentar a arrecadação da Coroa portuguesa, o comércio do açúcar ajudou a impulsionar o tráfico de escravos africanos e a animar a economia de muitas cidades europeias.

Legenda do mapa:
- Portos de desembarque do açúcar brasileiro
- Regiões fornecedoras de escravos
- Áreas produtoras de açúcar
- Rotas de escravos (40 a 50 dias de viagem)
- Rotas do açúcar (30 a 65 dias de viagem)

Exportações de açúcar do Brasil

O comércio do açúcar se desenvolveu rapidamente. Já no começo do século XVII, através de Lisboa, cerca de 50 mil caixas de açúcar do Brasil chegavam por ano à Holanda. Depois de refinado, o produto era distribuído pela Europa.

(em milhares de toneladas por ano)

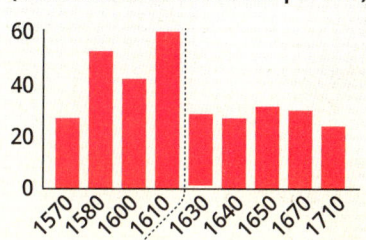

1570	~28
1580	~53
1600	~43
1610	~60
1630	~28
1640	~28
1650	~32
1670	~30
1710	~23

As guerras entre Holanda e Espanha durante a União Ibérica e a concorrência do açúcar das Antilhas prejudicaram as vendas do açúcar brasileiro no exterior.

Dos engenhos para o mundo

Os engenhos ficavam a meio caminho entre o oceano, conexão obrigatória com a Europa, e os canaviais e as florestas.

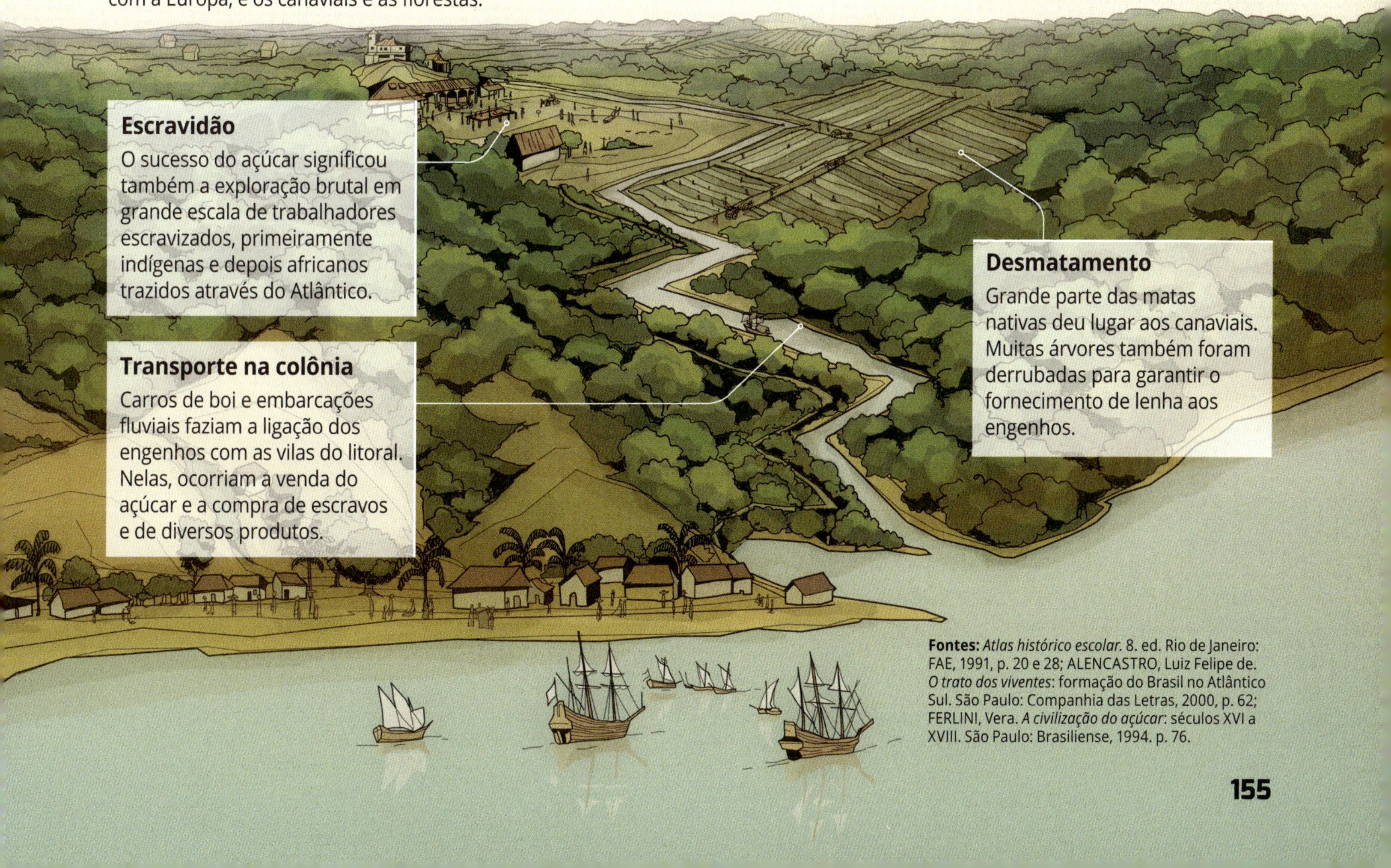

Escravidão

O sucesso do açúcar significou também a exploração brutal em grande escala de trabalhadores escravizados, primeiramente indígenas e depois africanos trazidos através do Atlântico.

Transporte na colônia

Carros de boi e embarcações fluviais faziam a ligação dos engenhos com as vilas do litoral. Nelas, ocorriam a venda do açúcar e a compra de escravos e de diversos produtos.

Desmatamento

Grande parte das matas nativas deu lugar aos canaviais. Muitas árvores também foram derrubadas para garantir o fornecimento de lenha aos engenhos.

Fontes: *Atlas histórico escolar*. 8. ed. Rio de Janeiro: FAE, 1991, p. 20 e 28; ALENCASTRO, Luiz Felipe de. *O trato dos viventes*: formação do Brasil no Atlântico Sul. São Paulo: Companhia das Letras, 2000, p. 62; FERLINI, Vera. *A civilização do açúcar*: séculos XVI a XVIII. São Paulo: Brasiliense, 1994. p. 76.

Como era feito o açúcar no Brasil colonial

Até o século XVIII, a produção de açúcar foi uma das atividades mais complexas realizadas na colônia. Os engenhos eram um agrupamento de fábrica, canaviais e matas virgens, onde alguns poucos senhores e trabalhadores livres fiscalizavam o trabalho de grande número de escravizados.

Senzala
Construção rústica de barro e palha, sem janelas e recursos sanitários. Era a habitação dos escravos que trabalhavam nos canaviais e na produção do açúcar.

1. Porto fluvial
3. Casa das fornalhas
4.
5. Balcão de secagem e separação
6.

Engenho, pintura de Frans Post, c. 1650-1655.

1 Transporte
No século XVII, era comum a cana ser cultivada em propriedades de terceiros e ser transportada por barcas até um porto fluvial, de onde seguia, em carros de boi, até as moendas.

2 Moagem
Realizada em moendas movidas por roda-d'água, animais ou até escravos. Essa atividade se estendia por nove meses e podia durar até vinte horas diárias.

3 Cozimento
Sob a supervisão do mestre de açúcar, o caldo de cana era cozido até formar um caldo grosso, o melaço. Ele era despejado em fôrmas com um furo no fundo para drenar o líquido.

Fontes: FERLINI, Vera. *Terra, trabalho e poder*: o mundo dos engenhos no Nordeste colonial. Bauru: Edusc, 2003. p. 144-145; FERLINI, Vera. *A civilização do açúcar*: séculos XVI a XVIII. São Paulo: Brasiliense, 1994. p. 33.

Casa-grande
Residência do senhor de engenho e de seus familiares e protegidos. Escravos encarregados dos serviços domésticos também habitavam a casa-grande, em um cômodo separado.

Capela

Casa da moenda
②

ENGENHO, (C. 1650–1655). FRANS POST. ÓLEO SOBRE TELA, 117 X 167 CM. MUSEU DO LOUVRE, PARIS.

Distribuição da mão de obra em um engenho
Na maior parte dos engenhos, a mão de obra era composta de cerca de 40 escravos e alguns poucos trabalhadores livres; alguns engenhos, no entanto, chegaram a ter mais de 350 escravos. Veja abaixo como era distribuída a mão de obra em um engenho de grande porte no Nordeste do começo do século XVII.

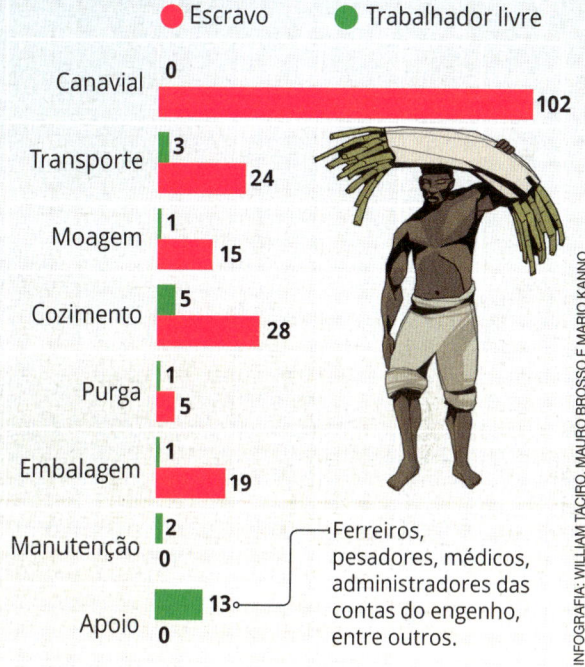

● Escravo ● Trabalhador livre

Setor	Trabalhador livre	Escravo
Canavial	0	102
Transporte	3	24
Moagem	1	15
Cozimento	5	28
Purga	1	5
Embalagem	1	19
Manutenção	2	0
Apoio	13	0

Ferreiros, pesadores, médicos, administradores das contas do engenho, entre outros.

INFOGRAFIA: WILLIAM TACIRO, MAURO BROSSO E MARIO KANNO

④ Purga
As fôrmas eram então encaixadas em buracos na mesa de purgar. O líquido era drenado, ficando apenas os cristais de açúcar no recipiente.

⑤ Secagem e separação
Algumas semanas depois, o açúcar era desenformado, separado em mascavo e branco (de maior valor) e posto para secar ao Sol.

⑥ Encaixotamento
Por último, o açúcar era encaixotado, identificado com o nome do proprietário e enviado para as cidades do litoral, de onde um mercador o transportaria até a Europa.

ILUSTRAÇÕES: ESTÚDIO PINGADO

Engenho de Itamaracá, gravura do holandês Frans Post feita para a obra *História dos feitos recentemente praticados durante oito anos no Brasil*, de Gaspar Barleus, 1647. Note as instalações do engenho, no centro da imagem, e a casa-grande, com dois pavimentos, ao fundo.

A SOCIEDADE DO ENGENHO

O engenho colonial, além de ser o coração da produção açucareira, era espaço de convívio social e trocas culturais, de escravidão e resistência. Reunindo senhores, escravos, lavradores de cana, sacerdotes e diferentes tipos de trabalhadores livres, o engenho deu forma, em grande parte, à sociedade colonial. E o Brasil de hoje, em muitos aspectos, é herdeiro dessa sociedade que se formou em torno da produção de açúcar.

Conheça agora os principais grupos sociais do engenho e suas tarefas na economia açucareira.

OS SENHORES DE ENGENHO

Os proprietários do engenho eram chamados de **senhores de engenho**. Eram detentores de grandes riquezas, terras e escravos e representavam o poder máximo no engenho. Em seu dia a dia, ocupavam-se com a administração da propriedade, com o comércio de açúcar e de escravos e com o pagamento dos trabalhadores livres.

Os senhores de engenho moravam na **casa-grande**, que era o centro administrativo e religioso da propriedade. No entanto, é equivocado imaginar que eles mantinham pouco ou nenhum contato com o mundo urbano. Muitos engenhos da Bahia e de Pernambuco, por exemplo, ficavam próximos às cidades portuárias, como Salvador e Olinda, onde vários senhores de engenho tinham residência, negócios e atividades sociais.

OS LAVRADORES DE CANA

Nem todo produtor tinha recursos para a instalação de um engenho. Os produtores de cana que não possuíam engenho eram chamados **lavradores de cana**. Eles se dividiam basicamente em duas categorias: os **lavradores proprietários** e os **arrendatários**.

Os lavradores proprietários cultivavam a cana em suas próprias terras e a moíam em determinado engenho, de acordo com as condições acertadas com o dono do engenho. Os arrendatários plantavam cana nas terras de um proprietário, sendo obrigados a moer a cana no engenho desse mesmo proprietário e a entregar a ele metade ou a terça parte do açúcar produzido.

Entre os lavradores de cana era possível encontrar desde indivíduos humildes, que possuíam dois ou três escravos e enfrentavam sérias dificuldades, até produtores prósperos, donos de vinte a trinta escravos e ligados, muitas vezes, ao comércio açucareiro e à atividade política.

TRABALHADORES ESPECIALIZADOS

A produção do açúcar também contava com o trabalho de homens livres que realizavam diversas tarefas especializadas e recebiam um pagamento:

- **Feitor**. O feitor do eito escolhia as terras para o plantio e o tipo de cana utilizado na lavoura e determinava os momentos adequados para o cultivo e a colheita. O feitor da moenda recebia os feixes de cana e controlava a produção do caldo. Acima deles estava o feitor-mor, que controlava o trabalho dos escravos e garantia o bom estado dos equipamentos.

- **Mestre de açúcar**. Garantia a qualidade do produto final. Ele definia o momento em que o melaço estava pronto para ser retirado do fogo e levado à purga.

- **Outros trabalhadores**. O purgador administrava o processo de clareamento do açúcar, enquanto o caixeiro retirava a parte dos impostos que cabia à Coroa.

PARA LER

● **O trabalho nos engenhos**
Autora: Etelvina M. de C. Trindade
6. ed. São Paulo: Atual, 2004

O livro traça um panorama da economia açucareira no Nordeste brasileiro, abordando, entre outros assuntos, a organização e o funcionamento dos engenhos, as atividades comerciais e as relações de trabalho na sociedade do açúcar.

Eito: plantação em que os escravos trabalhavam.

Ilustração representando a moagem de cana-de-açúcar em um engenho.

OS AFRICANOS ESCRAVIZADOS

As dificuldades na escravização de indígenas e a demanda crescente por trabalhadores levaram os senhores de engenho a investir na aquisição de **escravos de origem africana**. Isso não significa que o trabalho indígena tenha desaparecido completamente. No entanto, a maior parte das atividades nos engenhos era realizada por africanos escravizados.

Além de participar da produção de açúcar, os escravos de origem africana trabalhavam como marceneiros, barqueiros, ferreiros e pedreiros. As escravas trabalhavam no eito e em diversas atividades domésticas realizadas na casa-grande.

Os africanos escravizados habitavam a **senzala**, que podia ser construída pelo senhor ou pelos próprios cativos. As construções erguidas pelo senhor eram geralmente grandes pavilhões térreos, retangulares, divididos em cubículos destinados a casais ou a indivíduos solteiros. Já as moradias construídas pelos escravos eram bastante precárias e destinadas a abrigar uma família.

Uma vez por ano, os escravos recebiam duas camisas e saias ou calças, motivo pelo qual andavam muitas vezes em farrapos. Era frequente haver nas fazendas teares domésticos para a fabricação desses tecidos, tarefa geralmente executada por escravas.

A vida dos escravos de origem africana caracterizou-se, sobretudo, pela violência. A retirada forçada da terra natal, a longa viagem nos navios negreiros, os trabalhos pesados e insalubres nas lavouras, minas e instalações do engenho, a alimentação precária, os castigos físicos e a desagregação das famílias foram traços marcantes da escravidão africana no Brasil.

Feitores açoitando negros na roça, detalhe de pintura de Jean-Baptiste Debret, 1828.

ORGANIZAR O CONHECIMENTO

1. Complete o quadro ao lado sobre a produção de açúcar no Brasil nos séculos XVI e XVII.

2. Responda às questões sobre a produção de açúcar no engenho colonial e justifique cada uma delas.
   a) Todo trabalhador do engenho de açúcar era escravo?
   b) Todo proprietário de lavouras de cana-de-açúcar era um senhor de engenho?

3. Analise o infográfico "A produção de açúcar no Brasil no século XVII", nas páginas 155 a 157, e responda.
   a) Qual foi o impacto da produção de açúcar colonial para a natureza?
   b) Nos trabalhos realizados em um engenho, qual era executado apenas por escravos? Quais eram feitos por escravos e trabalhadores livres? De quais trabalhos os escravos não participavam?

PRODUÇÃO DE AÇÚCAR NO BRASIL (SÉCULOS XVI E XVII)	
Importância econômica	
Região onde apresentou os melhores resultados	
Local onde era produzido	
Principais financiadores	
Principal mão de obra	

ATIVIDADES

APLICAR

1. Leia o texto sobre a compra de prisioneiros indígenas pelos europeus para responder às questões.

   "[...] Os cativos não se transformavam em escravos tão facilmente. Os europeus logo enfrentaram resistência à venda de prisioneiros não apenas entre os captores como também entre os próprios cativos. Assim, por exemplo, quando o jesuíta Azpilcueta ofereceu-se para comprar um prisioneiro Tupinambá na hora do sacrifício deste, foi a vítima que impediu a transação: 'ele disse que não o vendessem, porque lhe cumpria a sua honra passar por tal morte como valente capitão'."

   MONTEIRO, John Manuel. *Negros da terra*: índios e bandeirantes nas origens de São Paulo. São Paulo: Companhia das Letras, 1994. p. 33.

   a) Que aspecto da resistência indígena é abordado no texto?
   b) Qual foi a reação do prisioneiro ao saber do interesse do religioso em comprá-lo?
   c) Relacione a reação desse prisioneiro ao significado que a guerra tinha para os povos Tupi.
   d) É possível relacionar a compra de prisioneiros ao aumento das guerras entre os povos indígenas? Justifique.
   e) Que outro princípio era utilizado pelos portugueses para legitimar a escravidão indígena? Explique-o.

2. O jesuíta italiano André João Antonil publicou, em 1711, um importante testemunho sobre as condições sociais e econômicas do Brasil. Leia o trecho a seguir para responder às questões.

   "Para ter lavradores obrigados ao engenho, é necessário passar-lhes arrendamento das terras, em que hão de plantar. [...] E, na escritura do arrendamento, se hão de pôr as condições necessárias [por exemplo], que não tirem [madeira]; que não admitam outros em seu lugar nas terras que arrendam, sem consentimento do senhor delas; e outras que se julgarem necessárias para que algum deles [...] de lavrador se não faça logo senhor."

   ANTONIL, André João. *Cultura e opulência do Brasil*. São Paulo: Nacional, 1967. p. 144.

   a) A que grupos sociais o texto se refere? Qual era o papel de cada um deles na sociedade açucareira?
   b) No texto, Antonil apresenta algumas condições para o arrendamento de terras. Que condições são essas?
   c) Em sua opinião, as condições apresentadas buscavam favorecer algum grupo social? Justifique.

3. Analise a charge ao lado para responder às questões.
   a) Qual é a prática criticada nessa charge?
   b) É possível relacionar a charge ao trabalho nos engenhos de açúcar do Nordeste colonial? Justifique.

   Diminuição do combate ao trabalho escravo, charge do cartunista Luiz Fernando Cazo, 2017.

4. O relato do protestante francês Jean de Léry é um registro detalhado da presença francesa no Brasil e da amizade com os indígenas Tupinambá. Leia alguns trechos dessa narrativa e depois responda.

"O combate durou quase três horas e houve de parte a parte muitos mortos e feridos, mas os nossos Tupinambá foram afinal vencedores, fazendo mais de trinta prisioneiros entre homens e mulheres, que trouxeram para suas aldeias. [...] nada podia causar maior prazer aos nossos aliados do que irmos à guerra com eles e isso nos engrandeceu perante os velhos das aldeias que frequentávamos.

Certo dia os nossos selvagens surpreenderam dois portugueses em um casebre de barros em que viviam, dentro da mata [...], levando-os prisioneiros [...]. Na aldeia os selvagens arrancaram as barbas aos dois portugueses e depois os mataram cruelmente. [...].

Poderia aduzir outros exemplos da crueldade dos selvagens para com seus inimigos, mas creio que o que disse já basta para arrepiar os cabelos de horror. É útil, entretanto, que ao ler semelhantes barbaridades, não se esqueçam os leitores do que se pratica entre nós. [...]

Não abominemos [...] demasiado a crueldade dos selvagens antropófagos. Existem entre nós criaturas tão abomináveis, se não mais, e mais detestáveis do que aquelas que só investem contra nações inimigas de que têm vingança a tomar. Não é preciso ir à América, nem mesmo sair de nosso país, para ver coisas tão monstruosas."

LÉRY, Jean de. *Viagem à terra do Brasil.*
Belo Horizonte: Itatiaia; São Paulo: Edusp, 1980.

a) Onde e em que período ocorreram os episódios narrados por Jean de Léry?

b) Por que o escritor francês se refere aos indígenas chamando-os de "nossos Tupinambá"?

c) Ao descrever os indígenas e seu modo de vida, Jean de Léry apresenta uma visão dos nativos muito diferente daquela que foi transmitida por outros cronistas europeus da época. Você concorda com isso? Explique.

Mais questões no livro digital

RETOMAR

5. Responda, agora, às questões-chave da abertura dos temas 3 e 4.

   a) Quais foram as consequências do avanço da colonização para as sociedades indígenas?

   b) Qual foi a importância dos engenhos de açúcar para a sociedade colonial?

AUTOAVALIAÇÃO

CONTEÚDOS

1. Como você avalia seu aprendizado nesta unidade? Bom, regular ou insatisfatório? Consulte os materiais que você utilizou durante seus estudos, incluindo atividades e anotações pessoais. Escreva no caderno uma frase explicando sua resposta para cada um dos itens abaixo.

   a) O modo de vida dos indígenas na época da chegada dos portugueses.

   b) A exploração do pau-brasil e as estratégias da Coroa para dar início à colonização.

   c) O relacionamento entre portugueses, franceses e indígenas na colônia.

   d) A implantação da economia açucareira.

   e) As características da sociedade que se formou no Nordeste açucareiro.

ATITUDES

2. Retome a descrição das atitudes e escolha duas que poderão ajudá-lo a superar as dificuldades que encontrou acima. Explique suas escolhas.

3. Nesta unidade, priorizamos as seguintes atitudes: **aplicar conhecimentos prévios a novas situações; questionar e levantar problemas; escutar os outros com atenção e empatia**. Você exercitou alguma(s) delas durante o estudo dos temas desta unidade? Em quais momentos? Cite exemplos.

4. Como a atitude **escutar os outros com atenção e empatia** pode ser associada aos contatos entre indígenas e europeus? Explique.

EM FOCO

POTIGUARA: ALIANÇAS E RESISTÊNCIA

LOCALIZAÇÃO DAS TERRAS INDÍGENAS POTIGUARA RECONHECIDAS PELO ESTADO BRASILEIRO

Terras Indígenas
- Potiguara
- Jacaré de São Domingos
- Potiguara de Monte-Mor

Fonte: CARDOSO, Thiago Mota; GUIMARÃES, Gabriella Casimiro (Orgs.). *Etnomapeamento dos Potiguara da Paraíba*. Brasília: Funai/CGMT/CGETNO/CGGAM, 2012. p. 109.

A redescoberta do passado

Os povos indígenas que vivem no Nordeste tiveram de enfrentar os desafios de uma colonização antiga: séculos de guerras, tentativas de assimilação à sociedade brasileira e de apagamento de suas culturas. Rodeados pelo preconceito dos não indígenas, esses grupos, muitas vezes, tiveram medo ou vergonha de assumir suas origens.

Nos últimos anos, porém, muitos brasileiros estão superando esses obstáculos e voltando a se reconhecer como indígenas. Eles buscam nos conhecimentos do passado o caminho para a construção de um futuro diferente. Exemplo desse processo ocorre com os indígenas Potiguara, antigos moradores de uma grande extensão da costa nordestina.

• Onde viviam, onde vivem

No século XVI, os Potiguara podiam ser encontrados em toda a costa que vai do Maranhão até o norte de Pernambuco. Até hoje, as pessoas nascidas no Rio Grande do Norte são chamadas de potiguar, em homenagem a essa imensa população indígena.

Atualmente os Potiguara são o quinto povo indígena mais numeroso do Brasil e o grupo mais expressivo da Região Nordeste, tendo registrado, em 2014, uma população superior a 18 mil pessoas. As Terras Indígenas Potiguara (Potiguara, Jacaré de São Domingos e Potiguara de Monte-Mor) ocupam uma área contígua dos municípios de Marcação, Baía da Traição e Rio Tinto, todos na Paraíba. Muitos Potiguara vivem também nos estados de Pernambuco, Ceará e Rio Grande do Norte. Mas, nesses estados, suas terras ainda não foram oficialmente reconhecidas pelo Estado brasileiro, gerando diversos conflitos.

As terras habitadas pelos indígenas Potiguara há mais de 500 anos têm sido constantemente invadidas. Os principais responsáveis por isso são fazendeiros, posseiros, grandes usineiros de açúcar e turistas interessados em construir casas de veraneio.

EM FOCO

Fonte 1

Empresa invade terras de plantação Potiguara

"Uma empresa de cana-de-açúcar invadiu as terras onde índios da aldeia Sagi-Trabanda cultivam alimentos para seu sustento. Segundo os índios da etnia Potiguara, as plantações foram destruídas e a área cercada. A terra, conhecida como Paús, fica em Baía Formosa, no litoral sul [do Rio Grande do Norte]. Ela está em processo de demarcação pela Funai e, segundo a OAB, pertence aos índios. [...]

A plantação destruída era cultivada por seis das 23 famílias da comunidade. Agora sem área para plantar, eles não sabem o que fazer para garantir o sustento dos filhos."

No RN, empresa invade terras onde índios plantam próprio alimento. Portal G1, 15 dez. 2016. Disponível em <http://mod.lk/ra6xs>. Acesso em 10 abr. 2018.

Batalha naval entre portugueses e franceses nos mares dos territórios Potiguara, gravura colorizada de Theodore de Bry, 1592. Nessa batalha, os Potiguara lutaram ao lado dos franceses.

Histórico de guerras e alianças

Os Potiguara foram um dos primeiros grupos indígenas a se relacionar com os europeus. Por muito tempo eles alternaram períodos de guerra e de trégua com os colonizadores portugueses.

Durante todo o século XVI, os portugueses não foram capazes de ocupar as terras onde hoje se localizam os estados da Paraíba e do Rio Grande do Norte por causa da forte presença Potiguara na região. Nesse período, os senhores de engenho de Pernambuco enviavam regularmente expedições para exterminar ou tentar estabelecer alianças com os Potiguara que viviam nas capitanias mais ao norte.

Outra estratégia adotada pelos portugueses foi estabelecer alianças com os Tabajara, antigos inimigos dos Potiguara que também viviam na região. Os Potiguara, por sua vez, aliaram-se aos franceses, inimigos dos portugueses. Com o apoio francês, eles se tornaram a maior resistência aos portugueses no Nordeste. No entanto, no final do século XVI, os franceses foram derrotados, e os Potiguara, que sofriam com uma epidemia, tiveram de fazer as pazes com os portugueses.

• Os Potiguara nas guerras entre portugueses e holandeses

Nas primeiras décadas do século XVII, interessados em controlar a produção de açúcar, os holandeses invadiram a capitania de Pernambuco, venceram os portugueses e se estabeleceram na região. Aproveitando-se dessa situação, algumas lideranças Potiguara selaram uma aliança com os holandeses e lutaram ao lado deles nas guerras contra os portugueses.

Foi o caso de Pedro Poty e Antônio Paraupaba. Em 1625, eles foram levados à Holanda, onde viveram por cinco anos, aprenderam a língua e os costumes dos aliados e converteram-se ao calvinismo. De volta ao Brasil, Poty liderou muitos indígenas Potiguara nas lutas contra os portugueses na região da Paraíba. Capturado pelos inimigos, ele foi brutalmente torturado nas prisões coloniais.

Enquanto isso, Antônio Felipe Camarão, outra liderança Potiguara, lutou ao lado dos portugueses. Educado por jesuítas, ele falava português e era católico. Camarão liderou diversas batalhas contra os holandeses, juntamente com sua esposa Clara Camarão. A participação dos indígenas comandados por eles foi fundamental para a vitória portuguesa contra os holandeses.

• Extermínio e separação

Quando os holandeses foram expulsos do Brasil, em 1654, o líder indígena Paraupaba retornou com eles para a Holanda e lá permaneceu, com esposa e filhos, até a morte. A mesma sorte não teve o seu povo, que se tornou alvo de novas guerras de extermínio promovidas pelos portugueses e seus aliados indígenas. Os sobreviventes fugiram para as serras do Rio Grande do Norte ou foram obrigados a se submeter à administração colonial.

Os portugueses separaram os Potiguara em aldeamentos distantes para que não formassem alianças entre eles. Nesses locais, eles foram obrigados a adotar a língua portuguesa, a se converter ao catolicismo e a viver de acordo com o estilo de vida europeu. A separação dos Potiguara em vários aldeamentos levou esse povo a perder muito de sua força política e, com isso, grande parte de suas terras.

Fonte 2

Gravura de Frans Post representando holandeses e indígenas Tapuia armados para combater os portugueses. Detalhe do mapa *Brasilia qua parte paret Belgis*, de Georg Marcgraf, 1647.

EM FOCO

Os mesmos ou outros?

A sociedade Potiguara mudou bastante desde as guerras contra os portugueses nos séculos XVI e XVII. Hoje em dia, os Potiguara falam português, visitam as cidades vizinhas, usam celular e internet. Será que por isso eles deixaram de ser indígenas?

Os Potiguara nunca viveram de forma isolada. Depois de cinco séculos de uma relação difícil com sociedades não indígenas, eles adquiriram novos conhecimentos e incorporaram novas tecnologias em seu cotidiano. No entanto, é importante lembrar que todas as culturas se transformam ao longo do tempo e que essas mudanças tecnológicas também foram vividas pela sociedade brasileira, que nem por isso perdeu sua identidade.

• Valorização da identidade indígena

Até pouco tempo atrás, o projeto do Estado brasileiro em relação aos povos indígenas era promover a sua integração à sociedade brasileira apagando suas diferenças culturais. Assim, os saberes e as práticas indígenas, considerados inferiores, eram proibidos por missionários e agentes do Estado. O governo da Paraíba, por exemplo, perseguiu com violência as práticas indígenas até 1966.

Nos últimos anos, os Potiguara, entre muitos outros povos indígenas, têm buscado valorizar os conhecimentos que herdaram de seus antepassados, como técnicas de cultivo, plantas medicinais, além de suas histórias, músicas e tradições religiosas e culturais.

Exemplo dessas tradições é o Toré, comemoração que mistura festa, ritual, cerimônias de cura e adivinhação. Atualmente, o Toré tem servido para fortalecer a identidade indígena dos Potiguara e de diversos povos indígenas do Nordeste, pois expressa os saberes antigos de uma cultura capaz de se transformar, adaptar e crescer.

Fonte 3

O Toré para os Potiguara

"No caso dos Potiguara, o Toré é geralmente realizado nas comemorações do Dia do Índio (19 de abril), sendo pensado como um 'ritual sagrado' que celebra a amizade entre as distintas aldeias, realçando o sentimento de grupo e de nação [...], sendo, portanto, um elemento essencial para eles se pensarem enquanto possuidores de um passado histórico comum."

Toré. Instituto Socioambiental. Disponível em <http://mod.lk/flyxt>. Acesso em 12 abr. 2018.

ATIVIDADES

ORGANIZAR O CONHECIMENTO

1. Identifique e anote os territórios ocupados pelos Potiguara no passado e no presente.

2. Qual foi a posição dos Potiguara diante das guerras dos portugueses contra franceses e holandeses?

3. O fato de os Potiguara de hoje falarem português e usarem as novas tecnologias significa que eles perderam sua identidade indígena? Justifique.

ANALISAR AS FONTES

4. **Fonte 1** Qual problema é apresentado no texto da fonte 1? Como ele afeta o cotidiano dos Potiguara?

5. **Fonte 2** Que elementos dessa gravura representam a aliança entre os Potiguara e os holandeses no Brasil?

6. **Fonte 3** Qual é o significado do Toré para os Potiguara? Essa comemoração também é importante para outros povos indígenas atualmente? Justifique.

POR UMA CONDUTA CIDADÃ

7. Atualmente, os Potiguara e diversos outros povos indígenas têm lutado pelo reconhecimento, respeito e valorização de suas culturas. Em sua opinião, quais ações, do poder público ou de cada um de nós, podem contribuir para essa luta? Discuta essa questão com os colegas.

REVISANDO

Os povos que os portugueses encontraram

1. **Entre 3 e 5 milhões de indígenas** habitavam o território brasileiro em 1500. Eles dividiam-se em povos com **línguas, costumes, rituais e formas de organização social diferentes**.

2. Os povos **Tupi** foram os que mais tiveram contato com os portugueses. A **guerra** tinha uma importância central em sua cultura e estava associada aos **rituais de antropofagia**.

3. Apesar do estranhamento inicial, o **primeiro contato entre indígenas e portugueses foi pacífico**.

A conquista e o início da colonização

1. Inicialmente, a Coroa portuguesa não se interessou em colonizar o território, buscando apenas explorar o **pau-brasil**. A extração da madeira era realizada pelos indígenas por meio do **escambo**.

2. A partir de 1530, a Coroa buscou estimular a **fixação de colonos** e explorar uma atividade econômica lucrativa: a **produção de açúcar da cana**.

3. A tarefa da colonização foi transferida a particulares, por meio do sistema de **capitanias hereditárias**. O fracasso desse sistema levou a Coroa portuguesa a instituir o **governo-geral**.

Alianças, guerras e resistência indígenas

1. Um dos meios utilizados pelos portugueses para obter escravos indígenas era o **resgate**. Para conseguir mais cativos, passaram a **incentivar as guerras** entre os povos nativos.

2. Em 1570, a Coroa portuguesa, por pressão dos padres jesuítas, proibiu a **escravidão indígena**, exceto em caso de **guerra justa**.

3. Em 1555, os franceses fundaram, na região da Baía da Guanabara, a **França Antártica**. Eles tiveram o apoio dos indígenas **Tupinambá** nas guerras travadas contra os portugueses.

4. Os indígenas que habitavam os **aldeamentos** eram obrigados a adotar **costumes europeus** e a trabalhar nas lavouras e em outras atividades.

O Nordeste açucareiro

1. O **açúcar** foi o principal produto fabricado na América portuguesa nos séculos XVI e XVII.

2. O açúcar era produzido nos **engenhos**, espaço onde conviviam diversos grupos sociais.

3. As dificuldades na escravização dos indígenas foi uma das razões que levaram os senhores de engenho a **investir na aquisição de escravos africanos**.

4. Os **africanos escravizados** realizavam a maior parte do **trabalho no engenho**, tanto nos canaviais e na produção de açúcar quanto na casa-grande.

Trilha de estudo

Vai estudar? Nosso assistente virtual no *app* pode ajudar! <http://mod.lk/trilhas>

PARA ASSISTIR

- **Fogo na floresta**
  Direção: Tadeu Jungle
  País: Brasil
  Ano: 2017
  Duração: 7 min

Sinopse

O documentário apresenta alguns aspectos do modo de vida do povo Waurá, que habita o Parque Indígena do Xingu. Aborda também o desmatamento no entorno da área e as alterações ambientais que impactam o modo de vida das sociedades tradicionais. Você pode assisti-lo acessando o *link* <http://mod.lk/kk6bv>.

O vídeo e esta unidade

1. Identifique no modo de vida do povo Waurá três costumes ou práticas tradicionais da sua cultura e três que revelam o contato com a sociedade contemporânea.

2. Que relação o vídeo estabelece entre as alterações ambientais e o costume indígena de queimar as roças antes do plantio?

UNIDADE 6
AS TERRAS DO ATLÂNTICO INTERLIGADAS PELA ESCRAVIDÃO

A DIÁSPORA AFRICANA

Até recentemente, o termo **diáspora** era aplicado para nomear a dispersão forçada dos judeus pelo mundo após a destruição de Jerusalém pelos romanos, no século I d.C. Sabemos, porém, que o mesmo processo de dispersão territorial ocorreu com outros povos. Por isso, desde o final do século XX, muitos livros e artigos têm feito referência à **diáspora africana**, o movimento de migração forçada mais intenso e volumoso de que se tem notícia.

O deslocamento territorial de milhões de africanos através do Oceano Atlântico foi motivado pelos lucros obtidos com o tráfico negreiro e com a exploração do trabalho escravo na América. Os quatro séculos de deslocamentos forçados tiveram fortes efeitos na África, que sofreu uma grande perda demográfica, na Europa, que acumulou muitos lucros com o tráfico, mas principalmente na América, para onde a maior parte dos africanos escravizados foi levada.

O tráfico atlântico e a escravidão produziram sofrimento, mortes e um legado de preconceito difícil de superar. Porém, eles também promoveram encontros e trocas entre diversas sociedades e culturas, ocorridos tanto nos navios negreiros como nos espaços que os sujeitos escravizados encontraram fora da África.

ATITUDES PARA A VIDA

- Questionar e levantar problemas.
- Escutar os outros com atenção e empatia.
- Persistir.

"Foram aproximadamente 12 milhões de africanos trazidos às Américas, e, destes, 40% desembarcaram no Brasil, marcando a história do país pela diversidade cultural, étnica e social.

[...] Um mundo de trocas e sociabilidade se construiu a partir da experiência num novo local. Formas de ver o mundo, domínio de diferentes tecnologias, ideias e crenças são exemplos destas trocas. Africanos de todas as partes do continente precisaram construir novas formas de viver a vida em terras (hoje) brasileiras.

Assim, a diáspora não é apenas sinônimo da imigração à força, mas também [...] a construção de novas formas de ser, agir e pensar no mundo. Os castigos físicos e o sofrimento fizeram parte da vida de homens e mulheres escravizados. Mas as lutas diárias, os novos elos afetivos, os vínculos familiares também."

ANDRADE, Ana Luíza Mello Santiago. Diáspora africana. *Geledés*, 14 fev. 2017. Disponível em <http://mod.lk/67YHg>. Acesso em 9 abr. 2018.

Nas terras ligadas pelo Atlântico, os africanos escravizados estabeleceram novos vínculos afetivos e familiares, construindo, na relação com outros povos, expressões culturais afro-americanas. Seus descendentes, apesar das barreiras étnico-sociais geradas pela escravidão, hoje lutam para se inserir como cidadãos plenos na sociedade.

▶ COMEÇANDO A UNIDADE

1. O que você sabe a respeito do conceito de diáspora?
2. E sobre a escravidão africana no Brasil, que conhecimentos você tem?
3. Explique o que você entendeu do seguinte trecho: "[...] a diáspora não é apenas sinônimo de imigração à força".
4. Você identifica marcas da diáspora africana na sociedade brasileira atual? Quais?

TEMA 1
TRABALHO ESCRAVO E TRABALHO SERVIL

Quais são as principais diferenças e semelhanças entre a escravidão antiga, a servidão medieval e a escravidão moderna?

FORMAS DE TRABALHO COMPULSÓRIO

A maior parte das sociedades contemporâneas reconhece que todos os indivíduos são livres, têm o direito de aceitar ou recusar um trabalho, de circular livremente e de escolher uma profissão com certo grau de autonomia. Entretanto, a conquista legal desses direitos é muito recente na história, tem menos de cem anos.

No 6º ano você estudou dois regimes de **trabalho compulsório**, ou seja, que privam o trabalhador da liberdade de escolher o tipo de trabalho que deseja exercer e de abandoná-lo: a **escravidão**, amplamente praticada em Atenas e na Roma antigas, e a **servidão**, que predominava em Esparta e na Europa medieval. Qual é a diferença entre essas duas formas de trabalho compulsório?

Representação de prisioneiros ibéricos sendo vendidos como escravos para representantes do Império Romano. Gravura baseada em ilustração do século XIX.

170

Cenas de calendário medieval representando, da esquerda para a direita, trabalhos realizados pelos camponeses nos meses de junho, julho e agosto, respectivamente. Miniaturas do século XV.

O TRABALHO ESCRAVO

O escravo, por definição, é aquele que perdeu a liberdade ou que já nasceu sem ela. O escravo não é livre para escolher seu trabalho, deslocar-se livremente e decidir sobre sua vida. O escravo não é dono da sua pessoa. Logicamente, a condição do escravo variou de uma sociedade para outra e mesmo em uma mesma sociedade, dependendo deste ou daquele senhor. Mas, a rigor, a escravidão é o extremo da violência contra um indivíduo, pois retira dele a soberania sobre sua própria vida.

Além de não ser livre, o indivíduo escravizado é uma propriedade do senhor, pode ser utilizado na agricultura, nas minas, nos serviços domésticos, além de ser trocado, vendido ou alugado. Em Atenas, até as reformas ocorridas no século VI a.C., os escravos eram pessoas empobrecidas que não conseguiam quitar suas dívidas. Depois que essa prática foi proibida, os escravos passaram a ser estrangeiros capturados em guerras de conquista.

Em Roma e em praticamente todo o mundo antigo, o critério para a escravização de uma pessoa não era a cor ou a etnia. Como a escravidão era imposta aos estrangeiros capturados em guerras, os escravos poderiam ser recrutados na Europa, na África ou na Ásia. Em Roma, ao contrário do que ocorria em Atenas, um escravo liberto poderia tornar-se cidadão, tendo direito ao voto nas assembleias.

A SERVIDÃO NA EUROPA MEDIEVAL

Embora tenha havido escravos na Europa durante a Idade Média, nesse período predominou uma outra forma de trabalho compulsório: o trabalho servil, que variou de acordo com o local e o período.

Em geral, o servo medieval estava preso à terra para o resto da vida, arcava com todo o trabalho na propriedade senhorial e estava sujeito ao pagamento de vários impostos. Ele estava sob a autoridade do senhor, a quem devia obediência e lealdade.

Diferentemente da escravidão antiga e da escravidão moderna, os servos da Europa medieval não eram propriedade do senhor. Eles não podiam ser vendidos, tinham direito a uma parte da terra do senhorio e, juridicamente, sua condição não era de objeto ou de mero instrumento de trabalho.

Tal como acontecia com os escravos, os servos não estavam submetidos às mesmas condições de trabalho. Os "servos dos domínios" trabalhavam todo o tempo nos campos do senhor e não só nos dias destinados à corveia. Já os camponeses muito pobres, os chamados "fronteiriços", tinham apenas pequenos arrendamentos de terra nas proximidades das aldeias. Em uma condição mais precária viviam os "aldeões", que trabalhavam por contrato para os senhores, em troca de comida.

A seguir, vamos mostrar que a escravidão, pouco praticada na Europa medieval, dominará a cena das terras ligadas pelo Atlântico a partir das viagens marítimas portuguesas.

O TRÁFICO NEGREIRO E A ESCRAVIDÃO MODERNA

Quando os portugueses fizeram as primeiras incursões na África, a escravidão era uma prática comum nos reinos africanos, ainda que a venda de escravos não fosse a atividade econômica central. Em geral, os cativos eram prisioneiros de guerra, pessoas que cometiam crimes ou não conseguiam pagar suas dívidas. Muitos escravos trabalhavam com os filhos do senhor, frequentavam sua casa e podiam, com o tempo, adquirir propriedades.

A venda de escravos passou a ser uma atividade comercial lucrativa e intercontinental a partir do final do século XV e o início do século XVI, com a chegada dos europeus à África e a criação de feitorias na costa africana. Em troca de produtos como armas, fumo e pólvora, os chefes africanos forneciam seus cativos para traficantes europeus, árabes e turcos. Com o tempo, comerciantes das colônias americanas também entraram no negócio.

Os africanos escravizados eram transportados, nos navios negreiros, para as colônias americanas, onde seriam comercializados. O cativo, assim, gerava um lucro dobrado: ao ser vendido pelos traficantes e ao trabalhar nas lavouras e nas minas das colônias americanas. Dessa forma, com a colaboração dos líderes nativos, os europeus transformaram o tráfico transatlântico de pessoas escravizadas em um dos negócios mais rentáveis da época moderna.

Por isso, não é exagero dizer que a expansão portuguesa transformou o mundo. Ela significou o primeiro passo para a chegada dos europeus à América e iniciou o que chamamos **escravidão moderna**. Qual é a diferença entre essa nova escravidão e a escravidão antiga? Primeiro, na era moderna, houve uma "racialização" da escravidão. Os indivíduos escravizados pertenciam a um grupo específico, composto de povos negros que habitavam o território africano ao sul do Deserto do Saara.

Galeria de imagens

Africanos escravizados partindo para a colheita de café em fazenda do Vale do Paraíba do Sul. Foto de Marc Ferrez, c. 1885.

Os portugueses não foram os primeiros a defender o critério de cor para a escravização de pessoas. O comércio muçulmano de escravos negros já era praticado no norte da África vários séculos antes de os primeiros navegadores portugueses aportarem na costa africana. Os muçulmanos seguiam os ensinamentos de Maomé, que permitiam a escravização de estrangeiros que não seguissem a fé islâmica.

A escravização islâmica de povos negros nunca teve, no entanto, a abrangência e a importância econômica que teria a escravidão moderna, praticada pelo mundo cristão, tanto da Europa quanto das colônias americanas. Essa é a segunda grande diferença entre a escravidão antiga e a moderna. A quantidade de pessoas escravizadas, a vasta extensão do território por onde a escravidão se espalhou e os lucros gerados por essa prática eram inéditos na história da escravidão.

Explore

1. Descreva a cena representada.
2. Em sua opinião, a pintura transmite uma imagem positiva ou negativa a respeito do tráfico negreiro? Justifique.

Representação de europeus negociando escravos na África. Pintura de George Morland, 1788.

ORGANIZAR O CONHECIMENTO

1. Escolha o termo que não faz parte do quadro e substitua-o por outro que faça sentido.

> Atenas antiga   servidão medieval   Roma antiga
> guerras de conquista   trabalho compulsório

2. Explique o significado de regime de trabalho compulsório.

TEMA 2

O TRÁFICO TRANSATLÂNTICO

Quais foram os principais resultados do tráfico transatlântico?

A EXPANSÃO PORTUGUESA NA ÁFRICA

Os portugueses foram pioneiros no comércio de pessoas escravizadas da África para a América. Em 1443, a Coroa portuguesa criou, no Arquipélago de Arguim, a primeira **feitoria** em terras africanas. O entreposto de Arguim seria utilizado para a obtenção de ouro, goma arábica e escravos, além de servir de base para a expansão portuguesa em direção ao Atlântico Sul.

Porém, o grande impulso ao tráfico veio com a colonização da América, a partir do século XVI. A crescente demanda de mão de obra estimulou a criação de rotas diretas entre a África e a América, transformando o tráfico negreiro em um negócio transatlântico.

No século XVI, um pouco mais ao sul, com o apoio de guerreiros imbangalas, os portugueses derrotaram reinos africanos que resistiam à sua presença e fundaram as colônias de Luanda e Benguela. Aos poucos, formou-se uma nova sociedade colonial portuguesa, voltada à captura e venda de escravizados.

À medida que cresciam os lucros com o comércio negreiro, as guerras entre os reinos africanos passaram a ser motivadas cada vez mais pelo interesse em atacar vilas e aldeias para adquirir escravos e comercializá-los com os europeus. Dessa maneira, a solução para o fornecimento de mão de obra na América tornou-se um lucrativo negócio, tanto para os europeus quanto para os chefes e líderes africanos.

É BOM SABER

Escravo ou escravizado?

Segundo alguns pesquisadores, do ponto de vista semântico, o termo "escravo" naturaliza a condição do cativo, como alguém que se acomodou a uma condição estabelecida desde sempre. Por isso, o termo mais correto seria "escravizado". Ele permite perceber que a pessoa cativa estava naquela condição, criada e não natural, por decisão do opressor.

Nos livros desta coleção, utilizamos os dois termos porque, apesar da diferença semântica entre eles, o termo "escravo" foi ressignificado pelo uso e pelas pesquisas realizadas sobre a escravidão, que atribuíram um novo sentido a essa palavra, como os estudos de Luís Felipe de Alencastro, Manolo Florentino e Rafael Marquese.

Navio negreiro, gravura colorizada de Johann Moritz Rugendas, 1835.

O FUNCIONAMENTO DO TRÁFICO NEGREIRO

O tráfico transatlântico de escravizados foi responsável pelo maior deslocamento forçado de pessoas, à longa distância, da história. Das primeiras viagens realizadas no início do século XVI até 1866, ano da partida do último navio negreiro para a América, cerca de 12,5 milhões de africanos foram escravizados e obrigados a embarcar, em sua maioria, em direção às colônias americanas do outro lado do Oceano Atlântico.

As propriedades monocultoras de cana-de-açúcar na América, conhecidas como *plantations*, foram fundamentais para a expansão do tráfico negreiro, pois 80% de todos os escravizados que saíram da África entre os séculos XVI e XIX foram levados para áreas de produção de açúcar na América. Entre os que desembarcaram em portos americanos, 95% foram levados para o Caribe e a América do Sul.

O tráfico era lucrativo para todos os agentes nele envolvidos. Na maior parte da costa africana, o comércio entre europeus, colonos americanos e agentes do tráfico na África se assentava em praças mercantis, portos e fortalezas. Os navios negreiros partiam de vinte portos principais e quase três quartos de todos os cativos retirados da África foram transportados em naus que partiram desses portos (veja o mapa).

Os principais portos de embarque de pessoas escravizadas se localizavam na África Ocidental. A área de maior concentração de cativos embarcados ao longo de quase quatro séculos de tráfico negreiro foi a África Centro-Ocidental. Na porção oriental da costa africana, Madagascar e Moçambique destacaram-se a partir do final do século XVIII até meados do século XIX, período em que o tráfico começou a declinar e as rotas convencionais foram proibidas.

PARA LER

Njinga A Mbande: rainha do Ndongo e do Matamba
Autores: Adriana Balducci, Edouard Joubeaud, Pat Masioni e Sylvia Serbin
Paris: Unesco, 2014

A história em quadrinhos trata da resistência da rainha Njinga, soberana dos reinos de Ndongo e Matamba, à conquista da região de Angola pelos portugueses. É possível ler a HQ no *link* <http://mod.lk/kshgn>. Acesso em 6 abr. 2018.

Plantation: propriedade agrícola monocultora, geralmente voltada para a exportação e baseada na mão de obra escrava.

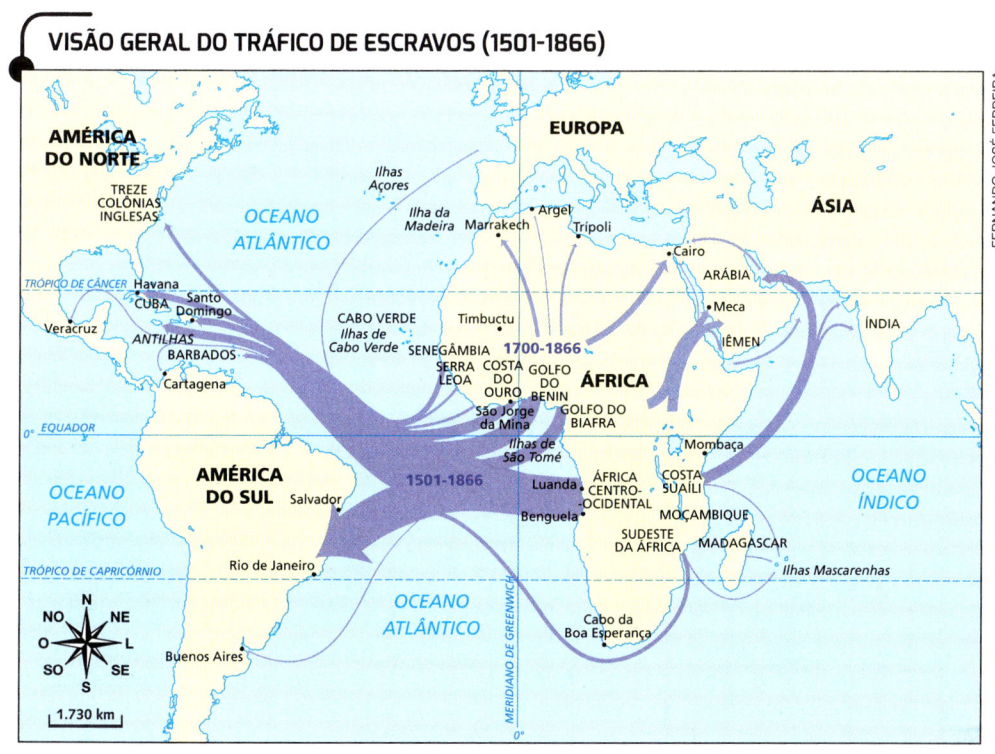

VISÃO GERAL DO TRÁFICO DE ESCRAVOS (1501-1866)

Número de escravizados: 8.000.000 / 4.000.000 / 2.000.000 / 1.000.000. A espessura das setas indica a proporção do número de escravizados transportados.

Fonte: *Voyages*: The Trans-Atlantic Slave Trade Database. Disponível em <http://mod.lk/0kdql>. Acesso em 21 mar. 2018.

O DISCURSO QUE JUSTIFICAVA A ESCRAVIDÃO

O volume do tráfico de africanos escravizados superou em muito o comércio de escravos na Antiguidade. Diferentemente do escravismo antigo, a escravidão moderna alcançou uma dimensão intercontinental, criando sociedades escravistas em várias partes da América.

Os reinos europeus que comerciavam escravos no Atlântico criaram leis para regulamentar o tráfico e a escravidão, definindo, por exemplo, até onde ia o poder do senhor sobre seus escravos, quais eram as condições de compra e venda, os castigos etc. Procuravam também determinar em quais situações os escravizados poderiam alcançar a alforria.

Entretanto, para legitimar a prática da escravidão sob o ponto de vista moral e jurídico, os europeus procuravam justificativas no pensamento de juristas cristãos e pensadores da Igreja, nos textos de Aristóteles e no direito romano. Em outras palavras, os europeus criaram um discurso que transformava um ato cruel e hediondo em uma prática justa, natural e necessária. Leia o texto do boxe.

Hediondo: repulsivo; horroroso; que causa grande indignação.

QUANTIDADE DE ESCRAVIZADOS EMBARCADOS NOS PORTOS DA ÁFRICA (1501-1866)

Regiões de embarque/ Bandeiras dos navios negreiros	Senegâmbia, Serra Leoa e Costa do Barlavento	Costa do Ouro, Golfo de Benim e Golfo do Biafra	África Centro-Ocidental e Ilha de Santa Helena	África Oriental	Totais
Espanha/Uruguai	218.078	327.011	432.789	83.646	1.061.524
Portugal/Brasil	247.767	1.233.733	4.018.540	348.185	5.848.225
Grã-Bretanha	590.935	2.102.562	534.280	31.663	3.259.440
Holanda	90.583	258.965	204.788	0	554.336
Estados Unidos	113.660	137.698	29.464	24.504	305.326
França	208.976	646.755	472.288	53.383	1.381.402
Dinamarca/Bálticos	11.154	96.177	2.425	1.286	111.042
Totais	1.481.153	5.000.627	5.694.574	542.667	12.719.021

Fonte: *Voyages:* The Trans-Atlantic Slave Trade Database. Disponível em <http://mod.lk/nbfId>. Acesso em 21 mar. 2018.

Explore

- Compare o mapa da página 175 e a tabela ao lado para responder às questões.
  1. Quais comerciantes mais traficaram escravos no Atlântico?
  2. De que região da África partiu o maior número de pessoas escravizadas?

É BOM SABER

Filhos de Caim

Um dos discursos criados pelos europeus para justificar a escravidão consistia em associar os negros aos descendentes de Caim, personagem bíblico que assassinou seu irmão Abel e por isso foi amaldiçoado por Deus.

> "Os africanos seriam os descendentes de Caim, e, portanto, trazendo ainda na carne o sinal da maldição divina imposta ao primeiro homicida, segundo a narrativa bíblica. [...] Na tradição popular os negros passaram a ser considerados como raça maldita de Caim, sendo a negritude de sua pele um sinal imposto pelo próprio Deus."

AZZI, Riolando. In: OLIVIERA, Cleiton. *A prole de Caim e os descendentes de Cam.* Dissertação de Mestrado em História apresentada à Unifal, 2018. p. 32.

Baixo-relevo representando um religioso católico pregando para africanos em Angola, s/d.

Africanos cativos são conduzidos, em comboio, para os postos de venda de escravos na costa do continente. Representação de uma gravura colorizada do século XIX.

OS AGENTES DO TRÁFICO

No século XVI e na primeira metade do século XVII, portugueses e espanhóis dominaram o tráfico de africanos escravizados. A partir da expansão da economia açucareira no Caribe, a competição aumentou com a participação de franceses, ingleses e holandeses e, em menor escala, de dinamarqueses, suecos e alemães.

O século XVIII foi marcado pelo domínio dos ingleses no Atlântico Norte e de comerciantes portugueses e luso-brasileiros no Atlântico Sul. Nos países mais atuantes no tráfico negreiro foram criadas instituições que regulamentavam o funcionamento dessa atividade, estabeleciam impostos e tarifas e disputavam o monopólio do comércio de escravos no Atlântico.

No Atlântico essa grande rede de comércio de pessoas era composta pela elite mercantil, comerciantes, capitães de navios, marinheiros e armadores, financiados por banqueiros europeus. No interior da África, esses agentes do tráfico dependiam de guias, intérpretes, carregadores de mercadorias, moradores e funcionários reais que se estabeleciam nas proximidades dos portos e nas colônias. Também havia traficantes locais, que poderiam ser até mesmo ex-escravos e europeus estabelecidos na África.

Os soberanos e chefes africanos também participavam do tráfico, pois eram eles quem monopolizavam o fornecimento de cativos. Esses líderes locais passaram a promover guerras e expedições contra vilas, aldeias e reinos rivais para aprisionar e escravizar pessoas.

Em troca dos cativos, os europeus ofereciam mercadorias apreciadas pelas autoridades africanas, como cauris e *zimbos* (conchas que circulavam como moedas); objetos de ferro e cobre; tecidos finos do Oriente; tabaco; cavalos; armas de fogo; vinho; rum e cachaça. Os europeus negociavam os africanos escravizados no Caribe, nas treze colônias inglesas e na América do Sul e depois partiam para a Europa levando açúcar, tabaco e rum. Esse circuito ficou conhecido como **comércio triangular**.

Luso-brasileiro: nesse caso, é o filho de portugueses nascido na América portuguesa.

Armador: comerciante de um navio mercante, que pode ser ou não o proprietário da embarcação.

A DIMENSÃO HUMANA DA TRAVESSIA ATLÂNTICA

Por trás dos números, dos mapas e das tabelas relacionados ao tráfico negreiro, estavam as pessoas que foram vítimas da crueldade desse comércio. O terror, o medo e a tortura eram as características mais evidentes da prática da escravização e do tráfico negreiro.

Dos cerca de 12,5 milhões de africanos que embarcaram nos navios com destino à América, quase 2 milhões não sobreviveram. Sucumbiram em razão das precárias condições da viagem, que durava em média quarenta dias: embarcações lotadas, doenças como tuberculose e disenteria, alimentos estragados, sujeira, castigos físicos, violência sexual, entre outras.

Nos navios, os africanos resistiam com frequência, promovendo motins na tentativa de se libertar. Em um a cada dez navios ocorreu algum tipo de rebelião escrava ou ataque na costa africana. As fugas, as revoltas armadas e a formação de comunidades de fugitivos são alguns exemplos de resistência à escravização que aconteciam ainda no interior do continente africano.

As pressões dos agentes envolvidos na economia escravista para aumentar a cada dia o fornecimento de escravos levaram as elites africanas a criar e incrementar meios para a obtenção de cativos, como o sequestro, a captura ilegal de livres e libertos e a escravização de pessoas acusadas de algum crime. Os resultados desse processo foram o despovoamento de regiões inteiras, a instabilidade política de reinos, vilas e aldeias e a desagregação social das populações locais.

ORGANIZAR O CONHECIMENTO

1. Numere as frases em ordem cronológica.
   a) Inicia-se o tráfico transatlântico.
   b) A Coroa portuguesa funda a feitoria de Arguim.
   c) Portugal inicia as viagens marítimas pelo Atlântico.
   d) O último navio negreiro parte da África em direção à América.
   e) Os portugueses iniciam o cultivo de açúcar em ilhas do Atlântico africano.

2. Cite dois dos agentes do tráfico negreiro para cada caso.
   a) Europeus.
   b) Africanos.
   c) Americanos.

O motim no Amistad, pintura mural de Hale Woodruff, 1938. A cena representa a rebelião de africanos escravizados ocorrida em 1838 no navio Amistad. Derrotados, os cativos foram presos e levados para os Estados Unidos, onde foram julgados e absolvidos. Com a ajuda de missionários abolicionistas, os rebeldes do Amistad conseguiram retornar à África.

ATIVIDADES

APLICAR

1. O texto a seguir apresenta um tipo de agente que foi essencial no financiamento do tráfico negreiro e lucrou muito com essa atividade.

   "Durante 300 anos, entre 9 e 14 milhões de africanos foram feitos escravos e cruzaram o Atlântico para servir a uma economia com base na exploração das Américas. [...] Mas se por décadas essa atividade sustentou um sistema de produção, quem é que financiava o comércio de seres humanos? Quem é que lucrou e enriqueceu?

   Documentos e pesquisas feitas nos últimos anos começam a mexer com um verdadeiro tabu. Longe dos portos de Lisboa, Luanda ou Salvador, eram banqueiros e empresários suíços que, de uma forma expressiva, financiavam o tráfico de escravos e se enriqueciam com ele. [...]

   O tráfico acontecia em um sistema de comércio triangular entre Europa, África e Américas. Dos portos europeus, saíam barcos carregados com produtos têxteis que, nas costas da África, eram trocados por seres humanos. Uma vez embarcados nos navios, os escravos eram levados para as Américas e revendidos. [...]

   Para financiar essa viagem, e pagar pelo seguro da 'mercadoria', é que os suíços entraram como parceiros. Bancos e famílias como Burckhardt, Weiss, Favre ou Rivier financiaram dezenas de expedições, numa atividade bastante arriscada. [...]

   Entre 1783 e 1790, os irmãos Weiss financiaram dez expedições em barcos que receberam nomes como La Ville de Bâle (A cidade da Basileia).

   As estimativas apontam que, entre 1773 e 1830, mais de cem expedições foram financiadas pelos suíços, o que significou o transporte de milhares de africanos. Alguns historiadores [...] estimam que os suíços financiaram o tráfico de 175 mil escravos.

   Até hoje, uma rua no centro antigo de Genebra se chama Chemin Suriname, em referência aos investimentos que banqueiros locais possuíam na América do Sul. 'Os bancos suíços construíram parte de seu patrimônio à custa do comércio de seres humanos', declarou [...] o sociólogo Jean Ziegler [...]."

   CHADE, Jamil. Escravidão ajudou a enriquecer a Suíça. *O Estado de S. Paulo*, 27 set. 2014. Disponível em <http://mod.lk/okg0i>. Acesso em 19 maio 2018.

Vários palácios da cidade suíça de Neuchâtel foram construídos com os lucros gerados pelo comércio de escravos africanos. Foto de 2017.

   a) Quem são os agentes do tráfico negreiro, geralmente invisíveis, descritos nesse texto?
   b) Como esses agentes lucraram com o tráfico negreiro e a escravidão?
   c) Quais evidências o texto apresenta para confirmar a atuação desses agentes?

2. Assinale as afirmativas corretas sobre o texto apresentado na questão 1.
   a) O texto nos leva a concluir que empresários suíços foram os maiores traficantes de escravos.
   b) As viagens negreiras financiadas com capitais suíços partiam dos portos de Lisboa, Luanda e Salvador.
   c) Os banqueiros que financiaram o tráfico negreiro foram também os que mais lucraram com o negócio.
   d) O texto mostra que o tráfico era um negócio transatlântico, envolvendo agentes europeus, africanos e americanos.

RETOMAR

3. Responda às questões-chave da abertura dos temas 1 e 2.
   a) Quais são as principais diferenças e semelhanças entre a escravidão antiga, a servidão medieval e a escravidão moderna?
   b) Quais foram os principais resultados do tráfico transatlântico?

179

TEMA 3
A ESCRAVIDÃO AFRICANA NO BRASIL

Qual é o significado de cultura afro-brasileira? Que expressões dessa cultura podem ser citadas?

OS AFRICANOS TRAZIDOS PARA O BRASIL

A partir do século XVI, milhões de africanos escravizados foram trazidos à força para o Brasil. Eles pertenciam a uma variedade de povos, que, no século XIX, foi classificada em dois grandes grupos linguísticos da família nigero-congolesa: **banto** e **iorubá**. Esses povos vieram de regiões onde hoje se localizam Nigéria, Costa do Marfim, Camarões, Angola, Congo, Tanzânia, Quênia, Moçambique, África do Sul, entre outros países africanos da atualidade.

Uma vez estabelecidos no Brasil, esses povos entraram em contato com indígenas e europeus que aqui viviam, construindo, juntos, uma **cultura afro-brasileira**. Assim, quando vamos a uma festa de Congada, assistimos a uma apresentação de capoeira, apreciamos um samba ou um maxixe, comemos um acarajé ou uma deliciosa canjica ou conhecemos uma cerimônia do candomblé, por exemplo, estamos vivenciando expressões da cultura afro-brasileira.

O resultado desse fluxo migratório forçado de africanos escravizados está presente hoje na composição demográfica do nosso país. O Brasil tem a segunda maior população negra do mundo, inferior apenas à da Nigéria, na África. Segundo dados do Censo 2010, cerca de 97 milhões de brasileiros são pretos ou pardos. Por isso, estudar a história desses povos também é essencial para compreendermos nossa própria história.

Fontes: CAMPOS, Flavio de; DOLHNIKOFF, Miriam. *Atlas: história do Brasil.* São Paulo: Scipione, 1993. p. 9; VICENTINO, Cláudio. *Atlas histórico: geral e Brasil.* São Paulo: Scipione, 2011. p. 48, 67 e 92.

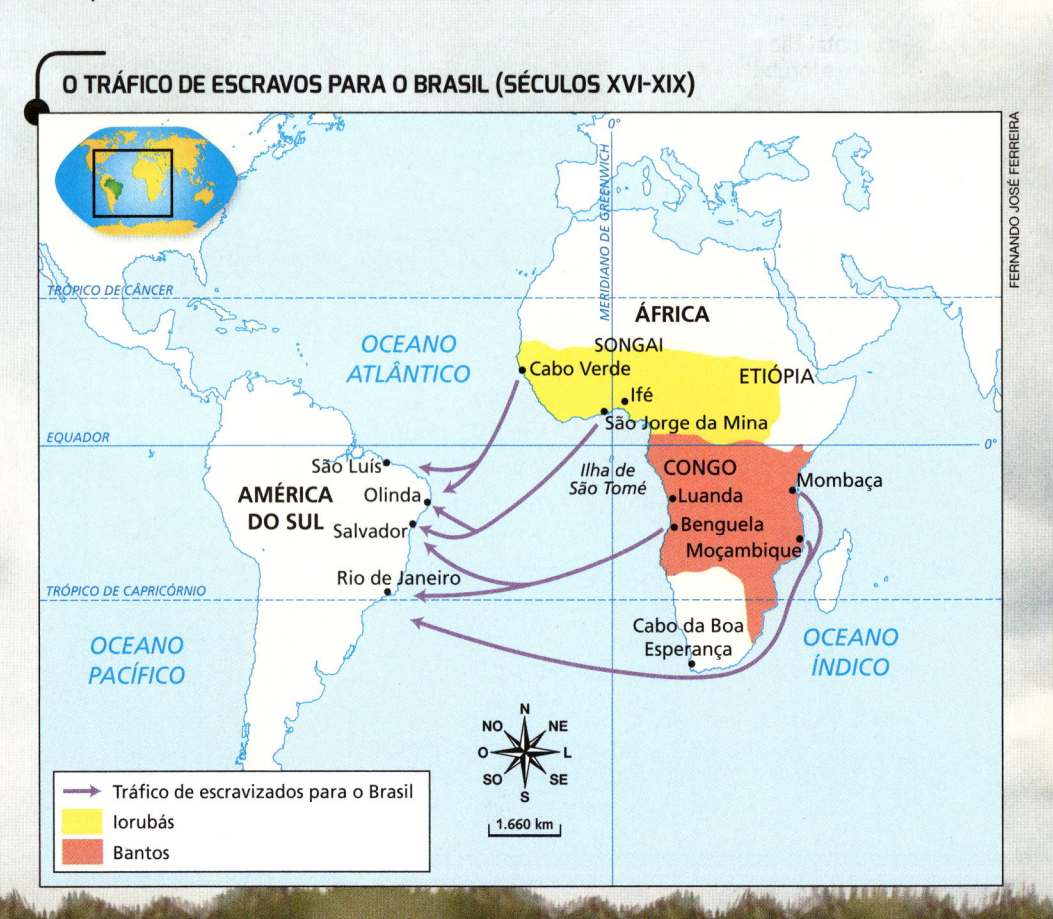

O TRÁFICO DE ESCRAVOS PARA O BRASIL (SÉCULOS XVI-XIX)

FERNANDO JOSÉ FERREIRA

- Tráfico de escravizados para o Brasil
- Iorubás
- Bantos

1.660 km

180

OS IORUBÁS E SEUS REINOS

Os iorubás constituem um grande grupo étnico-linguístico da África Ocidental, representando cerca de 20% da população da atual Nigéria e parte da população do Togo, do Benin e de Serra Leoa. Fora da África, a cultura iorubá tem forte presença no Brasil e em Cuba.

A origem dos reinos iorubás, também chamados de nagôs, ainda é incerta. Há indícios arqueológicos de que eles floresceram ao sul do Rio Níger por volta do século IX, numa antiga população que tinha como centro a cidade de **Ifé** (que significa "o que é vasto").

Os reinos iorubás estavam organizados em cidades-Estado independentes que mantinham relações comerciais entre si. Acredita-se que a figura do rei nas sociedades iorubás tenha surgido em Ifé, que nessa cidade era chamado *Oni*.

A cidade de Ifé era considerada sagrada para os iorubás. Ela servia de referência política para os outros reinos iorubás e funcionava como entreposto do comércio caravaneiro na África. Os mercadores paravam na cidade para descansar, reabastecer as caravanas e negociar produtos, como sal, contas de pedra, dendê, pimenta e escravos.

No século XVI, com a chegada dos europeus, Ifé entrou em declínio, enquanto outras cidades iorubás mais próximas do litoral ascenderam, favorecidas pelo comércio de ouro e escravos com os estrangeiros.

Tigela de oferendas em madeira pintada, estatueta iorubá da região da Nigéria, século XX. Estatuetas feitas de madeira, terracota ou metal são o grande destaque da arte iorubá.

Grupo de capoeira em Salvador (BA), 2017.

A DIVERSIDADE DOS POVOS BANTOS

O termo "banto" designa cerca de 400 grupos étnicos africanos cujas línguas têm uma origem comum. Os ancestrais desses povos viviam na fronteira dos atuais Nigéria e Camarões por volta de 3 a 4 mil anos atrás. No século XII, eles já haviam ocupado áreas da África Central até o sul e o leste do continente.

O **Reino do Congo**, um dos mais importantes reinos bantos, surgiu por volta dos séculos XIII e XIV em terras da África Centro-Ocidental. O reino estava dividido em províncias e pequenas aldeias, e era controlado por um rei, chamado de *mani congo* ("espírito superior").

A capital do Reino do Congo era M'Banza Congo. A cidade era uma praça forte, cercada de muralhas, e também um grande centro comercial. O comércio era a principal atividade econômica dos congoleses. Eles mantinham contatos comerciais com os cuxitas, os nilotas e mercadores árabes vindos do norte.

No século XV, após os primeiros contatos com os portugueses, o *mani congo* se converteu ao catolicismo e foi batizado com o nome de Dom João. A capital do reino passou a se chamar São Salvador do Congo. Iniciava-se, dessa forma, uma longa parceria comercial e política entre portugueses e congoleses, que tinha como centro o comércio de pessoas escravizadas.

Devotos do candomblé no terreiro Ilê Axé Alá Obatalandê, no município de Lauro de Freitas (BA), em 2014. Nas crenças iorubás, os orixás são entidades intermediárias entre o ser supremo, Olodumare, e os seres humanos. Trazido ao Brasil pelos negros iorubás, o culto aos orixás misturou-se aos cultos e tradições aqui encontrados e deu origem aos chamados **cultos afro-brasileiros**, como o candomblé.

SERGIO PEDREIRA/PULSAR IMAGENS

Representação atual de quilombo na América portuguesa.

ESCRAVIDÃO E RESISTÊNCIA NO BRASIL

Em mais de três séculos de tráfico negreiro, cerca de 10,5 milhões de africanos conseguiram sobreviver às viagens e desembarcar na América. Desse total, quase 5 milhões entraram no Brasil. Comercializados nas praças mercantis de Salvador, Olinda, Rio de Janeiro, entre outras, os africanos foram encaminhados ao trabalho nas lavouras, nas minas, nos serviços domésticos e nas atividades urbanas.

Os castigos físicos faziam parte do cotidiano dos escravos africanos no Brasil, tanto no campo quanto nas cidades. Em geral, a violência física era aplicada para punir os escravos desobedientes ou que apresentavam baixa produtividade, ao mesmo tempo que servia de exemplo aos demais. Os principais instrumentos de tortura utilizados pelos donos e capatazes eram chicotes, algemas, correntes e palmatórias. Para fugir dos castigos, muitos escravos tinham de obedecer às regras impostas pela sociedade escravista.

Grande parte dos africanos escravizados, porém, resistiu à escravidão. Alguns utilizaram métodos pacíficos, por exemplo, evitando ter filhos ou entrando em um estado de profunda melancolia, chamado *banzo*, que muitas vezes os levava à morte. Outros reagiram de forma violenta, por exemplo, assassinando feitores, capitães do mato e familiares dos senhores.

Outra forma de resistência era a fuga para cidades distantes, matas ou comunidades de escravos fugidos, chamadas de **quilombos**. Porém, fugir dos domínios do senhor era uma empreitada difícil. Assim que a ausência de um cativo era notada, os capitães do mato saíam para capturá-lo e devolvê-lo ao proprietário.

A violência da escravidão explica por que as taxas de mortalidade de africanos eram elevadas no Brasil. Por esse motivo, o tráfico negreiro era uma atividade fundamental na reposição da mão de obra.

Quilombo: derivado do banto *kilombo*, termo pelo qual os imbangalas chamavam suas aldeias fortificadas da África Central. Os portugueses passaram a utilizar o termo para designar agrupamentos de escravos fugidos no Brasil.

UMA NOVA IDENTIDADE CULTURAL

O trabalho escravo foi amplamente empregado na produção açucareira das áreas litorâneas do Nordeste, principalmente entre a segunda metade do século XVI e o século XVII; nas minas de ouro e diamantes em Minas Gerais, no século XVIII; nas lavouras de café do Vale do Paraíba Fluminense e Paulista, no século XIX; na produção de gêneros voltados ao mercado interno; e no comércio e vários outros ofícios nas cidades de Salvador, Recife, Rio de Janeiro e de outros centros urbanos do Brasil.

Em toda parte, os africanos escravizados também manifestaram sua resistência à escravidão procurando preservar sua identidade e os laços culturais que os uniam à terra natal. Nesse aspecto, as senzalas e os quilombos funcionaram como espaços de convívio social, trocas e criação de novas identidades, construídas a partir das experiências vividas fora da África.

Estima-se que 35 mil viagens de navios negreiros tenham sido feitas entre 1501, data da primeira leva, e 1866, registro do último embarque de cativos na África. Desse total, cerca de 15 a 20 mil viagens tiveram como destino o Brasil. Ao embarcar nesse território, os africanos escravizados trouxeram no corpo as marcas de sua diversidade étnica e o legado cultural da terra de origem: língua, dentes limados, cabelos trançados, tatuagens, marcas de escarificação ritual etc.

Embora vindos de diferentes regiões da África e falando muitas vezes línguas distintas, os africanos puderam, nos espaços de trabalho e convívio no Brasil, praticar o culto aos ancestrais, relembrar costumes e cerimônias religiosas e criar uma cultura que tinha muito do que veio da África, mas também muito do que encontraram na América, e mais ainda do que construíram de novo em terras transatlânticas.

Dialogando com Língua Portuguesa

Mulheres negras da Bahia. Foto de Alberto Henschel, c. 1870.

Explore

1. Cite três substantivos e três verbos de origem africana presentes no português falado no Brasil.
2. Por que a influência das línguas africanas no português do Brasil ficou mais restrita ao campo da oralidade?

As línguas africanas e o português do Brasil

A cultura brasileira é resultado, principalmente, de nossas heranças indígena, portuguesa e africana. Vamos conhecer melhor o rico legado dos povos africanos para a língua que falamos? Disponível em <http://mod.lk/d4lng>.

Celebração de Congada em Ouro Preto (MG), em 2015. Nessa celebração afro-brasileira criada no período colonial, as irmandades religiosas formadas de negros encenavam a coroação do rei do Congo e da rainha Njinga, embalados por músicas e danças. Celebrada em diversas partes do Brasil, a Congada, com o tempo, adquiriu características de cada local do país.

RELIGIOSIDADE E RESISTÊNCIA

Até o século XVIII, as religiões de origem africana eram frequentemente chamadas de *calundu*, termo de origem banta que designa todo tipo de ritual religioso que envolve danças coletivas e músicas, acompanhadas por atabaques, invocação de espíritos, adivinhações, magias e possessão.

As religiões africanas eram vistas pelos cristãos como feitiçaria. Assim, para evitar a perseguição da Igreja Católica, os africanos passaram a associar suas entidades religiosas a santos católicos, criando um **sincretismo religioso** que preservava, ao menos em parte, suas tradições.

Muitos antropólogos condenam o uso do termo "sincretismo" por considerá-lo sinônimo de submissão do colonizado à cultura do colonizador. Para alguns pesquisadores, no entanto, o sincretismo é um elemento essencial de todas as religiões, no passado e no presente. Ele se manifesta na religiosidade popular, nos conhecimentos que os escravos trouxeram da África e que seus descendentes adaptaram no Brasil.

> "Embora alguns não admitam, todas as religiões são sincréticas, pois representam o resultado de grandes sínteses integrando elementos de várias procedências que formam um novo todo. [...] o sincretismo está presente tanto na umbanda e em outras tradições religiosas africanas, quanto no catolicismo primitivo ou atual, popular ou erudito, como em qualquer religião."

FERRETI, Sérgio E. Sincretismo afro-brasileiro e resistência cultural. *Horizontes Antropológicos*. Porto Alegre, ano 4, n. 8, p. 183, jun. 1998.

ORGANIZAR O CONHECIMENTO

1. Escreva **I** (iorubás), **B** (bantos) ou **IB** (iorubás e bantos).
   a) Um de seus mais importantes reinos foi o Reino do Congo.
   b) Foram trazidos à América para trabalhar na condição de escravos.
   c) Organizavam-se em cidades-Estado independentes na África Ocidental.
   d) Contribuíram para o desenvolvimento da cultura afro-brasileira.

2. Explique por que o tráfico transatlântico era essencial para manter a escravidão no Brasil.

DE OLHO NA IMAGEM

CAPOEIRA: RESISTÊNCIA E SOCIABILIDADE

A roda de capoeira é uma manifestação cultural afro-brasileira que desde 2014 é reconhecida pela Unesco como Patrimônio Cultural Imaterial da Humanidade. Mistura de dança, luta e jogo, a capoeira é praticada por crianças, jovens e adultos em todo o Brasil.

Há muitas hipóteses sobre a origem da capoeira, mas nenhuma certeza. Os primeiros registros dessa prática datam do início do século XIX na cidade do Rio de Janeiro. Outros registros aparecem depois em Salvador, Recife, Belém e São Luís. Era basicamente uma técnica de combate, praticada principalmente por negros libertos e escravos. Associada à vadiagem e aos negros, a capoeira era perseguida e reprimida pelas autoridades. Apenas nos anos 1930, ela foi reconhecida pelo Estado brasileiro.

Artistas europeus que viajaram pelo Brasil no século XIX registrando diferentes paisagens, pessoas e costumes descreveram suas impressões a respeito da capoeira em livros e obras de arte. Um desses artistas foi o alemão Johann Moritz Rugendas, que representou seu olhar sobre a capoeira na pintura abaixo.

Uma mulher prepara uma refeição e a oferece a um homem, que tira o chapéu em gesto de agradecimento.

Uma vendedora de frutas para diante da roda para assistir à cena.

Jogar capoeira ou Dança da guerra, pintura de Johann Moritz Rugendas, 1835.

Sentado, um homem toca tambor, acompanhando a disputa.

Os espectadores aplaudem os capoeiristas e vibram por eles.

Note que todos os personagens estão descalços.

QUESTÕES

1. Descreva a cena representada na pintura, apresentando as características dos personagens e do local.

2. Que elementos da pintura revelam a condição social dos personagens?

3. Que importância a capoeira devia ter para os escravos e os libertos no século XIX? Justifique com elementos da pintura.

4. Sobre a capoeira, é correto afirmar que:
   a) foi trazida da África pelos negros escravizados.
   b) preserva até hoje suas características originais.
   c) desde que foi declarada patrimônio cultural imaterial, não pôde mais ser alterada.
   d) como outras expressões culturais, é constantemente inovada e recriada por seus praticantes.

TEMA 4 — A ESCRAVIDÃO NO CARIBE E NOS ESTADOS UNIDOS

O que existe de comum entre a história dos africanos escravizados no Brasil, nas ilhas caribenhas e nos Estados Unidos?

A CONQUISTA EUROPEIA DO CARIBE

Nas ilhas do Caribe, o comércio transatlântico de africanos e a colonização europeia também provocaram grandes transformações. Ao longo de quase 370 anos de tráfico negreiro, cerca de 4,8 milhões de africanos escravizados aportaram nas ilhas caribenhas, principalmente Jamaica, Ilha Hispaniola e Cuba, a maior parte deles vindos dos portos da África Ocidental.

Até o início do século XVII, as ilhas do Caribe estavam sob domínio espanhol. A primeira perda espanhola foram as Bermudas, tomada pelos ingleses em 1609. Poucos anos depois, eles conquistaram Barbados, onde introduziram a produção de açúcar em grandes propriedades escravistas. Na metade do século XVII, os ingleses ampliaram seus domínios conquistando a Jamaica e outras ilhas menores.

Trabalhadores negros em uma propriedade açucareira em Cuba. Foto de 1886, ano em que a escravidão foi abolida na colônia espanhola.

TRÁFICO NEGREIRO E ESCRAVIDÃO NO CARIBE

Os ingleses foram seguidos de franceses, que conquistaram Guadalupe, Martinica e a parte oeste da Ilha Hispaniola, onde fundaram a colônia de São Domingos (atual Haiti). Os holandeses também marcaram presença na região com a tomada de Aruba, Curaçao e pequenas outras ilhas. Os espanhóis mantiveram seu domínio em Cuba, Porto Rico e na parte leste da Ilha Hispaniola (atual República Dominicana) até o século XIX.

Entre os séculos XVI e XIX, o comércio transatlântico de escravos forneceu a maior parte da população que habitava as ilhas do Caribe em 1850. Os ingleses dominaram o tráfico na região até 1807, quando o Parlamento britânico proibiu o tráfico negreiro entre a África e as colônias inglesas na América. Para você ter uma ideia, as colônias inglesas americanas absorveram 29% dos escravos que desembarcaram no continente, o dobro das colônias francesas.

No século XVIII, São Domingos já era a principal colônia do Caribe francês. Era chamada de "Pérola das Antilhas", por ser então uma das colônias mais ricas do mundo. Grande produtor de açúcar, cacau e café, São Domingos era também o segundo maior centro de desembarque de cativos no Caribe, perdendo apenas para a Jamaica.

Em Cuba, a partir da segunda metade do século XVIII, os escravos foram beneficiados pela baixa migração de espanhóis e pelo crescimento econômico das colônias espanholas, situação que lhes possibilitou comprar suas alforrias. Os libertos passaram a exercer funções como de sapateiro, alfaiate e ourives e a integrar o exército, experimentando assim certa mobilidade social.

A conjuntura cubana mudou com a instalação tardia da *plantation* açucareira, a partir do final do século XVIII. Com a introdução da grande propriedade monocultora, o fluxo de escravos para a colônia aumentou, garantindo a permanência da escravidão. Comerciantes dos Estados Unidos e da Inglaterra controlaram o fornecimento de escravos para Cuba até 1807, quando o tráfico negreiro foi proibido pelo Parlamento dos dois países.

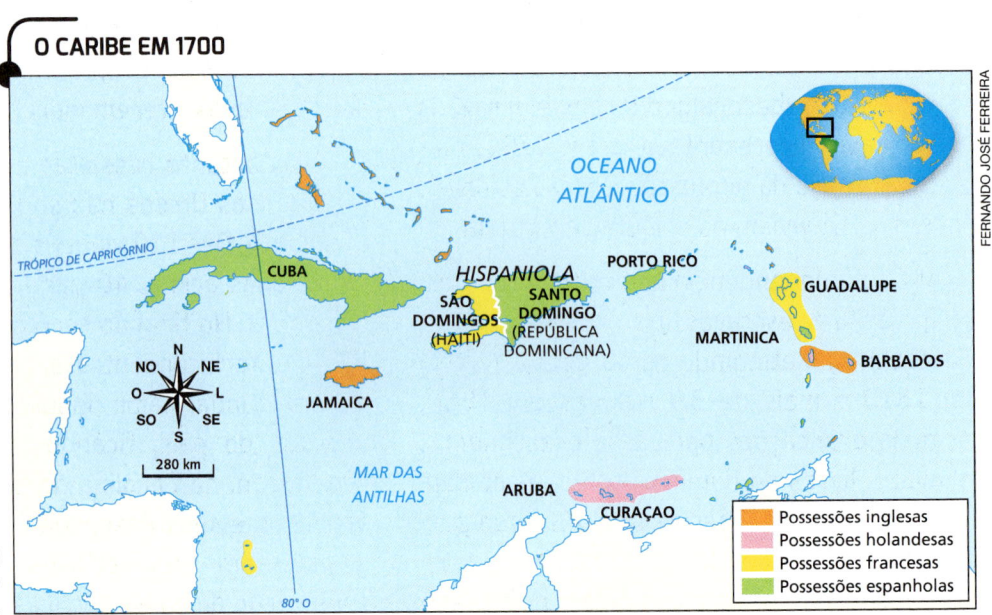

O CARIBE EM 1700

Fonte: CAMPOS, Flavio de; DOLHNIKOFF, Miriam. *Atlas: história do Brasil*. São Paulo: Scipione, 1993. p. 13.

Acima, família de escravos em plantação de algodão na Geórgia; ao lado, mulher negra com os filhos dos patrões. Estados Unidos, fotos do século XIX.

A ESCRAVIDÃO NOS ESTADOS UNIDOS

Ao longo do período em que o tráfico vigorou, cerca de 400 mil africanos foram desembarcados nas treze colônias inglesas da América do Norte. O comércio regular das treze colônias com a costa africana começou no final do século XVII e se prolongou após a independência e a formação dos Estados Unidos (1776). O último registro de entrada de africanos escravizados no novo país foi na década de 1850.

As colônias de Maryland, Virgínia, Carolina do Sul e Geórgia, no sul, receberam a maioria dos africanos escravizados. Trabalhando no cultivo de tabaco, algodão, anil e arroz, os escravizados representavam, em 1790, cerca de um terço da população dessas colônias. Desses, 42% viviam na colônia de Virgínia.

Após a independência dos Estados Unidos, a população de escravos no sul cresceu de forma acelerada, atingindo cerca de 1,1 milhão em 1810 e mais de 3,9 milhões em 1860. Há duas explicações para esse crescimento. Primeiro, livres do domínio inglês, os comerciantes estadunidenses ampliaram a sua participação no tráfico de escravos. Entre a independência e a proibição do tráfico negreiro pelo Congresso dos Estados Unidos, em 1807, eles transportaram 165 mil escravos para o sul do país, o Caribe, as colônias espanholas e até o Brasil.

Mesmo com várias leis proibitivas, 110 viagens de navios negreiros com a bandeira dos Estados Unidos foram realizadas entre a África e as Américas entre 1850 e 1866. Porém, a principal razão para o rápido crescimento de escravos no país foram os altos índices de reprodução entre eles. Os senhores, interessados em aumentar a oferta de mão de obra em suas propriedades, estimulavam seus escravos a terem mais filhos.

É importante ressaltar que a escravidão nos Estados Unidos não se limitou aos estados do sul. Das 110 viagens de navios negreiros citadas acima, 40 partiram do porto de Nova York. No final do século XVIII, a cidade de Nova York concentrava, proporcionalmente, a segunda maior população de escravos urbanos do país, ficando atrás apenas de Charleston, na Carolina do Sul. No norte, os africanos e seus descendentes escravizados trabalhavam como criados, artesãos e na construção de obras públicas.

A RESISTÊNCIA À ESCRAVIDÃO

Em toda a América escravista, houve manifestações de resistência à escravidão. O **Caribe**, por exemplo, foi palco de fugas e grandes revoltas escravas. A maior delas ocorreu na colônia francesa de São Domingos. A revolta eclodiu em 1791, quando milhares de escravos atearam fogo em canaviais e cafezais e assassinaram centenas de brancos. A insurreição levou à abolição da escravidão na ilha (1794) e à independência (1804).

Influenciados pelos acontecimentos do país caribenho, escravos e libertos promoveram rebeliões e conspirações na capitania-geral da Venezuela, em 1795; em Havana (Cuba), em 1812; em Barbados, em 1816; em Demerara (Guiana Inglesa), em 1823; na Jamaica, em 1831 e 1832; entre várias outras. Ao longo do século XIX, com a abolição da escravidão nas ilhas do Caribe, teve início uma nova luta dos negros por inserção social.

Nos **Estados Unidos**, as revoltas escravas, as fugas e a formação de quilombos também foram constantes. Ao longo do século XIX, o crescimento da população negra livre e dos movimentos abolicionistas colocou em cheque a escravidão no país. Os afro-americanos livres do norte se engajaram na luta pela liberdade e criaram sociedades de ajuda mútua, inclusive divulgando a causa abolicionista por meio de jornais.

É BOM SABER

A Ferrovia Subterrânea

Nos Estados Unidos, entre o final do século XVIII e o início do século XIX, milhares de escravos fugitivos dos estados do sul foram levados por grupos abolicionistas aos estados livres do norte, para o Canadá e em menor escala para o México. O percurso para a liberdade era feito por uma rede de rotas secretas, onde os fugitivos viajavam ocultos em carroças ou a pé, em vias pouco movimentadas. Essa ampla rede clandestina de solidariedade ficou conhecida como *Underground Railroad* (Ferrovia Subterrânea). Veja-a no mapa abaixo.

A FERROVIA SUBTERRÂNEA (1822-1861)

Fonte: Waggoner, C. (n.d.). The Underground Railroad (1820-1861). *Social Welfare History Project*. Disponível em <http://mod.lk/0yj5l>. Acesso em 3 abr. 2018.

ORGANIZAR O CONHECIMENTO

1. Complete o quadro sobre o sistema de *plantations* nessas regiões.

	País(ses) colonizador(es)	Principais colônias escravistas	Principais produtos
Ilhas do Caribe			
Treze colônias/Estados Unidos			

2. Elimine o termo que não faz parte do quadro e o substitua por outro que faça sentido.

São Domingos   Jamaica   Cuba   Barbados   Virgínia

ATITUDES PARA A VIDA

Da esquerda para a direita: o cantor e compositor brasileiro Gilberto Gil e o músico jamaicano de *reggae* Jimmy Cliff, em 1984; a cantora e compositora estadunidense de *soul* e *R&B* Aretha Franklin, c. 1970; e o *rapper* estadunidense Kendrick Lamar, em 2013.

Raízes da música *pop* contemporânea

Você sabia que grande parte da música *pop* contemporânea tem raízes em gêneros musicais afro-americanos?

No século XIX, músicos negros do sul dos Estados Unidos adicionaram instrumentos e elementos musicais europeus às canções de matriz africana que cantavam nas plantações, criando o *blues*. Em Nova Orleans, onde os negros tinham uma forte conexão com a música feita no Caribe, eles desenvolveram o *jazz*. Nos anos 1950, a música negra no país incorporou outros gêneros musicais estadunidenses, como o *country* e o *gospel*, e assim nasceram o *R&B*, o *soul* e o *rock and roll*.

Na Jamaica, durante os anos 1960, a música negra dos Estados Unidos inspirou a criação do *reggae*, estilo musical que reunia elementos africanos e expressões locais. O *reggae* jamaicano apresentava fortes conexões com a África no ritmo, nas letras das canções e nas roupas e penteados adotados pelos artistas.

Com certeza você conhece o *rap*, ritmo que faz muito sucesso mundialmente. O gênero surgiu nas ruas dos bairros pobres de Nova York, nos anos 1970, onde grupos de jovens negros se reuniam para ouvir música e dançar. Aos poucos, a eles se juntaram os MCs, que cantavam sobre o racismo e a situação de exclusão social em que viviam.

QUESTÕES

1. Escreva **V** (verdadeiro) ou **F** (falso) em cada frase a seguir.
   a) O *rock*, o *reggae* e o *rap* são gêneros musicais que estão restritos às comunidades afrodescendentes das Américas.
   b) O *reggae* e o *rap* são manifestações artísticas que valorizam as raízes africanas da cultura em várias partes do continente americano.
   c) O *blues*, o *reggae* e o *rap* mostram que um dos efeitos da escravidão moderna foi a construção de novas expressões culturais fora da África.
   d) O "canto falado" do *rap* faz lembrar a antiga tradição africana dos *griots*.

2. É possível relacionar as atitudes da abertura da unidade aos gêneros musicais apresentados no texto? Explique.

3. O tráfico negreiro e a escravidão interligaram as terras banhadas pelo Atlântico. Explique essa frase considerando o que você aprendeu nesta seção.

ATIVIDADES

AMPLIAR

1. Leia os dois textos a seguir e observe a imagem para responder às questões.

Texto 1

"Nos engenhos, tanto nas plantações como dentro de casa, nos tanques de bater roupa, nas cozinhas, lavando roupa, enxugando prato, fazendo doce, pilando café; nas cidades, carregando sacos de açúcar, pianos, [...] os negros trabalharam sempre cantando: seus cantos de trabalho, tanto quanto os de xangô, os de festa, os de ninar menino pequeno, encheram de alegria africana a vida brasileira. Às vezes de um pouco de banzo: mas principalmente de alegria. [...]"

FREYRE, Gilberto. *Casa-grande & senzala*: formação da família brasileira sob o regime da economia patriarcal. 31. ed. Rio de Janeiro: Record, 1996. p. 463.

Texto 2

"Os escravos eram seres humanos oprimidos pelo mais duro dos regimes de exploração de trabalho. Não escapavam ilesos às degradações impostas por este regime. Enfrentavam-nas com sofrimento, humor, astúcia e também egoísmo perverso. Escravos agrediam escravos em disputas por mulher, para entregá-los a capitães do mato ou para roubá-los. Mulheres escravas faziam da sedução sexual de homens livres o caminho para o bem-estar e a liberdade. [...] várias delas conseguiram sair do sufoco da senzala."

GORENDER, Jacob. *A escravidão reabilitada*. São Paulo: Ática, 1991. v. 23. p. 121. (Série Temas – Sociedade e política)

Dialogando com Arte

O jantar no Brasil, gravura de Jean-Baptiste Debret, 1834-1839.

a) Que aspecto cada autor destaca ao analisar a escravidão africana no Brasil?

b) A gravura de Debret condiz mais com a visão de Gilberto Freyre ou com a de Jacob Gorender? Justifique.

c) Em seu caderno, escreva um texto com suas ideias a respeito da escravidão africana no Brasil e responda: sua visão a respeito da escravidão assemelha-se mais à de Gilberto Freyre ou à de Jacob Gorender? Explique.

2. O texto a seguir faz uma crítica ao discurso predominante sobre a escravidão.

"Assim, mais que insistir na renúncia da violência, não seria melhor recuperar os escravos como sujeitos históricos, como agenciadores de suas vidas mesmo em condições adversas, não apenas como vítimas? Sobre vítimas é possível somente um discurso de pena, proteção, discurso que tira desses homens e mulheres sua capacidade de criar, de agenciar e ter consciências políticas diferenciadas. O discurso da vitimização é o discurso da denúncia, mas não é, também, a fala do intelectual insensível ao potencial político do outro, do *diferente*?"

LARA, Silvia Hunold. *Campos da violência*: escravos e senhores na Capitania do Rio de Janeiro, 1750-1808. Rio de Janeiro: Paz e Terra, 1988. p. 355.

Nesse texto, a autora defende que, ao se escrever sobre a história da escravidão, deve-se:

a) enfatizar os castigos físicos sofridos pelos cativos, como forma de denunciar a crueldade a que estavam submetidos.

b) evitar os discursos de denúncia da escravidão e priorizar as relações de harmonia e solidariedade entre senhores e escravos.

c) reconhecer os africanos escravizados como capazes de elaborar estratégias de sobrevivência e criar canais próprios de atuação política.

d) ressaltar a capacidade dos escravos de agenciar a vida de outros seres humanos, como no caso dos libertos que se tornavam donos de escravos.

3. Em 2014, chefes de Estado dos quinze países que formam a Comunidade do Caribe (Caricom) aprovaram um plano de ação, com dez pontos, reivindicando de suas antigas metrópoles europeias medidas reparatórias pelos 300 anos de exploração do trabalho escravo nas ilhas e pelo extermínio de povos indígenas que habitavam a região. Formem grupos de 4 ou 5 alunos para debater as seguintes questões: Vocês concordam com a reivindicação apresentada pelos países do Caribe? O Brasil deveria fazer o mesmo? Que medidas compensatórias deveriam ser reivindicadas? Durante o debate, é importante escutar os colegas com atenção e pensar e formular argumentos antes de expor uma opinião.

RETOMAR

4. Responda às questões-chave da abertura dos temas 3 e 4.

a) Qual é o significado de cultura afro-brasileira? Que expressões dessa cultura podem ser citadas?

b) O que existe de comum entre a história dos africanos escravizados no Brasil, nas ilhas caribenhas e nos Estados Unidos?

Mais questões no livro digital

AUTOAVALIAÇÃO

CONTEÚDOS

1. Ao final dos estudos propostos nesta unidade, como você avalia seu aprendizado? Bom, regular ou insatisfatório? Consulte os materiais que você utilizou durante seus estudos, incluindo atividades e anotações pessoais. Escreva no caderno uma frase explicando sua avaliação.

a) Escravidão antiga, servidão medieval e escravidão moderna.

b) O funcionamento do tráfico de escravos no Atlântico.

c) Semelhanças e diferenças entre a escravidão no Brasil, no Caribe e no sul dos Estados Unidos.

d) Formação de uma nova identidade nas Américas: a cultura afro-brasileira.

ATITUDES

2. Qual conteúdo ou atividade foi mais difícil para você? Qual atitude o ajudou a superar suas dificuldades? Reveja a descrição das atitudes para responder.

3. Marque as frases que expressam situações que você experimentou durante os estudos desta unidade. Depois disso, associe cada situação a uma das três atitudes priorizadas nesta unidade.

a) Encontrei um assunto que despertou curiosidade e procurei meios para ampliar meus conhecimentos.

b) Alterei um ponto de vista após entrar em contato com novos conhecimentos.

c) Consegui estabelecer conexões entre os assuntos estudados e aspectos da sociedade contemporânea.

COMPREENDER UM TEXTO

Os museus são instituições vivas e dinâmicas que ajudam a lembrar momentos da história de uma cidade, de um país, de uma tecnologia ou de várias outras criações humanas. Entretanto, há experiências da nossa história que são ignoradas ou pouco lembradas, como a escravidão de africanos e afrodescendentes. O texto a seguir trata a respeito desse tema embaraçoso da nossa história.

Por que não há museus como este no Brasil, país que mais recebeu africanos escravizados e ainda vive sob o impacto da escravidão?

Por que não há no Brasil um museu da escravidão?

"Um dos lugares mais impressionantes que eu conheço é o Museu do Holocausto, em Washington. Ele foi concebido para que o visitante repita de forma simbólica a experiência dos campos de extermínio nazistas. Quem entra no museu ganha o número e o nome de uma vítima real, e caminha por ambientes idênticos aos que conduziam às câmaras de gás. [...] A sensação é devastadora.

Hoje, Dia da Consciência Negra, é uma boa ocasião para perguntar por que não temos no Brasil um Museu da Escravidão, capaz de provocar nos visitantes as mesmas reflexões humanistas e antirracistas que o museu dedicado ao Holocausto provoca.

A escravidão é o fato histórico mais relevante da história do Brasil. Seus efeitos sociais, culturais e econômicos estão em toda parte. A violência da escravidão durou mais de 300 anos, consumiu a vida de 3 milhões de africanos e de incontáveis descendentes e deu ao país a fisionomia mestiça, injusta e desigual que ele tem até hoje. Por que, então, não há um museu específico para lembrar essa atrocidade monumental, da qual descendem (pelo menos...) os 53% de brasileiros que se definem como negros e pardos?

Antes que alguém avise, eu sei que existe o Museu Afro Brasil, em São Paulo, criado em 2004. Mas a sua finalidade é outra. Trata-se de um museu da cultura afro-brasileira, que tem a escravidão como um dos núcleos de exibição. É um museu fundamental, mas não suficiente. Mal comparando, é como se houvesse em Washington um Museu da Cultura Hebraica, e que, nele, as evidências do Holocausto ocupassem algumas salas. A intenção e os resultados não seriam os mesmos. [...]

No século XXI, a mentalidade é de negação. Os miseráveis que pedem nas esquinas são negros e não há negros nos restaurantes caros, nos teatros e nas salas de reunião das grandes empresas. Ainda assim, as pessoas repetem, mecanicamente, que não há um problema social ligado à cor da pele no Brasil – e que a população negra não precisa de programas específicos de apoio e compensação. Isso me sugere que o país não fez uma autocrítica profunda da escravidão e que tampouco se percebe como descendente dos escravos. [...]

A escravidão foi o nosso Holocausto e nossas crianças e jovens, de todas as cores, deveriam ser ensinadas a refletir sobre isso. Se não por descenderem de escravos, por viverem cercadas das consequências profundas da escravidão todos os dias, em toda parte do país, ao longo de toda a vida."

MARTINS, Ivan. Cadê o museu da escravidão? *Época*, 20 nov. 2015. Disponível em <http://mod.lk/gb8fq>. Acesso em 5 abr. 2018.

ATIVIDADES

EXPLORAR O TEXTO

1. Qual é a importância nesse texto do Museu do Holocausto em Washington?

2. Que argumentos o autor apresenta ao longo do texto para defender que um museu da escravidão já deveria existir no Brasil?

3. Em seu artigo, o autor estabelece as diferenças entre um possível Museu da Escravidão e o Museu Afro Brasil, criado em 2004 e com sede na cidade de São Paulo.
   a) Qual é a diferença apontada pelo autor entre as duas instituições?
   b) Por que, segundo ele, o Museu Afro Brasil seria diferente em suas intenções e resultados em relação ao Museu da Escravidão?

4. Segundo o autor, "no século XXI, a mentalidade é de negação" porque:
   a) as pessoas, em geral, reconhecem a necessidade de criar políticas afirmativas para os negros brasileiros.
   b) a experiência da escravidão não é devidamente compreendida pelos brasileiros em geral, embora os descendentes de escravos sejam maioria no país.
   c) existe um sentimento disseminado entre as pessoas de que não somos descendentes de escravos e que conhecer a história da escravidão não é relevante.
   d) embora os negros sejam maioria entre a população mais pobre do Brasil, as pessoas, em geral, insistem que não há problema racial no país.

RELACIONAR

5. No final do texto, o autor defende a necessidade de crianças e jovens conhecerem e refletirem sobre o "nosso Holocausto", por descenderem de escravos ou por viverem cercados das consequências da escravidão. Você concorda com o autor? Justifique.

6. No início de 2018, foram anunciados projetos para a construção de dois museus dedicados à escravidão na cidade do Rio de Janeiro. Com um colega, pesquisem a respeito desses projetos e anotem as informações obtidas sobre eles.

REVISANDO

A escravidão atlântica, o escravismo antigo e a servidão medieval

1. A escravidão e a servidão são duas formas de **trabalho compulsório** praticadas desde a Antiguidade.

2. O **escravo** é o indivíduo que não é dono de si nem na sua força de trabalho. Ele **pertence a um proprietário** e pode ser vendido, alugado ou trocado.

3. O **servo da Europa medieval** tinha certa liberdade individual, mas estava **preso à terra** e sujeito ao pagamento de vários impostos.

4. Ao contrário da escravidão antiga, a **escravidão moderna** baseava-se no **critério racial** ou **de cor**.

O funcionamento do tráfico negreiro

1. A **diáspora africana**, ocorrida entre os séculos XVI e XIX, representou o maior movimento de **migração forçada** de seres humanos de que se tem notícia.

2. O **tráfico intercontinental** de escravos teve início com as **viagens atlânticas** e as primeiras **incursões portuguesas** em território africano.

3. Participavam do tráfico de escravos tanto **europeus** quanto **soberanos** e **chefes africanos** e comerciantes das **colônias americanas**.

4. Ao longo de quase **370 anos de tráfico negreiro**, cerca de **12,5 milhões** de **africanos escravizados** embarcaram nos portos da África em direção à América. Aproximadamente **2 milhões deles** morreram antes do desembarque.

Centros da escravidão na América: Brasil, Caribe e Estados Unidos

1. O **Brasil** recebeu cerca de **5 milhões** de africanos escravizados. Submetidos à violência da escravidão, os cativos resistiram por meio de **sabotagem**, **fugas**, **rebeliões** e **formação de quilombos**.

2. O **Caribe** foi o segundo grande centro de entrada de escravizados na América. Em **São Domingos**, ocorreu a maior **revolta de escravos** do continente, que resultou na **abolição** e na **independência**.

3. Nas **treze colônias inglesas**, os africanos escravizados trabalhavam principalmente nas **plantações sulistas de arroz**, **algodão**, **tabaco** e **anil**. Após a independência, a escravidão continuou nos Estados Unidos. Seus comerciantes eram grandes traficantes de escravos da África para a América.

4. Por toda a América, os africanos escravizados **criaram novas identidades**. Diferentes **expressões culturais** foram elaboradas por eles (música, comida, dança, vocabulário), a partir das novas relações construídas em cada local.

Trilha de estudo

Vai estudar? Nosso assistente virtual no *app* pode ajudar! <http://mod.lk/trilhas>

PARA ASSISTIR

- **A rota do escravo: a alma da resistência**
  Produção: Unesco
  Ano: 2012
  Duração: 35 min

Sinopse

Por meio de dados, mapas e imagens de época, o documentário apresenta a dinâmica do tráfico negreiro, desde a captura dos escravizados no continente africano até sua vivência na América, bem como as estratégias de resistência utilizadas pelos cativos e sua luta pela liberdade. É possível assistir ao vídeo no seguinte *link*: <http://mod.lk/XSUYn>. Acesso em 6 abr. 2018.

O filme e esta unidade

1. Como o filme conta a história do tráfico de africanos escravizados? Explique.

2. Baseando-se nesse filme, crie uma narrativa ficcional descrevendo a saída de um escravo do continente africano, do momento de sua captura até sua chegada e adaptação no Brasil. Procure descrever as sensações e as experiências do sujeito escravizado a partir do ponto de vista do próprio personagem.

UNIDADE 7

CRISE NA EUROPA E REAÇÕES NA COLÔNIA

DISPUTAS PELA AMÉRICA PORTUGUESA

> "Estes dois lugares, isto é, Bahia e Pernambuco (nos quais consiste este grande país, conforme já disse), não dispõem de forças consideráveis ou fortalezas, de modo que, com a graça de Deus, os mesmos poderão ser e serão ocupados [...] principalmente se a Companhia das Índias Ocidentais para aí enviar oficiais corajosos, bons soldados, mestres ou engenheiros experimentados e adequados instrumentos de guerra [...]."
>
> MOERBEECK, Jan Andries. Motivos por que a Companhia das Índias Ocidentais deve tentar tirar ao rei da Espanha a terra do Brasil. Amsterdã, 1624. In: MELLO, Evaldo Cabral. O Brasil holandês, 1624-1654. São Paulo: Penguin Classics, 2010. p. 30.

A partir do final do século XVI, com o sucesso da produção de açúcar, cresceu o interesse dos governos e das companhias de comércio europeias pelo Nordeste brasileiro. Salvador, a capital da colônia, por exemplo, foi invadida pelos holandeses em 1624, que lá permaneceram até o ano seguinte, quando foram expulsos por uma frota luso-espanhola. O que aconteceu depois você estudará nesta unidade.

COMEÇANDO A UNIDADE

1. Observe a gravura e leia a legenda. Identifique os recursos que, no século XVII, permitiam defender a cidade de Salvador de um ataque inimigo.

2. De acordo com o folheto publicado em Amsterdã, em 1624, esses recursos eram suficientes para proteger a cidade? Justifique.

S. Salvador. Baya de Todos os Sanctos, gravura colorizada de Hessel Gerritsz e Claes Janszoon Visscher, c. 1624. A imagem representa o ataque holandês à cidade de Salvador em 1624.

ATITUDES PARA A VIDA

- Pensar com flexibilidade.
- Questionar e levantar problemas.
- Aplicar conhecimentos prévios a novas situações.

TEMA 1

A CRISE DO SÉCULO XVII NA EUROPA

Por que a crise do século XVII estava relacionada às disputas por mercados e colônias?

Madame de Ventadour com Luís XIV e seus herdeiros, pintura atribuída a François de Troy, c. 1715. A postura majestosa do rei francês Luís XIV, sentado, e o cenário luxuoso representam a monarquia do Antigo Regime na França.

O ESTADO ABSOLUTISTA

Nas unidades 1 e 3, você estudou que a grande mudança política na Europa da Baixa Idade Média foi a centralização do poder monárquico. Os reis passaram a assumir poderes que antes eram exercidos pelos senhores feudais em cada local. Criaram impostos e moedas de circulação em todo o reino, um corpo de funcionários administrativos e um exército permanente e profissional. Esse processo de fortalecimento do rei é conhecido como formação do **Estado moderno**.

A centralização do poder real atingiu seu ponto culminante nos séculos XVI e XVII com a **monarquia absolutista**. Os componentes essenciais do poder absoluto eram: vasta autonomia do rei para criar impostos e vender cargos; ampla burocracia encarregada de administrar a justiça, as finanças, as colônias, o comércio e outros departamentos do Estado; um exército permanente; e uma única Igreja permitida no reino. A expressão "uma fé, uma lei, um rei" resume as bases do regime absolutista.

A consolidação do poder real contou também com um componente subjetivo, que tinha relação com a imagem do rei diante de seus súditos. Era necessário que a figura do rei fosse idolatrada, mitificada e identificada com o Estado. Nesse trabalho de propaganda política, a **história** cumpriu um papel muito importante. Escritores mantidos pelo rei tinham a tarefa de produzir relatos que enalteciam os feitos heroicos do monarca e o divinizavam.

> "Com efeito, a história, ao longo do século XVII, acabou por se transformar num eficiente instrumento de propaganda do Estado monárquico. [...].
> Dificilmente em qualquer tempo a história foi tão refém do poder."
>
> LOPES, Marcos Antônio. Declínio e ascensão da história política. *Síntese Nova Fase*. Belo Horizonte, v. 22, n. 71, 1995. Disponível em <http://mod.lk/tihoo>. Acesso em 26 jun. 2018.

O regime absolutista, com os componentes que citamos acima, marcou a Europa do chamado **Antigo Regime**. Mas foi na França do século XVII que a monarquia apresentou, de maneira mais completa, as características do Antigo Regime. O grande símbolo do absolutismo francês foi o rei Luís XIV, que governou de 1643 a 1715, o mais longo reinado de que se tem notícia. Seu governo serviu de modelo para monarcas de outros países europeus, que procuravam governar inspirados na realeza francesa.

OS TEÓRICOS DO ABSOLUTISMO

A construção do poder absoluto dos reis também foi obra de pensadores. Eles elaboraram teorias que legitimavam o poder dos monarcas, justificando-o pela razão ou pela fé. Thomas Hobbes e Jacques Bossuet foram dois dos intelectuais que se dedicaram a essa tarefa.

- **Thomas Hobbes** (1588-1679). Filósofo inglês, Hobbes defendia a ideia de que a natureza humana era má e egoísta. Em sua principal obra, *Leviatã*, Hobbes afirma que só um Estado forte seria capaz de limitar a liberdade individual, impedindo a "guerra de todos contra todos". Em resumo, o indivíduo deveria dar plenos poderes ao Estado, renunciando à sua liberdade a fim de proteger a própria vida. Para Hobbes, o Estado poderia ser dirigido por um monarca ou por uma assembleia, desde que todos aceitassem a sua soberania.

- **Jacques Bossuet** (1627-1704). Bispo e teólogo francês, Bossuet foi um dos mais importantes intelectuais da corte de Luís XIV. Em seu livro *Política tirada da Sagrada Escritura*, Bossuet desenvolveu a **doutrina do direito divino** dos reis, segundo a qual o poder do soberano expressava a vontade de Deus. Sendo o poder monárquico sagrado, qualquer rebelião contra ele era criminosa. Na França, o mito fundador de uma realeza sagrada, no início da Idade Média, estava presente no imaginário coletivo. Com Bossuet, contudo, a tese da origem divina do rei ganhou autoridade intelectual.

É possível perceber uma diferença no pensamento dos dois teóricos: enquanto Hobbes defendia o absolutismo com base na razão, no argumento de que era necessário garantir a segurança dos indivíduos, o bispo Bossuet fundamentava sua defesa no direito divino dos reis, ou seja, na religião.

Explore

- Compare as duas representações de monarcas absolutos: a pintura de Luís XIV, na página ao lado, e a gravura dos reis Henrique VIII e Elizabeth I, abaixo. Elas transmitem a mesma imagem de um rei absolutista? Explique.

O rei inglês Henrique VIII e sua filha Elizabeth I, detalhe de gravura colorida de René Bull, 1936. Henrique VIII e Elizabeth I, soberanos da Inglaterra entre 1509-1547 e 1558-1603, respectivamente, foram os reis mais absolutistas e populares da história da realeza britânica.

O ESGOTAMENTO DO MERCANTILISMO

Para você ampliar a sua compreensão sobre o absolutismo, é preciso retomar um assunto estudado na unidade 3, o **mercantilismo**, que foi a política econômica dos Estados modernos. Visando fortalecer o reino e obter uma **balança de comércio favorável**, os governos das principais economias europeias criaram leis que garantiam o monopólio da Coroa sobre o comércio de alguns produtos, estabeleciam taxas elevadas sobre as importações, controlavam preços e salários, protegiam determinadas manufaturas, entre outras medidas.

Com as grandes navegações e as conquistas ultramarinas, as colônias foram organizadas para atender ao principal objetivo do mercantilismo, que era fortalecer o Estado nacional. Em geral, as colônias cumpriram esse papel fornecendo à metrópole metais preciosos e gêneros agrícolas de alto valor comercial na Europa. Para isso, estabeleceu-se o **exclusivo comercial metropolitano**, que garantia à Coroa o monopólio do comércio colonial. O rei, por meio de uma carta de concessão, transferia aos mercadores do reino o direito de comercializar com as colônias, mediante o pagamento de um tributo. As práticas mercantilistas variaram de um país para outro e ao longo dos anos.

De qualquer modo, no século XVII, a crescente disputa por mercados e possessões coloniais entre as principais potências europeias indicava que o mercantilismo era incompatível com a expansão da **economia capitalista**. No século XVI, Espanha e Portugal expandiram seus impérios coloniais enfrentando pouca concorrência estrangeira. Porém, com o crescimento das manufaturas e do comércio marítimo de outros países europeus, principalmente França, Inglaterra e Holanda, as possessões espanholas e portuguesas viraram alvo desses novos agentes do mercado mundial. A disputa por colônias e entrepostos comerciais entrou em choque com as restrições do mercantilismo.

Mapa localizador

Pessoas patinam em pista de gelo em frente ao Rijksmuseum, um dos destinos mais populares da cidade de Amsterdã, na Holanda. Foto de 2016. A capital holandesa era, no século XVII, o maior centro financeiro e comercial da Europa. A sua riqueza tinha origem na supremacia da Holanda nas rotas do comércio mundial e no grande desenvolvimento das atividades bancárias e manufatureiras na cidade.

Explosão do navio-almirante espanhol, pintura de Cornelis Claesz van Wieringen, c. 1622.
A obra representa um episódio das guerras entre Holanda e Espanha no século XVII.

AS GUERRAS ENTRE ESPANHA, HOLANDA E INGLATERRA

No século XVI, os Países Baixos faziam parte do império do rei espanhol Filipe II. Lá vivia grande número de judeus, protestantes e católicos. As províncias do norte tinham como centro a cidade de Amsterdã, onde surgiu uma próspera burguesia comercial e manufatureira. Na região de Flandres, mais ao sul, destacava-se a cidade de Antuérpia, o maior centro do comércio de especiarias e de operações bancárias naquele período.

Em 1581, as províncias do norte, protestantes e lideradas pela Holanda, declararam independência em relação à Espanha e formaram a **República das Províncias Unidas**. As províncias do sul, de maioria católica, se mantiveram fiéis ao império de Filipe II. O governo espanhol não aceitou a independência, deflagrando um longo conflito.

A guerra, interrompida por uma trégua de doze anos, chegou ao fim em 1648, quando a Espanha reconheceu definitivamente a independência das Províncias Unidas, que passou a ser conhecida como Holanda. Durante o conflito, Filipe II apoderou-se de Antuérpia e expulsou os judeus e os protestantes que lá viviam, muitos deles ricos comerciantes e banqueiros. A cidade, empobrecida, foi superada por Amsterdã, que se transformou no maior centro comercial, financeiro e manufatureiro da Europa.

Entre 1652 e 1654 foi a vez de a Inglaterra combater a Holanda para retirar dela o domínio nos mares do norte. Concluído o conflito, a Inglaterra se voltou contra a Espanha, principal inimiga dos protestantes, numa guerra que se estendeu até 1660.

O prolongamento dos conflitos gerava elevados custos para as coroas europeias, que tinham de manter ativas suas frotas navais e seus exércitos. Para cobrir os gastos, essas nações aumentavam os tributos cobrados da população, causando revoltas entre os trabalhadores.

ORGANIZAR O CONHECIMENTO

1. Escreva o significado de cada conceito.
   a) Mercantilismo.
   b) Absolutismo.
   c) Exclusivo comercial metropolitano.

2. Como os pensadores Thomas Hobbes e Jacques Bossuet justificaram, teoricamente, a monarquia absolutista?

TEMA 2

A CRISE E A DEPENDÊNCIA PORTUGUESA

Como a crise do século XVII afetou o Império Português?

A UNIÃO IBÉRICA (1580-1640)

Em 1578, o rei português D. Sebastião morreu no norte da África em batalha contra os árabes muçulmanos. Como o falecido rei não deixou herdeiros diretos, seu tio-avô, o idoso cardeal D. Henrique, foi aclamado rei de Portugal. De saúde frágil, o rei faleceu dois anos depois. Sua morte gerou uma crise de sucessão dinástica, já que não havia herdeiros para sucedê-lo.

Diante da indefinição sucessória, o rei Filipe II da Espanha, descendente por parte de mãe da casa real portuguesa, reivindicou o trono. Ele invadiu o reino vizinho, derrotou os outros pretendentes e assumiu a Coroa portuguesa. Começava a **União Ibérica**, período de sessenta anos em que Portugal e todas as suas colônias ficaram sob domínio espanhol.

Com a União Ibérica, comerciantes lusos tiveram mais facilidade para fazer comércio com as colônias espanholas e assumiram o fornecimento de escravos africanos para elas. Mas a união das duas coroas trouxe mais perdas do que vantagens para Portugal. As guerras entre Espanha e países inimigos, no século XVII, envolveram e enfraqueceram o Império Português.

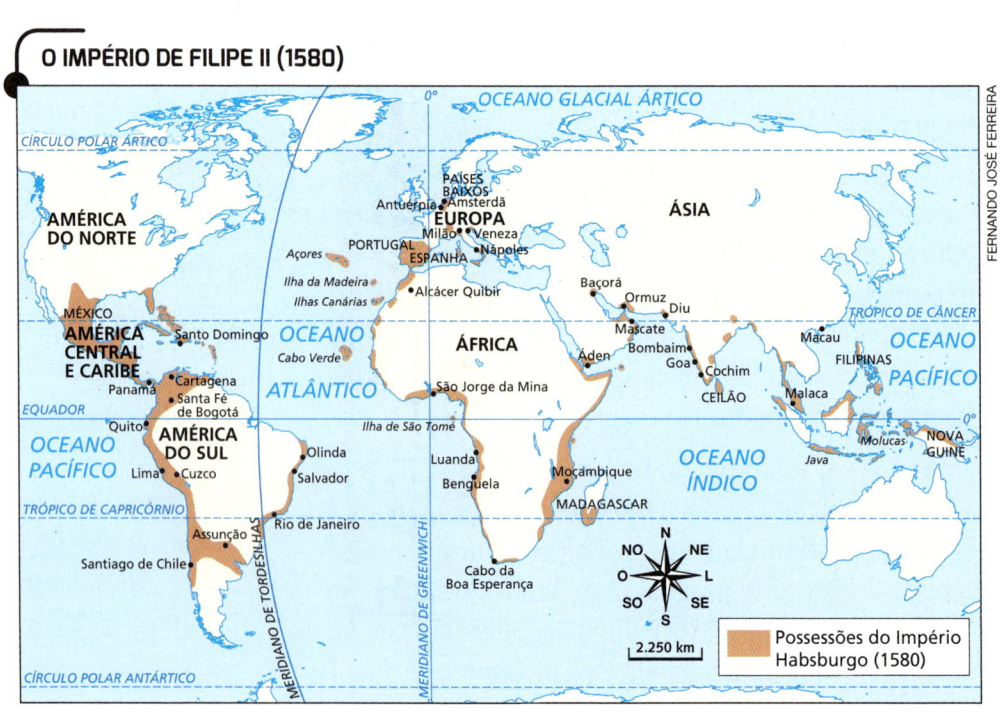

O IMPÉRIO DE FILIPE II (1580)

Fonte: CAMPOS, Flavio de; DOLHNIKOFF, Miriam. *Atlas: história do Brasil.* São Paulo: Scipione, 1997. p. 11.

Explore

- O que você imagina que pode ter acontecido com as terras sul-americanas, divididas entre Espanha e Portugal pelo Tratado de Tordesilhas, com o início da União Ibérica?

AS INVASÕES HOLANDESAS

Os conflitos da Holanda com a Espanha, durante a União Ibérica, também atingiram Portugal. As investidas holandesas começaram no final do século XVI e se estenderam pela maior parte do século XVII. Os principais alvos ibéricos atacados pelos holandeses foram os centros fornecedores de especiarias nas Índias, os pontos de comércio de escravos na África, a costa do Peru e do México (regiões de extração de prata) e as áreas produtoras de açúcar no Nordeste da América portuguesa.

A invasão holandesa do Nordeste foi organizada pela **Companhia das Índias Ocidentais**, empresa que tinha o monopólio do comércio holandês na África e na América. O primeiro grande ataque ocorreu em 1624, na Bahia, com o objetivo de tomar a cidade de Salvador, capital da colônia. A resistência luso-espanhola, porém, obrigou os holandeses abandonar a cidade em 1625.

Na África, os holandeses conquistaram, em 1641, a costa de Angola até Benguela, mas foram derrotados poucos anos depois. A conquista mais importante e duradoura foi São Jorge da Mina, que se transformou no principal centro fornecedor de africanos escravizados para as colônias holandesas na América (veja mapa da página anterior).

Foi na Ásia, porém, que os portugueses tiveram as maiores perdas. As guerras entre Portugal e Holanda duraram mais de cinquenta anos, terminando em 1663 com a assinatura da Paz de Haia. Com exceção de Macau, no sul da China, e Goa e Damão, na Índia, entre outros poucos locais, as demais feitorias e pontos de comércio de especiarias ficaram sob o controle dos holandeses.

> **É BOM SABER**
>
> ### Invasores europeus
>
> Outros europeus também invadiram terras da América portuguesa. Os ingleses tentaram se apoderar da Bahia em 1587; em 1592, atacaram Santos e o litoral do Espírito Santo. Em 1596, chegaram a fundar uma feitoria no Amazonas, mas foram expulsos. Os franceses chegaram a dominar áreas do litoral do Rio de Janeiro (1555) e Paraíba (1581). No Maranhão, fundaram a cidade de São Luís, em 1612, que marcou a criação da **França Equinocial**, núcleo colonial francês no norte do Brasil. Três anos depois, os franceses foram expulsos da região. Apenas no século XVIII, os portugueses ficaram livres dos ataques franceses em sua colônia americana.

Vista aérea do centro histórico de São Luís (MA), em 2013; em primeiro plano, o terminal hidroviário do Rio Anil. São Luís, capital do Maranhão, é a única cidade do Brasil fundada por franceses.

Mercado de escravos em Recife, pintura de Zacharias Wagener, c. 1637. O ambiente representado na pintura, conhecido como Rua dos Judeus, é marcado pela grande presença de africanos escravizados.

O BRASIL HOLANDÊS

Em 1630, os holandeses atacaram o litoral pernambucano e, depois de vários enfrentamentos com tropas portuguesas e proprietários locais, apoderaram-se da região em 1635. A sede do governo holandês, estabelecida primeiramente em Olinda, logo foi transferida para Recife.

A cidade de Recife, sede da administração holandesa, ganhou calçadas, praças, pontes e edifícios. Comitivas de intelectuais, cientistas e artistas foram trazidas para catalogar, estudar e pintar a natureza e os grupos humanos do Brasil e torná-los conhecidos na Europa. Entre os pintores, destacaram-se Zacharias Wagener, Albert Eckhout e Frans Post, além do cartógrafo, naturalista e também pintor George Marcgraf.

Os holandeses introduziram no Nordeste açucareiro uma política de tolerância religiosa que inexistia na América portuguesa. Judeus, missionários calvinistas e católicos eram tolerados pela nova administração e autorizados a realizar seus cultos publicamente.

Relatos de contemporâneos, no entanto, questionam a suposta tolerância da administração holandesa no Nordeste. Segundo o cronista Diogo Lopes Santiago, por exemplo, os holandeses vigiavam os moradores e exigiam, no caso de se encontrarem, que falassem alto para todos ouvirem.

Maurício de Nassau, principal autoridade holandesa no Nordeste entre 1637 e 1644, fez alianças e concedeu empréstimos aos fazendeiros, a fim de retomar rapidamente a produção de açúcar prejudicada pela guerra.

Fonte: *Atlas histórico escolar*. Rio de Janeiro: FAE, 1980. p. 26.

EXPULSÃO DOS HOLANDESES

Portugal recuperou sua independência em 1640, com a ascensão de uma nova dinastia e a proclamação do duque de Bragança como rei D. João IV. Como a Espanha não reconheceu a independência, iniciou-se a **Guerra de Restauração** (1640-1668), que agravou a crise portuguesa.

Em 1644, por divergências com a Companhia das Índias Ocidentais (WIC), Maurício de Nassau retornou à Holanda. Os novos administradores do Nordeste holandês começaram a cobrar as dívidas contraídas pelos senhores de engenho e aumentaram os impostos. Descontentes com as mudanças, fazendeiros luso-brasileiros se organizaram para combater a WIC.

A guerra de expulsão dos holandeses, conhecida como **Insurreição Pernambucana**, começou em 1645. As forças pernambucanas mobilizaram fazendeiros, escravos, libertos e indígenas. As forças holandesas tiveram o apoio de indígenas Tapuia e de alguns senhores de engenho.

Portugal tinha grande interesse em recuperar o controle do Nordeste açucareiro. A precária situação financeira e militar do reino lusitano, contudo, retardou a ajuda da Coroa. As forças portuguesas só chegaram a Pernambuco em 1653.

O conflito terminou em 1654, com a rendição e a retirada dos holandeses do Brasil. A paz definitiva, porém, só foi estabelecida em 1661, quando a Holanda reconheceu a soberania portuguesa sobre o Nordeste brasileiro em troca de uma indenização de 4 milhões de cruzados, entre outros ganhos.

Explore

- A pintura de Victor Meirelles foi composta para exaltar a luta dos luso-brasileiros contra os holandeses. Os dois lados aparecem representados na tela. Com um grupo de colegas, tentem identificar as duas forças; em seguida, descrevam o modo como elas estão representadas.

Batalha dos Guararapes, pintura de Victor Meirelles, 1875-1879.

PORTUGAL E HOLANDA APÓS AS GUERRAS

Após deixar o Brasil, a Companhia das Índias Ocidentais incrementou a produção de açúcar nas Antilhas holandesas. Com as vantagens de dominar as rotas de comércio e da maior proximidade em relação à Europa, os holandeses transformaram suas colônias do Caribe nos maiores produtores de açúcar do mundo.

O Império Português, ao contrário, chegou ao final do século XVII muito enfraquecido. Os custos da guerra pela independência da Espanha e as guerras contra a Holanda pela preservação de suas possessões coloniais na África e na Ásia abalaram as finanças portuguesas. O quadro se agravou com a perda do monopólio do comércio de especiarias asiáticas, a queda nas vendas do açúcar brasileiro no mercado internacional e a concorrência de ingleses, franceses e holandeses no tráfico de africanos escravizados.

Grupo de negros escravizados recém-chegados ao Suriname é conduzido por um feitor, representação de uma narrativa sobre a revolta de escravos no Suriname (1772-1777), obra de John Gabriel Stedman, 1793. A escravidão no Suriname, antiga colônia holandesa na costa caribenha da América do Sul, foi abolida em 1863.

ORGANIZAR O CONHECIMENTO

1. Complete o texto com as palavras do quadro.

> espanhola portuguesas Caribe
> Holanda independência Português
> açúcar especiarias Espanha
> africanos Nordeste

O século XVII definitivamente foi difícil para o Império _____. A união com a Coroa _____ resultou em graves problemas. A _____, em guerra contra a Espanha pela conquista da _____, invadiu possessões _____ na Ásia, na América e na África, interessada em controlar os centros produtores de _____ e açúcar e fornecedores de _____ escravizados. Os holandeses dominaram o _____ da América portuguesa por mais de vinte anos. Após serem expulsos, em 1654, eles incrementaram a produção açucareira nas suas possessões no _____ e se transformaram no maior produtor de _____ no mundo.

2. Escreva verdadeiro (V) ou falso (F) nas frases a seguir.

a) ( ) Durante a União Ibérica, Portugal e Espanha foram governados por um rei português.

b) ( ) Um dos princípios da política mercantilista era o monopólio metropolitano do comércio colonial.

c) ( ) As guerras entre Espanha e Holanda estão entre as causas que levaram os holandeses a invadir o Brasil.

d) ( ) O exclusivo metropolitano favoreceu a expansão do comércio internacional.

e) ( ) Em geral, os fazendeiros do Nordeste tiveram boas relações com os holandeses durante o governo de Maurício de Nassau.

3. Ordene cronologicamente os acontecimentos a seguir.

a) Portugal reconquista sua independência em relação à Espanha.

b) Os holandeses invadem a cidade de Salvador.

c) Tem início a União Ibérica.

d) Os portugueses recuperam a soberania sobre o Nordeste açucareiro.

e) Os holandeses invadem a capitania de Pernambuco.

ATIVIDADES

APLICAR

1. As telas ao lado, de Albert Eckhout, estão entre as mais importantes pinturas produzidas pelos artistas holandeses durante sua permanência no Nordeste brasileiro. Observe-as para responder às questões.

   a) Faça uma descrição das duas pinturas tendo como foco as mulheres representadas. Quais são os elementos comuns entre as duas imagens?

   b) Qual imagem apresenta aspectos da presença europeia na América portuguesa? Justifique.

   c) O que as imagens revelam a respeito da visão que os europeus tinham dos indígenas Tapuia e Tupi? Qual grupo parece ser mais hostil à presença europeia em terras americanas? Justifique.

À esquerda, *Mulher Tapuia*; acima, *Mulher Tupinambá*. Pinturas de Albert Eckhout, 1641.

2. Explique a relação entre a União Ibérica e as invasões holandesas no Brasil.

3. Leia o texto a seguir para responder às questões.

   "A feliz convivência entre batavos e luso-nordestinos durou pouco. Rompeu-se quando a Companhia passou a pressionar crescentemente sua galinha de ovos de ouro – a *Nova Holanda*. A maior taxação do açúcar e dos transportes e a ameaça de execução dos engenhos insolventes terminaram levando a elite pernambucana do mais desenfreado colaboracionismo ao mais indignado nacionalismo."

   MAESTRI, Mario. *Uma história do Brasil*: colônia. São Paulo: Contexto, 1997. p. 104.

   Batavo: natural da Batávia, antigo nome dos Países Baixos; holandês.
   Insolvente: inadimplente; devedor.

   a) O texto se refere a qual evento ocorrido na América portuguesa?

   b) Que mudança no comportamento das elites pernambucanas é destacada no texto? O que teria provocado essa mudança?

   c) O autor expressa algum juízo de valor a respeito dessa mudança no comportamento das elites de Pernambuco? Justifique.

RETOMAR

4. Responda, agora, às questões-chave da abertura dos temas 1 e 2.

   a) Por que a crise do século XVII estava relacionada às disputas por mercados e colônias?

   b) Como a crise do século XVII afetou o Império Português?

TEMA 3

O AUMENTO DO CONTROLE PORTUGUÊS

De que forma o Império Português procurou superar a crise do século XVII?

Mapa localizador

Gravura que representa escravos trabalhando em um engenho de açúcar nas Antilhas, 1859. Expulsos do Brasil em 1654, os holandeses impulsionaram sua agroindústria açucareira nas Antilhas.

A DIMINUIÇÃO DO COMÉRCIO ULTRAMARINO

A economia portuguesa dependia basicamente do comércio dos produtos vindos das suas colônias, principalmente do Brasil. As riquezas extraídas das colônias não foram utilizadas para modernizar a economia portuguesa e fortalecê-la para enfrentar períodos de crise, como aconteceu no século XVII.

Vários fatores explicam a fragilidade da economia portuguesa:

- gastos com a importação de produtos manufaturados e gêneros alimentícios;
- estrutura estatal dispendiosa, que se endividava para manter sua burocracia;
- a presença de uma nobreza parasitária;
- ausência de manufaturas no reino, obrigando o país a recorrer às importações.

As dificuldades da economia portuguesa foram agravadas pelos acontecimentos do século XVII: as guerras contra a Espanha e a Holanda, a perda do monopólio no comércio das especiarias e de africanos escravizados e a queda no preço do açúcar produzido no Brasil. Era essa a situação de um reino que, no século XV, desbravou o Atlântico e descobriu o caminho marítimo para as Índias.

Dispendioso: algo que gera muita despesa; caro.

Parasitário: que vive como parasita; indivíduo que tira proveito de alguém, que se mantém explorando outra pessoa.

208

ALIANÇA COM A INGLATERRA

A conjuntura econômica desfavorável e a necessidade de recursos para organizar a guerra de independência e defender sua colônia americana levaram Portugal a buscar uma aliança com a Inglaterra. Entre meados do século XVII e o início do século XVIII, lusos e britânicos assinaram três tratados de aliança, amizade e paz.

O primeiro tratado, em 1642, estabeleceu o livre-comércio entre os súditos das duas coroas nos reinos, domínios e ilhas de Portugal e Inglaterra. Ele equiparou as taxas alfandegárias cobradas dos ingleses às dos mercadores portugueses e concedeu vários privilégios aos súditos ingleses em trânsito ou residentes em solo português, como liberdade religiosa. Esse acordo foi renovado com um novo tratado, assinado em 1654, que ampliou as concessões comerciais aos ingleses.

Os dois acordos foram complementados e consolidados em 1661, com o casamento de D. Catarina de Bragança, filha de D. João IV, rei de Portugal, com Carlos II, rei da Inglaterra. Como em geral ocorria aos matrimônios entre membros da nobreza, esse casamento também estabeleceu um acordo diplomático: os ingleses firmavam o compromisso de defender Portugal em terra ou mar e, de prêmio, recebiam como dote a praça de comércio de Tanger (em Marrocos), a ilha de Bombaim (na Índia) e mais dois milhões de cruzados.

A aliança com a Inglaterra permitiu a mediação britânica nas negociações de paz com a Holanda, em 1661, que determinaram a devolução do Nordeste brasileiro e de Angola ao controle português. Por outro lado, essa aliança aprofundou a dependência de Portugal em relação à Inglaterra.

Dote: conjunto de bens que a família da noiva entrega ao noivo como forma de auxiliar nos encargos do matrimônio.

Catarina de Bragança, pintura de Jacob Huysmans, c. 1670. Conta-se que, quando a infanta Catarina viajou para a Inglaterra a fim de casar-se com o rei Carlos II, levou em sua bagagem várias caixas de chá. Seu costume de tomar chá na corte inglesa teria difundido o consumo dessa bebida na Inglaterra.

A Batalha dos Quatro Dias, pintura de Pieter Cornelisz van Soest, c. 1666. A Europa moderna ficou marcada pelas guerras travadas entre as principais potências mercantis da época. Nessa pintura, o artista representou a vitória holandesa sobre a esquadra britânica numa das mais longas batalhas navais da história.

MUDANÇAS NA ADMINISTRAÇÃO COLONIAL

Diante desse quadro de esfacelamento de seu império ultramarino, a Coroa portuguesa promoveu uma série de reformas administrativas visando fortalecer o exclusivo metropolitano, aumentar o controle da Coroa sobre o comércio de alguns produtos e reduzir os gastos com a administração colonial.

Em 1642, foi criado o **Conselho Ultramarino**, órgão encarregado de ampliar o controle sobre os domínios coloniais. Com isso, produtos que antes eram comercializados livremente pelos colonos, como o tabaco, passaram a ser monopólio da Coroa.

A Coroa portuguesa criou ainda a **Companhia Geral de Comércio do Brasil** (1649), que obteve o monopólio do comércio, principalmente do vinho, do azeite, da farinha e do bacalhau, da região entre o Rio Grande do Norte e o Sul da colônia; e a **Companhia de Comércio do Estado do Maranhão** (1682), encarregada de fornecer para a região, com exclusividade, escravos africanos, trigo, bacalhau e vinho.

A Coroa incentivou ainda as manufaturas em Portugal, visando reduzir as importações; fundou a Colônia do Sacramento (1680), no atual Uruguai, com o objetivo de facilitar o acesso à prata da América espanhola; transferiu o controle das **Câmaras Municipais** para um juiz de fora indicado pelo rei e estimulou a organização de expedições para descobrir metais e pedras preciosas na colônia.

Esfacelamento: desintegração; destruição; desmantelamento.

A AMÉRICA PORTUGUESA EM 1650

Fonte: *Atlas histórico escolar.* Rio de Janeiro: FAE, 1991. p. 30.

ORGANIZAR O CONHECIMENTO

1. Ordene cronologicamente os acontecimentos a seguir.
   a) Portugal assina a paz com a Holanda e retoma a soberania sobre o Nordeste brasileiro.
   b) A Coroa portuguesa funda a Companhia Geral de Comércio do Brasil.
   c) Portugal assina o segundo tratado de paz e amizade com a Inglaterra.
   d) O governo português cria o Conselho Ultramarino.

2. Identifique a afirmação incorreta e a corrija em seu caderno.
   a) A economia portuguesa baseava-se no comércio ultramarino e nas manufaturas, o que garantiu segurança ao Estado mesmo em tempos de crise.
   b) A aliança com a Inglaterra garantiu proteção às embarcações portuguesas no oceano, mas criaram uma situação de dependência prejudicial a Portugal.
   c) Procurando contornar a crise, a Coroa portuguesa criou alguns órgãos reguladores, como o Conselho Ultramarino e a Companhia de Comércio do Estado do Maranhão.

TEMA 4

REBELIÕES NA COLÔNIA

Que razões motivaram as rebeliões na América portuguesa?

A REAÇÃO COLONIAL

As reformas realizadas pela Coroa portuguesa visando garantir o monopólio e os lucros com o comércio colonial afetaram diretamente a vida dos colonos na América. A política mercantilista não gerava conflitos apenas entre as potências europeias; ela também passou a se chocar com os interesses das elites coloniais. O descontentamento com o exclusivo metropolitano, somado aos conflitos de interesses entre as elites coloniais, explodiu em várias revoltas na colônia.

A REVOLTA DE BECKMAN (1684-1685)

A falta de mão de obra tornou-se um problema para os colonos do Maranhão. Eles não podiam escravizar os indígenas, prática combatida pelos jesuítas e proibida em 1680. A crise se agravou quando a Companhia de Comércio do Maranhão descumpriu o acordo de garantir o abastecimento de africanos escravizados na região.

A revolta eclodiu em 1684, liderada pelos irmãos e senhores de engenho Manuel e Thomas Beckman, com o apoio dos proprietários de terra. Os revoltosos ocuparam o depósito da Companhia de Comércio do Estado do Maranhão, prenderam os jesuítas, depuseram o governador e apoiaram Manuel Beckman como chefe do novo governo.

O movimento, no entanto, foi sufocado pelas forças da Coroa. Em novembro de 1685, o líder Manuel Beckman e seu parceiro Jorge Sampaio foram executados, e os outros envolvidos, presos ou condenados ao degredo.

Explore
- Ao representar o líder rebelde Manuel Beckman isolado nas matas do interior maranhense, como o artista interpretou o desfecho da revolta?

Beckman refugiado nos sertões do Alto Mearim, pintura de Antônio Parreiras, 1936.

A GUERRA DOS MASCATES (1710-1711)

No início do século XVIII, Recife não tinha a condição de vila, mesmo sendo importante centro econômico da capitania de Pernambuco. Assim, sua população e os negócios que ali aconteciam estavam submetidos às decisões tomadas pelas autoridades de Olinda.

Insatisfeitos com a situação, os comerciantes de Recife, chamados pejorativamente de mascates, começaram a exigir participação no governo da capitania. Em 1710, por ordem régia, Recife foi elevado à categoria de vila. Contra essa medida, os senhores de engenho de Olinda proclamaram uma revolta armada e marcharam em direção a Recife.

Após alguns enfrentamentos, os mascates venceram com o apoio das tropas da Coroa. Além de manter a condição de vila, Recife transformou-se em sede da capitania de Pernambuco, em 1711.

No século XIX, o conflito entre a aristocracia agrária de Olinda e os comerciantes de Recife foi escolhido como tema do livro *Guerra dos mascates*, do escritor José de Alencar, publicado em 1873. O nome da revolta, portanto, foi criado por ele.

A REVOLTA DO MANETA (1711)

A cobrança de taxas foi a motivação central para a Revolta do Maneta, ocorrida em 1711. Disputas envolvendo França e Inglaterra na Europa levaram os franceses a atacar Portugal, principal aliado dos ingleses, invadindo sua colônia americana. O local escolhido foi o Rio de Janeiro, onde os franceses chegaram com cerca de 4 mil homens, várias naus e centenas de canhões. Para não atacar a cidade, exigiram uma quantia exorbitante em dinheiro, caixas de açúcar e bois.

Alegando ter sido prejudicada, a Coroa decidiu transferir para os colonos os custos do conflito, aumentando os impostos sobre o comércio do sal e sobre a compra de escravos africanos. Indignados com a medida, populares de Salvador, sob a liderança do comerciante João Figueiredo da Costa, conhecido como Maneta, iniciaram o levante. Os revoltosos conseguiram a suspensão temporária dos tributos pagos à Coroa, além da redução do preço do sal. No entanto, as principais lideranças foram punidas com açoite e confisco dos bens.

Vista da Cidade Maurícia e do Recife, pintura de Frans Post, 1653.

OS QUILOMBOS E A RESISTÊNCIA ESCRAVA

A Guerra dos Mascates, a Revolta de Beckman e a Revolta do Maneta tiveram motivações locais ou circunstanciais. Elas expressaram a insatisfação dos colonos com aspectos da administração metropolitana, mas não reivindicavam, de forma alguma, a ruptura com Portugal. Em outras palavras, essas rebeliões não foram motivadas por um sentimento nacionalista, de libertação do Brasil da opressão colonial, pois esse sentimento nem existia no período dessas revoltas.

Contudo, não apenas setores das elites promoveram revoltas na América portuguesa daquele período. Trabalhadores escravizados também desenvolveram meios de se rebelar contra o cativeiro. Além da recusa ao trabalho, da indolência, da ameaça direta à vida do senhor e de sua família, entre outras formas de revolta individuais, os escravos de origem africana recriaram no Brasil uma estratégia de resistência coletiva que se transformou no maior símbolo da luta contra a escravidão: os **quilombos**.

Quilombos eram aldeias formadas principalmente por escravos fugidos, onde procuravam viver de acordo com as formas de organização política e as tradições culturais trazidas da África. Essas comunidades foram criadas em diferentes momentos da história colonial e imperial do Brasil e se espalharam por todo o território.

PARA NAVEGAR

- **Impressões Rebeldes**
Disponível em <www.historia.uff.br/impressoesrebeldes/> Acesso em 6 abr. 2018.

Esse *site*, desenvolvido pela Universidade Federal Fluminense (UFF), apresenta um amplo conjunto de documentos textuais e visuais a respeito das revoltas, conspirações e outros movimentos de contestação na história do Brasil. Navegue para saber mais a respeito das revoltas coloniais estudadas nesta unidade e para conhecer outras que também marcaram a nossa história.

É BOM SABER

Revolta escrava em São Tomé

Antes de instalar a produção de açúcar no Brasil, os portugueses experimentaram esse sistema em ilhas do Atlântico africano. Na ilha de São Tomé, por exemplo, a produção de açúcar empregava grande número de escravizados. Na ilha, desde o início do século XVI, fugas e ataques organizados de escravos a fazendas tornaram-se constantes. Foi ali também que o Império Português enfrentou um dos mais fortes movimentos de resistência à escravidão: a Revolta do Rei Amador.

Em 1595, esse escravo rebelde liderou cerca de 5 mil escravos contra a presença dos portugueses na ilha. Durante a insurreição, cerca de 70% dos engenhos da ilha foram destruídos. Após ser capturado, Amador foi executado e esquartejado.

Estima-se que menos de dez colonizadores foram mortos durante a revolta; do lado dos rebeldes, foram centenas. A memória desse movimento atravessaria o oceano e influenciaria os movimentos de resistência à escravidão na América portuguesa.

Após a independência de São Tomé e Príncipe, ocorrida em 1975, o escudo português foi substituído por uma nova moeda: a dobra. A imagem do rei Amador, impressa nas notas, revela como o seu legado é importante símbolo nacional.

PALMARES: UM ESTADO AFRICANO NO BRASIL

O maior e mais duradouro dos quilombos construídos no Brasil foi o de Palmares. Também chamado de União dos Palmares, esse imenso quilombo era formado por um conjunto de mocambos erguidos ao longo da Serra da Barriga, em terras do atual estado de Alagoas, que na ocasião faziam parte da capitania de Pernambuco. O maior deles, considerado a sede dos Palmares, era o mocambo do Macaco.

Não se sabe ao certo quando se formou o Quilombo dos Palmares. O que se pode afirmar é que, durante a União Ibérica (1580-1640) e as invasões holandesas (1624-1654), as guerras pelo controle do Nordeste açucareiro facilitaram a fuga de muitos escravos das propriedades açucareiras. É provável que esses cativos tenham se unido a integrantes de pequenos quilombos formados anteriormente e se instalado na Serra da Barriga, onde fundaram o Quilombo dos Palmares.

Mocambo: refúgio de escravos foragidos; quilombo.

Palmares tinha uma economia diversificada. Os palmarinos cultivavam milho, mandioca, feijão, batata-doce, cana-de-açúcar, banana e criavam animais. Também praticavam o comércio com populações indígenas, trocando produtos e conhecimentos técnicos, o que lhes permitiu aprimorar a pesca e a produção artesanal. Em seu auge, por volta de 1650, Palmares reunia cerca de 15 mil pessoas, entre escravos, libertos, indígenas e brancos acusados de algum crime, distribuídos por cerca de dez mocambos.

Após a expulsão dos holandeses, o governo português direcionou seus esforços à luta para destruir Palmares. A partir de 1674, várias expedições militares foram enviadas para combater os quilombolas, que resistiam sob a liderança de Ganga Zumba. Como a guerra se prolongava, o governador de Pernambuco decidiu contratar os serviços do bandeirante paulista Domingos Jorge Velho para derrotar o quilombo. Em 1694, as forças do bandeirante venceram a resistência e destruíram completamente Palmares. No dia 20 de novembro do ano seguinte, Zumbi, último líder do quilombo, foi morto e teve sua cabeça exposta em uma praça pública de Recife.

Quiz: **crise na Europa e reações na colônia**

Vamos ver se você compreendeu todo o conteúdo estudado na unidade?
Disponível em <http://mod.lk/udwz5>.

Representação atual da vida dos moradores do Quilombo dos Palmares.

É BOM SABER

A importância do dia 20 de novembro

A escravidão foi abolida no Brasil em 13 de maio de 1888. O movimento negro brasileiro, porém, escolheu o 20 de novembro para celebrar o Dia da Consciência Negra. Entenda a razão dessa escolha lendo o texto a seguir.

"Em 1978, a data de sua morte foi instituída como Dia Nacional da Consciência Negra no Brasil. Desde então, o 20 de novembro foi se tornando uma data simbolicamente oposta ao 13 de maio: a primeira representando a luta heroica contra a escravidão e, por extensão, pela justiça econômica e social; a outra, a liberdade precária concedida pelo governo imperial em 1888, que levou à marginalização e à falta de direitos a maioria dos negros no Brasil. A cada 20 de novembro, muitas marchas e discursos contra o racismo e as restrições à cidadania dos negros podem ser vistos e ouvidos em quase todas as cidades do Brasil."

LARA, Silvia Hunold. *Palmares & Cucaú*: o aprendizado da dominação. Tese apresentada para o concurso de professor titular do Departamento de História da Universidade Estadual de Campinas. Campinas: IFCH, 2008. p. 10.

Crianças do Quilombo de Sobara se apresentam em Festa da Cultura Afro-Brasileira em homenagem ao Dia da Consciência Negra. Araruama (RJ), 20 de novembro de 2015.

QUILOMBOS NO BRASIL (SÉCULOS XVII AO XIX)

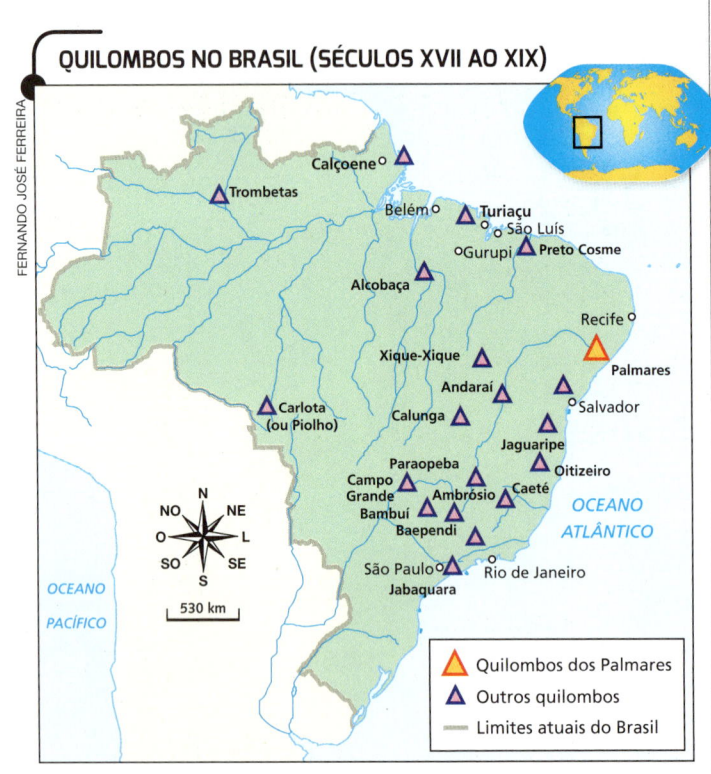

Fonte: *Brasil 500 anos*: atlas histórico. São Paulo: Três, 1998. p. 21.

ORGANIZAR O CONHECIMENTO

1. Escolha, entre as palavras do quadro, a que corresponde a cada item a seguir.

   | São Tomé   Revolta de Beckman   quilombos |
   | aristocracia agrária   Zumbi |
   | Companhia de Comércio do Estado do Maranhão |

   a) Grupo social de Olinda que se opunha à elevação de Recife à categoria de vila. _____

   b) A revolta foi motivada pela proibição de escravizar os indígenas e pela escassez de escravos africanos. _____

   c) Ilha na costa da África onde os portugueses enfrentaram grande rebelião de escravos. _____

   d) Maior símbolo da resistência à escravidão no Brasil. _____

   e) Último líder do maior quilombo formado no Brasil no período colonial. _____

   f) Empresa que tinha o monopólio no fornecimento de africanos escravizados no Maranhão. _____

2. A Revolta de Beckman e a Guerra dos Mascates tiveram como objetivo pôr fim ao domínio colonial português no Brasil? Explique.

ATITUDES PARA A VIDA

Terra de quilombo

Após a assinatura da Lei Áurea, em 1888, que aboliu a escravidão no Brasil, muitos libertos permaneceram vivendo nos quilombos. Os quilombos de hoje são conhecidos como "comunidades remanescentes de quilombos". De acordo com levantamento feito pela Fundação Cultural Palmares, havia em 2018 mais de 3 mil comunidades quilombolas, espalhadas por todo o território nacional.

Em 1988, um século após a abolição da escravidão, a Constituição brasileira reconheceu o direito dos descendentes dos antigos quilombolas às terras que ocupam. O artigo 68 das Disposições Transitórias assegura: *"Aos remanescentes das comunidades dos quilombos que estejam ocupando suas terras é reconhecida a propriedade definitiva, devendo o Estado emitir-lhes os títulos respectivos"*. Foi um passo importante, pois até então os quilombolas corriam o risco de perder as terras que vinham sendo habitadas há dezenas de anos por várias gerações de africanos escravizados e seus descendentes.

Moradores do Quilombo Mangal Barro Vermelho celebram a Festa Marujada. Município Sítio do Mato (BA), 2015. Conhecida como Congada em algumas regiões do Brasil, a Festa Marujada é realizada em homenagem a São Benedito.

QUESTÕES

1. "No imaginário popular é muito comum a associação dos quilombos a algo restrito ao passado, que teria desaparecido do país com o fim da escravidão". Essa afirmação está correta? Justifique sua resposta.

2. Compare os direitos sobre a terra, estabelecidos pela Constituição de 1988, para os indígenas e para os quilombolas. Se necessário, retome os estudos da unidade 5 para responder.

3. Você considera justas as disposições da Constituição brasileira em relação às terras dos indígenas e das comunidades quilombolas? Explique por quê.

4. As atitudes priorizadas nesta unidade são: **pensar com flexibilidade, questionar e levantar problemas, aplicar conhecimentos prévios a novas situações**. Você exercitou essas atitudes ao responder às questões acima? Quais? Em quais momentos?

ATIVIDADES

APLICAR

1. No século XVII, membros do governo português já tinham clareza da importância do Brasil para a sobrevivência econômica de Portugal. Por essa razão, nos tratados assinados com a Inglaterra, os portugueses, por orientação do Conselho da Fazenda, procuravam a todo custo manter o exclusivo metropolitano.

Sobre o assunto, leia um artigo do tratado assinado entre Portugal e Inglaterra em 1654, observe a charge e responda às questões.

> "No artigo XI. Que o povo e naturais da República da Inglaterra poderiam negociar livre e seguramente, e comerciarem de Portugal para o Brasil e para outras conquistas nossas na Índia Ocidental, e destas para o reino em todo o gênero, e com quais mercadorias, excetuando farinha, bacalhau, vinho, azeite e pau-brasil (os quais eram proibidos pelo contrato com a Companhia do Brasil) pagando só os direitos e costumes que pagassem os outros negociantes naquelas partes [...]."

Tratado de paz e de comércio entre Inglaterra e Portugal [1654]. In: SANTARÉM, Visconde de (Coord.). *Quadro elementar das relações políticas e diplomáticas de Portugal com as diversas potências do mundo*: desde o princípio da monarquia portuguesa até aos nossos dias. Paris: JP Aillaud, 1842. p. 92. Tomo 17.

Charge de Rico, 2012.

a) Qual foi a decisão mais importante desse artigo do tratado de 1654?

b) Quais pontos desse tratado mostram o interesse português em procurar garantir o exclusivo comercial metropolitano no Brasil?

c) De que maneira a charge acima explica a posição do governo português em relação ao Brasil?

2. Sobre o artigo XI do tratado de 1654, escreva V (verdadeiro) ou F (falso).

   a) O artigo mostra que o mercantilismo entrava em choque com o desenvolvimento da economia capitalista, que tinha como centro a Inglaterra.

   b) A burguesia comercial portuguesa defendia total liberdade de comércio entre a Inglaterra e as colônias portuguesas.

   c) O tratado foi assinado por representantes das coroas portuguesa e inglesa.

   d) O tratado de amizade e comércio de 1654 mostra que a Inglaterra tinha grande interesse em comerciar com as colônias portuguesas na América e nas Índias.

3. Releia o texto do boxe É bom saber, na página 216, que compara o significado dos dias 13 de maio e 20 de novembro na história brasileira. Qual é a diferença de simbolismo que o texto aponta entre as duas datas?

4. Aponte três fatores internos e três fatores externos que explicam a crise que afetou a economia portuguesa no século XVII.

5. Um dos assuntos centrais abordados nesta unidade foram os conflitos entre as grandes potências europeias da época moderna, motivados principalmente por disputas de mercado e possessões coloniais.

   a) Junto com um colega, redijam um texto explicando como a política econômica mercantilista acirrava essas disputas comerciais.

   b) Troquem o texto redigido por vocês com outra dupla de colegas.

   c) Leiam o texto dos colegas, façam os apontamentos que considerarem necessários e o devolvam a eles.

RETOMAR

6. Responda, agora, às questões-chave da abertura dos temas 3 e 4.

   a) De que forma o Império Português procurou superar a crise do século XVII?

   b) Que razões motivaram as rebeliões na América portuguesa?

Mais questões no livro digital

AUTOAVALIAÇÃO

CONTEÚDOS

1. Como você avalia seu aprendizado nesta unidade? Bom, regular ou insatisfatório? Consulte os materiais que você utilizou durante seus estudos, incluindo atividades e anotações pessoais. Escreva no caderno uma frase explicando sua resposta para cada um dos itens abaixo.

   a) O absolutismo monárquico e o esgotamento da política mercantilista.

   b) Crises e guerras entre as potências europeias nos séculos XVI e XVII.

   c) A União Ibérica e o Brasil holandês.

   d) A situação de Portugal após a União Ibérica e a expulsão dos holandeses do Brasil.

   e) Rebeliões de colonos e de trabalhadores escravizados na América portuguesa.

ATITUDES

2. Qual foi o conteúdo ou atividade mais difícil para você? Como foi possível superar as dificuldades? Retome a descrição das atitudes e escolha aquela que julgar mais adequada para responder.

3. Marque com um X as frases que correspondem ao estudo que você realizou nesta unidade.

   a) ( ) Foi possível aproveitar e aperfeiçoar conhecimentos anteriores (temas e/ou estratégias de estudo).

   b) ( ) O estudo de conflitos, como invasões e guerras, revoltas de colonos e rebeliões de escravos, ajudou a compreender os pontos de vista dos diferentes personagens envolvidos em cada situação.

   c) ( ) Para compreender cada um desses conflitos, foi necessário estudar os motivos e as consequências de cada um deles.

4. Associe cada frase da questão anterior a uma das atitudes a seguir.

   a) ( ) Pensar com flexibilidade.

   b) ( ) Questionar e levantar problemas.

   c) ( ) Aplicar conhecimentos prévios a novas situações.

COMPREENDER UM TEXTO

A análise das fontes é uma das tarefas mais importantes no trabalho do historiador. Dependendo de como ela é realizada, a narrativa construída sobre uma revolta ou as realizações de um governo pode ser positiva ou negativa em relação aos seus sujeitos históricos. Confira no texto a seguir como o autor interpretou as fontes sobre a Revolta do Maneta para construir a sua narrativa sobre o movimento.

Como ocorreu a Revolta do Maneta

"Nos documentos de época, as sublevações são sempre descritas como movimentos desorganizados, desordeiros, caóticos. Mas uma leitura atenta sobre essas mesmas fontes permite outro tipo de interpretação [...].

Para os baianos, aquele século começou difícil. Os preços do açúcar não paravam de cair em razão da concorrência das Antilhas. A situação se agravou com a descoberta das minas de ouro, que atraíram a compra de escravos para as áreas de mineração e fizeram aumentar o preço dos cativos. Para piorar [...], por determinação da Coroa, passou-se a cobrar uma dízima na alfândega (10% das mercadorias que entravam no porto de Salvador) e uma taxa sobre os escravos enviados para as Minas. [...]

No dia 19 de outubro de 1711, em Salvador, a praça em frente ao Palácio do Governador ficou repleta de pessoas. [...]

Os rebeldes reivindicavam a suspensão dos 10% da alfândega e condenavam o abusivo aumento do preço do sal, que saltara de 480 para 720 réis o alqueire (em cálculos aproximados, 1 alqueire correspondia a 36,27 litros e 1 grama de ouro equivalia a 334,5 réis). [...]

Os amotinados acreditavam que o aumento vertiginoso do preço do sal – considerado um bem de primeira necessidade – era devido à interferência de Manuel Dias Filgueiras, responsável pelo abastecimento do gênero na cidade. A multidão marchou então até sua casa [...], rompeu as portas do sobrado a machadadas, subiu ao andar superior e pela janela atirou às ruas seus refinados pertences. Em seu armazém, localizado na parte de baixo, quebraram vários barris de licor, derramando-o pelas ruas. A residência ficou quase toda destruída.

A cidade de São Salvador e seu porto, gravura de Emanuel Bowen, 1744.

"A fúria dos amotinados voltou-se ainda contra o seu sócio Manoel Gomes Lisboa. Também invadiram a sua casa e lançaram pela janela objetos caros, inclusive ouro em pó [...]. Em nenhum dos casos houve registro de que os rebeldes tenham se apossado de qualquer bem. [...]

Os alvos dos rebeldes eram cuidadosamente escolhidos, e a violência não era cometida a esmo: variava em meio a um repertório amplo de punições. As maiores eram reservadas àqueles que agiam em estreita cooperação com as autoridades – seus bens eram destruídos ou incendiados. [...] Os saques nunca serviam para o proveito pessoal, mas eram distribuídos pelas ruas, o que não configurava roubo. A queima de propriedades tinha forte efeito simbólico, com o fogo representando um ideal purificador. Para pessoas que tinham poucos recursos de luta, a utilização do fogo era sempre uma arma acessível e eficiente.

Diante de ações que pareciam barbárie, desordem e caos aos olhos das autoridades, havia decisões bastante lógicas, fundamentadas em causas consideradas justas e sacramentadas por rituais cheios de significação. [...]"

RODRIGUES, Gefferson Ramos. Ordem na baderna. *Revista de História da Biblioteca Nacional*, 1º dez. 2013. Disponível em <http://mod.lk/ywugc>. Acesso em 5 abr. 2018.

ATIVIDADES

EXPLORAR O TEXTO

1. Assinale a afirmativa que resume o principal objetivo do texto.
   a) Analisar as fontes históricas sob uma nova perspectiva e reinterpretar a Revolta do Maneta.
   b) Narrar a Revolta do Maneta.
   c) Interpretar as novas fontes que tratam a respeito da Revolta do Maneta.
   d) Valorizar e justificar as atitudes dos rebeldes e demonstrar as injustiças cometidas pelos administradores.

2. De acordo com o texto, diversas razões determinaram a eclosão da revolta.
   a) Identifique quais são essas razões.
   b) Ainda conforme o texto, classifique essas razões por ordem de importância.

3. "Desorganização", "desordem" e "caos" são termos atribuídos à revolta:
   a) pelo autor do texto.
   b) pelos historiadores.
   c) pelas autoridades coloniais.
   d) pelos baianos.

4. Explique por que, no último parágrafo, o autor utiliza as palavras "lógicas", "fundamentadas" e "sacramentadas" para resumir a revolta.

RELACIONAR

5. Os movimentos e revoltas populares no mundo atual também são vistos como desordeiros, caóticos e prejudiciais à população? Se sim, você concorda com esses adjetivos que são atribuídos a eles? Justifique sua opinião descrevendo um movimento de protesto atual que você tenha acompanhado, lido uma notícia ou assistido a alguma reportagem tratando do assunto.

REVISANDO

A crise do século XVII na Europa

1. A centralização do poder real atingiu seu ponto máximo com a **monarquia absolutista**.

2. Durante o século XVI, a pouca concorrência permitiu que os impérios ibéricos mantivessem o **monopólio do comércio das especiarias e de escravos**.

3. No século XVII, Inglaterra, Holanda e França **conquistaram possessões coloniais** e quebraram o monopólio ibérico do comércio marítimo colocando em xeque a **política mercantilista**.

A crise e a dependência portuguesa

1. Uma **crise de sucessão dinástica** levou à **união das coroas ibéricas**, governadas apenas pelos espanhóis entre 1580 e 1640.

2. A **União Ibérica** fez Portugal sofrer as consequências das guerras entre **Espanha** e **Holanda**.

3. **Excluídos do comércio** do açúcar pelos espanhóis, os **holandeses invadiram o Nordeste brasileiro** e possessões portuguesas na África e na Ásia.

4. O **Império Português** recuperou o Nordeste brasileiro, mas perdeu a liderança no **comércio do açúcar**, **de escravos** e das **especiarias** orientais.

O aumento do controle português na colônia americana

1. Após a **Guerra de Restauração** contra a Espanha, Portugal tomou uma série de medidas para reforçar o controle sobre o **Brasil**, que se tornou a principal **fonte de riqueza** do reino luso.

2. Com a criação do **Conselho Ultramarino** e das **Companhias de Comércio do Brasil** e do **Maranhão**, a Coroa lusitana buscou reforçar o **exclusivo comercial metropolitano** e a fiscalização sobre sua **colônia** americana.

3. Enfraquecido econômica e militarmente, o **Reino Português** buscou a proteção da **Inglaterra**, assinando **tratados de amizade e comércio** que concediam privilégios aos comerciantes ingleses.

Rebeliões na colônia

1. A **Revolta de Beckman** foi motivada pela falta de **escravos africanos** e pela **proibição** da escravização de **indígenas**.

2. A **Guerra dos Mascates** resultou do conflito de interesses entre a **aristocracia rural de Olinda** e os **comerciantes de Recife**.

3. Na Bahia, a **Revolta do Maneta** contestou a **alta carga tributária** imposta pela Coroa portuguesa.

4. Os **quilombos** existiram no Brasil durante todo o período escravocrata e representam o maior **símbolo da luta contra a escravidão**.

5. O **Quilombo dos Palmares** foi o maior e mais organizado quilombo no Brasil. Ele serve de **exemplo à luta dos negros** brasileiros atuais contra o preconceito.

Trilha de estudo

Vai estudar? Nosso assistente virtual no *app* pode ajudar! <http://mod.lk/trilhas>

PARA LER

- **Aqualtune e as histórias da África**
Autora: Ana Cristina Massa
São Paulo: Gaivota, 2012

Sinopse

Neste livro, Aqualtune (que queria se chamar Alice) e seus amigos viajam de férias para uma fazenda distante da cidade. Lá, acontecimentos inesperados levarão a menina a descortinar o passado dos moradores do local e a descobrir um grande amor pelo nome que seus pais lhe deram.

O livro e esta unidade

1. Quais acontecimentos na vida de Aqualtune, ou Alice, a fizeram mudar de opinião a respeito de seu nome africano?

2. Como você avalia o papel das mulheres negras na resistência à escravidão no Brasil?

UNIDADE 8
A EXPANSÃO DA AMÉRICA PORTUGUESA

Interior da Igreja Matriz de Nossa Senhora do Pilar, em Ouro Preto (MG), foto de 2007.

A "IDADE DO OURO" NA AMÉRICA PORTUGUESA

A Igreja de Nossa Senhora do Pilar, na cidade de Ouro Preto (MG), foi construída ao longo do século XVIII. O edifício destaca-se pela decoração interna: os altares abrigam imagens de santos recobertas por uma fina camada de ouro. As paredes e o teto são pintados com cenas das narrativas bíblicas.

A cidade de Ouro Preto, onde essa igreja está localizada, foi fundada com o nome de Vila Rica. Ela foi o centro da exploração de ouro no Brasil colonial e a "capital" da arte barroca mineira. As marcas do seu passado colonial hoje fazem da cidade um dos principais destinos turísticos do país.

Conheça, nesta unidade, um pouco dessa época em que muitos colonos deixaram de "arranhar a costa como caranguejos" e se embrenharam pelo sertão, descobrindo ouro, fundando vilas e expandindo o território da América portuguesa.

COMEÇANDO A UNIDADE

1. Quais pistas a imagem e o texto nos oferecem sobre Vila Rica no século XVIII?
2. Várias outras vilas e cidades se formaram na região de Minas Gerais no século XVIII. O que teria atraído milhares de pessoas para o interior do que é hoje o Brasil?
3. Quais dificuldades e perigos os colonos poderiam encontrar ao adentrar o território? Justifique a resposta.

ATITUDES PARA A VIDA

- Aplicar conhecimentos prévios a novas situações.
- Pensar de maneira interdependente.
- Controlar a impulsividade.

TEMA 1

A PECUÁRIA AVANÇA PELO INTERIOR DA COLÔNIA

Que mudanças a expansão da pecuária promoveu na América portuguesa?

A PECUÁRIA NA AMÉRICA PORTUGUESA

Você sabia que o Brasil é o maior exportador de carne bovina do mundo e está entre os dez maiores produtores de leite de vaca? Segundo dados do Ministério da Agricultura, a carne brasileira é vendida para mais de 180 países, com um faturamento, em 2017, de 6 bilhões de reais. Mas nem sempre a pecuária teve esse papel de destaque na economia brasileira.

Bovinos, suínos e outros tipos de criação foram trazidos ao Brasil pelos colonizadores portugueses entre os séculos XVI e XVII. Naquele tempo, os colonizadores não tinham interesse em exportar carne, couro e outros derivados do gado bovino. O interesse deles estava voltado, principalmente, para a produção de cana-de-açúcar. Aos poucos, contudo, esses animais conquistaram espaço e importância na economia colonial.

Peões tocam boiada pela Rodovia Transamazônica (BR-230), no município de Carolina (MA), em 2017.

Transporte de carne de corte, gravura de Jean-Baptiste Debret, 1835.

A PECUÁRIA NO NORDESTE DA COLÔNIA

Inicialmente, o gado era criado junto aos engenhos de açúcar. Além de fornecer carne e couro aos colonos, os bois eram utilizados no transporte de pessoas e mercadorias e como força motriz para as moendas.

No entanto, a Coroa portuguesa, preocupada com o avanço do gado nas terras destinadas à grande lavoura de exportação, proibiu a criação de bovinos no litoral, obrigando os criadores a avançar para o interior.

Partindo do litoral, o gado adentrou o sertão e espalhou-se pela região do Rio São Francisco. As criações se expandiram até as terras dos atuais estados da Paraíba, do Rio Grande do Norte, do Ceará, do Piauí e do Maranhão. O gado era criado de maneira extensiva, ou seja, solto em grandes áreas de terra. O trabalho era realizado principalmente por homens livres remunerados (indígenas, mestiços e negros libertos) e, em menor escala, por escravos.

Em meados do século XVII, a pecuária já era muito importante na economia colonial, desde o Maranhão até a Bahia. Os rebanhos eram deslocados por longas distâncias, das fazendas até as feiras, onde eram comercializados.

A partir do século XVIII, os colonos começaram a abrir fazendas para engordar os bois nas regiões próximas às feiras. Uma das fazendas mais importantes foi a Santana dos Olhos D'Água, fundada no início do século XIX, que daria origem à famosa Feira de Santana, hoje a segunda maior cidade da Bahia.

Sertão: no período colonial, o termo era utilizado para designar o interior da América portuguesa, território ainda não explorado pelos colonizadores.

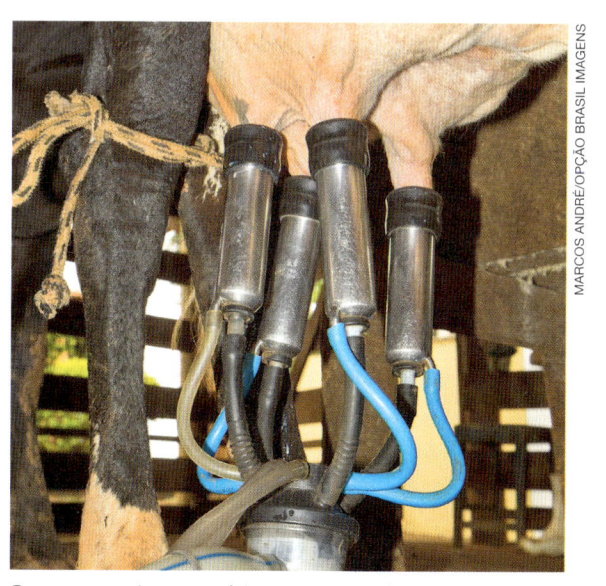

Entre as modernas práticas de produção de leite está a ordenha mecânica. São Roque de Minas (MG), 2015.

É BOM SABER

Couro para todas as coisas

Nas fazendas sertanejas, segundo o historiador Capistrano de Abreu, o gado formou uma sociedade típica, uma verdadeira "época do couro". Veja o que ele escreveu sobre o uso do couro no sertão nordestino.

"De couro era a porta das cabanas, o rude leito aplicado ao chão duro, e mais tarde a cama para os partos; de couro todas as cordas, a borracha para carregar água, o mocó ou alforje para levar comida, a maca para guardar roupa, a mochila para milhar cavalo, a peia para prendê-lo em viagem, as bainhas de faca, as bruacas e surrões, a roupa de entrar no mato, os banguês para curtume ou para apurar sal; para os açudes, o material de aterro era levado em couros puxados por juntas de bois que calcavam a terra com seu peso [...]."

ABREU, Capistrano de. *Capítulos de história colonial*: 1500-1800. Belo Horizonte: Itatiaia; São Paulo: Publifolha, 2000. p. 153.

Milhar: gesto de dar milho, no caso, aos cavalos.

Banguê: tipo de vasilha ou recipiente.

Curtume: processamento do couro cru com o objetivo de utilizá-lo na indústria ou no comércio.

Explore

- Você consegue associar as palavras sublinhadas no texto com as imagens abaixo? Faça uma pesquisa e escreva o nome dos objetos ao lado das imagens. Releia o texto e pense bem antes de registrar sua resposta. Não seja impulsivo. Depois, corrija oralmente na classe com a ajuda do professor.

A PECUÁRIA NO SUL DA COLÔNIA

O gado bovino chegou ao sul da América portuguesa no primeiro século de colonização. Nessa região, assim como no Nordeste, o gado criado solto ocupava grandes extensões de terra. Os colonos espanhóis que habitavam as regiões onde hoje se localizam Paraguai, Bolívia e Peru compravam bois e mulas dos colonos portugueses no Brasil. Com a importância crescente do comércio de carne, o gado passou a ser confinado no interior das **estâncias**, nome que recebiam as fazendas de gado gaúchas.

Inicialmente, a criação de bois estava voltada sobretudo para a produção de couro. No final do século XVIII desenvolveu-se a produção de charque, carne salgada seca ao Sol.

O charque gaúcho abastecia desde os centros açucareiros do Nordeste até a região das minas.

No Sul também se desenvolveu a criação de cavalos e mulas. Os animais eram utilizados para o transporte de pessoas e mercadorias e comercializados com outras regiões da colônia. Assim, a criação de animais possibilitou consolidar um próspero mercado e fixar pessoas no Sul da América portuguesa.

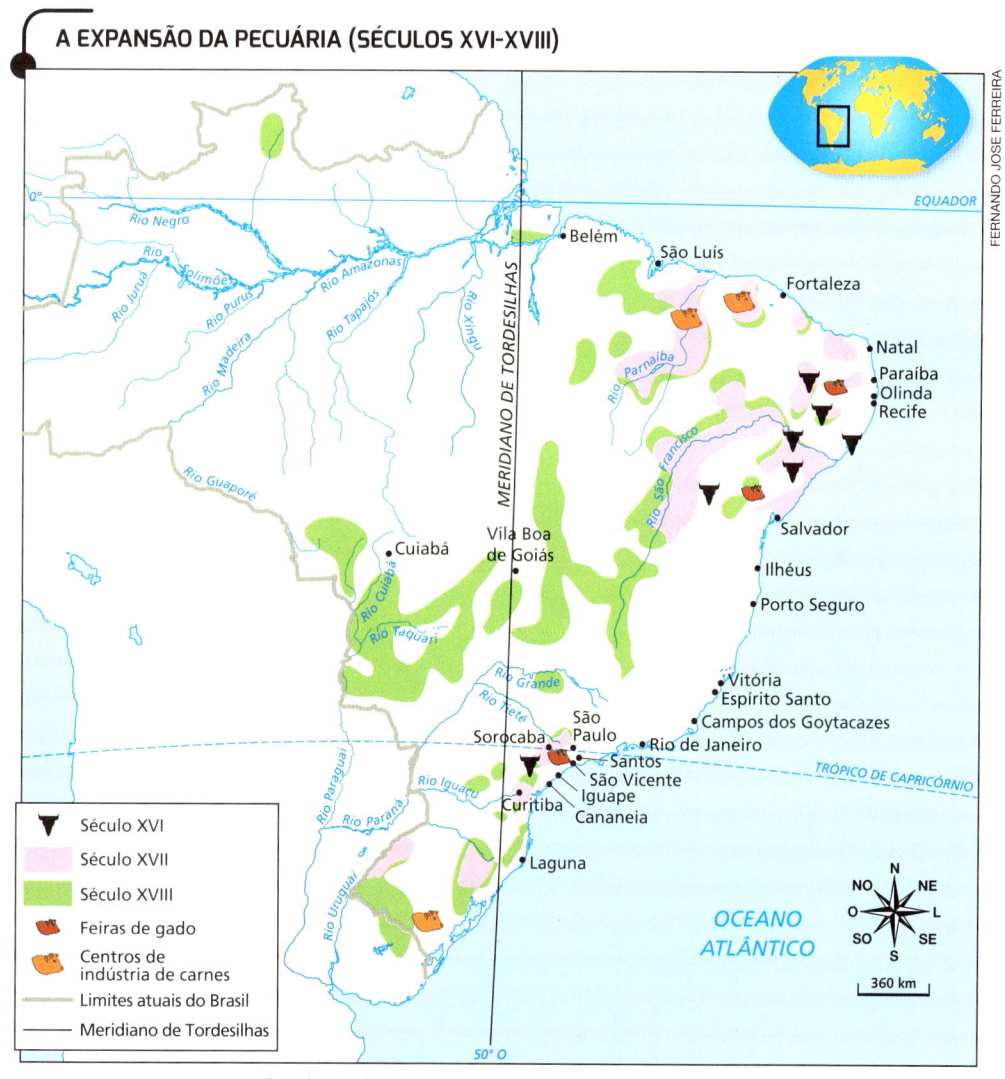

Mapa interativo

A EXPANSÃO DA PECUÁRIA (SÉCULOS XVI-XVIII)

Fonte: VICENTINO, Claudio. *Atlas histórico*: geral e do Brasil. São Paulo: Scipione, 2011. p. 102.

Aquecimento: acordo difícil, charge de Amarildo, de 2009, sobre a contribuição do gado para o aquecimento global.

A MODERNA PECUÁRIA E SEU IMPACTO AMBIENTAL

No Brasil atual predomina a pecuária extensiva, em que os bois são criados em vastas pastagens. O Brasil possui o segundo maior rebanho bovino no mundo, ficando atrás apenas da Índia. Em 2017, havia 226 milhões de cabeças de gado bovino em nosso país. Ou seja, a população bovina já superava a população de brasileiros.

Mas quais são as consequências da expansão da grande pecuária comercial para o meio ambiente? Em primeiro lugar, o avanço da pecuária implica na derrubada de áreas de floresta para a formação de pastagens. Em 2017, cerca de 65% da área desmatada na Amazônia brasileira estava ocupada com pastos de rebanhos bovinos. A diminuição do tamponamento florestal prejudica o ciclo de renovação da água, aumentando os períodos de seca e as queimadas, degradando solos e ameaçando o futuro de espécies animais que lá vivem. Em segundo lugar, o processo de digestão do gado bovino libera o gás metano, um dos gases causadores do efeito estufa e responsável, segundo muitos especialistas, pelo aquecimento global.

Dialogando com Ciências

Tamponamento: processo natural em que a floresta funciona como 'tampão', dificultando a evaporação da água do solo e evitando o seu ressecamento.

ORGANIZAR O CONHECIMENTO

1. Escreva **N** para a pecuária do Nordeste, **S** para a pecuária do Sul ou **N/S** para ambas.
   a) A pecuária bovina era praticada de forma extensiva, sem cercamentos, e os rebanhos circulavam com grande liberdade pelo território.
   b) Com o tempo, o gado passou a ser reunido no interior das estâncias, onde o dono tinha mais controle sobre o rebanho.
   c) O trabalho nas fazendas de gado era realizado principalmente por assalariados indígenas, mestiços e negros libertos.
   d) Destinada principalmente à produção de charque, a criação de gado tornou-se a principal atividade econômica da região no período colonial.
   e) Até ser proibido pela Coroa portuguesa, o gado era criado no litoral, nas imediações do engenho.

2. Explique os impactos ambientais que estão associados à grande pecuária comercial.

TEMA 2

CONFLITOS E TROCAS CULTURAIS NO SERTÃO

Como jesuítas e bandeirantes contribuíram para a expansão da América portuguesa?

A EXPANSÃO DAS FRONTEIRAS COLONIAIS

Explorar o interior da América portuguesa não era tarefa fácil nos séculos XVI e XVII. Além dos obstáculos naturais, como serras, matas e rios, os colonos tinham de enfrentar a resistência dos indígenas, que lutavam contra a escravização e em defesa de suas terras.

Ainda no século XVI, os colonos começaram a explorar o sertão e tiveram muito sucesso nessa atividade. No início do século XVII, os "paulistas" já faziam comércio com colonos espanhóis que viviam em Assunção, onde hoje está o Paraguai. E, junto com os colonos, chegaram os padres jesuítas, que fundaram as chamadas missões ou reduções.

No século XVII, como você pode ver no mapa ao lado, colonos e jesuítas já haviam ultrapassado a linha do Meridiano de Tordesilhas e alcançado as terras distantes do Rio Amazonas. Como os colonos conseguiram adentrar o sertão? O que mudou na América portuguesa depois disso?

BANDEIRAS E MISSÕES (1550-1720)

- Missões portuguesas
- Missões espanholas
- Expedições de apresamento dos Guarani por mar (1550-1635)
- Expedições de apresamento dos Guarani por terra (1585-1641)
- Expedições de apresamento de outros grupos (pós-1640)
- Limites atuais do Brasil

Explore

- No mapa, há indicações de como os colonos da América portuguesa desrespeitaram os limites do Tratado de Tordesilhas. O que teria motivado esse avanço dos colonos para além das áreas do território sul-americano que pertenciam a Portugal?

Fonte: MONTEIRO, John Manuel. *Negros da terra:* índios e bandeirantes nas origens de São Paulo. São Paulo: Companhia das Letras, 1994. p. 13.

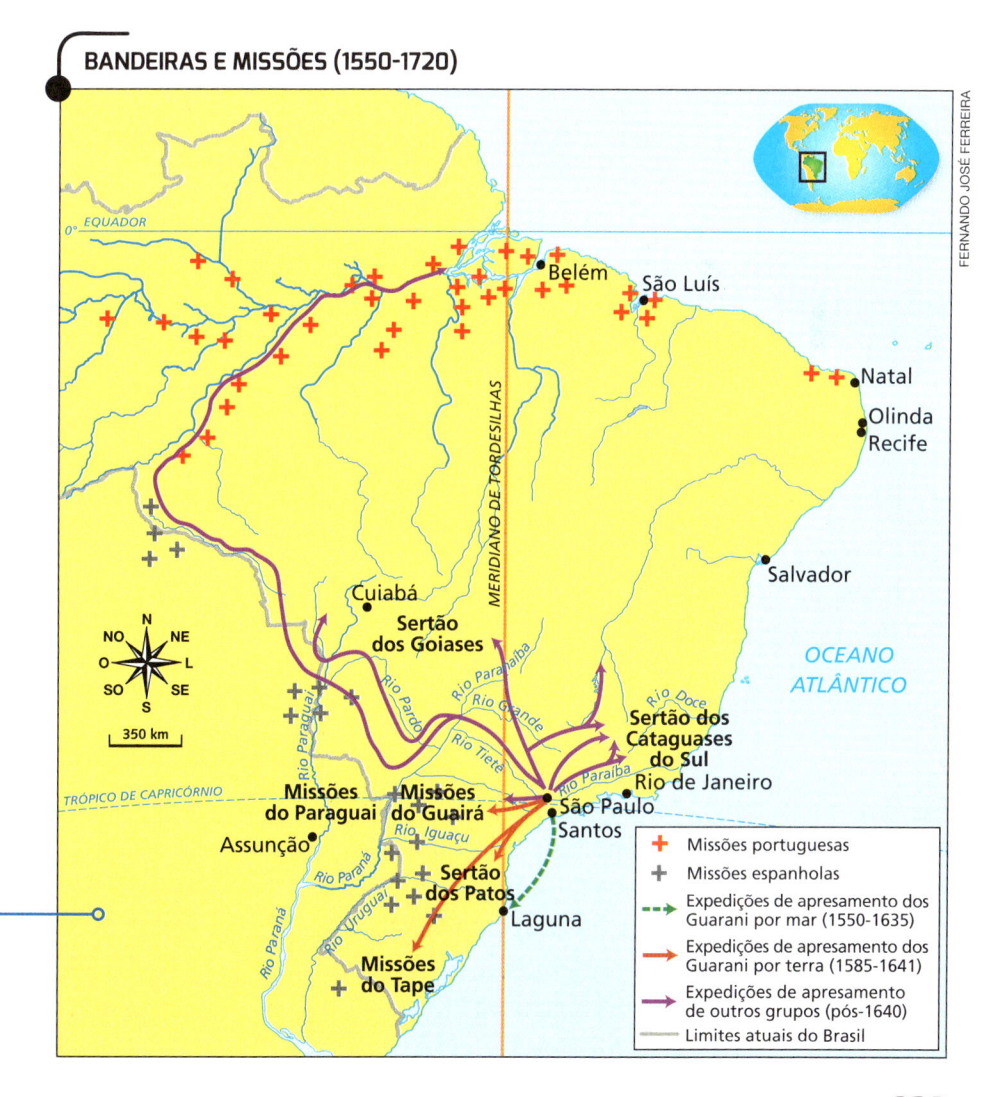

229

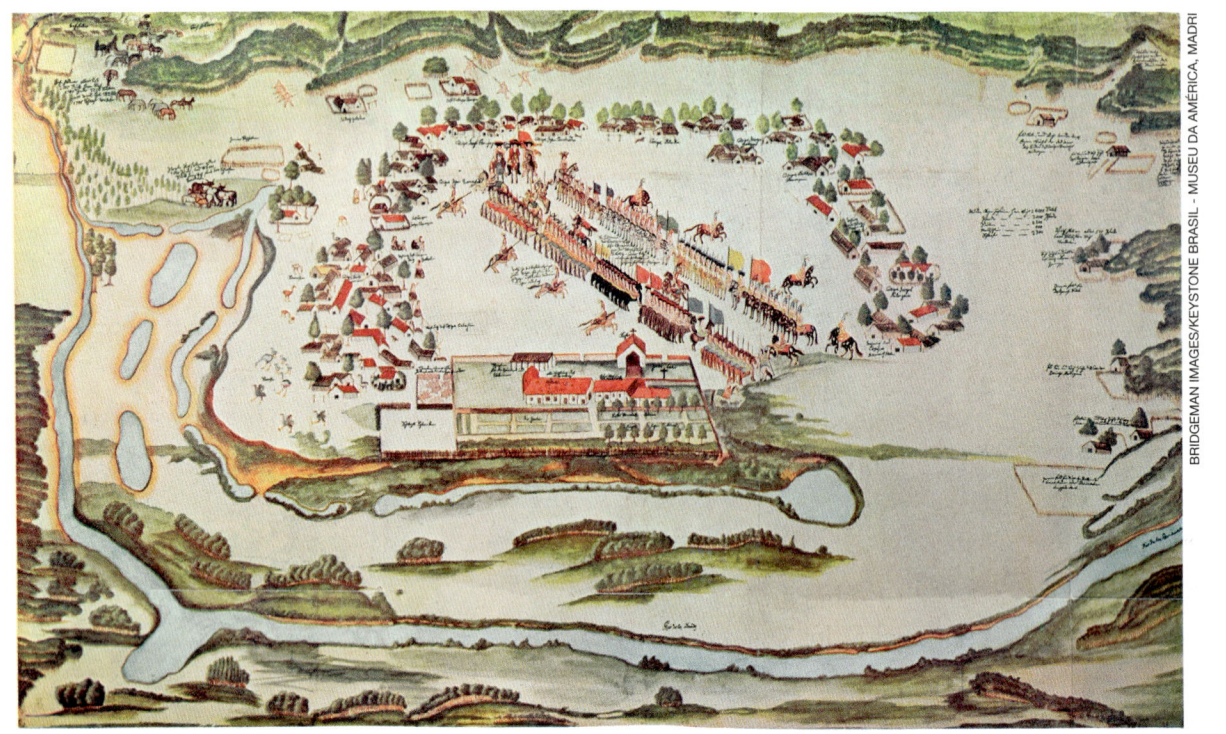

Missão jesuítica em terras da atual Argentina, que na época pertenciam à Espanha.
Gravura do livro *Hacia allá y para acá*, do missionário jesuíta polonês Florian Paucke, século XVIII.
As missões jesuíticas sofriam constantes ataques de exploradores em busca de nativos para escravizar, o que explica a presença de soldados a cavalo e a pé nessa imagem.

OS JESUÍTAS NA AMÉRICA PORTUGUESA

A Companhia de Jesus, ordem religiosa criada em 1534, esteve presente no projeto colonizador português em suas possessões na América, na África e na Ásia. Liderados pelo padre Manuel da Nóbrega, os primeiros jesuítas chegaram à América portuguesa em 1549 com a comitiva de Tomé de Sousa, governador-geral do Brasil. Eles estavam encarregados de catequizar as populações indígenas e os filhos dos colonizadores.

Os jesuítas estabeleceram-se, inicialmente, no litoral da Bahia, em São Vicente e no Rio de Janeiro. Nessas regiões, fundaram colégios que eram mantidos com recursos da Coroa e tinham como principais objetivos a educação dos colonos e a formação de novos padres.

Para converter os nativos ao catolicismo, os jesuítas começaram a organizar aldeamentos autossuficientes chamados **missões** ou **reduções**. Nas missões, os jesuítas atuavam para que os indígenas adotassem o modo de vida cristão e deixassem de lado a nudez, o politeísmo, as práticas poligâmicas, enfim, seus costumes ancestrais. As primeiras missões foram criadas na Bahia, em meados do século XVI, e logo se espalharam por outras capitanias.

PARA ASSISTIR

● **A missão**
Direção: Roland Joffé
País: Reino Unido/França
Ano: 1986
Duração: 126 min

Sinopse

A missão narra a história de Rodrigo Mendoza, ex-traficante de escravos que assassinou o próprio irmão. Como penitência, Mendoza une-se aos padres jesuítas e parte para a missão de São Carlos, no sul da colônia, disputada por Espanha e Portugal. Acolhido pelos indígenas Guarani, o ex-traficante torna-se padre jesuíta e luta ao lado dos indígenas contra as tropas luso-espanholas organizadas para destruir as missões.

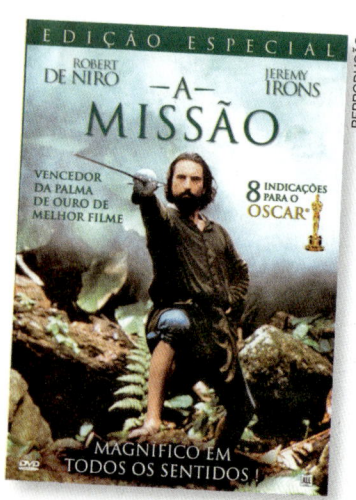

ALIANÇA E GUERRA COM OS INDÍGENAS

No início do século XVII, as principais atividades desenvolvidas na vila de São Paulo eram a agricultura e a criação de animais. Os paulistas cultivavam trigo, cana-de-açúcar, milho, algodão, feijão e mandioca. O trigo, principal produto, destinava-se ao abastecimento das vilas e cidades do litoral. O trabalho nas lavouras era quase todo executado por escravos indígenas.

Até 1570, os colonizadores escravizaram os indígenas sem nenhuma restrição legal. Em março daquele ano, contudo, pressionada pelos jesuítas, a Coroa portuguesa determinou que somente os indígenas capturados em **guerra justa** poderiam ser usados como escravos. A lei não impediu, porém, que indígenas escravizados continuassem realizando a maior parte das atividades na vila de São Paulo durante todo o século XVII.

Interessados em obter mão de obra para o trabalho nas lavouras, os paulistas começaram a organizar expedições rumo ao interior da colônia a fim de capturar indígenas para serem comercializados como escravos. Também buscavam metais e pedras preciosas; mas, até o final do século XVII, a captura de indígenas foi o objetivo central dos paulistas.

Nas expedições de apresamento, os colonos, seguindo um costume dos indígenas Tupi, erguiam uma bandeira em sinal de guerra. Por isso, os integrantes dessas expedições foram chamados **bandeirantes**.

As bandeiras de apresamento, como ficaram conhecidas, eram organizadas e financiadas principalmente por particulares, mas algumas também obtiveram recursos da Coroa portuguesa.

As bandeiras não eram formadas apenas de colonos. Centenas e, às vezes, milhares de indígenas aliados eram arregimentados e lutavam na captura de grupos inimigos. A captura e a venda de indígenas escravizados era um negócio tão rentável que, entre 1627 e 1640, cerca de 100 mil indígenas foram capturados pelos bandeirantes.

Explore

- Em outubro de 2013, o *Monumento às bandeiras* foi pichado em protesto contra a Proposta de Emenda Constitucional (PEC) 215, que transferia ao Congresso Nacional a competência de demarcar as Terras Indígenas e quilombolas, poder que atualmente cabe à União. O que você pensa a respeito desse ato? É correto pichar um exemplar do patrimônio público? E se esse patrimônio representa um dos principais agentes do extermínio dos indígenas no Brasil? Reflita, reúna argumentos para defender sua posição e redija um texto argumentativo expondo seu ponto de vista.

Detalhe de *Monumento às bandeiras*, escultura de Victor Brecheret, 1953, exposta em área pública de São Paulo. Na foto, o monumento pichado após os protestos indígenas de outubro de 2013.

BANDEIRANTES *VERSUS* JESUÍTAS

Embarque forçado do padre Antônio Vieira nas praias do Maranhão, ilustração de André de Barros, 1746. Por opor-se à escravidão dos indígenas, o jesuíta padre Antônio Vieira foi expulso da América portuguesa em 1661.

A DESTRUIÇÃO DE GUAIRÁ

A escravização dos indígenas foi motivo de contínuos conflitos entre padres jesuítas e colonos. O padre Antônio Vieira, por exemplo, foi expulso do Maranhão por colonos e proprietários de escravos que não admitiam restrições à escravidão dos indígenas.

A prática de escravizar o indígena não se manteve apenas no norte da colônia. Os paulistas também ignoraram a lei de 1570, que proibia a escravização do indígena exceto em caso de guerra justa. Com a ajuda de indígenas aliados, os bandeirantes invadiam aldeias, mesmo as que não representavam ameaça à colonização, e capturavam indígenas para vendê-los como escravos. Eles também aproveitaram a brecha criada pela lei de 1570 para estimular guerras intertribais e assim justificar a escravização de povos mais hostis à presença portuguesa.

O principal alvo das expedições paulistas eram as aldeias Guarani da região de Guairá, situadas às margens do Rio Paraná, no noroeste do atual estado do Paraná. Nessa vasta e fértil região viviam milhares de indígenas do povo Guarani em avançado processo de sedentarização.

Portanto, eram bons agricultores. Interessados na habilidade desses indígenas na agricultura, os paulistas atacaram a região entre 1610 e 1640. Em pouco tempo, auxiliados por nativos Tupi na localização das aldeias e na formação de batalhões, os bandeirantes paulistas destruíram as aldeias Guarani e treze das quinze missões que os jesuítas haviam fundado na região.

A BANDEIRA DE RAPOSO TAVARES

A maior bandeira atacou a região em 1628 e foi liderada por Antônio Raposo Tavares e outros paulistas, como André Fernandes e Manuel Preto. Nos ataques, eles foram auxiliados por mais de cem colonos e dois mil guerreiros Tupi. Calcula-se que, entre 1628 e 1640, os paulistas tenham capturado cerca de 60 mil Guarani da região do Guairá. A maior parte deles foi escravizada nas plantações do planalto paulista ou em outras regiões da América portuguesa.

Leia um trecho do relato de um jesuíta sobre a destruição das aldeias Guarani pelos paulistas:

> "Um destino terrível reservava-se às aldeias que ousassem resistir. Nestes casos, os portugueses 'entram, matam, queimam e assolam [...]'. A longa caminhada até São Paulo prometia horrores adicionais, 'como matar os enfermos, os velhos, aleijados e ainda crianças que impedem os pais ou parentes a seguirem a viagem com a pressa [...] que eles pretendem [...]'."
>
> MONTEIRO, John Manuel. *Negros da terra*: índios e bandeirantes nas origens de São Paulo. São Paulo: Companhia das Letras, 1994. p. 73.

É BOM SABER

Um "papa" Tupinambá

O contato com os europeus disseminou doenças e estimulou as guerras entre povos inimigos. Por outro lado, muitos nativos buscaram exercer algum tipo de resistência à nova realidade que alterava seu modo de vida e negava suas tradições.

Além dos confrontos diretos, os indígenas também procuraram resistir ao colonizador preservando sua religiosidade. Um exemplo disso foi o movimento Santidade do Jaguaripe, ocorrido na Bahia no final do século XVI, liderado por um pajé Tupinambá batizado com o nome de Antônio. O pajé, apropriando-se do cristianismo, criou uma nova cerimônia religiosa que revigorou a mitologia Tupinambá. Ele dizia ser o verdadeiro "papa", esposo da Virgem Maria e reencarnação de Tamandaré, um ancestral Tupinambá. Porém, depois de seis meses, o movimento foi desmantelado pela Coroa portuguesa.

Ilustração contemporânea representando a bandeira de Raposo Tavares, em 1628.

DE OLHO NO INFOGRÁFICO

O RECONHECIMENTO DOS POVOS INDÍGENAS DO BRASIL

Desde a chegada dos portugueses até os anos 1970, as populações indígenas do Brasil reduziram drasticamente e algumas chegaram a desaparecer. Essa situação, felizmente, começou a mudar no final do século XX.

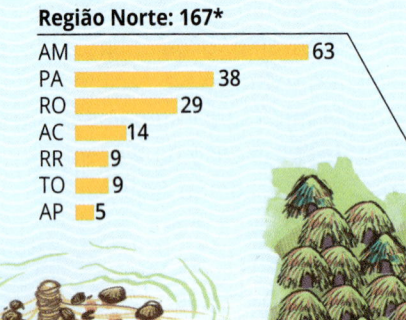

Região Norte: 167*
- AM 63
- PA 38
- RO 29
- AC 14
- RR 9
- TO 9
- AP 5

309 comunidades indígenas no Brasil

A Constituição de 1988 reconheceu a organização social, as línguas, as crenças e as tradições dos indígenas brasileiros, além do direito às terras que tradicionalmente ocupam. Dos 254 povos indígenas reconhecidos no Brasil, vários deles estão distribuídos por mais de um estado da federação. Veja no mapa a distribuição das 309 comunidades indígenas no país.

Náwa (AC)

Em 1999, habitantes da Serra do Divisor (AC) foram notificados de que seriam transferidos dali em decorrência da criação de um parque nacional. Porém, um grupo da etnia Náwa, povo até então considerado extinto, se recusou a sair e reivindicou o reconhecimento de sua etnia e de suas terras. Em 2003, a etnia Náwa foi finalmente reconhecida.

Região Centro-Oeste: 52*
- MT 40
- MS 8
- GO 4

Arara do Aripuanã (MT)

O contato com os seringueiros quase dizimou o povo Arara. Em 1984, o Conselho Indigenista Missionário (Cimi) fez um levantamento da população Arara e exigiu a instalação de postos de vigilância para conter as agressões de grileiros e seus capangas.

No Brasil existem **254** povos indígenas listados e mais de 270 línguas nativas.

*Os números desta listagem são aproximados, em razão das dificuldades enfrentadas ao se produzir um censo das populações indígenas no país.

Povos indígenas reconhecidos

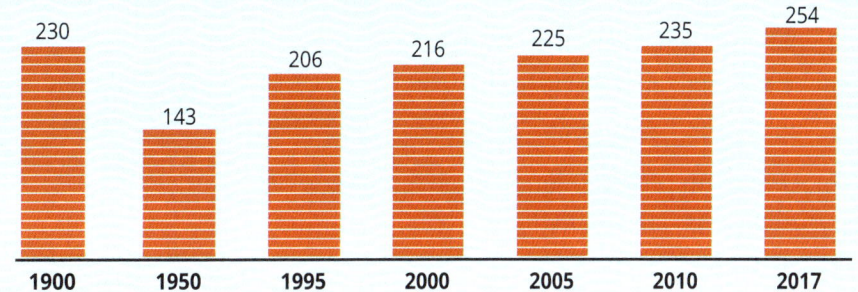

Ano	Quantidade
1900	230
1950	143
1995	206
2000	216
2005	225
2010	235
2017	254

O contingente de brasileiros que se considerava indígena cresceu **150%** no final da década de 1990.

Região Nordeste: 63*

- BA 14
- PE 12
- CE 11
- AL 10
- MA 10
- RN 2
- PI 2
- PB 1
- SE 1

Kalankó (AL)
A perseguição sofrida desde o período colonial levou esses indígenas a esconderem sua identidade. A partir dos anos 1930, eles voltaram a se autodeclarar indígenas. Na década de 1980, um grupo conseguiu provar sua ascendência e foi oficialmente reconhecido.

Região Sudeste 18*

- MG 9
- SP 5
- RJ 2
- ES 2

Kaxixó (MG)
Os índios Kaxixó enfrentaram os conquistadores depois da descoberta e da exploração do ouro na região das minas. A luta pelo reconhecimento começou em 1986, mas o reconhecimento do povo Kaxixó ocorreu apenas em 2000, oficializando o resgate dos seus direitos à terra e à identidade.

De acordo com o Censo de 2010, os indígenas somavam **897 mil** pessoas, representando 0,47% da população brasileira.

Região Sul: 9*

- PR 3
- SC 3
- RS 3

Charrua (RS)
No período colonial, os Charrua ocupavam parte dos atuais territórios do Rio Grande do Sul, do Uruguai e da Argentina. Recentemente, uma comunidade de Porto Alegre obteve o reconhecimento de sua ascendência.

Situação das Terras Indígenas (TIs)

114 em processo de identificação (grupo de trabalho nomeado pela Funai).

44 identificadas (relatório de estudo aprovado pela presidência da Funai).

74 declaradas (homologadas pelo Ministério da Justiça).

485 homologadas (homologadas pela Presidência da República).

Fonte: IBGE. *Censo demográfico 2010*. Disponível em <http://mod.lk/ouh6z>; Instituto Socioambiental (ISA). *Povos Indígenas do Brasil*. Disponível em <http://mod.lk/wSvRf>; RIBEIRO, Darcy. Culturas e línguas indígenas no Brasil. In: *Educação e Ciências Sociais*. Rio de Janeiro: ISS, v. 2, n. 6, 1957, p. 4-102; Fundação Nacional do Índio (Funai). Disponível em <http://mod.lk/TBGb2>. Acessos em 18 jun. 2018.

ILUSTRAÇÃO: THALES MOLINA

APRENDIZADO E TROCAS CULTURAIS

As relações entre colonos, indígenas e jesuítas no interior da colônia foram marcadas também por trocas culturais e aprendizados recíprocos.

Os exploradores paulistas garantiram sua sobrevivência colocando em prática alguns conhecimentos indígenas. Aprenderam com os indígenas os caminhos e as particularidades das matas brasileiras e a reconhecer a aproximação de animais perigosos. A experiência dos nativos também foi usada para localizar água potável e aproveitar o líquido extraído de plantas suculentas, como o umbuzeiro e os cipós.

Além disso, nas guerras e caçadas promovidas no sertão, os paulistas fizeram uso do arco e da flecha indígenas, muitas vezes mais eficientes que os arcabuzes e as escopetas europeias que enferrujavam com a umidade e eram de difícil manejo e transporte. A dieta indígena também foi assimilada pelos colonos paulistas. O consumo de milho foi muito importante, principalmente dos grãos já maduros. Com eles se obtinha a farinha de milho, base para o preparo de biscoitos e bolos, entre outros pratos.

Os jesuítas incorporaram conhecimentos agrícolas indígenas e aprenderam a língua dos nativos para facilitar o trabalho de catequese. Quando o padre Manoel da Nóbrega queria convencer os indígenas a acreditar na "verdadeira santidade", ele chamava o bispo da Bahia de "verdadeiro Pajé-Açu".

É BOM SABER

As monções

Quando as viagens dos bandeirantes, realizadas principalmente a pé, começaram a entrar em declínio, no início do século XVIII, exploradores paulistas iniciaram as viagens por caminhos fluviais, conhecidas como monções.

As monções podiam ser organizadas com fins comerciais, científicos, exploratórios ou militares. Elas partiam de Araritaguaba (atual município paulista de Porto Feliz) e, em canoas, desciam pelo Rio Tietê até atingir o Rio Paraná. De lá, navegando por vários rios e canais, atingiam o Rio Cuiabá, terminando a viagem na Vila do Bom Jesus do Cuiabá (atual Cuiabá, no Mato Grosso).

Monção: palavra de origem árabe que significa vento ou época do ano favorável à navegação.

As frotas, no período de auge das minas de Mato Grosso, chegavam a reunir entre 300 e 400 canoas. Elas levavam mantimentos, artigos de luxo, armas e munições, tecidos, instrumentos agrícolas e escravos africanos para serem vendidos em pequenos núcleos urbanos, nos povoados e nas vilas do interior.

Partida da monção, pintura de José Ferraz de Almeida Júnior, 1897. Ao penetrar no sertão em busca de riquezas ou para abastecer os colonos, as monções, assim como as bandeiras, contribuíram para o surgimento de pousadas ao longo do caminho, locais que serviam para o descanso e o abastecimento dos exploradores paulistas.

Adoração dos reis magos, pintura de Vasco Fernandes e Francisco Henriques, c. 1506.

Outro exemplo de trocas culturais aparece na pintura *Adoração dos reis magos*, produzida no início do século XVI em Portugal e mostrada acima. Nessa conhecida narrativa bíblica, reis magos, seguindo uma estrela, viajam do Oriente até a Judeia para visitar o menino Jesus. Eles o encontram no colo de Maria, em Belém, o adoram e lhe oferecem presentes. A *Bíblia* não informa o número de magos nem afirma que eram reis. Apenas no século II eles receberam o título de reis. Mais tarde, durante a Idade Média, os reis magos passaram a ser associados a três povos conhecidos do Oriente na época de Jesus: os persas, os árabes e os indianos. Note que, nessa pintura, um indígena Tupinambá é adicionado aos visitantes. Como um dos reis magos, ele vem testemunhar sua fé na verdade cristã difundida pela Igreja.

Explore

- Com um grupo de colegas, formulem duas hipóteses para explicar por que o artista decidiu inserir o elemento indígena nessa pintura de uma narrativa bíblica. Em seguida, compartilhem as conclusões do grupo com o restante da sala.

Dialogando com Arte

ORGANIZAR O CONHECIMENTO

1. Elabore um texto com as frases a seguir, respeitando a ordem cronológica dos acontecimentos.

    a) Com a proibição da escravidão indígena, apenas aqueles capturados em guerra justa podiam ser escravizados.

    b) As primeiras missões jesuítas na América portuguesa foram fundadas em meados do século XVI na Bahia.

    c) O conflito entre os interesses dos colonizadores e os dos jesuítas se intensificou com a escravização dos indígenas.

    d) Ignorando a lei de 1570, os bandeirantes paulistas atacavam aldeias e missões de indígenas Guarani em busca de nativos para escravizar.

    e) Colonos e jesuítas contribuíram para a expansão da colonização portuguesa na América.

2. Assinale a afirmativa incorreta.

    a) Os portugueses fizeram alianças com nações indígenas para facilitar a exploração do território colonial e obter cativos.

    b) Enquanto escravos africanos predominaram no Nordeste açucareiro, na região de São Paulo prevaleceu a escravidão indígena.

    c) A grande bandeira de Raposo Tavares, organizada em 1628, tinha como finalidade encontrar metais preciosos no interior da colônia.

    d) Além das guerras organizadas para a captura e a escravização de indígenas, a fome e as doenças contribuíram para a dizimação de milhares de aldeias no Brasil.

ATITUDES PARA A VIDA

Os bandeirantes: uma polêmica

Vistos por alguns como vilões, por outros como heróis, os bandeirantes têm sido objeto de polêmicas, tanto na época em que viveram quanto depois.

Relatos de religiosos do século XVII descrevem os bandeirantes como homens rudes e incivilizados, cuja aproximação gerava pavor entre os indígenas e também entre os espanhóis, principalmente nas fronteiras do sul da colônia.

Depois que suas expedições descobriram metais e pedras preciosas no interior da colônia, os bandeirantes passaram a ser representados de forma mais amena e positiva. Nas imagens produzidas no final do século XIX e início do século XX, por exemplo, eles são representados como homens bem trajados, imponentes e de traços europeus. O objetivo era apresentá-los como heróis, ao mesmo tempo de São Paulo e do Brasil, enaltecendo sua bravura.

As pesquisas atuais, contudo, tendem a refutar essa visão. Elas indicam que, entre os bandeirantes, havia vários mestiços, descendentes de indígenas e de portugueses; alguns não tinham domínio da língua portuguesa e comunicavam-se na língua Tupi; tinham aparência maltratada e andavam muitas vezes descalços em suas expedições pelo interior da colônia; e não usavam trajes finos, como casacos e capas, e sim um gibão (colete) de couro ou tecido almofadado para proteger-se de possíveis ataques.

Fernão Dias Paes Leme, bandeirante paulista representado em escultura de mármore de Luigi Brizzolara, 1922.

QUESTÕES

1. Identifique as afirmativas incorretas e as corrija no caderno.
   a) As representações artísticas dos bandeirantes reproduzem fielmente o aspecto físico e as vestimentas desses personagens.
   b) As representações artísticas dos bandeirantes mostram esses homens como figuras valentes, determinadas e capazes de vencer uma natureza hostil.
   c) Os bandeirantes eram vistos pelos jesuítas e pelos indígenas como pessoas rudes e violentas, que inspiravam medo.
   d) As representações artísticas dos bandeirantes destacam a influência indígena em suas vestes, armamentos e hábitos alimentares.

2. Os bandeirantes foram vilões ou heróis? Por que existem tantas versões sobre esses personagens? Elabore argumentos para defender sua visão a respeito dos bandeirantes paulistas.

3. **Aplicar conhecimentos prévios a novas situações; pensar de maneira interdependente; controlar a impulsividade.** Entre as atitudes priorizadas nesta unidade, quais estiveram presentes na realização das questões 1 e 2? Explique. Qual atitude, das onze trabalhadas neste livro, você mais identifica na conduta dos bandeirantes? Por quê?

ATIVIDADES

APLICAR

O texto a seguir trata da produção de trigo na antiga vila de São Paulo. Leia-o para responder às questões de 1 a 4.

"A idade de ouro da produção de trigo na região de São Paulo abrangeu os anos 1630-80. Foi justamente nesse período que a concentração de cativos atingiu suas proporções mais elevadas. [...].

Nos primeiros anos do século XVII, o trigo integrava o repertório diversificado dos agricultores paulistas [...].

Em momento algum do século XVII [o trigo] foi produzido para sustentar a população do lugar, de feição crescentemente indígena. [...] destinava-se à população europeia das vilas e cidades do litoral e às frotas portuguesas, sendo produto requisitado pelo governo colonial em diversas ocasiões ao longo do século [...].

Embora existam evidências de contatos comerciais entre paulistas e negociantes da Bahia, de Pernambuco e até de Angola, o maior mercado para o trigo de São Paulo parece ter sido o do Rio de Janeiro, com sua crescente população branca de senhores de engenho, comerciantes e burocratas."

MONTEIRO, John Manuel.
Negros da terra: índios e bandeirantes nas origens de São Paulo. São Paulo: Companhia das Letras, 1994. p. 113-115.

1. O trigo produzido na região de São Paulo destinava-se à subsistência dos moradores? Justifique sua resposta com base no texto.

2. Por que a população de cativos em São Paulo atingiu o auge nos anos 1630-1680?

3. Quem seriam esses cativos?

4. Assinale a afirmativa correta sobre o texto.
   a) A economia paulista, no século XVII, era basicamente de subsistência.
   b) O trigo produzido em São Paulo era consumido sobretudo pelos colonos do litoral.
   c) Os cativos empregados nas lavouras de trigo paulistas eram trazidos de Angola.
   d) Ao contrário do que ocorria no Nordeste, as lavouras paulistas não tinham finalidade comercial.

5. A pintura a seguir é um exemplo de arte *naïf*, termo originado do francês que significa ingênuo. A arte *naïf* refere-se à produção de artistas que não utilizam as técnicas acadêmicas de representação, como a perspectiva, e em geral exploram temas da cultura popular.

Aboio dos vaqueiros, pintura de André Cunha, 2012.

   a) De que forma essa pintura pode ser associada a um tema estudado nesta unidade?
   b) Como você explica a presença desse tema na cultura popular nordestina?

6. Observe o infográfico das páginas 234 e 235 e responda.
   a) Quais razões motivam os indígenas do Brasil atual a lutar pelo reconhecimento de sua identidade?
   b) Como os povos indígenas estão atualmente distribuídos pelo território brasileiro? Formule duas hipóteses que explicam a distribuição territorial desses povos nos dias de hoje.

RETOMAR

7. Responda, agora, às questões-chave da abertura dos temas 1 e 2.
   a) Que mudanças a expansão da pecuária promoveu na América portuguesa?
   b) Como jesuítas e bandeirantes contribuíram para a expansão da América portuguesa?

TEMA 3

A DESCOBERTA DE OURO NAS MINAS GERAIS

Como a Coroa portuguesa administrou a exploração de metais preciosos em Minas Gerais?

A BUSCA POR METAIS PRECIOSOS

Na primeira metade do século XVI, a Coroa espanhola descobriu grande quantidade de metais preciosos em suas colônias americanas. Na América portuguesa, as grandes jazidas de ouro só foram descobertas no final do século XVII. As jazidas foram encontradas no Sertão dos Cataguases, mais tarde chamado de Minas Gerais; no século seguinte, novas jazidas seriam descobertas na região dos atuais estados de Mato Grosso e Goiás.

A partir das primeiras descobertas de ouro na América portuguesa, milhares de aventureiros, colonos, estrangeiros, funcionários da Coroa, tropeiros, comerciantes, escravos, entre outros grupos, atraídos pela notícia, dirigiram-se para a região das minas. Preocupada em controlar a exploração do metal, a Coroa portuguesa buscou fiscalizar a exploração e a circulação de ouro na colônia. A primeira medida tomada com esse objetivo foi a criação da **Intendência das Minas**, em 1702, órgão encarregado de fiscalizar a atividade mineradora e garantir a cobrança do **quinto**, o imposto devido à Coroa.

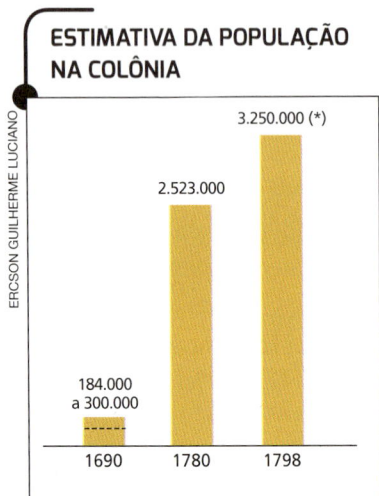

ESTIMATIVA DA POPULAÇÃO NA COLÔNIA

Ano	População
1690	184.000 a 300.000
1780	2.523.000
1798	3.250.000 (*)

(*) Subdivididos em: brancos, 1.010.000 (31%); indígenas, 250.000 (7,7%); libertos, 406.000 (12,5%); pardos (escravizados), 221.000 (6,8%); negros (escravizados), 1.361.000 (42%).

Fonte: SIMONSEN, Roberto. *História econômica do Brasil*. São Paulo: Nacional, 1978. p. 271.

Lavagem de ouro perto da montanha de Itacolomi, gravura de Johann Moritz Rugendas, 1835.

A REGIÃO MINERADORA (1711-1798)

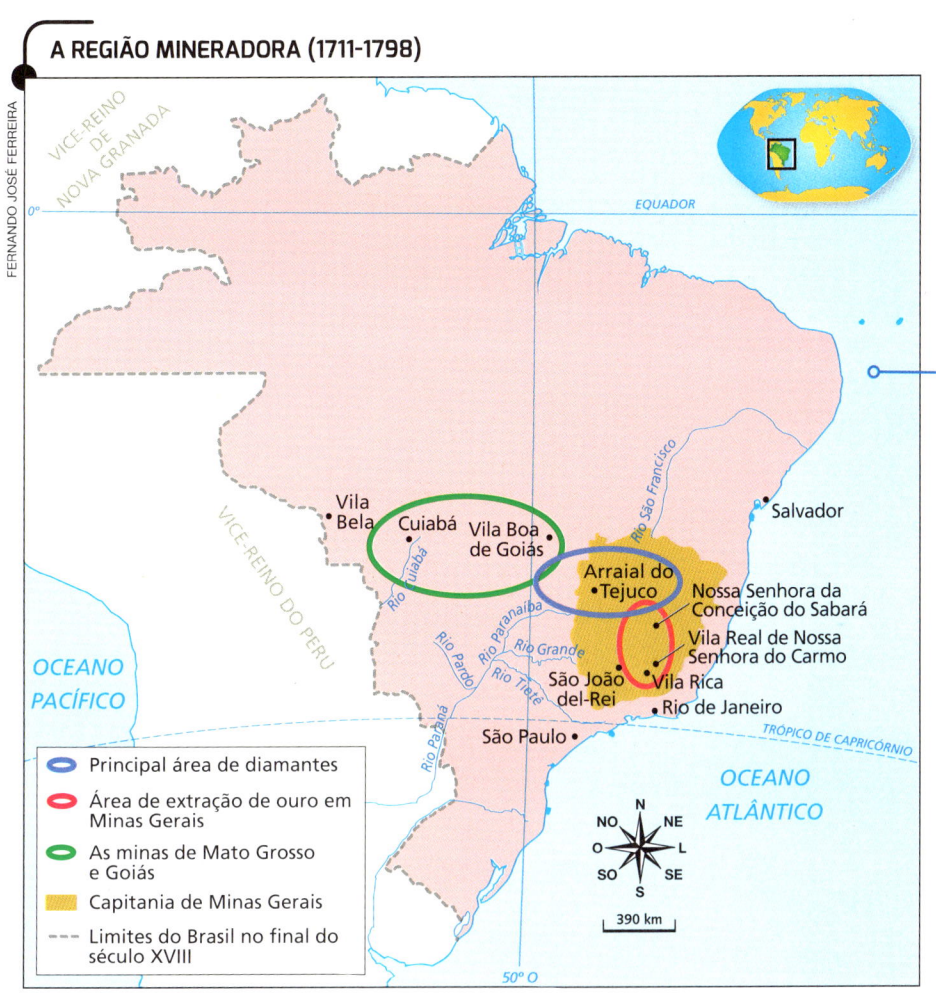

Fonte: RESENDE, Maria Efigênia Lage de; VILLALTA, Luiz Carlos (Orgs.). *As Minas setecentistas*. Belo Horizonte: Autêntica; Companhia do Tempo, 2007. v. 1. p. 77 e 79.

Explore

1. Em quais estados do Brasil atual estavam localizadas as áreas mineradoras do século XVIII?
2. As terras onde o ouro e os diamantes foram encontrados pertenciam, na época, a Portugal? Explique.

CONFLITOS ENTRE PAULISTAS E EMBOABAS

As primeiras descobertas de ouro na região de Minas Gerais foram realizadas pelos bandeirantes paulistas, que passaram a reivindicar o direito de explorá-las com exclusividade. Quando a notícia das descobertas se espalhou, porém, uma verdadeira avalanche de pessoas, vindas de outras capitanias, de Portugal e até mesmo de outros países europeus, foi atraída para a região das minas. Os paulistas, que haviam descoberto as minas, chamavam essas pessoas de emboabas.

As disputas pelo controle da área mineradora levaram a um conflito armado entre paulistas e emboabas, conhecido como **Guerra dos Emboabas**, que se estendeu de 1707 a 1709. Os emboabas venceram o conflito, obrigando os paulistas a procurar metais preciosos em outras regiões. Assim, entre 1718 e 1725, novos veios auríferos foram encontrados em terras dos atuais estados de Mato Grosso e Goiás.

O conflito mostrou o fraco controle da Coroa portuguesa nas Minas Gerais. A fiscalização feita por um intendente das Minas não conseguiu evitar o contrabando realizado pelos emboabas e, tampouco, conter a ação dos paulistas. Como consequência imediata do conflito, a Coroa buscou aumentar sua presença na região.

Emboaba: expressão de origem incerta que significa estrangeiro; o termo foi utilizado de forma pejorativa pelos paulistas para nomear aqueles que chegaram depois deles à região das minas.

Extração de diamantes, pintura de Carlos Julião, 1776.

DESCOBERTA E EXPLORAÇÃO DOS DIAMANTES

A data exata do início da exploração dos diamantes no Brasil está cercada de mistérios e de versões diferentes. É provável que os primeiros achados tenham ocorrido no Arraial do Tejuco (atual Diamantina), na região do Serro Frio, por volta de 1714. Entretanto, a existência dessa pedra preciosa teria sido oficialmente comunicada à Coroa portuguesa somente quinze anos depois.

Com o reconhecimento do valor do diamante, em 1734 a Coroa resolveu demarcar a região, criando o **Distrito Diamantino**, com sede administrativa no Arraial do Tejuco. O objetivo era impedir o contrabando, controlar a chegada de aventureiros, arrecadar impostos e isolar a área do restante da colônia.

Além disso, em 1739 o governo português instituiu o **sistema de contrato**, com duração de quatro anos. Por meio dele, a Coroa concedia ao contratador o direito de explorar os diamantes por esse período, devendo, para isso, pagar um tributo à Coroa.

Mesmo com os elevados tributos, o negócio foi sempre muito lucrativo e os contratadores desfrutavam de grande prestígio na sociedade. Um dos mais conhecidos foi João Fernandes de Oliveira, que se apaixonou pela escrava Chica da Silva.

A utilização de contratadores durou até 1771, quando a extração de diamantes passou a ser administrada diretamente por Portugal, por meio de um órgão do governo, a **Real Fazenda**. No início do século XIX, a administração portuguesa liberou aos poucos a garimpagem de pedras preciosas em determinadas áreas, o que encorajou o contrabando.

A atriz Taís Araújo, ao lado do ator Victor Wagner, no papel de "Xica" da Silva, personagem da telenovela exibida pela antiga Rede Manchete em 1996. A trama foi inspirada na história de Chica da Silva, escrava alforriada que manteve uma relação estável de quinze anos com o contratador de diamantes João Fernandes de Oliveira.

O AUMENTO DO CONTROLE METROPOLITANO

Uma vez pacificada a região das minas, a Coroa portuguesa adotou medidas para ampliar o controle político da região. Assim, em 1709, criou a **capitania de São Paulo e Minas do Ouro**, separada da do Rio de Janeiro. Seu primeiro governador iniciou o processo de instalação do Senado da Câmara Municipal e da Cadeia, o que ampliou o quadro de autoridades reais na capitania.

Aprofundando o controle administrativo da região, a partir de 1711 a Coroa elevou alguns povoados à categoria de vilas, como a Vila Real do Ribeirão de Nossa Senhora do Carmo (atual Mariana), Vila Rica de Albuquerque (atual Ouro Preto) e Vila Real de Nossa Senhora da Conceição do Sabará (atual Sabará).

Nas vilas foram estabelecidos alguns órgãos de governo que cuidavam de questões judiciárias, administrativas, militares e fiscais. As câmaras, por exemplo, estabeleciam normas locais, administravam os espaços públicos, zelavam pela saúde da população, fiscalizavam as atividades comerciais, promoviam festas públicas e religiosas e geriam os conflitos privados.

A DISTRIBUIÇÃO DE DATAS

Além de assegurar o controle político-administrativo em Minas Gerais, a Coroa portuguesa também criou uma série de normas rígidas para garantir sua parte na exploração do ouro.

A descoberta de cada lavra tinha de ser comunicada ao governo e precisava de autorização especial para ser explorada. Depois de registrada, a mina era dividida em lotes, conhecidos como **datas**. O descobridor podia escolher as duas primeiras datas, enquanto a seguinte ficava para a Coroa. As demais eram repartidas pela Intendência das Minas entre todos os pretendentes, ficando as maiores datas com os mineradores que tivessem mais escravos.

É BOM SABER

Ouro de aluvião

Na região das minas predominou o chamado ouro de aluvião. Misturado com cascalho, areia e argila, ele era mais facilmente encontrado nos leitos e nas margens dos rios, em geral, na forma de pedriscos.

A exploração do ouro aluvional exigia menos recursos que a extração aurífera em minas subterrâneas. Por essa razão, a exploração de ouro de subsolo foi pequena no período colonial.

Ilustração representando drenagem de leito de rio por aqueduto para a coleta de ouro e diamantes, extraída do livro *Viagem ao interior do Brasil*, de John Mawe, 1823.

A COBRANÇA DE IMPOSTOS

A Coroa portuguesa taxou pesadamente a extração de ouro. O principal imposto era o **quinto**, ou seja, 20% de todo o metal encontrado pelos mineradores cabia à Coroa.

Além disso, para evitar o contrabando, o governo luso proibiu a circulação de ouro em pó e implantou, entre 1717 e 1719, as **Casas de Fundição**. Nesses estabelecimentos, após o quinto ser recolhido, o ouro era transformado em barras e recebia o selo real. Somente após esse procedimento, o ouro poderia circular. Mesmo com esse controle, muito ouro circulou na ilegalidade.

Entre 1735 e 1750, instituiu-se também o **sistema de capitação**, que previa a cobrança de 17 gramas de ouro por escravo. A partir de 1750, o governo português manteve apenas o imposto do quinto e fixou uma cota de 100 arrobas (cerca de 1.500 quilogramas) anuais para toda a área mineradora.

Para pressionar os mineiros a cumprir a exigência, a Coroa instituiu a **derrama**, ou seja, caso a cota de ouro não fosse atingida, a população deveria completá-la com seus próprios recursos.

A REVOLTA CONTRA OS IMPOSTOS

Desde a descoberta das primeiras grandes jazidas de ouro, as Minas Gerais foram palco de tensões envolvendo mineradores, colonos e funcionários da Coroa encarregados da fiscalização.

A criação das Casas de Fundição, seguida da proibição de circulação de ouro em pó, foi motivo para mais um conflito na região. Os mineradores contestaram a medida argumentando que ela dificultaria a comercialização dos produtos que chegavam às minas.

Diante dessa situação, em junho de 1720 cerca de 2 mil mineiros, comandados pelo comerciante português Filipe dos Santos, tomaram Vila Rica e exigiram do governador da capitania, o conde de Assumar, que as medidas fossem canceladas. O governo não só manteve as Casas de Fundição como reprimiu a revolta de forma exemplar: Filipe dos Santos foi enforcado e seu corpo esquartejado em praça pública.

Depois disso, visando reforçar a fiscalização na área mineradora, a Coroa portuguesa criou a **capitania de Minas Gerais**, separada da de São Paulo, com capital em Vila Rica.

| A PRODUÇÃO AURÍFERA NA AMÉRICA PORTUGUESA ||
Período	Produção (kg)
1700-1710	5.880
1711-1720	13.000
1721-1729	16.100
1730-1739	23.137
1740-1749	28.959
1750-1759	28.376
1760-1769	20.258
1770-1779	16.897
1780-1789	11.195
1790-1799	8.909

Fonte: PINTO, Virgílio Noya. *O ouro brasileiro e o comércio anglo-português*. 2. ed. São Paulo: Nacional, 1979. p. 114.

Barra de ouro fundido na Casa de Fundição de Sabará, Minas Gerais, século XIX.

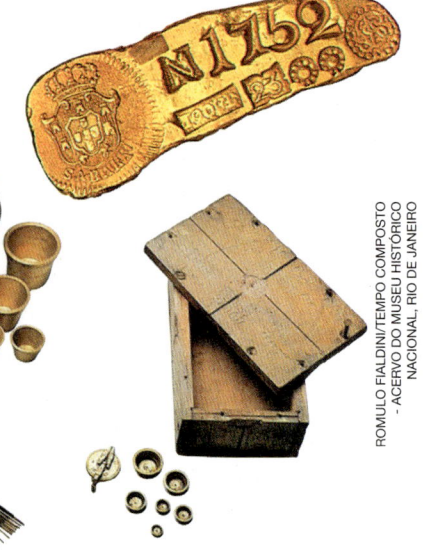

Equipamentos de extração, fundição, aferição e transporte de ouro. As três fôrmas de ferro pertencem à antiga Casa de Fundição de Vila Rica.

Trecho do Rio Doce no município de Colatina (ES) em dois momentos: antes da chegada dos rejeitos de mineração no local (à esquerda) e no dia 15 de novembro de 2015 (à direita), com as águas tomadas pela lama.

A MINERAÇÃO E SEUS IMPACTOS AMBIENTAIS

A extração aurífera gerou impactos ambientais. As jazidas de ouro eram de dois tipos: os depósitos de aluvião, em que o ouro se encontrava na forma de pedriscos no leito dos rios, e os filões, que eram veios do metal espalhados e incrustados nas rochas. Nos dois casos, a exploração era feita a céu aberto com a **técnica da lavagem**.

Para separar o ouro encontrado no leito dos rios, utilizavam-se couro de boi ou bateias. A água lançava para fora o cascalho e a areia, que eram mais leves, deixando as partículas de ouro presas ao couro ou no fundo das bateias. Para extrair o ouro dos morros ou encostas, jatos d'água eram lançados para desprender o sedimento e transformá-lo em lama.

O predomínio da técnica da lavagem provocou o assoreamento de muitos rios, desviou o percurso de riachos e, consequentemente, afetou as espécies aquáticas. As águas dos rios tornaram-se tão turvas que a Vila Real do Ribeirão de Nossa Senhora do Carmo chegou a ser chamada de "Ribeirão Vermelho".

Recentemente, foi a vez de o Rio Doce sofrer os impactos da mineração. Em 5 de novembro de 2015 o rompimento de uma barragem de rejeitos de mineração no município de Mariana, em Minas Gerais, liberou uma lama tóxica que destruiu o distrito de Bento Rodrigues e causou a morte de 19 pessoas. Ao desaguar no Rio Doce, a lama destruiu mais de 600 km de ecossistemas nativos, avançando depois pelo Oceano Atlântico. Além das mortes, a tragédia de Mariana destruiu um valioso patrimônio ambiental.

Bateia: instrumento em forma de cone, semelhante a uma peneira, utilizado para separar minérios.

Assoreamento: processo de destruição das margens dos rios ou deslizamento de terras de encostas causado por desmatamento, garimpo predatório e construções.

ORGANIZAR O CONHECIMENTO

1. Associe cada número a uma frase.

   1. Casas de Fundição.
   2. Datas.
   3. Quinto.
   4. Derrama.
   5. Sistema de capitação.
   6. Intendência das Minas.

   a) ____ Lotes nos quais eram divididas as minas de ouro descobertas pelos mineradores.

   b) ____ Principal imposto cobrado pela Coroa portuguesa sobre o ouro extraído no Brasil.

   c) ____ Imposto que estabelecia a cobrança de 17 gramas de ouro por escravo.

   d) ____ Locais onde o ouro era transformado em barras e onde se recolhia a parte que cabia à Coroa.

   e) ____ Imposto que obrigava a população mineira a completar com recursos individuais a cota de ouro anual estabelecida pela Coroa.

   f) ____ Órgão encarregado de fiscalizar a exploração e a tributação do ouro na colônia.

2. Elimine, com base no mapa da página 241, a vila ou cidade que não faz parte do grupo.

   Vila Rica   N. S. do Sabará
   Rio de Janeiro   Vila Boa de Goiás

TEMA 4 — A SOCIEDADE MINEIRA: DIVISÃO SOCIAL, ARTE E FÉ

Como era o cotidiano na sociedade mineira colonial?

UMA SOCIEDADE DINÂMICA

Nas Minas Gerais formou-se uma sociedade mais diversificada e populosa que a do Nordeste açucareiro. O pequeno grupo de homens ricos era formado por proprietários de grandes lavras, contratadores, altos funcionários do governo e grandes comerciantes. As camadas intermediárias eram formadas de faiscadores, pequenos comerciantes, profissionais liberais (médicos e advogados) e artistas em geral. A maior parte da população pertencia às camadas sociais consideradas inferiores, formadas por homens livres pobres e escravos.

OS AFRICANOS ESCRAVIZADOS

A descoberta de ouro e pedras preciosas impulsionou a entrada de africanos escravizados na colônia portuguesa. Ao longo de um século de exploração mineral, mais de 2 milhões de africanos entraram nos portos brasileiros, número três vezes maior que o do total de escravos desembarcados no período anterior.

A vida dos escravos nas minas era muito difícil. Extraindo o ouro no leito dos rios, eles ficavam longas horas com os pés na água, sendo frequentemente atingidos pela tuberculose e por outras doenças. Nas galerias subterrâneas, os cativos estavam sujeitos à asfixia e aos riscos de soterramento. Muitos proprietários acabavam concedendo a alforria para evitar ter que arcar com as despesas no tratamento de seus escravos. Por isso, a fuga e a formação de quilombos foram as saídas encontradas por muitos escravizados para resistir à exploração do trabalho nas minas.

A SOCIEDADE DE MINAS COLONIAL (SÉCULO XVIII)

- Proprietários de grandes lavras e contratadores
- Altos funcionários do governo
- Grandes comerciantes

- Pequenos comerciantes, roceiros e faiscadores
- Profissionais liberais
- Artesãos

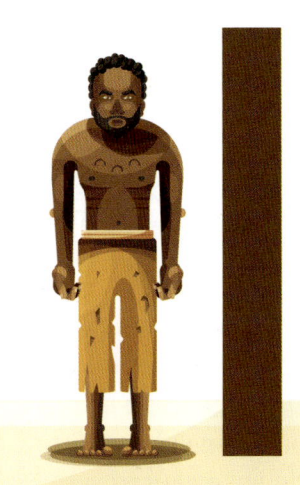

- Homens livres pobres

- Escravos

As barras indicam a proporção de cada grupo social na região das Minas Gerais.

Fonte: SOUZA, Laura de Mello e. *Opulência e miséria das Minas Gerais*. São Paulo: Brasiliense, 1997. p. 44-74. (Coleção Tudo é história)

A ALFORRIA NA REGIÃO DAS MINAS

Nas vilas mineiras mais urbanizadas, havia os "escravos de ganho". Eles eram autorizados pelos senhores a exercer atividades que proporcionavam algum ganho, geralmente no pequeno comércio. Com o dinheiro obtido vendendo galinhas, frutas e doces, ou mesmo trabalhando no garimpo, o escravo pagava ao senhor a quantia estipulada e ficava com o excedente, o que lhe permitia muitas vezes fazer uma poupança para comprar a liberdade.

A possibilidade real de obter a alforria teria sido, segundo historiadores, um mecanismo de controle social, uma forma de pacificar os cativos e evitar as revoltas. Sendo a alforria uma realidade atingível, seria mais fácil para o escravo suportar o peso da escravidão; para os proprietários, a promessa da alforria criava condições para conviver em relativa segurança com uma maioria de trabalhadores oprimidos.

Os escravos alforriados, contudo, não se libertavam do preconceito e do estigma da escravidão. Por isso, mesmo libertos, eram excluídos dos cargos de poder na política e na vida religiosa. Muitas libertas, ao contrário, conseguiram aproveitar a relação que tinham com seus antigos senhores para ascender economicamente. Algumas chegaram a se tornar donas de tabuleiros e das vendas de secos e molhados e até mesmo a comprar a alforria de seus maridos.

COTIDIANO E FÉ NAS MINAS DO OURO

A sociedade mineira era a mais urbanizada de toda a colônia. A maioria das pessoas morava em casas pequenas e pobres, construídas com barro, madeira ou pedra. Com exceção das famílias ricas, que geralmente moravam em sobrados, a população morava em casas térreas, com poucas portas e janelas.

Os escravos residiam em senzalas ao lado da moradia de seus senhores ou em ranchos, construções muito simples e precárias feitas de pau a pique, barro, madeira ou palha.

No cotidiano social das vilas e cidades mineiras, os habitantes cuidavam de seus negócios, promoviam festas e participavam das atividades religiosas organizadas pelas irmandades, que ocupavam o centro da vida comunitária nas vilas mineiras.

Negras vendedoras de rua, pintura de Carlos Julião, século XVIII. Muitas escravas de ganho, como as vendedoras ambulantes, conseguiram economizar dinheiro e comprar a alforria.

IRMANDADES RELIGIOSAS

As irmandades religiosas eram associações sociais organizadas em torno do culto a um santo. Elas existiram em várias regiões da colônia, mas foi na região das minas que elas se destacaram. Isso ocorreu principalmente depois de 1705, quando a Coroa portuguesa expulsou as ordens religiosas regulares das vilas mineiras, preocupada com a participação delas nas disputas administrativas na região do ouro.

Os vários tipos de irmandade mostram como a sociedade mineira era complexa. Havia irmandades de ricos e de pobres, de brancos e de negros. As mais poderosas contratavam arquitetos e artistas para a construção de suas igrejas e mantinham hospitais e sistemas de ajuda mútua.

As confrarias dos negros, por sua vez, tinham igrejas mais simples e foram essenciais para unir os africanos trazidos ao Brasil para trabalhar na região das minas. Assim, enquanto muitos brancos frequentavam a irmandade da Ordem Terceira de Nossa Senhora do Carmo, os negros estavam presentes na Ordem Terceira de Nossa Senhora do Rosário dos Pretos.

Pintura no teto da capela-mor da Igreja de Nossa Senhora do Rosário dos Pretos, construída provavelmente entre 1740 e 1770. Tiradentes (MG), foto de 2017.

Vista do centro histórico de Ouro Preto (MG), com destaque para o Museu da Inconfidência (à frente) e a Igreja de Nossa Senhora do Carmo (no fundo). Foto de 2010. A igreja, construída entre 1766 e 1772, era dirigida por uma irmandade de brancos.

O BARROCO MINEIRO

A arte barroca surgiu na Península Itálica no final do século XVII. Ligado à fé católica, o estilo barroco valorizava as emoções, os sentidos e a intuição humana. Procurando impressionar o observador, as obras eram verdadeiros monumentos, com rostos expressivos, figuras distorcidas e uma decoração rica e rebuscada.

A arte barroca foi trazida para a América portuguesa principalmente pelos jesuítas. Na colônia, ela se caracterizou pela riqueza de detalhes na decoração das igrejas e na fachada das edificações. Em Minas Gerais, porém, no lugar das grandes obras do Barroco europeu, os artistas construíram templos mais simples, porém, com rica decoração.

As esculturas não apresentam as deformações típicas do Barroco europeu, e o dourado convive com outras cores, de tons fortes e alegres. Além disso, nas esculturas, os artistas utilizaram principalmente pedra-sabão, um tipo de rocha encontrado em Minas Gerais. Entre os grandes artistas do Barroco mineiro destacamos Antônio Francisco Lisboa (c. 1738-1814), o Aleijadinho, e Manuel da Costa Ataíde (1762-1830), o mestre Ataíde.

Filho de uma africana escravizada e de um comerciante português, Aleijadinho especializou-se em entalhar e esculpir peças em madeira e pedra-sabão. Entre suas principais obras estão os doze profetas que decoram a fachada do Santuário do Bom Jesus de Matosinhos, em Congonhas, e a decoração interna da Igreja de São Francisco de Assis, em Ouro Preto.

O mestre Ataíde, por sua vez, era pintor, dourador, encarnador e professor. Seus filhos serviram de modelos para os anjos de suas obras, nas quais é possível observar referências a artistas europeus contemporâneos, como o francês Jean-Louis Demarne e o italiano Francesco Bartolozzi. Ao lado de Aleijadinho, realizou a obra-prima do Barroco no Brasil: a Igreja de São Francisco de Assis, em Ouro Preto. No teto da igreja, Ataíde pintou, com traços mestiços, a Virgem Maria e os querubins que a rodeiam.

Dialogando com Arte

Jeremias, uma das doze esculturas que compõem a obra *Profetas*, de Aleijadinho. Santuário do Bom Jesus de Matosinhos, em Congonhas (MG), 2016.

ORGANIZAR O CONHECIMENTO

1. Explique a condição dos escravos de ganho e qual era sua relação com o número maior de alforrias em Minas Gerais.

2. Complete no caderno a ficha a seguir com as informações solicitadas a respeito das irmandades religiosas de Minas Gerais.
    a) O que eram.
    b) Como eram classificadas.
    c) Que funções desempenhavam.
    d) Por que assumiram um papel central na comunidade.

ATIVIDADES

APLICAR

1. Reveja a ilustração que representa a divisão social em Minas Gerais, na página 246, e responda.
   a) Como estava dividida a sociedade mineira colonial?
   b) Que grupo social compunha a menor parte e que grupo compunha a maior parte daquela sociedade?
   c) Por que a sociedade que se formou na região das minas era mais diversificada do que a sociedade do Nordeste açucareiro?

2. O texto a seguir aborda a preocupação da Coroa portuguesa e de seus representantes na colônia de garantir a tributação do ouro.

   "[...] pela lei de 11 de fevereiro de 1719, [D. João V] determinou que [...] para a arrecadação dos seus quintos se erguessem Casas de Fundição nas Minas, nas quais seria reduzido a barras todo o ouro extraído, cobrando-se nelas o que se lhe devia. Não se poderia levar para fora daquela região o ouro em pó, que só seria utilizado no comércio local. [...]

   Mas os mineiros se amotinaram contra as Casas de Fundição e o pagamento do 'quinto rigoroso', argumentando que o trabalho de extração era grande e muito dispendiosa a aquisição de escravos. [...]

   Era desviado mais ouro em pó para a Baía e Pernambuco do que para o Rio de Janeiro [...]. Todo este ouro não quintado ia parar à Costa da Mina e 'a troco dele trazem negros e muita outra fazenda da Europa' sem pagarem os direitos reais devidos. Tornava-se portanto necessário que D. João V tomasse providências para impedir este descaminho do ouro [...].

   Continuaram a chegar a Lisboa informações seguras do descaminho do ouro em pó e da existência de casas da moeda e barras de ouro falsas. As barras fundidas nas falsas fundições eram entregues nas Casas da Moeda do Rio de Janeiro, Baía e Lisboa sem que antes tivessem seus proprietários pago o devido ao rei."

   SILVA, Maria Beatriz Nizza da. D. João V e a cobrança dos quintos do ouro em Minas Gerais. Camões: Instituto da Cooperação e da Língua. Disponível em <http://mod.lk/LpZiZ>. Acesso em 27 jul. 2018.

   a) Que medida tomou o rei D. João V procurando garantir a arrecadação do quinto?
   b) O que essa medida determinava?
   c) Como os colonos reagiram a ela?
   d) A medida adotada pela Coroa portuguesa resolveu o problema do contrabando? Explique.

3. Assinale as afirmativas corretas sobre o texto da questão anterior.
   a) A circulação de ouro em pó, proibida pela Coroa portuguesa, deixou de acontecer na colônia.
   b) Grande parte do ouro desviado era usada na compra de escravos na África.
   c) A Coroa desistiu de criar as Casas de Fundição depois que os mineradores se rebelaram contra elas.
   d) A existência de Casas de Fundição falsas é uma evidência de que o contrabando de ouro foi mantido na colônia.

4. Você estudou que a Coroa portuguesa estabeleceu diversos impostos sobre os metais extraídos nas Minas Gerais, como o quinto e o sistema de capitação, bem como criou aparatos administrativos para fiscalizar a atividade mineradora e evitar o contrabando. Pensando nisso, observe a seguir a imagem de um santo do pau oco, figura que circulava com frequência nas cidades mineiras.

Escultura em madeira representando Nossa Senhora do Rosário, século XVIII. Museu da Inconfidência, Ouro Preto.

a) Qual teria sido a função principal do santo do pau oco em Minas Gerais? Justifique sua resposta.

b) Com o tempo, a expressão "santo do pau oco" adquiriu novos significados. Discuta com os colegas os significados que a expressão tem hoje.

5. A pintura reproduzida abaixo foi feita pelo pintor e dourador mestre Ataíde no teto da Igreja de São Francisco de Assis, em Ouro Preto.

Assunção da Virgem, pintura do mestre Ataíde que decora o teto da Igreja de São Francisco de Assis, em Ouro Preto, 1801-1807.

a) Como a subida da Virgem Maria ao céu foi representada na pintura? Que aspecto revela o protagonismo da Virgem na obra?

b) Quais elementos do Barroco mineiro estão presentes na pintura?

c) Qual teria sido a intenção do artista ao representar a Virgem Maria com traços mestiços?

RETOMAR

6. Responda, agora, às questões-chave da abertura dos temas 3 e 4.

    a) Como a Coroa portuguesa administrou a exploração de metais preciosos em Minas Gerais?

    b) Como era o cotidiano na sociedade mineira colonial?

Mais questões no livro digital

AUTOAVALIAÇÃO

CONTEÚDOS

1. Como você avalia seu aprendizado nesta unidade? Bom, regular ou insatisfatório? Consulte os materiais que você utilizou durante seus estudos, incluindo atividades e anotações pessoais. Escreva no caderno uma frase explicando sua resposta para cada um dos itens abaixo.

    a) Características da pecuária na época colonial.

    b) Bandeiras, indígenas e jesuítas: conflitos e trocas culturais.

    c) A mineração: fiscalização, cobrança de impostos e novos conflitos na colônia.

    d) Características da sociedade na região mineradora.

ATITUDES

2. Qual foi o conteúdo ou atividade mais difícil para você? Como foi possível superar as dificuldades?

3. Nesta unidade, priorizamos as seguintes atitudes: **aplicar conhecimentos prévios a novas situações; pensar de maneira interdependente; controlar a impulsividade**. Outras atitudes foram importantes para você durante o estudo dos temas e execução das atividades propostas na unidade? Explique.

4. Vamos avaliar seu trabalho com atitudes durante o 7º ano? Retome a descrição das atitudes e responda.

    a) Esse trabalho foi útil nos seus estudos e na sua vida cotidiana? Explique.

    b) Quais atitudes você percebe que desenvolveu mais?

    c) Quais você sente que precisa aperfeiçoar? Por quê?

EM FOCO

TROPEIROS: CONDUTORES DE MERCADORIAS E COSTUMES

Os primeiros passos das tropas

Nas estradas das Minas Gerais e de todo o Brasil, entre o século XVIII e o início do XX, podia ser ouvido o tropel de muitas mulas, cavalos e burros se arrastando durante dias, semanas e meses seguidos.

Guiando tropas compostas de burros, bestas ou mulas, os tropeiros abasteciam o interior do Brasil, levando, além de produtos, muitas vezes notícias e correspondências.

Os tropeiros podiam ser proprietários das tropas ou empregados. Não há registro de mulheres nessa atividade, o que não significa que não tenham existido. De certa forma, os tropeiros atuaram como os primeiros carteiros e jornalistas no Brasil, levando e trazendo informações de um lugar a outro.

Com a descoberta das grandes jazidas de ouro, no final do século XVII, mulas, burros e jumentos foram introduzidos no Brasil. Animais muito resistentes, suportavam longos percursos em terrenos acidentados. Assim, grande parte do ouro e do diamante transportados da região mineradora era escoada pela Estrada Real nos lombos dos muares conduzidos pelos tropeiros até o porto do Rio de Janeiro.

Além disso, como a população da área mineradora cresceu rapidamente com a descoberta do ouro, faltavam alimentos, roupas, calçados e vários outros produtos necessários ao consumo. O abastecimento da região foi garantido em grande parte pelos tropeiros.

Tropel: grande barulho provocado pela marcha de animais.
Estrada Real: rede de caminhos, de propriedade da Coroa portuguesa, que ligavam as jazidas de ouro e diamantes de Minas Gerais aos portos do Rio de Janeiro.

Caravana de mercadores se dirigindo para o Tejuco, gravura de Johann Moritz Rugendas, 1835. Na extensa fila de muares, é possível perceber as cargas que eles carregam no lombo.

Fonte 1

Rancho grande (dos tropeiros), pintura de Benedito Calixto, s/d. O movimento das tropas estimulava a economia dos locais mais distantes do litoral, originando novos povoados e cidades.

A formação de vilas e cidades

Até o final do século XIX, quando as ferrovias começaram a se expandir pelo Brasil, as tropas de muares faziam a ligação do interior com o litoral. Manufaturados trazidos da Europa, como tecidos, ferramentas, azeite, vinho, armas e utensílios domésticos, chegavam aos portos brasileiros e de lá eram levados para o interior em tropas de mulas.

Diariamente os tropeiros e sua tropa percorriam uma localidade diferente. Em muitas noites, os homens dormiam ao relento, quando não encontravam pouso no caminho de suas longas jornadas. O viajante francês August Saint-Hilaire (1779-1853) escreveu que, quando os tropeiros dormiam sob as estrelas, era "João do Campo" quem os hospedava. Conforme a descrição do viajante, esse era um ser que pertencia ao imaginário dos tropeiros.

Nos estaleiros, ranchos e pousos, os tropeiros podiam encontrar alimentos, alojamento para os homens e para sua tropa. Vários desses "pousos de viajantes" originaram, com o tempo, vilas ou cidades. Isso porque, à medida que as pessoas montavam um negócio ao redor desses pousos e hospedarias para atender às tropas, a população crescia nesses locais originando novos núcleos urbanos. Desse modo, os caminhos e ranchos de tropeiros serviram também ao povoamento do país.

EM FOCO

Cavalos e mulas, grafite sobre papel de Charles Landseer, 1825-1826.

O cotidiano dos tropeiros

A quantidade de animais em uma tropa variava de cinquenta até cem ou mesmo duzentos. No final das tardes, quando os tropeiros paravam para comer e descansar, a tropa também merecia cuidados. As mulas então eram descarregadas, levantando-se as cangalhas e deixando-as suspensas para secar o suor produzido pelo contato com o couro do animal. Depois de beberem água, os animais eram raspados, um a um, para se retirar o pó e o suor com um facão. Em seguida, eram soltos para pastar, descansar e comer um pouco de sal. O cloreto de sódio (sal de cozinha) é um ingrediente fundamental para a boa saúde de muares, bovinos e outros grupos de animais. Depois de todo o zelo com a tropa, os homens podiam cuidar de sua alimentação, da limpeza e do descanso.

Cangalha: artefato de madeira que se coloca no lombo dos muares para transportar carga dos dois lados.

Trempe: armação em forma de tripé usada para apoiar panelas sobre o fogo.

• A alimentação tropeira

Enquanto uns cuidavam dos animais, o cozinheiro preparava a trempe para fazer o café e a refeição. Pequenas panelas de ferro eram levadas durante as viagens, assim como os mantimentos. Com a lenha obtida próximo ao local de pouso, os tropeiros acendiam o fogo sob a trempe armada com pedras e cozinhavam o alimento. Como as jornadas eram longas, eles levavam mantimentos pouco perecíveis: feijão-preto, farinha, rapadura, carne-seca, carne de porco salgada, toucinho, café e sal. Com alguns desses ingredientes, eles preparavam o famoso feijão-tropeiro. Era comum fazerem apenas duas refeições ao dia, pela manhã, antes de sair com a tropa, e ao final do dia, quando paravam nos pousos.

Recipiente com feijão-tropeiro, famoso prato da culinária mineira e goiana.

Negócio lucrativo e de prestígio

Segundo alguns historiadores, ser dono ou fazer parte de uma tropa era motivo de muito orgulho para as camadas pobres, a oportunidade de ocupar um lugar de respeito e prestígio na sociedade. Os tropeiros pertenciam a uma espécie de elite sertaneja, pois não era barato possuir uma tropa de muares.

A região do atual estado do Rio Grande do Sul tornou-se, no século XVIII, o maior centro produtor de muares, liderança que se manteve até o final do século XIX. As tropas saíam do extremo sul da colônia em direção a Sorocaba, na capitania de São Paulo, onde ocorria a maior feira de equinos. A feira era realizada uma vez por ano e chegava a comercializar de 15 a 30 mil mulas. Nessa feira, os tropeiros vendiam os muares a um preço que chegava a ser quase quatro vezes mais que o pago aos produtores no Sul da colônia.

Da Feira de Sorocaba, os compradores seguiam com os animais para a região das minas e para outras regiões da colônia. Pelos caminhos das tropas surgiu um importante fluxo comercial ligando Minas Gerais, Rio de Janeiro e São Paulo ao Sul da colônia, trilhado por tropeiros e negociantes (veja o mapa da fonte 2).

Fonte 2

OS CAMINHOS DO COMÉRCIO INTERNO (SÉCULO XVIII)

Legenda:
- Áreas de mineração (século XVIII)
- Diamantes
- Principais portos
- Caminhos terrestres
- Caminho Geral do Sertão: aguardente, rapadura, marmelada, alimentos
- Caminho Velho: diamante, ouro, escravos, ferramentas, roupas, importados
- Caminho Novo: diamante, ouro, escravos, ferramentas, roupas, importados
- Monções
- Mulas e charque
- Tabaco, aguardente, escravos
- Arroz, carne-seca, couro, jegues, coco
- Ouro, suprimentos
- Limites do Brasil no final do século XVIII

Fontes: IstoÉ Brasil, 500 anos: atlas histórico. São Paulo: Três, 1998. p. 28; KEATING, Vallandro; MARANHÃO, Ricardo. Caminhos da conquista: a formação do espaço brasileiro. São Paulo: Terceiro Nome, 2008. p. 209.

EM FOCO

ATIVIDADES

ORGANIZAR O CONHECIMENTO

1. Assinale as afirmativas corretas sobre os tropeiros.
   a) Os tropeiros cruzavam os sertões da colônia portuguesa levando mercadorias e informações.
   b) A atividade tropeira existiu desde o início da colonização, praticada por homens e mulheres.
   c) Os tropeiros cumpriram um papel muito importante no abastecimento da população colonial.
   d) O comércio de tropas no Brasil colonial era muito lucrativo e conferia *status* a quem o praticava.
   e) A principal região compradora de muares era o Sul da colônia portuguesa.

2. Redija um texto, coerente com o conteúdo estudado nesta seção, utilizando as palavras do quadro a seguir.

   > mineração   muares   diamante
   > tropeiros   pousos de viajantes
   > nucleos populacionais   ouro
   > cidades   Estrada Real

ANALISAR AS FONTES

3. **Fonte 1** Compare a imagem da fonte 1 com a gravura de Rugendas, na página 252.
   a) Elas representam momentos distintos na atividade tropeira. Quais são eles?
   b) Descreva os elementos da paisagem representada em cada imagem.

   Fonte 2 Analise as informações do mapa para responder às questões 4 e 5.

4. Localize no mapa e preencha as lacunas.
   a) Maior feira de gado do Centro-Sul da colônia. _____
   b) Maior produtor de muares da América portuguesa. _____
   c) Porto de embarque do ouro para a Europa. _____
   d) Local de onde partiram as bandeiras. _____
   e) Núcleo urbano mais distante do litoral. _____

5. Como os dados desse mapa confirmam a importância dos tropeiros na integração da população da colônia?

POR UMA CONDUTA CIDADÃ

6. Atualmente, em vários estados brasileiros praticam-se o rodeio e a vaquejada, duas manifestações culturais herdadas da tradição vaqueira e tropeira no Brasil. O que talvez você não saiba é que a Lei nº 13.364, aprovada em 2016, reconheceu as duas práticas como Patrimônio Cultural Imaterial do Brasil. A lei, contudo, é motivo de muita polêmica na nossa sociedade. Você vai pesquisar sobre o assunto para saber por quê.
   a) Com um colega, pesquisem na internet como o rodeio e a vaquejada são praticadas e em quais estados do Brasil as duas festividades são mais tradicionais.
   b) Acessem o portal Congresso em Foco (Disponível em <http://mod.lk/SFtIl>) e leiam o texto que descreve a lei que transformou o rodeio e a vaquejada em Patrimônio Cultural Imaterial do Brasil.
   c) Montem no caderno um quadro com duas colunas: de um lado, os argumentos dos congressistas favoráveis à lei; de outro, os argumentos dos contrários a ela.
   d) Enriqueçam a lista de argumentos favoráveis e contrários à lei pesquisando outras opiniões veiculadas na imprensa brasileira.
   e) Apresentem o resultado na sala e debatam o assunto com a classe.

REVISANDO

A pecuária avança pelo interior da colônia

1. O **gado bovino** foi importante como **força de tração** nos engenhos, **meio de transporte**, fornecimento de carne, leite e **artigos de couro** na colônia.
2. No **Sul** da América portuguesa, a criação de gado, inicialmente destinada à obtenção do couro, especializou-se na **produção de charque**.
3. Atualmente, a **grande pecuária comercial** é responsável pela maior parte do **desmatamento** da Amazônia brasileira.

Conflitos e trocas culturais no sertão

1. No século XVII, a **economia paulista** tinha como base a **agricultura**, mantida por **cativos indígenas** e voltada ao abastecimento de vilas e cidades do litoral.
2. A principal **motivação das bandeiras** para a exploração dos **sertões** era a **captura de indígenas** para escravizá-los nas lavouras paulistas.
3. Os **jesuítas** organizaram **aldeamentos** ou **missões** com o objetivo de **catequizar indígenas** e incorporá-los ao projeto colonizador português.
4. As aldeias e missões **Guarani** da região de **Guairá** foram em sua maior parte destruídas pelos **bandeirantes**; os **indígenas** foram capturados e **escravizados**.

A descoberta de ouro nas Minas Gerais

1. As primeiras grandes jazidas de **ouro** no Brasil foram **descobertas** no final do século XVII por bandeirantes paulistas.
2. A **descoberta de ouro** atraiu **milhares de pessoas** para a região das **minas**, dificultando o trabalho de **fiscalização** pela Coroa portuguesa.
3. O principal **imposto** cobrado pela **Coroa portuguesa** sobre a extração do ouro era o **quinto**.
4. A criação das **Casas de Fundição** visava combater o **contrabando** do ouro, prática que a metrópole portuguesa nunca conseguiu evitar.
5. O crescimento da **pecuária**, a criação das **missões religiosas** e as **bandeiras** tiveram como resultado em comum a expansão **territorial** da América portuguesa.

A sociedade mineira: divisão social, arte e fé

1. A **sociedade mineira** caracterizou-se pela maior **diversidade social** e por oferecer mais chances de obtenção da alforria aos **africanos escravizados**.
2. O **Barroco mineiro** caracterizou-se pela **riqueza de detalhes** na decoração das **igreja**, pelas pinturas de tons fortes e alegres e pelo uso da **pedra-sabão**.
3. A **urbanização** foi uma das características que **diferenciaram** a **economia** do **ouro** da economia do **açúcar**.

Trilha de estudo

Vai estudar? Nosso assistente virtual no *app* pode ajudar! <http://mod.lk/trilhas>

PARA ASSISTIR

- **Canto *Muriquinho piquinino***
  Intérprete: Clementina de Jesus
  Duração: 3 min

Sinopse

Conheça o vissungo, canto entoado pelos escravos durante o trabalho na extração de ouro. A canção fala sobre a fuga de um menino para o quilombo do Dumbá, levando apenas uma trouxa de roupa em suas costas. Os companheiros que ficam na mina choram por não poder acompanhá-lo.

O áudio e esta unidade

1. Com base no que você estudou, reflita sobre o significado dessa canção. Como você a interpreta?
2. Identifique os personagens que aparecem na canção. Como era a condição de vida deles nas Minas Gerais?

Áudio

Para ouvir, acesse o código QR.
Disponível em <http://mod.lk/z4pte>.

REFERÊNCIAS BIBLIOGRÁFICAS

ABREU, Capistrano de. *Capítulos de história colonial: 1500--1800*. Belo Horizonte: Itatiaia; São Paulo: Publifolha, 2000.

AGUILAR, Nelson (Org.). *Mostra do redescobrimento*: negro de corpo e alma. São Paulo: Associação Brasil 500 Anos/Artes Visuais, 2000.

ALBUQUERQUE, Luís. *As navegações e a sua projeção na ciência e na cultura*. Lisboa: Gradiva, 1987.

ALBUQUERQUE, Wlamyra R. de; FRAGA, Walter. *Uma história do negro no Brasil*. Salvador: Centro de Estudos Afro-Orientais; Brasília: Fundação Cultural Palmares, 2006.

ALENCASTRO, Luís Felipe de. *O trato dos viventes*: formação do Brasil no Atlântico Sul. São Paulo: Companhia das Letras, 2000.

AMADO, Janaína; FIGUEIREDO, Luiz Carlos. *A formação do Império Português (1415-1580)*. São Paulo: Atual, 1999. (Coleção Discutindo a história)

ANDERSON, Perry. *Linhagens do Estado absolutista*. 3. ed. São Paulo: Brasiliense, 2004.

ANTONIL, André João. *Cultura e opulência do Brasil*: por suas drogas e minas. 3. ed. Belo Horizonte: Itatiaia; São Paulo: Edusp, 1982.

ARIÈS, Philippe; DUBY, Georges (Dir.). *História da vida privada*. Do Império Romano ao ano mil. São Paulo: Companhia das Letras, 1989.

ARMSTRONG, Karen. *Uma história de Deus*: quatro milênios de busca do judaísmo, cristianismo e islamismo. São Paulo: Companhia das Letras, 2000.

AZEVEDO, Francisca L. N.; DAYRELL, Eliane G.; SCHIMIDT, Guillermo G. *A conquista da América espanhola* (antologia). Rio de Janeiro: Fundação José Bonifácio/UFRJ, 1992.

BÂ, Amadou Hampâté. *Amkoullel, o menino fula*. São Paulo: Palas Athena/Casa das Áfricas, 2003.

BARBOSA, Waldemar de Almeida. *Dicionário histórico geográfico de Minas Gerais*. 2. ed. Belo Horizonte: Itatiaia, 1995.

BARRAULT, Jean-Michel. *Fernão de Magalhães*: a Terra é redonda. Lisboa: Terramar, 1998.

BARRIENTOS, Ángeles Olay. El Occidente mesoamericano: una lectura sobre su pasado. *Revista Occidente*, jun. 2015.

BASCHET, Jérôme. *A civilização feudal*: do ano 1000 à colonização da América. São Paulo: Globo, 2006.

BASTOS, Mário Jorge da Motta. *O poder nos tempos da peste (Portugal – séculos XIV/XVI)*. Niterói: Editora da UFF, 2009.

BELLOTO, Manoel L.; CORRÊA, Anna Maria M. *A América Latina de colonização espanhola*. São Paulo: Hucitec/Edusp, 1979. v. 4. (Coleção Textos)

BERNAND, Carmen; GRUZINSKI, Serge. *História do Novo Mundo*. São Paulo: Edusp, 1997.

BETHELL, Leslie (Org.). *História da América Latina*: América Latina colonial I. São Paulo: Edusp; Brasília: Fundação Alexandre de Gusmão, 1997. v. 1.

BLAJ, Ilana. *A trama das tensões*: o processo de mercantilização de São Paulo colonial (1681-1721). São Paulo: Humanitas; FFLCH/USP, 2002.

BOXER, Charles R. *O império marítimo português*: 1415-1825. Lisboa: Edições 70, 1994.

BRAUDEL, Fernand. *Civilização material, economia e capitalismo*: séculos XV-XVIII. São Paulo: Martins Fontes, 1995. v. 1.

____. *Gramática das civilizações*. São Paulo: Martins Fontes, 1989.

BRITO, Ricardo Gomes de. *História trágico-marítima*. Rio de Janeiro: Lacerda, 1998.

BROTHERSTORN, Gordon; MEDEIROS, Sérgio (Org.). *Popol Vuh*. São Paulo: Iluminuras, 2007.

BROWN, Dale M. (Dir.). *Astecas*: reinado de sangue e esplendor. Rio de Janeiro: Abril Livros/Time Life, 1999. (Coleção Civilizações perdidas)

____. *Império Inca*. Rio de Janeiro: Abril Livros/Time Life, 1999. (Coleção Civilizações perdidas)

____. *O esplendor dos maias*. Rio de Janeiro: Abril Livros/Time Life, 1999. (Coleção Civilizações perdidas)

BUENO, Eduardo. *A viagem do descobrimento*: a verdadeira história da expedição de Cabral. Rio de Janeiro: Objetiva, 1998. (Coleção *Terra Brasilis*)

BURGA, Manuel. *Nacimiento de una utopía*: muerte y resurrección de los incas. Lima: Instituto de Apoyo Agrario, 1983.

CASTILLO, Bernal Díaz del. *Historia verdadera de la conquista de la Nueva España*. Madri: Real Academia Española; Barcelona: Galaxia Gutenberg-Círculo de Lectores, 2011.

CHARTIER, Roger. *A aventura do livro*: do leitor ao navegador. São Paulo: Editora Unesp; Imprensa Oficial do Estado de São Paulo, 1999. (Coleção Prismas)

COLOMBO, Cristóvão. *Diários da descoberta da América*: as quatro viagens e o testamento. Porto Alegre: L&PM, 1999.

COMITÊ Científico Internacional da Unesco para Redação da História Geral da África. *História geral da África*. Brasília: Unesco, 2010. v. 3, 4 e 5.

CONRAD, Robert Edgar. *Tumbeiros*: o tráfico escravista para o Brasil. São Paulo: Brasiliense, 1985.

CORTEZ, Hernán. *A conquista do México*. Porto Alegre: L&PM, 1986.

CUNHA, Manuela Carneiro da (Org.). *História dos índios no Brasil*. São Paulo: Companhia das Letras; Secretaria Municipal de Cultura: Fapesp, 1992.

DAVIDSON, Basil. *A descoberta do passado de África*. Lisboa: Sá da Costa, 1981.

DELUMEAU, Jean. *A civilização do Renascimento*. Lisboa: Estampa, 1988. v. 1 e 2.

_____. *Nascimento e afirmação da Reforma*. São Paulo: Pioneira, 1989.

DEMANT, Peter. *O mundo muçulmano*. São Paulo: Contexto, 2004.

DOMINGUES, Júlio Manoel. Tropeirismo. *Seminário de Estudos Tropeiros*. Sorocaba, jun. 2003.

D'ONOFRIO, Salvatore. *Pequena enciclopédia da cultura ocidental*: o saber indispensável, os mitos eternos. Rio de Janeiro: Elsevier, 2005.

DUBY, Georges. *Ano 1000, ano 2000*: na pista de nossos medos. São Paulo: Editora Unesp; Imprensa Oficial do Estado de São Paulo, 1998.

_____. *Idade Média, idade dos homens*: do amor e outros ensaios. São Paulo: Companhia das Letras, 2001.

ELIADE, Mircea; COULIANO, Loan P. *Dicionário das religiões*. São Paulo: Martins Fontes, 1994.

ELTIS, David; RICHARDSON, David. Os mercados de escravos africanos recém-chegados às Américas: padrões de preços, 1673-1865. *Topoi*. Rio de Janeiro, v. 4, jan./jun. 2013.

ESPINOSA, Fernanda. *Antologia de textos históricos medievais*. Lisboa: Sá da Costa, 1981.

ESTUDOS sobre a Idade Média peninsular. *Anos 90 – Revista do Programa de Pós-Graduação em História da UFRGS*. n. 16. Porto Alegre: UFRGS, 2001-2002.

FARTHING, Stephen. *Tudo sobre arte*. Rio de Janeiro: Sextante, 2011.

FAUSTO, Boris. *História do Brasil*. São Paulo: Edusp; FDE, 1995.

FAVRE, Henri. *A civilização inca*. Rio de Janeiro: Zahar, 1987.

FERLINI, Vera Lúcia Amaral. *A civilização do açúcar*. Séculos XVI a XVIII. 11. ed. São Paulo: Brasiliense, 1994. (Coleção Tudo é história)

_____. *Terra, trabalho e poder*: o mundo dos engenhos no Nordeste colonial. Bauru: Edusc, 2003.

FERNÁNDEZ-ARMESTO, Felipe. *Os desbravadores*: uma história mundial de exploração da Terra. São Paulo: Companhia das Letras, 2009.

FERREIRA, Graça Maria Lemos. *Atlas geográfico*: espaço mundial. 4. ed. São Paulo: Moderna, 2013.

FERRETI, Sérgio E. Sincretismo afro-brasileiro e resistência cultural. *Horizontes Antropológicos*, Porto Alegre, ano 4, n. 8, jun. 1998.

FLANDRIN, Jean-Louis; MONTANARI, Massimo (Dir.). *História da alimentação*. 4. ed. São Paulo: Estação Liberdade, 2004.

FLORENZANO, Modesto. Sobre as origens e o desenvolvimento do Estado moderno no Ocidente. *Lua Nova*. São Paulo, n. 71, 2007.

FRAGOSO, João; FLORENTINO, Manolo; FARIAS, Sheila. *A economia colonial brasileira (séc. XVI a XIX)*. São Paulo: Atual, 1998. (Coleção Discutindo a história do Brasil)

FRANCO JR., Hilário. *A Idade Média*: nascimento do Ocidente. São Paulo: Brasiliense, 1986.

_____. *O feudalismo*. São Paulo: Brasiliense, 1983.

FREITAS, Marcos Cezar de (Org.). *Historiografia brasileira em perspectiva*. São Paulo: Contexto, 2001.

FREYRE, Gilberto. *Casa-grande & senzala*: formação da família brasileira sob o regime da economia patriarcal. Rio de Janeiro: Record, 1996.

FURTADO, Celso. *Formação econômica do Brasil*. São Paulo: Publifolha, 2000. (Coleção Grandes nomes do pensamento brasileiro)

GARIN, Eugenio. *L'Éducation de l'Homme Moderne (1400--1600)*. Paris: Fayard, 1968.

GENDROP, Paul. *A civilização maia*. Rio de Janeiro: Zahar, 1987.

GERBI, Antonello. *La naturaleza de las Índias Nuevas*. México: Fondo de Cultura Económica, 2003.

GIL, Tiago Luis. *Coisas do Caminho*: tropeiros e seus negócios do Viamão à Sorocaba (1780-1810). Tese de doutorado apresentada ao Programa de Pós-Graduação em História Social da Universidade Federal do Rio de Janeiro, 2009.

GINZBURG, Carlo. *O queijo e os vermes*: o cotidiano e as ideias de um moleiro perseguido pela Inquisição. São Paulo: Companhia das Letras, 1987.

GORENDER, Jacob. *A escravidão reabilitada*. São Paulo: Ática, 1991. v. 23. (Série Temas – Sociedade e política)

_____. *O escravismo colonial*. São Paulo: Ática, 1992.

GRINBERG, Keila; PEABODY, Sue. *Escravidão e liberdade nas Américas*. Rio de Janeiro: FGV, 2013.

HERKENHOFF, Paulo. *O Brasil e os holandeses*. Rio de Janeiro: Sextante, 1999.

HERNANDEZ, Leila Maria Gonçalves Leite. *A África na sala de aula*: visita à história contemporânea. São Paulo: Selo Negro, 2005.

HOLANDA, Sérgio Buarque de. *Caminhos e fronteiras*. 3. ed. São Paulo: Companhia das Letras, 1994.

____. *Raízes do Brasil*. 24. ed. Rio de Janeiro: José Olympio, 1992.

____. *Visão do Paraíso*. 6. ed. São Paulo: Brasiliense, 1994.

HOURANI, Albert. *Uma história dos povos árabes*. São Paulo: Companhia das Letras, 1994.

HUE, Sheila Moura. *Delícias do descobrimento*. A gastronomia brasileira no século XVI. Rio de Janeiro: Zahar, 2008.

HUIZINGA, Johan. *O outono da Idade Média*. São Paulo: Cosac Naify, 2013.

JOHNSON, Paul. *O Renascimento*. Rio de Janeiro: Objetiva, 2001. (Série História essencial)

JOLY, Fábio Duarte. *A escravidão na Roma Antiga*. 2. ed. São Paulo: Alameda, 2017.

KARNAL, Leandro e outros. *História dos Estados Unidos*: das origens ao século XXI. São Paulo: Contexto, 2008.

KI-ZERBO, Joseph. *História da África negra*. Lisboa: Publicações Europa-América, 1972. v. 1.

KLEIN, Herbert S. A oferta de muares no Brasil Central: o Mercado de Sorocaba, 1825-1880. *Estudos Econômicos*, São Paulo, v. 19, n. 2, maio-ago., 1989.

LAFAYE, J. *Quetzalcóatl y Guadalupe*. La formación de la conciencia nacional en México. 2. ed. Cidade do México: Fondo de Cultura Econômica, 1985.

LARA, Silvia Hunold. *Campos da violência*: escravos e senhores na Capitania do Rio de Janeiro, 1750-1808. Rio de Janeiro: Paz e Terra, 1988.

LAS CASAS, Frei Bartolomé de. *O Paraíso destruído*: a sangrenta história da conquista da América espanhola. Porto Alegre: L&PM, 2001. v. 230. (Coleção L&PM Pocket)

LE GOFF, Jacques. *A civilização do Ocidente medieval*. Bauru: Edusc, 2005.

____. *Por amor às cidades*. São Paulo: Editora Unesp, 1998.

____; SCHMITT, Jean-Claude (Org.). *Dicionário temático do Ocidente medieval*. Bauru: Edusc, 2002. v. 1 e 2.

LÉRY, Jean de. *Viagem à terra do Brasil*. Belo Horizonte: Itatiaia; São Paulo: Edusp, 1980.

LOVEJOY, Paul E. *A escravidão na África*: uma história de suas transformações. Rio de Janeiro: Civilização Brasileira, 2002.

LOYON, H. R. (Org.). *Dicionário de Idade Média*. Rio de Janeiro: Zahar, 1990.

LOPES, Gustavo Acioli. *Negócio da Costa da Mina e comércio atlântico*: tabaco, açúcar, ouro e tráfico de escravos – Pernambuco (1654-1760). Tese de doutorado apresentada ao departamento de História da Universidade de São Paulo, 2008.

LOPES, Marcos Antônio. Declínio e ascensão da história política. *Síntese Nova Fase*. Belo Horizonte, v. 22, n. 71, 1995.

LUTERO, Martinho. *Martinho Lutero*: obras selecionadas. 2. ed. São Leopoldo: Sinodal; Porto Alegre: Concórdia; Canoas: Ulbra, 2004. v. 1.

MAALOUF, Amin. *As Cruzadas vistas pelos árabes*. São Paulo: Brasiliense, 2007.

MACEDO, Rivair José. *Movimentos populares na Idade Média*. São Paulo: Moderna, 1993.

____. *Viver nas cidades medievais*. São Paulo: Moderna, 1999.

MAESTRI, Mario. *Uma história do Brasil*: colônia. São Paulo: Contexto, 1997.

MAGALHÃES, Cristiane Maria. Na Rota dos Caminhos da Estrada Real e dos Tropeiros. *Cadernos de Pesquisa do CDHIS*, n. 36/37, ano 20. Uberlândia: UFU, 2007.

MARQUES, Leonardo. A participação norte-americana no tráfico transatlântico de escravos para os Estados Unidos, Cuba e Brasil. *História*: Questões & Debates. Curitiba, n. 52, jan./jun. 2010.

MARTÍNEZ, Juan María (Dir.). *África*. O despertar de um continente. Madri: Edições del Prado, 1997. (Coleção Grandes impérios e civilizações)

MASSIMI, Marina e outros. *Navegadores, colonos, missionários na Terra de Santa Cruz*: um estudo psicológico da correspondência epistolar. São Paulo: Loyola, 1997.

MATTOSO, Kátia M. de Queirós. *Ser escravo no Brasil*. São Paulo: Brasiliense, 1990.

MAZOYER, Marcel; ROUDART, Laurence. *História das agriculturas no mundo*: do Neolítico à crise contemporânea. São Paulo: Editora Unesp; Brasília: Nead, 2010.

M'BOKOLO, Elikia. *África negra*: história e civilizações. Salvador: Editora UFBA; São Paulo: Casa das Áfricas, 2009.

MELLO, Evaldo Cabral de. *A fronda dos mazombos*. Nobres contra mascates: Pernambuco, 1666-1715. São Paulo: Companhia das Letras, 1995.

____. *O Brasil holandês, 1624-1654*. São Paulo: Penguin Classics, 2010.

____. *Olinda restaurada*: guerra e açúcar no Nordeste, 1630-1654. São Paulo: Edusp; Rio de Janeiro: Forense, 1975.

MICELI, Paulo. *O ponto onde estamos*: viagens e viajantes na história da expansão e da conquista (Portugal, séculos XV e XVI). 4. ed. Campinas: Editora da Unicamp, 2008.

MILLONES, Luis. *Perú colonial*: de Pizarro a Tupac Amaru II. Lima: Cofide, 1995.

MINDLIN, Betty. *A questão do índio*. São Paulo: Ática, 2003. (Coleção Viagem pela geografia)

MOKHTAR, G. (Org.). *História geral da África*. São Paulo: Ática, 1983. v. 7.

MONTEIRO, John Manuel. *Negros da terra*: índios e bandeirantes nas origens de São Paulo. São Paulo: Companhia das Letras, 1994.

MOONEN, Frans; MAIA, Luciano Mariz (Org.). *Etnohistória dos índios Potiguara*: ensaios, relatórios, documentos. João Pessoa: PRPB/SECPB, 1992.

MOURA, Clóvis Steiger de Assis. *Dicionário da escravidão negra no Brasil*. São Paulo: Edusp, 2004.

NASR, Helmi. *Tradução do sentido do nobre Alcorão para a língua portuguesa*. Meca: Complexo Rei Fahd, 2008.

NEPOMUCENO, Rosa. *Viagem ao fabuloso mundo das especiarias*. Rio de Janeiro: José Olympio, 2003.

NOVAES, Adauto (Org.). *A descoberta do homem e do mundo*. São Paulo: Companhia das Letras, 1998.

NOVAIS, Fernando. *Portugal e Brasil na crise do antigo sistema colonial*. São Paulo: Hucitec, 1978.

NOVINSKY, Anita. *A Inquisição*. 10. ed. São Paulo: Brasiliense, 1994.

_____. *Inquisição*: prisioneiros do Brasil – séculos XVI-XIX. Rio de Janeiro: Expressão e Cultura, 2002.

OLIVER, Roland. *A experiência africana*: da Pré-história aos dias atuais. Rio de Janeiro: Zahar, 1994.

PAES, Jurema Mascarenhas. *Tropas e tropeiros na primeira metade do século XIX no Alto Sertão Baiano*. Dissertação de Mestrado em História Social da Universidade Federal da Bahia (UFBA), 2001.

PAIVA, Eduardo França. *Escravos e libertos nas Minas Gerais do século XVIII*: estratégias de resistência através dos testamentos. 3. ed. São Paulo: Annablume; Belo Horizonte: PPGH-UFMG, 2009.

PANOFSKY, Erwin. *Renascimento e Renascimentos na arte ocidental*. Lisboa: Presença, 1981.

PEDRERO-SÁNCHEZ, Maria Guadalupe. *História da Idade Média*: textos e testemunhas. São Paulo: Editora Unesp, 2000.

PEREIRA, José Gerardo Barbosa. A Insurreição Pernambucana de 1645. *Instituto Camões*. Disponível em <http://mod.lk/L9YlG>. Acesso em 17 jul. 2018.

PINTO, Virgílio Noya. *O ouro brasileiro e o comércio anglo-português*. São Paulo: Nacional, 1979.

PRADO JR., Caio. *Formação do Brasil contemporâneo*. 24. ed. São Paulo: Brasiliense, 1994.

_____. *História econômica do Brasil*. 40. ed. São Paulo: Brasiliense, 1993.

PREZIA, Benedito; HOORNAERT, Eduardo. *Brasil indígena*: 500 anos de resistência. São Paulo: FTD, 2000.

PRIORE, Mary del. *A família no Brasil colônia*. São Paulo: Moderna, 1999. (Coleção Desafios)

_____. *Religião e religiosidade no Brasil colonial*. São Paulo: Ática, 2002. (Coleção História em movimento)

PRODANOV, C. C. *Cultura e sociedade mineradora*: Potosí, 1569-1670. São Paulo: Annablume, 2002.

QUEIROZ, Tereza Aline Pereira de. *O Renascimento*. São Paulo: Edusp, 1995.

RAMOS, Fábio Pestana. *O apogeu e declínio do ciclo das especiarias: uma análise comparativa das navegações portuguesas da Carreira da Índia e da Carreira do Brasil – 1500 – 1700*. Tese de doutorado apresentada ao departamento de História da Universidade de São Paulo, 2002.

RAMOS, Hugo de Carvalho. *Tropas e boiadas*. Instituto Centro-Brasileiro de Cultura. "Caminho das tropas". Disponível em <http://mod.lk/bb82x>. Acesso em 26 jul. 2018.

REIS, João José. *Rebelião escrava no Brasil*: a história do Levante dos Malês em 1835. São Paulo: Companhia das Letras, 2003.

RESENDE, Maria Efigênia Lage de; VILLALTA, Carlos. *As Minas setecentistas*. Belo Horizonte: Autêntica; Companhia do Tempo, 2007. v. 1 e 2.

RIBEIRO, Daniel Valle. *A cristandade do Ocidente medieval*. São Paulo: Atual, 1998. (Coleção Discutindo a história)

RICUPERO, Rodrigo. O exclusivo metropolitano no Brasil e os tratados diplomáticos de Portugal com Inglaterra (1642-1661). *Revista de História*, n. 176, 2017.

RODNEY, Walter. *De como Europa subdesarrolló a África*. Cidade do México; Madri: Siglo XXI, 1982.

RODRIGUES, Jaime. *O tráfico de escravos para o Brasil*. São Paulo: Ática, 1997. (Coleção História em movimento)

ROMEIRO, Adriana; BOTELHO, Angela Vianna. *Dicionário histórico das Minas Gerais*. Período colonial. 3. ed. Belo Horizonte: Autêntica, 2013.

ROMIO, Eda. *Brasil 1500/2000*: 500 anos de sabor. São Paulo: ER Comunicações, 2000.

RONAN, Colin A. *História ilustrada da ciência da Universidade de Cambridge*: da Renascença à Revolução Científica. São Paulo: Círculo do Livro, 1987. v. 3.

RUFIN, Jean-Christophe. *O império e os novos bárbaros*. Rio de Janeiro: Record, 1991.

SALGADO, Graça. *Fiscais e meirinhos*: a administração colonial no Brasil. São Paulo: Nova Fronteira, 1985.

SANTOS, Eduardo Natalino dos. *Deuses do México indígena*: estudo comparativo entre narrativas espanholas e nativas. São Paulo: Palas Athena, 2002.

_____. Os códices mexicas: soluções figurativas a serviço da escrita pictoglífica. *Revista do Museu de Arqueologia e Etnologia*. São Paulo, n. 14, 2004.

SANTOS, Joel Rufino dos. *Zumbi*. 9. ed. São Paulo: Moderna, 1992. (Coleção Polêmica)

SCHWARTZ, Stuart B. *Segredos internos*: engenhos e escravos na sociedade colonial. São Paulo: Companhia das Letras, 1988.

SEED, Patricia. *Cerimônias de posse na conquista europeia do Novo Mundo (1492-1640)*. São Paulo: Editora Unesp, 1999. (Coleção Unesp/Cambridge)

SEFFNER, Fernando. *Da Reforma à Contrarreforma*: o cristianismo em crise. São Paulo: Atual, 1993.

SERRANO, Carlos; WALDMAN, Maurício. *Memória d'África*: a temática africana em sala de aula. São Paulo: Cortez, 2007.

SEVCENKO, Nicolau. *O Renascimento*. 22. ed. São Paulo: Atual, 1994.

SILVA, Alberto da Costa e. *A enxada e a lança*: a África antes dos portugueses. 2. ed. Rio de Janeiro: Nova Fronteira, 1996.

_____. *A manilha e o libambo*. Rio de Janeiro: Nova Fronteira, 2002.

SILVA, Luiz Geraldo. *O Brasil dos holandeses*. São Paulo: Atual, 1997. (Série A vida no tempo)

SIMONSEN, Roberto. *História econômica do Brasil*. São Paulo: Nacional, 1978.

SLEMIAN, Selma. *Cronologia de história do Brasil colonial (1500-1831)*. São Paulo: Humanitas; FFLCH/USP, 1994.

SLENES, Robert W. *Na senzala, uma flor*: esperanças e recordações na formação da família escrava. Rio de Janeiro: Nova Fronteira, 1999.

SOUSTELLE, Jacques. *A civilização asteca*. Rio de Janeiro: Zahar, 1987.

SOUZA, Laura de Mello e. *Desclassificados do ouro*: a pobreza mineira no século XVIII. Rio de Janeiro: Graal, 1982.

_____ (Org.). *História da vida privada no Brasil*: cotidiano e vida privada na América portuguesa. São Paulo: Companhia das Letras, 1997.

_____. *Opulência e miséria das Minas Gerais*. São Paulo: Brasiliense, 1997. (Coleção Tudo é história)

_____; BICALHO, Maria Fernanda. *1680-1720: o império deste mundo*. São Paulo: Companhia das Letras, 2000.

SOUZA, Marina de Mello e. *África e Brasil africano*. São Paulo: Ática, 2005.

STADEN, Hans. *Primeiros registros escritos e ilustrados sobre o Brasil e seus habitantes*. São Paulo: Terceiro Nome, 1999.

SZMRECSÁNYI, Tamás (Org.). *História econômica do período colonial*. São Paulo: Edusp/Hucitec, 2002.

TENGARRINHA, José (Org.). *História de Portugal*. 2. ed. Bauru: Edusc; São Paulo: Unesp; Portugal: Instituto Camões, 2001.

THEODORO, Janice. *América barroca*: tema e variações. São Paulo: Edusp/Nova Fronteira, 1992.

_____. *Descobrimentos e renascimento*. 4. ed. São Paulo: Contexto, 1996.

TIEMPO MESOAMERICANO (2500 a.C.-1521 d.C.). *Arqueología Mexicana*. Edición especial. México (DF): Raíces/Instituto Nacional de Antropología e Historia, 2001.

TODOROV, Tzvetan. *A conquista da América*: a questão do outro. São Paulo: Martins Fontes, 1993.

VAINFAS, Ronaldo. *Dicionário do Brasil colonial (1500-1808)*. Rio de Janeiro: Objetiva, 2000.

_____. *Economia e sociedade na América espanhola*. Rio de Janeiro: Graal, 1984.

_____; MONTEIRO, R. B. (Org.). *Império de várias faces*: relações de poder no mundo ibérico da Época Moderna. São Paulo: Alameda, 2009.

VERGER, Pierre. *Fluxo e refluxo*: do tráfico de escravos entre o Golfo de Benin e a Bahia de Todos os Santos (dos séculos XVII-XIX). Salvador: Corrupio, 2002.

VOYAGES: The Trans-Atlantic Slave Trade Database. Disponível em <http://mod.lk/nbfId>. Acesso em 21 mar. 2018.

YUNQUE, Álvaro. *Calfucurá*: la conquista de las pampas. Buenos Aires: Antonio Zamora, 1956.

WEBER, Max. *A ética protestante e o "espírito" do capitalismo*. São Paulo: Companhia das Letras, 2004.

WHITE, Michael. *Leonardo*: o primeiro cientista. Rio de Janeiro: Record, 2002.

MAPAS

ÁFRICA POLÍTICO (2013)

Fronteira entre Sudão e Sudão do Sul, a partir de julho de 2011

Fonte: FERREIRA, Graça Maria Lemos. *Atlas geográfico*: espaço mundial. 4. ed. São Paulo: Moderna, 2013. p. 81.

AMÉRICA POLÍTICO (2013)

Fonte: FERREIRA, Graça Maria Lemos. *Atlas geográfico: espaço mundial.* 4. ed. São Paulo: Moderna, 2013. p. 65.

ATITUDES PARA A VIDA

ATITUDES PARA A VIDA

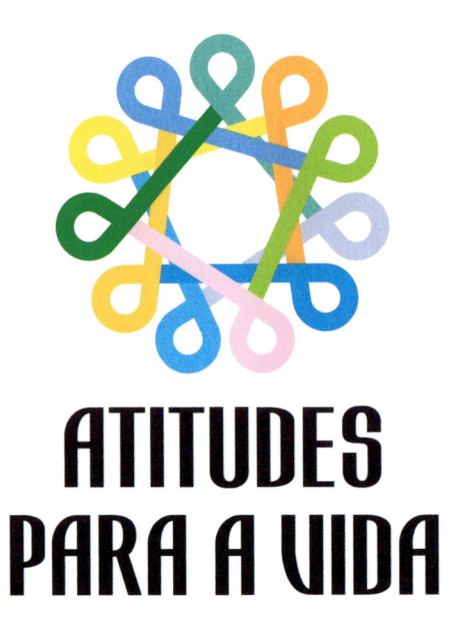

As *Atitudes para a vida* são comportamentos que nos ajudam a resolver as tarefas que surgem todos os dias, desde as mais simples até as mais desafiadoras. São comportamentos de pessoas capazes de resolver problemas, de tomar decisões conscientes, de fazer as perguntas certas, de se relacionar bem com os outros e de pensar de forma criativa e inovadora.

As atividades que apresentamos a seguir vão ajudá-lo a estudar os conteúdos e a resolver as atividades deste livro, incluindo as que parecem difíceis demais em um primeiro momento.

Toda tarefa pode ser uma grande aventura!

PERSISTIR

Muitas pessoas confundem persistência com insistência, que significa ficar tentando e tentando e tentando, sem desistir. Mas persistência não é isso! Persistir significa buscar estratégias diferentes para conquistar um objetivo.

Antes de desistir por achar que não consegue completar uma tarefa, que tal tentar outra alternativa?

Algumas pessoas acham que atletas, estudantes e profissionais bem-sucedidos nasceram com um talento natural ou com a habilidade necessária para vencer. Ora, ninguém nasce um craque no futebol ou fazendo cálculos ou sabendo tomar todas as decisões certas. O sucesso muitas vezes só vem depois de muitos erros e muitas derrotas. A maioria dos casos de sucesso é resultado de foco e esforço.

Se uma forma não funcionar, busque outro caminho. Você vai perceber que desenvolver estratégias diferentes para resolver um desafio vai ajudá-lo a atingir os seus objetivos.

CONTROLAR A IMPULSIVIDADE

Quando nos fazem uma pergunta ou colocam um problema para resolver, é comum darmos a primeira resposta que vem à cabeça. Comum, mas imprudente.

Para diminuir a chance de erros e de frustrações, antes de agir devemos considerar as alternativas e as consequências das diferentes formas de chegar à resposta. Devemos coletar informações, refletir sobre a resposta que queremos dar, entender bem as indicações de uma atividade e ouvir pontos de vista diferentes dos nossos.

Essas atitudes também nos ajudarão a controlar aquele impulso de desistir ou de fazer qualquer outra coisa para não termos que resolver o problema naquele momento. Controlar a impulsividade nos permite formar uma ideia do todo antes de começar, diminuindo os resultados inesperados ao longo do caminho.

ESCUTAR OS OUTROS COM ATENÇÃO E EMPATIA

Você já percebeu o quanto pode aprender quando presta atenção ao que uma pessoa diz? Às vezes recebemos importantes dicas para resolver alguma questão. Outras vezes, temos grandes ideias quando ouvimos alguém ou notamos uma atitude ou um aspecto do seu comportamento que não teríamos percebido se não estivéssemos atentos.

Escutar os outros com atenção significa manter-nos atentos ao que a pessoa está falando, sem estar apenas esperando que pare de falar para que possamos dar a nossa opinião. E empatia significa perceber o outro, colocar-nos no seu lugar, procurando entender de verdade o que está sentindo ou por que pensa de determinada maneira.

Podemos aprender muito quando realmente escutamos uma pessoa. Além do mais, para nos relacionar bem com os outros — e sabemos o quanto isso é importante —, precisamos prestar atenção aos seus sentimentos e às suas opiniões, como gostamos que façam conosco.

PENSAR COM FLEXIBILIDADE

Você conhece alguém que tem dificuldade de considerar diferentes pontos de vista? Ou alguém que acha que a própria forma de pensar é a melhor ou a única que existe? Essas pessoas têm dificuldade de pensar de maneira flexível, de se adaptar a novas situações e de aprender com os outros.

Quanto maior for a sua capacidade de ajustar o seu pensamento e mudar de opinião à medida que recebe uma nova informação, mais facilidade você terá para lidar com situações inesperadas ou problemas que poderiam ser, de outra forma, difíceis de resolver.

Pensadores flexíveis têm a capacidade de enxergar o todo, ou seja, têm uma visão ampla da situação e, por isso, não precisam ter todas as informações para entender ou solucionar uma questão. Pessoas que pensam com flexibilidade conhecem muitas formas diferentes de resolver problemas.

ESFORÇAR-SE POR EXATIDÃO E PRECISÃO

Para que o nosso trabalho seja respeitado, é importante demonstrar compromisso com a qualidade do que fazemos. Isso significa conhecer os pontos que devemos seguir, coletar os dados necessários para oferecer a informação correta, revisar o que fazemos e cuidar da aparência do que apresentamos.

Não basta responder corretamente; é preciso comunicar essa resposta de forma que quem vai receber e até avaliar o nosso trabalho não apenas seja capaz de entendê-lo, mas também que se sinta interessado em saber o que temos a dizer.

Quanto mais estudamos um tema e nos dedicamos a superar as nossas capacidades, mais dominamos o assunto e, consequentemente, mais seguros nos sentimos em relação ao que produzimos.

QUESTIONAR E LEVANTAR PROBLEMAS

Não são as respostas que movem o mundo, são as perguntas.

Só podemos inovar ou mudar o rumo da nossa vida quando percebemos os padrões, as incongruências, os fenômenos ao nosso redor e buscamos os seus porquês.

E não precisa ser um gênio para isso, não! As pequenas conquistas que levaram a grandes avanços foram — e continuam sendo — feitas por pessoas de todas as épocas, todos os lugares, todas as crenças, os gêneros, as cores e as culturas. Pessoas como você, que olharam para o lado ou para o céu, ouviram uma história ou prestaram atenção em alguém, perceberam algo diferente, ou sempre igual, na sua vida e fizeram perguntas do tipo "Por que será?" ou "E se fosse diferente?".

Como a vida começou? E se a Terra não fosse o centro do universo? E se houvesse outras terras do outro lado do oceano? Por que as mulheres não podiam votar? E se o petróleo acabasse? E se as pessoas pudessem voar? Como será a Lua?

E se...? (Olhe ao seu redor e termine a pergunta!)

Atitudes para a vida

APLICAR CONHECIMENTOS PRÉVIOS A NOVAS SITUAÇÕES

Esta é a grande função do estudo e da aprendizagem: sermos capazes de aplicar o que sabemos fora da sala de aula. E isso não depende apenas do seu livro, da sua escola ou do seu professor; depende da sua atitude também!

Você deve buscar relacionar o que vê, lê e ouve aos conhecimentos que já tem. Todos nós aprendemos com a experiência, mas nem todos percebem isso com tanta facilidade.

Devemos usar os conhecimentos e as experiências que vamos adquirindo dentro e fora da escola como fontes de dados para apoiar as nossas ideias, para prever, entender e explicar teorias ou etapas para resolver cada novo desafio.

PENSAR E COMUNICAR-SE COM CLAREZA

Pensamento e comunicação são inseparáveis. Quando as ideias estão claras em nossa mente, podemos nos comunicar com clareza, ou seja, as pessoas nos entendem melhor.

Por isso, é importante empregar os termos corretos e mais adequados sobre um assunto, evitando generalizações, omissões ou distorções de informação. Também devemos reforçar o que afirmamos com explicações, comparações, analogias e dados.

A preocupação com a comunicação clara, que começa na organização do nosso pensamento, aumenta a nossa habilidade de fazer críticas tanto sobre o que lemos, vemos ou ouvimos quanto em relação às falhas na nossa própria compreensão, e poder, assim, corrigi-las. Esse conhecimento é a base para uma ação segura e consciente.

IMAGINAR, CRIAR E INOVAR

Tente de outra maneira! Construa ideias com fluência e originalidade!

Todos nós temos a capacidade de criar novas e engenhosas soluções, técnicas e produtos. Basta desenvolver nossa capacidade criativa.

Pessoas criativas procuram soluções de maneiras distintas. Examinam possibilidades alternativas por todos os diferentes ângulos. Usam analogias e metáforas, se colocam em papéis diferentes.

Ser criativo é não ser avesso a assumir riscos. É estar atento a desvios de rota, aberto a ouvir críticas. Mais do que isso, é buscar ativamente a opinião e o ponto de vista do outro. Pessoas criativas não aceitam o *status quo*, estão sempre buscando mais fluência, simplicidade, habilidade, perfeição, harmonia e equilíbrio.

ASSUMIR RISCOS COM RESPONSABILIDADE

Todos nós conhecemos pessoas que têm medo de tentar algo diferente. Às vezes, nós mesmos acabamos escolhendo a opção mais fácil por medo de errar ou de parecer tolos, não é mesmo? Sabe o que nos falta nesses momentos? Informação!

Tentar um caminho diferente pode ser muito enriquecedor. Para isso, é importante pesquisar sobre os resultados possíveis ou os mais prováveis de uma decisão e avaliar as suas consequências, ou seja, os seus impactos na nossa vida e na de outras pessoas.

Informar-nos sobre as possibilidades e as consequências de uma escolha reduz a chance do "inesperado" e nos deixa mais seguros e confiantes para fazer algo novo e, assim, explorar as nossas capacidades.

PENSAR DE MANEIRA INTERDEPENDENTE

Nós somos seres sociais. Formamos grupos e comunidades, gostamos de ouvir e ser ouvidos, buscamos reciprocidade em nossas relações. Pessoas mais abertas a se relacionar com os outros sabem que juntos somos mais fortes e capazes.

Estabelecer conexões com os colegas para debater ideias e resolver problemas em conjunto é muito importante, pois desenvolvemos a capacidade de escutar, empatizar, analisar ideias e chegar a um consenso. Ter compaixão, altruísmo e demonstrar apoio aos esforços do grupo são características de pessoas mais cooperativas e eficazes.

Estes são 11 dos 16 Hábitos da mente descritos pelos autores Arthur L. Costa e Bena Kallick em seu livro *Learning and leading with habits of mind*: 16 characteristics for success.

Acesse http://www.moderna.com.br/araribaplus para conhecer mais sobre as *Atitudes para a vida*.

CHECKLIST PARA MONITORAR O SEU DESEMPENHO

Reproduza para cada mês de estudo o quadro abaixo. Preencha-o ao final de cada mês para avaliar o seu desempenho na aplicação das *Atitudes para a vida*, para cumprir as suas tarefas nesta disciplina. Em *Observações pessoais*, faça anotações e sugestões de atitudes a serem tomadas para melhorar o seu desempenho no mês seguinte.

Classifique o seu desempenho de 1 a 10, sendo 1 o nível mais fraco de desempenho, e 10, o domínio das *Atitudes para a vida*.

Atitudes para a vida	Neste mês eu...	Desempenho	Observações pessoais
Persistir	Não desisti. Busquei alternativas para resolver as questões quando as tentativas anteriores não deram certo.		
Controlar a impulsividade	Pensei antes de dar uma resposta qualquer. Refleti sobre os caminhos a escolher para cumprir minhas tarefas.		
Escutar os outros com atenção e empatia	Levei em conta as opiniões e os sentimentos dos demais para resolver as tarefas.		
Pensar com flexibilidade	Considerei diferentes possibilidades para chegar às respostas.		
Esforçar-se por exatidão e precisão	Conferi os dados, revisei as informações e cuidei da apresentação estética dos meus trabalhos.		
Questionar e levantar problemas	Fiquei atento ao meu redor, de olhos e ouvidos abertos. Questionei o que não entendi e busquei problemas para resolver.		
Aplicar conhecimentos prévios a novas situações	Usei o que já sabia para me ajudar a resolver problemas novos. Associei as novas informações a conhecimentos que eu havia adquirido de situações anteriores.		
Pensar e comunicar-se com clareza	Organizei meus pensamentos e me comuniquei com clareza, usando os termos e os dados adequados. Procurei dar exemplos para facilitar as minhas explicações.		
Imaginar, criar e inovar	Pensei fora da caixa, assumi riscos, ouvi críticas e aprendi com elas. Tentei de outra maneira.		
Assumir riscos com responsabilidade	Quando tive de fazer algo novo, busquei informação sobre possíveis consequências para tomar decisões com mais segurança.		
Pensar de maneira interdependente	Trabalhei junto. Aprendi com ideias diferentes e participei de discussões.		